高等职业教育工程造价专业“双证书”教材

桥隧施工技术

程海潜　郭　梅　主　编
余国中[湖北省路桥集团有限公司]　主　审

人民交通出版社股份有限公司
China Communications Press Co.,Ltd.

内容提要

本书为高等职业教育工程造价专业“双证书”教材。全书共分13章,分别为总论、桥梁基础施工、桥梁墩台施工、梁式桥施工、拱桥施工、桥面系施工、桥梁工程的清单计量、隧道洞口施工、隧道开挖与出渣、超前支护及初期支护、防排水与二次衬砌、附属设施施工、隧道工程的清单计量。

本书可供公路工程造价、道路桥梁工程等专业教学使用,也可供从事公路施工、监理、建设管理的相关人员学习和参考。

图书在版编目(CIP)数据

桥隧施工技术 / 程海潜,郭梅主编. —北京 :人民交通出版社股份有限公司, 2015.1(2025.1重印)
高等职业教育工程造价专业“双证书”教材
ISBN 978-7-114-11947-7

Ⅰ.①桥… Ⅱ.①程…②郭… Ⅲ.①桥梁施工－高等职业教育－教材②隧道施工－高等职业教育－教材
Ⅳ.①U445②U455

中国版本图书馆CIP数据核字(2015)第003525号

高等职业教育工程造价专业“双证书”教材

书　　名:桥隧施工技术
著 作 者:程海潜　郭　梅
责任编辑:刘　倩　李学会
出版发行:人民交通出版社股份有限公司
地　　址:(100011)北京市朝阳区安定门外外馆斜街3号
网　　址:http://www.ccpcl.com.cn
销售电话:(010)85285911
总 经 销:人民交通出版社股份有限公司发行部
经　　销:各地新华书店
印　　刷:北京虎彩文化传播有限公司
开　　本:787×1092　1/16
印　　张:19
字　　数:480千
版　　次:2015年1月　第1版
印　　次:2025年1月　第2次印刷
书　　号:ISBN 978-7-114-11947-7
定　　价:48.00元

序

高等职业教育是培养面向基层生产、服务和管理第一线的技术技能型人才。2013年1月,原交通职业教育教学指导委员会路桥工程专业指导委员会在哈尔滨召开了"2013年工作会议暨'十二五'职业教育国家规划教材选题申报工作会议",由人民交通出版社拟定的高等职业教育工程造价专业"双证书"教材编写计划在会上经过教师们的热烈讨论,最终确定了公路工程和建筑工程两个方向共计17门课程的课程名称、编写计划和主编人员。

本套教材是为双证书型工程造价专业而组织编写的,具有以下两个方面的特点:

第一,本套教材在编写过程中,主编人员邀请省级交通厅交通工程定额站专家、工程技术人员全程参与并承担主审工作,使得本教材内容和知识结构更符合实际工作岗位的要求,针对性、实用性和可操作性也更强。

第二,本套教材的内容以造价人员从业资格考试大纲为主线,力求使公路工程方向的教材覆盖交通运输部公路工程乙级造价人员过渡考试要求的知识点,建筑工程方向的教材覆盖住房和城乡建设部造价员考试的知识点,并附有近年来工程造价人员相关课程考试复习题。学生通过本套教材的学习,除了能够在未来的工作岗位上从事工程造价相关工作外,同时为今后参加造价工程师(造价员)执业资格考试奠定基础。

2013年10月8日,交通运输部和教育部联合发布了《交通运输部、教育部关于在职业院校交通运输类专业推行"双证书"制度的实施意见》(交发〔2013〕606号)(简称为《意见》)。《意见》提出的总体目标是:到2020年,职业院校交通运输类专业教学标准与国家职业标准联动机制更加健全,学历证书与职业资格证书相互衔接更加紧密,交通运输应用技术和技能人才培养质量和数量基本满足行业发展需要。《意见》还主要提到了以职业能力为基础,建立健全职业标准评价体系;以职业资格为引领,不断深化职业教育教学改革;以质量评价为核心,积极推进"双证书"制度组织实施。

高等职业教育实行双证书制度,即高等职业院校的毕业生取得学历和技术等级或职业资格两种证书,这是高等职业教育自身的特性和社会的需要。人民交通出版社股份有限公司推出的本套高等职业教育工程造价专业"双证书"教材,希望对双证书人才的培养有所裨益。

本套教材的出版凝聚了交通、建筑行业专家、教师的集体智慧和辛勤劳动,在此向所有关心、支持本套教材编写出版的各级领导、专家、教师致以真诚的感谢。

人民交通出版社股份有限公司

2014年6月

前　言

桥梁工程与隧道工程都是道桥专业群的核心课程。高等职业教育造价专业的教学一直缺乏一本同时涵盖桥梁与隧道工程施工技术的简明教材。为适应此需求,我们参考最新公路施工规范及相关文献,结合教学实践,编写了本教材。

本教材共分13章。第一章总论概括了桥隧施工技术的发展历程、方法及施工准备相关内容,之后的内容分为桥梁施工和隧道施工两部分。桥梁施工部分包括基础、墩台、梁桥上构、拱桥上构、桥面系施工、桥梁清单计量等6章,隧道部分包括洞口、开挖与出渣、超前支护及初期支护、防排水与二次衬砌、附属设施施工、隧道清单计量等6章。

在教材编写过程中,我们试图把握高职教育的培养目标、人才基本规格和造价专业对本课程的教学要求及特点,简化结构理论计算和具体技术标准,注重基本概念、构造原理、施工资源和工艺要求的介绍,并着力反映成熟的新理论、新技术、新方法、新工艺,体现本课程综合性、实践性和创新性的特征。

本教材由湖北交通职业技术学院程海潜和吉林交通职业技术学院郭梅担任主编,李和平、姜仁安、余雪娟任副主编。具体分工如下:第一章、第三章二~五节和第九章由湖北交通职业技术学院程海潜编写;第二章和第六章第一节由吉林交通职业技术学院郭梅编写;第三章第一节和第六章第二节由吉林交通职业技术学院姜仁安编写;第四章第二~三节由吉林交通职业技术学院李杨编写;第四章第一节由吉林省建设集团有限公司赵庆久编写;第四章第四~六节由吉林交通职业技术学院慕平编写;第五章由吉林交通职业技术学院钱雪松编写;第七章和第十三章由湖北交通职业技术学院叶文海编写;第八章由南京交通职业技术学院余雪娟编写,第十~十二章由湖北交通职业技术学院李和平编写。

本教材由湖北省路桥集团有限公司正高职高级工程师余国中担任主审。他悉心审阅了书稿,并提出了许多具体修改建议,在此表示诚挚的感谢。

由于时间仓促、学识有限,书中不足和疏漏之处难免,欢迎使用本教材的读者提出宝贵意见,并与我们保持联系。来函请寄湖北省武汉市洪山区雄楚大道455号湖北交通职业技术学院程海潜收,邮政编码430079,或发电子邮件至freeking-1974@163.com。

编者

2014年6月

目　　录

第一章　总　论

第一节　桥梁与隧道施工技术发展历程

一、桥梁施工技术发展历程

1.古代桥梁施工技术成就

西方的古代桥梁主要分布在两河流域、希腊、罗马等地,还包括瑞典、意大利、法国和英国等国家。古巴比伦王国在公元前1800年建造了多跨的木桥,桥长达183m。古罗马在公元前621年建造了跨越台伯河的木桥,在公元前481年架起了跨越赫勒斯滂海峡的浮船桥。古代美索不达米亚地区,在公元前4世纪时建起挑出石拱桥(拱腹为台阶式)。

根据史料考证,我国在3 000年前的周文王朝代,就有在渭河上架设浮桥的文字记载。隋、唐期间建造的桥梁在形式、结构构造方面有着很多创新,可谓“精心构思,丰富多姿”。如一千多年前所建的赵州桥,设计完全合乎科学原理,施工技术更是巧妙绝伦。宋代之后,建桥数量大增,桥梁的跨越能力、造型和功能进一步提高,显示了我国古代工匠的智慧和艺术水平,成为我国桥梁建造史上的宝贵财富。

古代桥梁基础,在罗马时代开始采用围堰法施工,即打木板桩成围堰,抽水后在其中修筑桥梁基础和桥墩。1209年建成的英国泰晤士河拱桥,其基础就是用围堰法修筑,但是,那时只能用人工打桩和抽水,基础较浅。我国泉州洛阳桥,始建于宋皇祐五年(1053年),在浪涛汹涌的海口,首创了现代称为筏形基础的桥基。这种基础是沿桥中线满抛大石块,在稳固的石基上建造桥墩。值得称颂的不仅是因为创造性的采用了抛石技术,还在于其巧妙地用牡蛎使筏形基础加固成整体。

2.近代桥梁施工技术发展

18世纪铁的生产和铸造,为桥梁提供了新的建造材料。但铸铁抗冲击性能差,抗拉性能也低,易断裂,并非良好的造桥材料。19世纪50年代以后,随着酸性转炉炼钢和平炉炼钢技术的发展,钢材成为重要的造桥材料。钢的抗拉强度大,抗冲击性能好,尤其是19世纪70年代出现的钢板和矩形轧制断面钢材,为桥梁的部件在厂内组装创造了条件,使钢材应用日益广泛。

18世纪初,发明了用石灰、黏土、赤铁矿混合煅烧而成的水泥。19世纪50年代,开始采用在混凝土中放置钢筋以弥补水泥抗拉性能差的缺点。此后,19世纪70年代建成了钢筋混凝土桥。

桥梁基础施工,在18世纪开始应用井筒,英国在修威斯敏斯特拱桥时,木沉井浮运到桥址后,先用石料装载将其下沉,而后修基础及墩。1851年,英国在肯特郡的罗切斯特处修建梅德韦桥时,首次采用压缩空气沉箱。1855~1859年,在康沃尔郡的萨尔塔什修建罗亚尔艾伯特桥时,采用直径11m的锻铁筒,在筒下设压缩空气沉箱。1867年,美国建造伊兹河桥,也用压缩空气沉箱修建基础。

1845年以后，蒸汽打桩机开始用于桥梁基础施工。

3. 现代桥梁施工技术的飞跃

19世纪中期钢材的出现，开始了土木工程的第一次飞跃。随后又产生了高强度钢材、钢丝，于是钢结构得到蓬勃发展。结构的跨度也不断扩大，以至能修建几百米到千米以上特大跨度的跨海大桥。

1928年，法国土木工程师Freyssinet经过20多年的研究，用高强钢丝和混凝土制成预应力钢筋混凝土，使桥梁可以用悬臂法、顶推法施工。随着高强钢丝和高强混凝土的不断发展，预应力钢筋混凝土桥的结构不断改进，跨度不断提高。采用预应力混凝土结构的桥型灵活多样，有简支梁桥、连续梁桥、悬臂梁桥、拱桥、桁架桥、刚架桥、斜拉桥等桥型。

19世纪后期，预应力混凝土桥梁迅速发展之前，在西方发达国家内曾风行修建钢桥，并已达到相当高的技术水平。1947年前联邦德国Leanhardt首创各向异性钢桥面板新结构，为钢桥的发展作出了贡献。目前世界上跨度最大的铁路简支桁架桥，为美国1917年建成的都会桥，跨度达220m。最大跨径的钢连续梁桥是日本1992年建成的生月大桥（$l=400$m）。1917年加拿大修建的魁伯克桥（公铁两用，$l=549$m），跨度至今仍是钢悬臂梁桥的世界之最。悬索桥是能充分发挥高强钢材优越性的独特桥型，国外发展甚早。美国在19世纪中期从法国引进了近代吊桥技术后，于19世纪70年代移居美国的瑞士桥梁大师Roebling就发明了主缆的“空中纺线法”编纺桥缆。利用这些技术，美国1937年建成的旧金山金门大桥，主跨达1 280m，一直保持了21年的世界纪录。

随着科学技术的进步，施工机具、设备和建筑材料的发展，桥梁施工技术不断改进、提高并逐步发展和丰富起来。桥梁的施工方法，如转体法、顶推法、逐孔施工法、横移及浮运法等在我国20世纪70年代中期开始得到应用。转体施工法不仅用于拱桥施工，而且在刚构桥、T构桥、斜拉桥等结构中也有使用，施工的桥梁跨径超过了200m。顶推法和逐孔施工法较多地在预应力混凝土连续梁桥中使用，扩大了预应力混凝土连续桥梁的适用范围，为中等跨径的多跨长桥提供了与之相适应的施工方法。

4. 桥梁施工发展趋势

在桥梁的经济指标与施工技术水平关系更加密切的今天，各国把研究桥梁施工技术放到了相当重要的位置。施工技术的发展和进步表现在以下几个方面：

（1）对于中小跨桥梁，构件更多地采用工厂（场）预制，采用装配式结构。在公路和城建部门，对先张法预应力混凝土梁、板，大多采用工厂预制生产，后张法梁和大型预制节段大多采用在工地预制场预制，这样可以避免大型构件的运输困难。国外预制梁的架设能力更高些，因此可采取全宽整孔梁架设或大型预制构件架设。

（2）悬臂施工技术在建造大跨径桥梁中应用最多，施工效率较高，特别是预应力混凝土桥梁，由于充分利用了预应力结构的受力特点，而得以迅速发展。目前采用悬臂施工的预应力混凝土梁式桥的跨径达270m，钢筋混凝土拱桥的跨径达420m，钢桥的悬臂施工跨径已超过了500m，斜拉桥超过1 000m。

（3）桥梁机具设备向着大功能、高效率和自动控制的方向发展，尤其是深水基础的施工机具、大型起吊设备、长大构件的运输装置、高吨位的预应力设备、大型移动模架、绕丝机等等。这些施工设备对加快施工速度和提高施工效率起着重要的作用。此外，在模板、支架和一些附属设备中，广泛采用钢结构和常备式钢构件，提高了设备的实用功效。

(4)依据桥梁结构的体系、跨径、材料和结构的受力状况,可以更方便、合理地选取最合适的施工方法。桥梁施工技术的发展,能更好地满足结构设计的要求。随着桥梁技术的发展,桥梁设计与施工之间的相互关系更加密切。

二、隧道施工技术发展历程

1.古代隧道施工技术成就

人类很早以前就知道利用自然洞穴为住处。当社会发展到能制造挖掘工具时,就出现了人工挖掘的隧道。

在我国最早有文字记载的地下人工建筑物,出现在东周初期(约公元前700年)。《左传》中有“掘地及泉,隧而相见”的记载。最早用于交通的隧道为“石门”隧道(见《中国大百科全书》交通卷第164页“公路隧道”条目),位于今陕西省汉中市褒谷口内,建于东汉明帝永平九年(公元66年)。用作地下通道的还有安徽亳州城内的古地下坑道,建于宋末元初(约13世纪),是我国最早的城市地下通道。

在其他古代文明地区有很多著名的古隧道,如公元前2180~2160年前后,在古巴比伦城幼发拉底河下面修筑的人行隧道,是迄今已知的最早用于交通的隧道,为砖砌构造物。古代最大的隧道建筑物可能是那不勒斯与普佐利(今意大利境内)之间的婆西里勃隧道,完成于公元前36年,至今仍可使用。它是在凝灰岩中凿成的垂直边墙无衬砌隧道。

约于公元7世纪,我国隋末唐初时的孙思邈在《丹经》一书中记载了黑火药的制法。公元1225年以后传入伊斯兰国家,13世纪后期传到欧洲,17世纪初(1627年)奥地利的工业家首先用于开矿。1866年瑞典人诺贝尔发明黄色达纳炸药,为开凿坚硬岩石提供了条件。

近代隧道兴起于运河时代,从17世纪起,欧洲陆续修建了许多运河隧道。法国的兰葵达克(Languedoc)运河隧道,建于1666~1681年,长157m,它可能是最早用火药开凿的隧道。1830年前后,铁路成为新的运输手段。随着铁路运输事业的发展,隧道也越来越多。1895~1906年已出现了长19.73km穿越阿尔卑斯山脉的最长铁路隧道。目前最长的铁路隧道已达53.85km。较为完善的水底道路隧道是建于1927年位于纽约哈德逊河底的Holland隧道。现在世界上的长大道路隧道(2km以上)和长大水底隧道(0.5~2km)将近百条。

2.近现代隧道施工技术发展

隧道工程的施工条件是极其恶劣的,尽管各种地下工程专用工程机械越来越多,得益于科技的发展,在新奥法理论指导下施工方法得到了根本性的改变,但体力劳动强度和施工难度仍然很高。历史上为了减轻劳动强度,人们曾经做过不懈的努力。在古代一直使用“火焚法”和铁锤钢钎等原始工具进行开挖,直到19世纪才开始钻爆作业,至今大约有一百多年的历史。在此期间发明了凿岩机,经过将近一个世纪的努力,发展成为今天的高效率大型多臂钻机。使工人们能从繁重的体力劳动解放出来。和钻爆开挖法完全不同的还有两种机械开挖法。一种是用于开挖软土地层的盾构机,发明于1818年,经过近两个世纪的不断改进,已经从手工开挖式盾构,发展到半机械化乃至全机械化盾构,能广泛用于各种复杂的软土地层的掘进;另一种是用于中等以上坚硬岩石地层的隧道掘进机。首次试掘成功的隧道掘进机,诞生于1881~1883年,到现在已有一个多世纪的时间。目前,已经发展成大断面(直径10m以上)的带有激光导向和随机支护装置的先进掘进机,机械化程度大大提高,加上辅助的通风除尘装置,使工作环境得到了很大的改善。目前应用高压水的射流破岩技术已经过关,它能以很快的速度在花岗岩中打出炮眼,再在坑道周边用高压水切槽,然后爆破破岩。该技术优点是减少超挖,可以开凿出任意断面形状的坑道，保护围岩，降低支护成本，并能增加自由面以减少炮眼数和降低炸药消耗量。但消耗功率较大，设备成本较高，技术上还未达到十分成熟的程度。

20 世纪初，普氏(普罗托季雅克诺夫)以均质松散体为基础，提出了地层压力计算方法，但他把岩石假定为松散体，并把复杂岩体之间的联系用一个似摩擦系数描写，这种做法显然过于粗糙，在工程中也常常出现失败的情况。不过，直到现在普氏理论还在应用着，因为这个方法比较简单。即使对不熟悉地质或不了解现场地质条件的人，也能运用普氏系数来进行设计。

新奥法是 20 世纪 40 年代开始发展起来的，它是以喷射混凝土和锚杆为主要支护手段的一种方法。这种方法把坑道的支护和衬砌与围岩看作是相互作用的一个整体，既发挥围岩的自承能力，又使支护起到加固围岩的作用。在确保坑道稳定的基础上，使设计更加合理、经济。与传统的矿山法相比，新奥法更能充分利用地层地质条件，在地下工程中得到了广泛的应用。

在我国，隧道发展经历了几个时代。20 世纪 50 年代至 60 年代初，是新中国第一代隧道建设工程阶段。该阶段采用钻爆法施工，以人工和小型机械凿岩、装载为主，临时支护采用原木支架和扇形支撑。隧道施工基本无通风，由于技术水平落后，人工伤亡事故时有发生。该阶段的主要标志性工程是位于川黔铁路上的凉风垭隧道，该隧道长 4 270m，于 1959 年 6 月贯通。该隧道首次采用平行导坑和巷道式通风，为长隧道施工积累了很宝贵的经验。60 年代至 80 年代初，是新中国第二代隧道建设工程阶段。该阶段代表性工程是位于京原铁路上的驿马岭隧道，全长 7 032m，1967 年 2 月开工，1969 年 10 月竣工，也是这一时期修建的最长的隧道。这一时期施工机具的装备有了较大的改善，普遍采用了带风动支架的凿岩机、风动或电动装载机、混凝土搅拌机、空压机和通风机等。在成昆铁路的隧道施工中还采用了门架式凿岩台车和槽式运渣列车。在隧道支护方面，采用了锚杆喷射混凝土技术，这是隧道施工技术的重要里程碑。由于主动控制了地层环境，较好地解决了施工安全问题。80 年代中期至 90 年代中期，是新中国第三代隧道建设工程阶段。作为我国隧道修建史的一个里程碑，衡广铁路复线的大瑶山双线隧道是这一时期最典型的代表，隧道全长 14 295m，于 1987 年建成。这是我国 20 世纪最长的双线铁路隧道，名列世界第十。大瑶山隧道实现了大断面施工，并逐渐成为我国长大隧道的修建模式。该成果在 1992 年获国家科技进步特等奖。进入 90 年代中期，我国隧道修建技术达到了新的水平，已与世界接轨。这一时期的标志性工程是位于西康铁路的秦岭隧道，全长 18 460m。在该隧道施工中，采用了目前最先进的全断面隧道掘进机技术。以该隧道技术的发展为代表，证明了我国隧道修建技术已达到世界先进水平，这是一个新的里程碑。

目前，在我国的隧道工程矿山法施工中，已普遍采用了新奥法；岩石隧道施工中采用钻爆法掘进，并开始采用先进高效的掘进机施工；城市道路浅埋隧道明挖或盖挖法施工中开始使用地下连续墙，暗挖施工时采用的盾构法和浅埋暗挖法，都已具备了较高的技术水平。我国也是沉埋修建水底隧道座数较多的国家之一，幅员广大，山多且地质复杂，城市化交通处于发展阶段，随着公路交通事业的发展，隧道事业必将有更大的发展。

第二节　桥梁与隧道施工方法的种类

一、桥梁施工方法分类和选择

1. 桥梁基础工程施工方法

在桥梁工程中，通常采用的基础有扩大基础、桩基础、沉井基础等(图 1-1)，工艺工法将在本书相应章节详细介绍。

2. 桥梁下部结构施工方法

1) 承台

位于旱地、浅水河中采用上石筑岛施工桩基的桥梁,其承台的施工方法与扩大基础的施工方法相类似,可采取明挖基坑、简易板桩围堰后开挖基坑等方法进行施工。

对深水中的承台,可供选择的施工方法通常有:钢板桩围堰、钢管桩围堰、双壁钢围堰及套箱围堰等。

2) 墩(台)身

墩(台)身的施工方法根据其结构形式的不同而各异。对结构形式较简单、高度不大的中、小桥墩(台)身,通常采取传统的方法,立模(一次或几次)现浇施工,但对高墩及斜拉桥、悬索桥的索塔,则有较多的可供选择的方法。而施工方法的多样化主要反映在模板结构形式的不同。近年来,滑升模板、爬升模板和翻升模板等在高墩及索塔上应用较多,其共同的特点是:将墩身分成若干节段,从下至上逐段进行施工。

3. 桥梁上部结构施工方法

桥梁上部结构的形式是多种多样的,其施工方法的种类也较多,但除一些比较特殊的施工方法之外,大致可分为预制安装和现浇两大类。常用的一些施工方法如图1-2所示,将在各相应章节详细介绍。

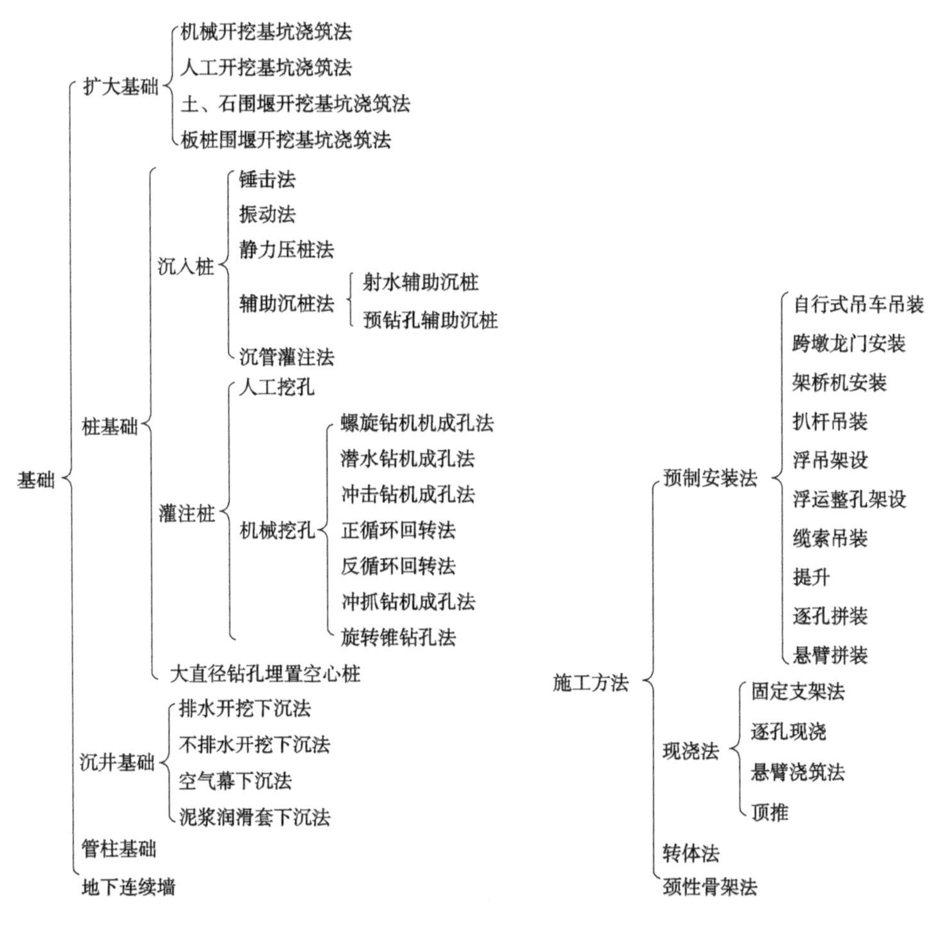

图1-1　桥梁基础分类及施工方法

图1-2　桥梁上部结构施工方法

4. 桥梁施工方法的选择原则

在桥梁的实际施工中，不太可能仅采用分类中某一种施工方法，多数情况下是将几种方法组合起来应用。而且，桥梁的施工方法很多，本教材不可能全部包罗，即使在同一种方法中也有不同的情况，所需的机具、劳力、施工的步骤和施工期限也不一样。因此，在确定桥梁施工方法时，应根据桥梁的设计要求，施工的现场、环境、设备和经验等各种因素综合分析考虑，合理选择最佳的施工方法。

选择桥梁施工方法时应考虑的主要因素有以下几点：

(1)桥梁的结构形式和规模。

(2)桥位处的地形、自然环境和社会环境。

(3)施工机械和施工管理的制约。

(4)以往的施工经验。

(5)安全性和经济性等。

二、隧道施工方法分类和选择

1. 隧道的施工方法

隧道施工方法是指隧道开挖、支护与量测方法、施工技术和施工管理的总称。

根据隧道穿越地层的不同地质条件和施工技术水平的发展，公路隧道施工方法分为以下几类：

(1)山岭公路隧道施工方法。主要有：

①矿山法(钻爆法)。包括传统矿山法、新奥法。

②掘进机法。

(2)浅埋及软土隧道施工方法。主要有：

①明挖法。

②浅埋暗挖法。

③盖挖法。

④盾构法。

(3)水底隧道施工方法。主要有：

①沉埋法。

②盾构法。

2. 隧道施工方法选择

隧道施工方法选择，主要依据工程地质和水文地质条件，并结合隧道断面尺寸、长度、衬砌类型、隧道使用功能和施工技术水平等综合考虑研究确定。

隧道施工技术主要研究解决各种隧道施工方法所需的技术方案和措施，隧道穿越特殊地质和不良地质地段时的施工手段，隧道施工过程中的通风、防尘、防有害气体及照明、风水电作业方式和围岩变化的量测监控方法等。

隧道施工管理主要解决施工组织设计(含施工方案选择、施工场地布置、施工技术措施、施工进度控制、材料供应、劳动力和机具安排等)和施工中的技术管理、计划管理、质量管理、经济管理、安全管理等。

由于隧道工程遇到的地质条件的复杂性及多变性，加之地质勘探的局限性，因而在隧道施工过程中经常会遇到地质突变情况，如意外塌方或涌水等问题，使原来制订的施工方案、技术措施和进度计划等也必须随之改变。因此,在隧道施工中应详细制订出灵活多变、实用的隧道施工方案,以适应客观条件的变化,及时正确的处理隧道施工中所遇到的各种实际问题。

第三节 桥梁与隧道施工临时工程

公路建设工程中的临时工程是间接为建设工程服务的,公路工程建成后应全部拆除,恢复原来生态面貌。它包括施工企业为进行建筑安装工程施工所必需的生产和生活用的临时建筑物、构筑物和其他临时设施,根据建设工程的实际情况列入工程造价内,是构成全部建筑安装工程费用的内容之一。下面介绍几类常见临时工程。

一、预制场布设

预制场分为大型构件预制场和小型构件预制场。

1. 大型构件预制场布设

1)设置原则

(1)根据项目的工程情况和地形特点,应就近设置。

(2)每个路基土建标段原则上只设一座预制场。个别标段因为预制场地、运输通道所限,预制构件数量少,经监理人批准可以考虑相邻标段合并。

(3)预制场选址与布置要经过多方案比选,合理划分办公区、生活区、制梁区、存梁区和构件加工区。

2)一般要求

建设方案内容包括位置、占地面积、功能区划分、场内道路布置、排水设施布置,水电设施设置及施工设备的型号、数量等。生产、生活营地的消防、安全设施应齐全到位,并做好临时雨水、污水排放以及垃圾处理,以防止环境污染。工程交工后,承包人应自费恢复驻地原貌。

3)场地建设

(1)面积要求。一般平原微丘区路基土建合同段预制场的占地面积建议不小于6 000m^2,主要工程为隧道的合同段预制场的占地面积建议不小于4 000m^2,主要工程为桥梁的合同段预制场的占地面积建议不小于8 000m^2,山岭重丘区其占地面积可根据具体条件确定。

(2)预制场的布置。

①预制场布置要符合工厂化生产的要求,道路和排水畅通。预制场的所有场地必须进行混凝土硬化处理,建议使用不小于15cm厚的片、碎石垫层,不小于10cm厚的C15混凝土进行混凝土硬化处理。预制场的一般行车道路应硬化,建议使用不小于15cm厚的片、碎石垫层,不小于20cm厚的C20混凝土进行混凝土硬化处理。

②场地硬化按照四周低、中心高的原则进行,面层排水坡度不应小于1.5%,场地四周应设置排水沟,排水沟底面采用M5砂浆进行抹面,做到雨天场地不积水、不泥泞,晴天不扬尘。

③办公室、生产区、操作工的生活区等,要做到区域功能分明,可参考图1-3和图1-4。

④变压器设置的安全距离,要符合相关规范规定。所有的电器设备按安全生产的要求进行标准化安装,所有穿过施工便道的电力线路采用从硬化地面下预埋管路穿过或架空穿越。

⑤场地内必须根据梁片养护时间及台座数量设置足够的梁体养护用的自动喷淋设施。养护用水需要进行过滤,避免出现喷嘴堵塞现象,并且管道要埋入地下。

⑥混凝土拌和站应靠近预制场,并远离办公生活区。

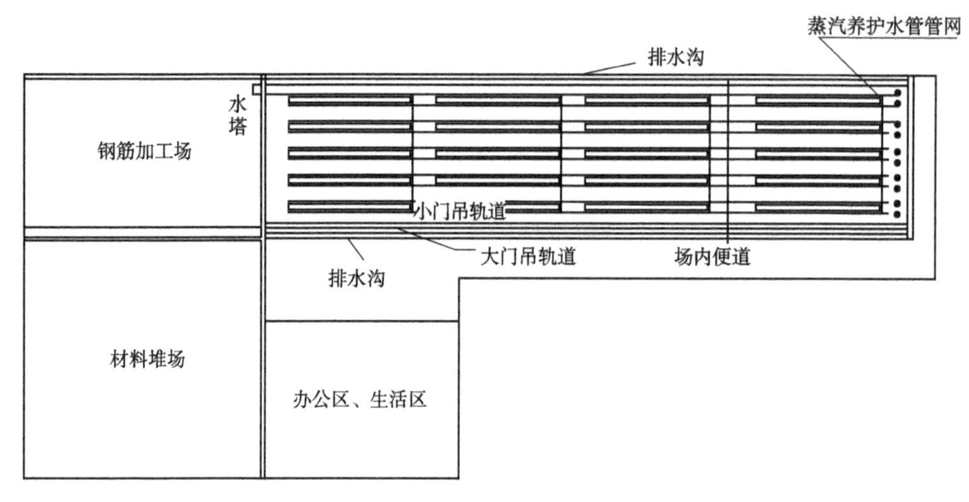

图 1-3　某桥下预制梁场平面布置示意图

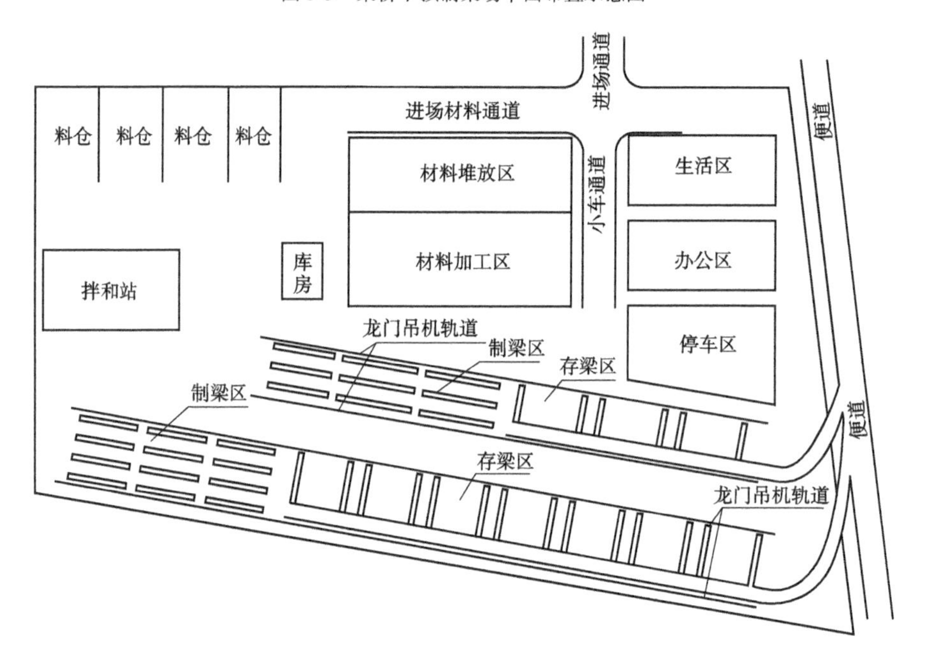

图 1-4　某路基旁预制梁场平面布置示意图

(3)预制梁的台座设置。

①预制梁的台座强度应满足张拉要求,台座尽量设置于地质较好的地基上,对软土地基的台座基础要进行加固,台座与施工主便道要有足够的安全距离。

②预制场设置在填方路堤或线外填方场地时,为防止产生不均匀沉降变形而影响预制的质量,应对场地分层碾压密实,并对台座基础进行加固,尤其台座两端应用 C20 以上的片石混凝土扩大基础进行加固,以满足梁板张拉起拱后基础两端的承载力要求,同时应在台座上设置沉降观测点进行监控。存梁区台座应视地基的承载力情况适当配筋。

③台座应满足不同长度梁片的制作,底模应采用通长钢板,不得采用混凝土底模。钢板厚度应为 6～8mm,并确保钢板平整、光滑,并及时涂脱模剂,防止吊装梁体时,由于黏结而造成底模“蜂窝”、“麻面”。

④预制台座、存梁台座间距,应大于模板宽度的 2 倍,以便吊装模板。预制台座与存梁台

座数量,应根据梁板数量和工期要求来确定,并要有一定的富余。

⑤用于存梁的枕梁可设在离梁两端面各 50 ~ 80cm 处,且不影响梁片吊装的位置。

⑥横隔梁的支撑优先选用固定式底座,底座与主梁台座同步建设。

(4)原材料的堆放要求。

①凡用于工程的砂石料,应按配料要求,不同粒径、不同品种分仓存放,不得混堆或交叉堆放,并设置明显标志。分料仓应用墙隔开,采用石灰或水泥砂浆抹面,仓内地面设不小于 4% 的地面坡度,分料墙下部预留孔洞,严禁积水。

②应严格按照规定对现场材料进行标识,标识内容应包括材料名称、产地、规格型号、生产日期、出产批号、进场日期、检验状态、进场数量、使用单位等,并根据不同的检验状态和结果采用统一的材料标志牌进行标识。

③料仓的容量应满足最大单批次连续施工的需要,并留有一定的余地。另外,还应满足运输车辆和装载机等作业要求。

④包括储料斗在内的所有地材存放场地必须架设轻型钢结构顶棚。

⑤夏季施工时,应有水降温设备。

⑥波纹管、锚具、支座等其他材料,应按相关要求建库保管和加工。

4)预制场标示标牌

(1)预制场内醒目位置应设置工程公示牌、施工平面布置图、安全生产牌、消防保卫牌、管理人员名单及监督电话牌、文明施工牌等明示标示。

(2)吊装作业区、安全通道应设置禁止标志,预制场的制梁区、存梁区、构件加工区等各生产区域应设置明示标示。

(3)钢筋绑扎区在明显位置应设置标志牌。

(4)张拉台座两端应设置指令标志,并设置钢板防护。

(5)正在使用的机械设备,应在醒目位置悬挂机械操作安全规定公示牌(即安全操作规程),易发生机械伤害的场所、施工现场出入口应设置禁止和警示标志。

2. 小型构件预制场布设

1)设置原则

小型构件预制场的生活区应同其他区隔离开,场地应进行硬化处理。生产、生活营地的消防,安全设施应齐全到位,并做好临时雨水,污水排放以及垃圾处理,以防止污染环境。工程交工后,承包人应自费恢复驻地原貌。

2)一般要求

(1)建设内容包括位置、占地面积、功能区划分、场内道路布置、排水设施布置、水电设施布置及施工设备的型号、数量等。

(2)建设方案经监理人和业主审批同意后,才可进行小型构件预制场建设。小型构件预制场建设完成后,报监理人进行验收,验收合格后才可开始生产。

(3)小型构件预制场的生活区应同其他区隔离开,场地应进行硬化处理。

(4)生产、生活营地的消防,安全设施应齐全到位,并做好临时雨水、污水排放以及垃圾处理,以防止污染环境。工程交工后,承包人应自费恢复驻地原貌。

3)场地建设

(1)一般路基土建标段小型构件预制场的占地面积不宜小于 2 000m^2。

(2)根据小型预制构件特点,预制场需分生产区、养护区、成品区以及办公区等。各区域的划分应设隔离标识,并在各个区域设置标识牌,各区规划合理,交通流畅。

(3)小型构件预制场布置,要符合工厂化生产的要求,道路和排水畅通,场地四周用砖砌围墙(或通透式围栏)。小型构件预制场地硬化处理与大型构件预制场相同。

(4)生产区根据标段设计图纸确定的预制构件的种类设置生产线,每条生产线必须设置振动台,同时配备小型拌和站。

(5)养护区采用自动喷淋养护系统或人工喷淋结合土工布覆盖对构件进行养护。

(6)成品按不同规格分层堆码。

4)小型构件预制场标示标牌

(1)小型构件预制场内醒目位置应设置工程公示牌,施工平面设置图,安全生产牌,消防保护牌,管理人员名单及监督电话牌,文明施工牌等明示标示。

(2)作业区、安全通道应设置禁止标志,小型构件预设场的生产区、养护区、成品区以及办公区等各区域应设置明示标示。

(3)正在使用的机械设备,应在醒目位置悬挂机械操作安全规定公示牌,即安全操作规程。易发生机械伤害的场所和施工现场施工口,应设置禁止和警示标志。

二、拌和站设置

在公路工程中设置的拌和站分稳定土拌和站、水泥混凝土拌和站和沥青混凝土拌和站。隧道施工中会设置喷射混凝土及二衬混凝土拌和站。下面重点介绍水泥混凝土拌和站的设置,如图1-5所示。

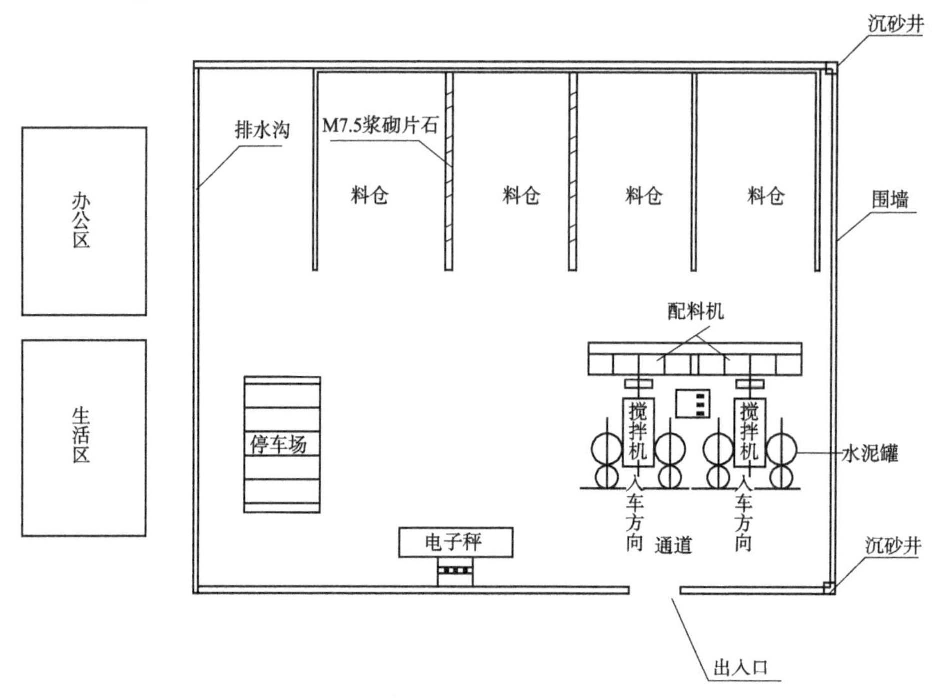

图1-5　某水泥混凝土拌和站平面布置图

1.布置原则

水泥混凝土拌和站布置应遵循以下原则:

(1)地质状况要好。拌和站为大型机械设备,自重和材料的质量非常大,设备各机构如给料机、水泥仓筒、拌和楼工作中都处在振动状态,故地质要求坚硬,能有效防止地面沉降。

(2)场地应选择在交通便捷的地点,就近设置。拌和站需要运输大量的原材料和成品拌和料,要从降低成本和有利于施工方面进行考虑。

(3)环保因素。拌和站要远离住宅和人口稠密区,降低粉尘、噪声。

(4)依地势确定建立方案。地势包括等高平面和不等高平面。通过利用地势合理布局,可为顺利生产打下良好基础。

2. 场地建设

(1)水泥混凝土拌和站的占地面积根据具体条件确定。

(2)拌和站应根据工程实际情况集中布置,宜采用封闭式管理,拌和站内宜设置工地试验室。

(3)对拌和场进行功能分区,规划为生活区、拌和作业区、砂石材料存放区、钢筋加工及存放区等。

(4)拌和站的所有场地必须进行混凝土硬化处理,建议使用不小于25cm厚的片、碎石垫层,不小于10cm后的C15混凝土进行混凝土硬化处理;拌和站内行车道路应硬化,建议使用不小于20cm厚的片、碎石垫层,不小于25cm厚的C20混凝土进行混凝土硬化处理;大型作业区重车的行车道路硬化,建议使用不小于25cm厚的片、碎石垫层,不小于20cm厚的C20混凝土进行混凝土硬化处理。

(5)拌和站四周应设置排水沟,并设置污水过滤池,严禁生产和生活废水随意排放。

3. 库房建设

库房主要包括水泥、矿粉、外加剂库房。

(1)库房的面积可根据材料重量,按照承载力标准建设。

(2)施工单位原则上应使用散装水泥,在不具备使用散装水泥的情况下使用袋装水泥,应建造库房存放。

(3)不同品种、不同批次、不同生产日期的水泥、矿粉、外加剂应分区堆放,并根据不同的检验状态和结果采用统一的材料标识牌进行标识。

(4)使用散装水泥、矿粉的拌和厂,要设水泥、矿粉储存罐,根据用量选定储罐容量,配合电脑自动输出。

(5)库房内外加剂的存放高度不应超过2m,不同品种、不同批次、不同生产日期的外加剂应分开堆放,并根据不同的检验状态和结果采用统一的材料标识牌进行标识。

(6)库房原则上采用砖砌房屋,尽量靠近拌和机,库房内部采用水泥粉刷,地面采用C15混凝土进行硬化,然后利用方木或砖砌上搭5cm的木板,使外加剂储存离地30cm。外加剂存放应离四周墙体30cm以上。

(7)库房内应建立详细的外加剂调拨台账。

4. 原材料的堆放要求

(1)凡用于工程的砂石料,应按配料要求,不同粒径、不同品种分仓存放,不得混堆或交叉堆放,并设置明显标志。

(2)应严格按照规定对现场材料进行标识,标识内容应包括材料名称、产地、规格型号、生产日期、出产批号、进场日期、检验状态、进场数量、使用单位等,并根据不同的检验状态和结果,采用统一的材料标志牌进行标识。

(3)料仓的容量应满足最大单批次连续施工的需要,并留有一定的余地。另外,还应满足运输车辆和装载机等作业要求。

(4)包括储料斗在内的所有地材存放场地,必须架设轻型钢结构顶棚。

(5)夏季施工时,应有水降温设备。

(6)用于路基土建工程的混凝土拌和用原材料的堆放还应符合下列要求:

①混凝土拌和采用强制式搅拌机,配置4个或8个集料仓(两个四仓式)。

②C35以上混凝土用碎石,并应采用反击破设备生产的碎石。

5. 标示标牌

(1)拌和站内醒目位置应设置工程告示牌、拌和站平面布置图、安全生产牌、消防保卫牌、管理人员名单及监督电话牌、文明施工牌等明示标示。

(2)拌和站入口、拌和楼控制室,应设置禁止、警告、指令标志。

(3)拌和站配合比标志牌的内容,应包括:混凝土设计与施工配合比(含外加剂),粗细集料的实测含水率及各种材料的每盘使用量等。

(4)拌和站管理人员和作业人员,应统一制服,挂牌上岗。

6. 水泥混凝土拌和站的基本组成

水泥混凝土拌和站主要由物料储存系统、物料称量系统、物料输送系统、搅拌主机和电气控制系统和其他附属设施构成,见图1-6。

图1-6 某水泥混凝土拌和站实景图

(1)物料储存系统。如配料机砂石储料斗、水泥仓、水箱、外加剂储料罐等。

(2)物料称量系统。如配料机砂石称、水泥称、水称、外加剂称,其中配料机砂石称又分累计计量称和单独计量称,单独计量称是几种砂石同时计量,又比累计计量称节省计量时间,多用于大型拌和楼。

(3)物料输送系统。如皮带机(分大倾角和斜皮带)、水泥螺旋输送机、水泵、砂石提升料斗等。

(4)搅拌主机。分单卧轴、双卧轴、立轴、自落式,常用机型为双卧轴。

(5)电气控制系统。分自动和手动两大类,自动又分纯控制和控制加生产管理。

7. 文明施工

(1)根据场地条件,合理设置废水沉淀池和洗车池,布设排水系统,并设置明显标示。

(2)地面应定期洒水,对粉尘源进行覆盖遮挡。

(3)每次混凝土作业拌和完成后,应及时清洗机具,清理现场,做到场地整洁。

(4)临近居民区施工产生的噪声不应大于现行《建筑施工场界环境噪声排放标准》(GB 12523—2011)的规定。

(5)应根据需要设置机动车辆、设备冲洗设施、排水沟及沉淀池,施工污水处理达标后方可排入市政污水管网或河流。

(6)施工机械设备产生的废水、废油及生活污水不得直接排入河流、湖泊或其他水域中，也不得排入饮用水附近的土地中。

(7)水泥、粉煤灰等材料进料时，要注意材料灌顶的密封性能。当粉尘较大时，应暂时停止上料，待处理完后方可继续。

(8)拌和楼按全封闭设置，减少或防止灰尘污染空气。

(9)水泥或粉煤灰罐必须安装避雷设施。

三、施工便道

施工便道是指供汽车运输建筑材料和大型机械设备进退场用的临时道路。修建便道主要有两个目的：一是专供汽车运输建筑材料用的便道，如料场到施工现场，原有道路与新建道路进场的连接线，以及现场范围内必须修建的便道；二是专供大型机械设备进退场的便道。

1. 设置原则

(1)便道宜利用永久性道路和桥梁。桥梁施工便道宜建在永久用地范围内。施工便道分为主(干)线和次(引入)线。施工主干线尽可能地靠近管段各主要工点，引入线以直达用料地点为原则，应考虑与相邻段便道的衔接。

(2)应尽量避免与既有铁路线、公路平面交叉。便道干线不宜占用路基，特殊地段必要时可考虑短期占用路基，但应采取临时过渡性措施，尽量缓解干扰。

(3)常年使用的便道，为保证晴雨天畅通，应铺设路面，若只要求晴天通，雨天不通，或一次性使用的便道，可不铺设路面。

2. 技术要求

(1)便道分为双车道和单车道两种标准。双车道路基宽度不小于7m，路面宽度不小于6m；单车道路基宽度不小于4.5m，路面宽度不小于3.5m。曲线或地形复杂地段应根据地形条件和视距要求适当加宽。单车道的路线长如不大于400m应设置错车道。错车道路基宽度不小于6.5m，路面宽度不小于5m，长度不小于20m。

(2)便道为土质路基地段，基层为不小于20cm厚的片(碎)石垫层，其面层可为泥结碎石面层；挖方石质地段路基，表面用泥结碎石找平；在软土或水田地带，基底抛填片石或用三七灰土换填处理。

(3)各场(站、区)、重点施工工程等大型作业区，进出场的便道200m范围应进行硬化，标准为C20混凝土，厚度不小于20cm，并设置碎石或灰土垫层，基础碾压密实。

(4)便道应设排水沟。

(5)便道路面，应保持直顺、无坑洼、不积水。

(6)便道经过水沟地段，要埋置涵洞或做过水路面，使排水畅通。

3. 便道维护

(1)施工期间应对施工便道进行日常检查和养护，项目部要配备洒水车以用于晴天洒水，做到雨天不泥泞，晴天少粉尘。

(2)施工现场的道路应保持畅通，并与现场的存放场、仓库、施工设备等位置相协调，满足施工车辆的行车速度、密度、载质量等要求。

4. 标示标牌

(1)施工便道、便桥，应设置必要的标志标牌，便道路口应设置限速标志，施工便道与建筑物、城市道路等转角、视线不良地段应设置明示标志,跨越(临近)道路施工应设置警告标志,道路危险段应设"危险地段,注意安全"等警告标牌。

(2)施工现场(站)区、办公区、生活区等拐弯处设置指向标志,并设置防撞墩、防撞柱等措施,在变道的施工现场侧设置里程标和半公里标。

(3)各施工便道从起点起依序编号,在路口处设便道标识牌。

5. 文明施工

(1)利用地方道路作为施工便道,施工单位应提前与有关部门签订协议,待工程完工后按照协议进行补偿或修复。

(2)工程完工后,施工单位应将施工便道予以拆除。

四、施工便桥

施工便桥是指便道在跨越水面处修建的桥梁或在修建大型桥梁时,为运输建筑材料和施工机械设备的需要修建的临时桥梁。

便桥的类型有墩架式梁桥、装配式公路钢桥(俗称贝雷桥)、浮桥和索桥。

便桥的适用条件:当河窄、水浅时可选用墩架梁桥;当河宽且具备贝雷桁架部件时,可选用贝雷桥;由于任务紧急,临时桥梁的修建不能短期完成时,或河水很深,河床泥土松软,桩基承载力不够且施工困难时,或河流通航,墩架梁桥净宽、净高不能满足要求时,可以考虑建造部分桥段易于拆散、组建的浮桥;当遇深山峡谷时,可选用索桥。

便桥设计基本要求主要有:

(1)便桥结构按照实际情况专门设计,一般按照公路二级进行设计,同时应满足排洪要求。

(2)汽车便桥桥面宽度不小于4.5m。

(3)桥面高度不低于近年最高洪水位。

1. 墩架式梁桥

1)墩架式梁桥结构

临时墩架梁桥由基础、墩台、梁部结构和桥面组成。基础常采用混凝土和桩基,桥墩多为排架墩,排架墩常采用贝雷、万能杆件或钢管组成,纵梁多为圆木、型钢,桥面多为木板和钢板。因受简支纵梁承载能力限制,墩架式梁桥的长度一般为5~8m。

2)墩架式梁桥基础

墩架式梁桥基础常采用混凝土基础和钢桩基础。

(1)混凝土基础。适用于砂石河床的浅滩处,埋置深度需考虑一般冲刷。施工时根据河床的地基土容许承载力确定尺寸,然后开挖基坑,整平坑底预埋墩身的锚固件,浇筑混凝土基础。

(2)钢桩基础。钢桩可以是型钢、型钢组合、钢管桩。利用打入钢桩做基础和墩身,常采用履带吊机和浮吊打设钢桩。

3)墩架式梁桥桥台

常采用的墩台类型是贝雷桁架墩、万能杆件墩和钢管桩桥墩,岸边桥台一般采用混凝土桥台。

(1)贝雷桁架桥墩。如桥墩高度为3m,可用两层贝雷桁架叠置以弦杆螺栓连接组成,如桥墩高为6m,可用双排双层6片贝雷桁架以销子、弦杆螺栓和支撑架联结竖立组成,其桥墩宽约为0.5m,墩长约4.5m。墩基可用混凝土基础,贝雷墩架与混凝土基础可采用在混凝土基础中预埋弦杆螺栓连接。

(2)万能杆件桥墩。由3个2m×2m的塔架杆连接而组成平面尺寸为2m×6m的墩架。

墩架的基础可用混凝土基础，在混凝土基础顶面应预埋墩架的连接件。万能杆件墩架的安装可采用人工拼装，或先分段组装，然后用机械设备分段吊装的方法。

(3)钢桩桥墩。由打入的钢桩基础延伸形成墩身，钢桩间用剪刀撑和水平撑连接，钢桩顶面加支撑横梁构成。

4)梁部结构和桥面

在墩台上设置纵梁，再在纵梁上设置横梁。纵梁和横梁一般采用原木或型钢，安装方法可采用悬臂法和机械设备吊装。

桥面常用木桥面和钢桥面。木桥面由木纵梁、桥面板和车道板组成。铺设顺序是先安装木纵梁，再在木纵梁上铺设桥面板，最后铺设车道板。钢桥面由纵、横梁和钢面板组成，一般先将钢桥面分节制作好，采用机械设备吊装。

2. 贝雷桥

贝雷桥是两片主桁架之间通过横梁联系，在横梁上面配置纵梁和桥板，并由撑杆及系材使其固定，而架成桥梁。两侧主桁架可由单排、双排或三排并列配置，也可架成双层和二层桁架，用以提高承载能力。

(1)贝雷桥结构。由高强钢材制成轻便的标准化桁架单元构件及横梁、纵梁、桥面板、桥座及连接件等组成。

(2)贝雷桥基础。常采用混凝土基础和钢管桩基础，施工方法与蹲架式桥梁的基础相同。

(3)贝雷桥墩台。贝雷桥墩台的类型和施工方法与蹲架式梁桥的墩台相同。

(4)贝雷桥架设方法。常采用的架设方法是悬臂推出法，履带吊机架设法和浮云架设法。

①悬臂推出法。就是在河流两岸安置滚轴，桥梁的大部分部件在推出岸的滚轴上安装好，然后用人力或用机械牵引，将桥梁徐徐向前推出，直达对岸。

桥梁推出时的倾覆稳定系数不小于1.2，以防止桥梁尚未推达对岸滚轴之前发生倾倒。为避免这种危险，除在桁架后端装上配重外，还应在正桥前面另装几节桁架，待完成桥梁推出后，再予拆除，这个接长部分就称为鼻架。鼻架只装桁架、横梁与抗风拉杆等部件，不装纵梁与桥面板。

在通常情况下，桥梁是在推出岸全部装好后再推出，但在架设大跨径桥梁时，为减轻推出重力或者因桁架不足时，也可不装足上层桁架，待鼻架到达对岸后，再拆除鼻架，装其不足部分。遇到桥头地形局促，桥架无法伸展时，只能装几节推几节，随时核算桥架的重心，防止倾覆。

②履带吊机机架设法。在河床地质适合搭设刚桩基础的条件下，可采用履带吊机机架设法，架设方法和步骤如下：

a. 利用履带吊机搭设架设孔的刚桩基础和墩身。

b. 架设第一孔时，在岸边陆地上拼装第一孔两侧桁架，利用履带吊机安装两侧桁架。在架设第二孔和其他孔时，利用已架好的孔拼装架设孔两侧桁架，再用位于前一孔的履带吊机安装架设孔的两侧桁架。

c. 安装架设孔的横梁、纵梁、桥面板及连接件等。

在架设下一孔时重复以上步骤。

采用履带吊机架设法时，要注意履带吊机工作距离与孔距匹配。

③浮运架设法。在河水较深、水流平缓并有足够吨位的船只时，可以采用浮运架设法。此法又可分为浮运搁置与支点浮渡两种方法。

a. 浮运搁置法。在桥址两端没有足够的直线和平地，难以拼装桥架的情况下，可以在河流的上游或下游寻找一块利于拼装的场地，把桥梁拼装好，推至船上。船上需架设承托桥梁的支架，支架的高度必须根据桥下水位与墩台高程，通过计算预先确定。桥梁两端须悬伸于船外，以便浮运至桥位后，搁置在支座上。

b. 支点浮渡法。此方法是将桥架的桥头拼好，把一端推到浮船预先搭好的架子上并悬出一段，将浮船对正桥位方向移动，直至彼岸。桥架利用千斤顶或压舱水就位。在浮船移动的过程中，需注意加设浮船四角的保护绳，以控制浮船移动的速度及行进的方向。

3. 浮桥

浮桥由桥梁上部构造和浮船组成，军用舟桥是成套的装配式浮桥。临时公路浮桥所用浮船除施工单位的船舶外，利用内河航运的各类船、驳（民舟）加固为主。其上部构造一般采用贝雷桥、万能杆件拼装梁，如限于设备条件，也可用工字钢梁或木梁。

1）浮桥的构造

通过汽车的公路浮桥，一般由浮桥进出口、浮墩和上部构造组成。

（1）浮桥进出口。浮桥常采用浮动小板桥或浮动小桥与桥头引道连接。此种小桥可具有斜坡的位置，并在任何规定极限的水位内，都能保证经由浮游部分到岸上引道间的行车不致中断。有主梁和简单桁梁的上部构造是最简单的连接部分，桁梁的一段支在墩台上的支座上，另一端则支在浮墩上。

（2）浮墩。用浮桥船、浮箱或平底船可作为浮桥的墩座，军用浮桥的浮墩即平底船。

（3）上部构造。公路浮桥一般采用 3 种上部构造桁梁体系：分离式、连续式、悬臂铰式。在任何上部构造桁梁体系下，中心支承方法可以是分离式、连续式或悬臂铰式。偏心支承方法只适合于分离式体系。刚性支承方法适用于连续式桁梁和悬臂铰式桁梁体系。在浮墩上互相连接着的上部构造组成了浮桥。浮桥按其结构体系分为静定式和超静定式两种。

2）浮桥的架设

浮桥架设方法有多种，最常用的是先在岸边结合好门桥，将门桥依次引入桥轴线，再把门桥彼此连接起来，下面以舟桥的架设来说明架设的工序和方法。

（1）标定桥轴线和投锚线。桥轴线应与主要流向直交，以减少浮桥的阻水面，增强浮桥的稳定性。投锚线分为上、下游投锚线，与桥轴线平行。

（2）设置中央锚定门桥和中央定位门桥。要求位置准确，固定牢固。先设基线进行定位测量，然后将门桥引至位置投锚固定。

（3）浮游部分的架设方法有门桥架设法、旋转架设法和混合架设法。旋转架设法适用于河面不宽（150m 以内）、流速小于 1m/s 且河中无浅滩、暗礁的江河上。混合架设法适用于河面宽、岸边流速小的江河上。

3）浮桥的固定

浮桥受流速、风力、车辆冲击等作用将产生纵、横方向的水平移动，为了防止水平移动保证其稳固，必须对浮桥进行纵向和横向固定。

纵向固定除了要求在构筑桥基础时，基础材料的固定要牢固，桥节、门桥的结合和互相连接要牢固可靠外，必要时，可设岸边控制钢丝绳横向固定，可采用投锚、张纲、锚定门桥（舟桥）等方法，也可将三种方法混合使用。

4. 索桥

1）临时索桥的类型和结构

公路上常用的有三种类型：Ⅰ型、Ⅱ型、Ⅲ型索桥。

Ⅰ型索桥结构类似正式吊桥，但桥面系的吊杆上不设加劲桁架，矢跨比比Ⅱ型和Ⅲ型索桥大。此桥型结构复杂,架设和拆卸较费工,适用于使用时间较长的临时桥。

Ⅱ型索桥结构设上下两层主索。上索设在桥面系的两边上方,下索设在桥面系的下面,直接承受桥面系及其上面的车辆、行车荷载。主索的矢跨比比Ⅰ型索桥小,上下索之间用吊杆及横梁相互联系。

Ⅲ型索桥桥面全部设在悬索上,不需设置索塔,装拆最迅速,如桥面稍浸没于水中,可使空中不易发现,可以白天拆卸桥面,夜间安装使用,最适合作战备桥梁。

根据部位作用不同,临时索桥共由5部分组成:锚碇、桥台、连接调整构件、承重结构、桥面系。

锚碇是索桥关键的部分,其承载整座桥的重量。锚碇根据其受力特点分为重力锚和地锚,重力锚是将钢索锚入两岸浇筑的大体积钢筋混凝土内,主要依靠混凝土自重受力,桥台圬工量大。地锚(亦称隧道锚)是将钢索锚入两岸山体,依靠基岩锚固力承受钢索拉力,要求两岸石质好。

2)临时索桥的主要施工方法

主要工序包括桥台和地锚坑开挖、锚碇施工、主索安装和张拉、桥面安装。

(1)钻孔。采用潜孔冲击式钻机钻孔,钻孔深度应超出锚索设计长度0.5m,以防岩土屑沉落孔底而使孔深不够;根据钻进情况和吹出的岩粉做好详细的施工记录,钻进中应经常进行高压风吹孔,土夹石地层,可上下来回扫孔,防止掉块堵孔。钻孔结束,拔出钻杆钻头,复核孔深,并用高压风清孔,然后塞好孔口。

(2)下索注浆。下索前孔内再用高压风清孔一次,然后放入锚索,锚索外套上定位片使锚索居中,注浆管应随锚索一同入孔,注浆管头部距孔底5~10cm,锚索定位止浆环到达孔口时,停止推送,再检查一遍排气管是否畅通。

(3)主索安装。主索安装方法应根据主索钢丝绳直径大小、当地地形、机具设备、河水深度与流速、通航与否以及河床地质情况决定。一般将主索悬挂在托索(工作索)上牵引过河,在通航河流上可利用浮船牵引过河,冬季封冻河流上可在冰面上牵引过河。

(4)主索张拉。每根主索利用简易索吊及猫道从左岸桥台牵引到右岸桥台,首先主索与右岸锚索用连接调整器连接,在右岸利用卷扬系统及轮滑组加力预拉主索,使主索空索矢度稍小于设计矢度,卡好绳夹。

(5)横梁、纵梁和桥面系安装。Ⅰ型索桥横梁安装是将钢横梁分别吊挂在稳定索上,按设计间距依次将大梁从桥台牵引到相应的位置上,细调,待桥面安好后再进行精确定位,安装调整合格后将连接螺栓拧紧,使钢梁和主索成一个整体。安装是由桥两端向跨中间对称进行安装,横梁安装完毕后,再安装纵梁和桥面系。Ⅱ型索桥是分节安装,先将横梁放在钢索上,分别用夹具套住各索组,然后安装纵梁和桥面板,用拉索从两岸向跨中间拉。

五、临时码头

临时码头指当建设工程处在通航地区,为利用水上运输工具进行建筑材料的运输,或桥下施工需要工程拖轮和工程驳船运送材料和构件时,进行装卸工作而修建的临时性码头。

公路临时性码头常采用重力式码头和高桩码头,主要根据使用要求、自然条件和施工条件综合考虑确定。

重力式码头由胸墙、墙身、抛石基床、墙后回填体等组成,靠建筑物自重和结构范围内的填料重力和地基强度保持稳定性。按其墙身结构,有整体砌筑式、方块砌筑式、沉箱式和扶壁式等。重力式码头整体性好,结构经久耐用,损坏后易于修复,但要求有良好的地基,材料用量大,一般适用于地基条件好,当地有大量砂石可利用的地区。

高桩码头主要由基桩和桩台两部分组成。根据结构特征,高桩码头分为透空式和挡土式两大类。透空式码头又称栈桥式码头,桩台下是透空的,波浪和水流可穿透过去,对波浪不发生反射,河道上不影响泄洪,可减少港池回淤。码头下岸坡自身保持稳定,码头结构不承受侧向土压力,在工程上得到广泛应用。挡土式码头可承受一定的侧向土压力。

六、施工送风设施

在隧道施工中,洞内氧气大大减少,且混杂各种有害气体与岩尘,造成洞内空气污浊。随着坑道不断开挖,不断向山体深处延伸,洞内温度和湿度相应提高,会对人体产生有害的影响。隧道施工通风与除尘的目的是为了更换和净化坑道内的空气,供给洞内足够的新鲜空气,稀释、冲淡和排除有害气体,降低粉尘浓度,以改善劳动条件,保障施工作业人员身体健康,保证正常的安全生产,并提高劳动生产率等。

1. 隧道施工作业区应符合的卫生标准

隧道施工中,由于钻眼、炸药爆破、装渣、喷射混凝土、内燃机械和运输汽车的排气、开挖时地层中放出有害气体等因素,使洞内狭窄空间的空气非常污浊,对人体的健康影响较严重。因此,必须向洞内供给新鲜空气、排除有害气体及降低粉尘浓度,同时也应尽量控制不利于施工的因素,如地热、噪声等。

2. 通风方式

一般来说,除300m以下的短隧道(穿过的岩层不产生有害气体)及导坑贯通后的隧道施工可利用自然通风(靠洞内外的温度差及高程差等所造成的自流风)外,均应采用机械通风,即利用机械设备向洞内送入新鲜空气,排除污浊空气。

实施机械通风,必须具有通风机和风道,按照风道的类型和通风安装位置,有如下几种通风方式:

(1)风管式通风。风流经由管道输送,分为压入式、抽出式和混合式3种,如图1-7所示。必须指出,风管末端到开挖面的距离必须保证,因此随着开挖面的推进,必须及时接长风管。

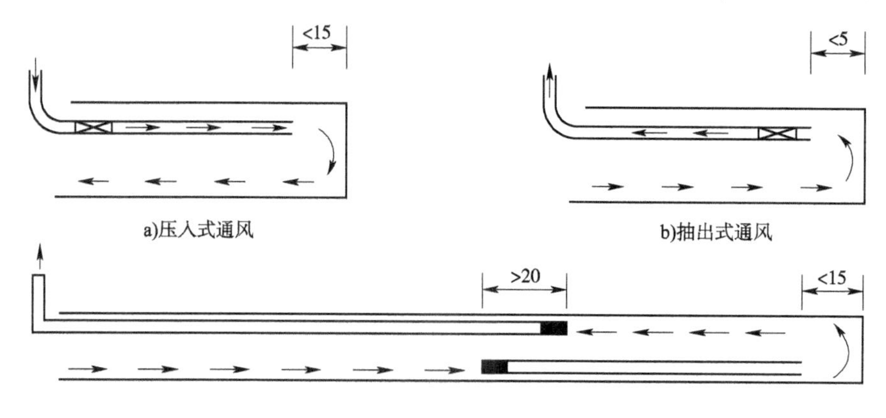

图1-7　风管式通风(尺寸单位:m)

风管式通风的优点是设备简单,布置灵活,易于拆装,故为一般隧道施工所采用。但由于管路增长,通风阻力增大,另外由于管路的接头或多或少有漏风,若不保证接头的质量,就会造成因风管过长而达不到要求的风量。

(2)巷道式通风。适用于有平行导坑的长隧道。其特点是通过最前面的横洞使正洞和平行导坑组成一个风流循环系统，在平行导坑洞口附近安装通风机，将污蚀空气由平行导坑抽出，新鲜空气由正洞流入，形成循环风流，如图 1-8 所示。另外，对平行导坑和正洞前面的独头巷道，再辅以局部的内管式通风。

这种通风方式，断面大，阻力小，可供应较大的风量，是目前解决长隧道施工通风比较有效的方法。

(3) 风墙式通风。这种方法适用于较长隧道，一般管道式通风难以解决，又无平行导坑可以利用的情况，它利用隧道成洞部分较大的断面，用砖砌或木板隔出一条 2 ~ 3m^2 的风道，以减小风管长度，增大风量满足通风要求，如图 1-9 所示。

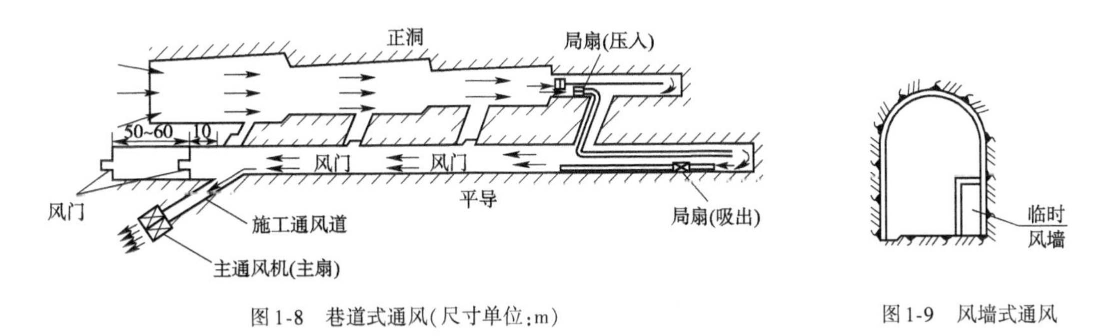

图 1-8　巷道式通风(尺寸单位:m)

图 1-9　风墙式通风

七、弃渣场

隧道建设过程中会产生的大量弃渣，如果不妥善处理势，必会造成水土流失，引起对环境的破坏。因此，隧道建设中的弃渣场如何科学合理地布置，使弃渣对环境的影响降到最低是隧道建设中不能忽视的问题。隧道工程产生的大量弃渣，除少量可以利用外，大部分无法利用，一般没有外运条件。若弃置于纵坡较大的沟谷中，不仅影响行洪，而且易产生流失。甚至发生泥石流，造成灾害。因此，山区铁路弃渣场的选址和工程措施非常重要，既要考虑行洪安全，又要考虑不能造成任何形式的流失。

随着地貌形态的不同，产生的弃渣数量和品质不同，设置弃渣场的自然条件不同，工程措施也就不同。

弃渣场布设的原则，是尽可能集中附近几座隧道的弃渣，小范围纵向调配，集中于条件较好的沟内，以打坝填沟或以挡墙拦护等方式设置弃渣场。另外，可以根据具体情况弃于沟口较大河流的凸岸或凹岸，并设置相应的挡护工程。

常见的挡护工程有拦渣坝、拦渣挡土墙及为保持稳定所设计的防护工程。

第四节　桥梁与隧道施工常用机械及设备

一、桥梁施工常用机械

1. 桥梁基础施工机械

1) 钻孔设备

(1) 全套管钻机。主要用于大型桥梁钻孔桩的钻孔施工。

(2) 旋转钻机。旋转钻机按其钻孔装置可分为有钻杆机(图 1-10) 和无钻杆机(潜水钻机),按排渣方式可分为正循环钻机和反循环钻机。有钻杆旋转钻机和适应性很强,变更钻头类型和对钻杆施加的压力,就可以应付各种覆盖层甚至是极硬的岩层,但对直径大于 2/3 钻杆内径的松散卵石层却无能为力。潜水钻机可以完成 1 ~ 3m 桩的施工,施工经济孔深 50m。这种钻机在围岩强度 25MPa 以内的覆盖层或风化软岩中钻孔,因而有较大的局限性。

(3)螺旋钻机与冲击钻机。螺旋钻机用于灌注桩、深层搅拌桩、混凝土预制桩的钻打结合法等工艺,适用于土质的地质条件;冲击钻机用于灌注桩钻孔施工,尤其在卵石、漂石地质条件下具有明显的优点(图 1-11)。

图 1-10　旋转钻机

图 1-11　冲击钻机

(4)液压旋挖钻孔机。适用于除岩层、卵石、漂石地质外的各种土质地质条件,尤其在市政桥梁及场地受限的工程中使用。

2)桩工机械

桩工机械一般分为冲击式打桩机械和振动打桩机械两大类。

常用的冲击式打桩机械有蒸汽打桩机、柴油打桩机、液压打桩机、振动沉拔打桩机、静压沉桩机等。生产能力由桩锤重力、冲击能量和桩的大小决定。其中,柴油打桩机由柴油桩锤安装在打桩架上构成,其结构简单,使用方便,系目前最广泛采用的打桩设备。

振动沉桩法所采用的产生振动力的机械称为振动锤,是利用桩体产生高频振压进行沉桩和拔桩。振动锤按动力源分有电动式和液压式两种,按振动器偏心块的转轴产生的振动频率分低频、中频、高频、超高频。按不同的地质条件进行选型,生产能力由电机动力和地质条件决定。

2. 桥梁上部施工机械

1)预应力张拉设备

预应力张拉设备,主要由卷管机、穿索机、千斤顶、油泵车、灰浆搅拌机和压浆机组成。其中,液压千斤顶是专用的张拉工具,在制作预应力混凝土构件时,对预应力钢筋施加张力,目前最常用的是穿心式千斤顶(图 1-12)。锥锚式千斤顶(图 1-13)仅在高强钢丝的张拉中应用。

2)架桥设备

(1)用于桥梁钢筋混凝土结构梁的吊装,主要有导梁式、缆索式和专用架桥设备。

①导梁式架桥设备。通常称为“公路常备架桥设备”,贝雷片导梁架桥机见图 1-14。

②用万能杆件组装成的龙门架(图1-15)等架桥设备,在国内使用也较普遍,可适应较大跨度预制梁的制作。

图1-12　穿心式千斤顶

图1-13　锥锚式千斤顶

图1-14　贝雷片导梁架桥机

图1-15　万能杆件龙门架

(2)缆索式架桥设备是利用万能杆件或者圆木拼成索塔架式人字形扒杆,用架设的钢丝绳组成吊装设备和行走装置,将梁架设在墩台上。

(3)专用架桥设备(专用架桥机)是在导梁式架桥设备基础上,进行改善而发展起来的主用施工机械,它可按移梁方式、导梁方式以及送梁方式的不同分类。

3. 桥梁施工通用机械

1)水泥混凝土搅拌运输车

水泥混凝土搅拌运输车是运送混凝土的专用设备。其能力由搅拌罐体容积决定,搅拌罐体容积一般为4～6m^3。水泥混凝土搅拌运输车适用于大方量或长距离运送水泥混凝土,特别是用于机场、道路、水利等大面积的工程施工及特殊工程的机械化施工中运送拌制好的混凝土。

2)水泥混凝土输送泵和输送泵车

水泥混凝土输送泵是输送混凝土的专用机械,它配有特殊管道,可以将混凝土沿管道输送到浇筑现场(图1-16)。其泵送混凝土的速度和运送高度由主油泵的参数决定,水平距离由布料杆长度决定,用于固定方式的混凝土现场浇筑,并能保证混凝土的均匀性和增加密实性。一般情况下混凝土输送泵的输送距离,沿水平方向能达200～300m,沿垂直方向可达100m以上。

输送泵车是将混凝土泵和布料杆安装在汽车底盘上的专用设备(图1-17)。其泵送混凝土的速度、运送高度和水平距离由主油泵的参数和布料杆长度决定,适合于进行水平和垂直方向输送混合料,可跨越障碍物进行浇筑,在桥梁施工中得到广泛使用。

3)工程起重机械

工程起重机械有自行式、移动式和固定安装式三种。工程起重机的种类很多,在桥梁工程中运用较多的是汽车式起重机、桅杆式起重机、牵缆式起重机、龙门式起重机、缆式起重机等。

图1-16　搅拌运输车与输送泵

图1-17　输送泵车

二、隧道施工机械设备

1. 凿岩台机、臂式隧道掘进机

(1)凿岩台机是支撑凿岩机并完成凿岩作业所需的推进、移位等作业的移动式凿岩机械,见图1-18,主要用于地质条件好且不需临时支护的大断面隧道施工。

图1-18　凿岩台机

(2)臂式隧道掘进机又称悬臂式掘进机(图1-19),是集开挖、装卸于一体的隧道掘进机,生产能力由选用机型和地质条件决定。

a)

b)

c)

图1-19　悬臂式掘进机

2. 喷锚机械与衬砌设备

(1)喷锚机械,主要由锚杆台车、混凝土喷射机等组成,主要用于对隧道工作面进行支撑时,向岩体中打入锚杆和喷射混凝土(图1-20)。

(2)衬砌设备专用于隧道工程衬砌混凝土,主要为衬砌模板设备,模板台车见图1-21。衬砌设备的生产能力由选用机型和地质条件决定。

图1-20 喷射混凝土

图1-21 模板台车

3. 全断面隧道掘进机与盾构机

(1)全断面隧道掘进机是在岩层中进行隧道掘进的机械,是根据隧道断面的尺寸设计生产的专用机械,刀头直径与开挖隧道的直径大小一致,生产能力由设计和地质条件决定。

(2)盾构机(图1-22)是一种集开挖、支护、衬砌等多种作业于一体的大型隧道施工机械,是根据隧道的断面尺寸设计生产的专用机械,生产能力由设计和地质条件决定。

图1-22 盾构机

三、主要机械设备的配置与组合

1. 合理配置施工机械的目的

公路施工机械化与管理研究机械的施工配置及合理运用施工机械,是为了提高机械作业的生产率、降低机械运转费用和延长机械使用寿命。在组织机械化施工时,要注意分成几个系列的机械组合,同时并列施工,这样可以减少当组合中某一台机械发生故障而造成全面停工的现象。机械选型,应挑选技术上先进、经济上合理和使用安全可靠的装备,机械只有适应各自的环境,才能安全可靠和高效率的运转,发挥出它们各自的技术性能,形成专业的或综合的机械化施工能力。

2. 选择施工机械的原则

施工机械的选择,应和工程的具体实际相适应,所选机械是在具体的、特定的环境条件下作业,这些环境条件包括地理气候条件、作业现场条件、作业对象的土质条件等。合理选择施工机械的依据是:工程量、施工进度计划、施工质量要求、施工条件、现有机械的技术状况和新机械的供应情况等。施工机械的工作参数应注意机械的工作容量、生产率、机械尺寸、机械质量、自行式施工机械移动速度、动力装置类型和功率等。

(1)施工机械选择的一般原则。

①适应性。适应性是指施工机械要适应于工程的施工条件和作业内容。如工地气候、地形、土质及场地大小、运输距离、工程规模等。

②先进性。新型的施工机械具有高效低耗、性能稳定、安全可靠、质量好等优点,更能保质保量的完成公路施工任务。

③通用性和专用型。选用施工机械时要全面考虑通用性和专用性。尽可能用一种机械代替一系列机械,减少作业环境,扩大机械适用范围,提高机械利用率,方便管理和维修。

(2)使用机械应有较好的经济性。机械产品的性能价格比,作为用户是首先考虑的具体问题之一,机械类型选定后,必须细致调研具体产品运转的可靠性、维修方便程度和售后服务质量。

(3)合理的机械组合。包括机械技术性能的合理组合和机械类型及其台数的合理组合。机群的合理规模由工程量、工期要求和机群的作业能力等方面的因素决定。机械组合要注意牵引车与配置机具的组合,主要机械和配套机械的组合。在组合机械时,力求选用统一的机型,以便维修和管理,从而提高公路的施工水平。

(4)利用与更新。现有机械的利用与更新,在选用施工机械时,应根据工地的实际情况,既要利用现有机械,又要注意机械的更新换代,加强技术改造,以求达到技术上合理、经济上有利,不断提高机械的利用率。

(5)安全而不破坏环境。选择的机械在施工作业过程中必须保证工程施工质量要求,保证作业质量,同时,不应破坏环境和对环境产生明显的不利影响。

第二章　桥梁基础施工

第一节　桥梁基础的类型

根据地层变化情况、上部结构的要求、荷载特点和施工技术水平，可采用不同类型的基础。

基础的类型，可按基础的埋置深度、刚度、构造形式及施工方法等来分类。

1. 按埋置深度分类

基础按埋置深度可分为浅基础(5m 以内)和深基础两种。当浅层地基承载力较大时，可采用埋深较小的浅基础。浅基础施工方便，通常用明挖法从地面开挖基坑后，直接在基坑底面砌筑、浇筑基础。桥梁及各种人工构造物常采用天然地基上的浅基础。如果浅层土质不良，需将基础埋置于较深的良好土层上，这种基础称为深基础。深基础设计和施工较复杂，但具有良好的适应性和抗震性，常见的形式有桩基础、沉井和管柱基础，而我国公路桥梁应用最多的深基础是桩基础。

2. 按基础刚度分类

按基础刚度亦即受力后基础变形情况，可分为刚性基础和柔性基础，如图 2-1 所示。当采用圬工材料(如浆砌块石、混凝土等)砌筑，刚度极大的基础称为刚性基础[图 2-1a)]。刚性基础是桥梁、涵洞和房屋等建筑物常用的基础类型。由于圬工材料的抗压强度大而抗弯拉强度小，所以基础受力后不容许发生挠曲变形，否则将产生开裂破坏。这种基础不需要钢材，造价较低，但圬土体积较大，且支承面积受一定限制。当采用钢筋混凝土砌筑时，具有一定刚度和弹性的基础称为柔性基础或弹性基础[图 2-1b)]。由于钢筋可以承受较大的弯曲拉应力和剪应力，所以基础受力后容许发生一定挠曲变形。当地基承载力较小时，采用这种基础可以有较大的支承面积。

3. 按构造形式分类

对于桥梁基础，按构造形式可分为实体式和桩柱式基础两类。当整个基础都由圬工材料筑成时，称为实体式基础，如图 2-2a)所示，其特点是基础整体性好，自重较大，所以对地基承载力要求也较高。由多根基桩或小型管桩组成，并用承台联结成为整体的基础，称为桩柱式基础，如图 2-2b)所示。这种基础较实体式基础圬工体积小，自重较轻，对地基强度的要求相对较低。桩柱本身一般要用钢筋混凝土制成。

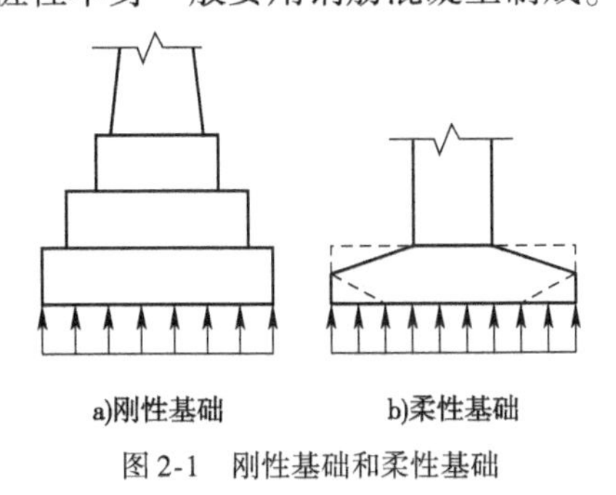

图 2-1　刚性基础和柔性基础

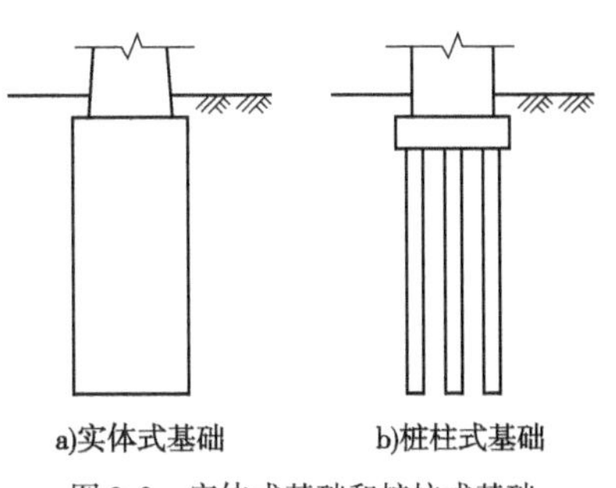

图 2-2　实体式基础和桩柱式基础

4. 按施工方法进行分类

基础按施工方法分为明挖法、沉井、沉桩、沉管灌注桩、就地钻(挖)孔灌注桩以及钻(挖)孔埋置桩等。明挖法最为简单,但只适用于浅基础,其他方法均用于深基础。

5. 按基础材料分类

目前我国公路建筑物基础大多采用混凝土或钢筋混凝土结构,少部分用钢结构。在石料丰富的地区,可就地取材,采用石砌基础。

工程实践表明:基础施工质量的优劣,对整个建筑物的质量和正常使用起着根本的作用。

(1)基础位于地面以下,为隐蔽工程,如有缺陷,较难发现,也较难弥补和修复,而这些缺陷往往直接影响整个建筑物的使用甚至安全。例如基础本身的结构破坏可能导致建筑物发生倾斜、沉陷以致倒塌或使上部结构产生裂缝。

(2)基础工程的进度,经常控制整个建筑物的施工进度。

(3)基础工程的造价,通常在整个建筑物造价中占相当大的比例,尤其是在复杂的地质条件下或深水中修建基础更是如此。

可见,基础在整个建筑物中占有十分重要的地位,对整个建筑物的影响巨大。因此,对基础工程必须做到精心设计、精心施工,以保证建筑物的质量和经济合理。

第二节 明挖扩大基础施工

天然地基浅基础的施工采用明挖法进行,其施工工序和主要内容包括:基础定位放样,基坑开挖,基坑排水,基坑围护,基坑检验和基底土处理,基础砌筑及基坑的回填等。

基坑的开挖工作应尽量选择在枯水或少雨季节进行,且不宜间断。基坑开挖时应根据土质及开挖深度等判断是否对坑壁设置围护。在开挖过程中有渗水时,则需进行基坑排水。在水中开挖基坑时,通常需预先修筑临时性的挡水结构物(称为围堰)。基坑尺寸要比基底尺寸每边扩大0.5~1m,以便设置排水沟及支立模板和砌筑等工作。

下面分别按旱地上和水中浅基础施工进行叙述。

一、基础定位放样

基础定位放样,就是将设计图纸上的结构物位置、形状和尺寸在实地上标定出来,它贯穿于整个施工过程。

在桥梁施工过程中,首先建立施工控制网,其次进行桥梁轴线标定和墩台中心定位,最后进行墩台施工放样,定出基础和基坑的各部分尺寸(图2-3)。

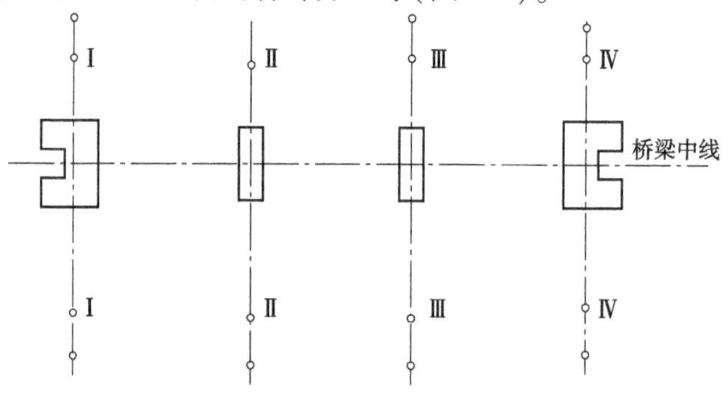

图2-3 基础定位放样

桥梁的施工控制网除了用来测定桥梁长度外，还要用于各个位置控制，保证上部结构的正确连接。施工控制网常用三角控制网，其布设应根据总平面图设计和施工地区的地形条件来确定，并作为整个工程施工设计的一部分。布网时要考虑施工程序、方法以及施工场地的布置情况，可以用桥址地形图拟定布网方案。

桥梁轴线的位置是在桥梁勘测设计中根据路线的总走向、地形、地质、河床情况等选定的，在施工时必须现场恢复桥梁轴线位置，并进行墩台中心定位。中小桥梁一般采用直接丈量法标定桥轴线长度并定出墩台的中心位置，有条件的可以用测距仪或全站仪直接确定。

基础放样是根据实地标定的墩台中心位置为依据来进行的，在无水地点可直接将经纬仪安置在中心位置，用木桩准确固定基础纵横轴线和基础边缘。由于定位桩随着基坑开挖必将被挖去，所以必须在基坑开挖范围以外设置定位桩的保护桩，以备施工中随时检查基坑位置或基础位置是否正确，基坑外围通常用龙门板固定或在地上用石灰线标出，如图 2-4 所示。

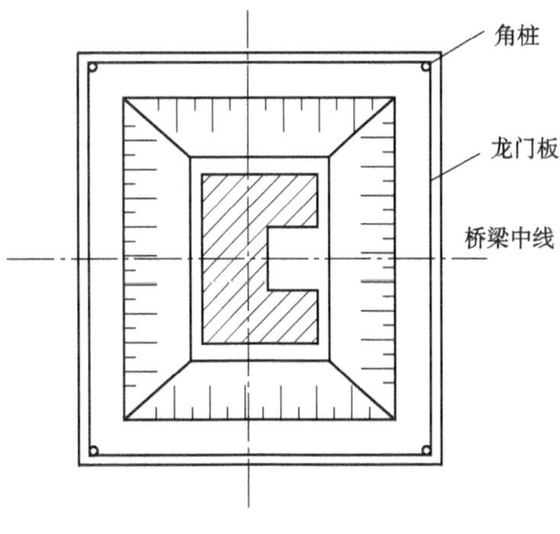

图 2-4　基坑放样

对于建筑物高程的控制，常将拟建建筑物区域附近设置的水准点引测到施工现场附近不受施工影响的地方，设置临时水准点。

二、陆地上浅基础施工

1. 基坑开挖

基坑开挖主要以施工机械为主来进行，局部采用人工相配合。它不需要复杂的机具，常用的机械为挖掘机和抓土斗等，技术条件和施工方法较简单且易操作。当采用机械挖土挖至距设计高程约 0.3m 时，应采用人工修整，以保证地基土结构不被扰动破坏。

在基坑开挖过程中，应根据坑壁稳定与否，判断是否对坑壁设置围护。

1）不设围护的基坑

当基坑较浅，地下水位较低或渗水量较少，不影响坑壁稳定时，坑壁可不设置围护。此时可将坑壁挖成竖直或斜坡形。竖直坑壁只适宜在岩石地基或基坑较浅又无地下水的硬黏土中采用。在一般土质条件下开挖基坑时，应采用放坡开挖的方法。不设围护基坑坑壁形式如图 2-5 所示。

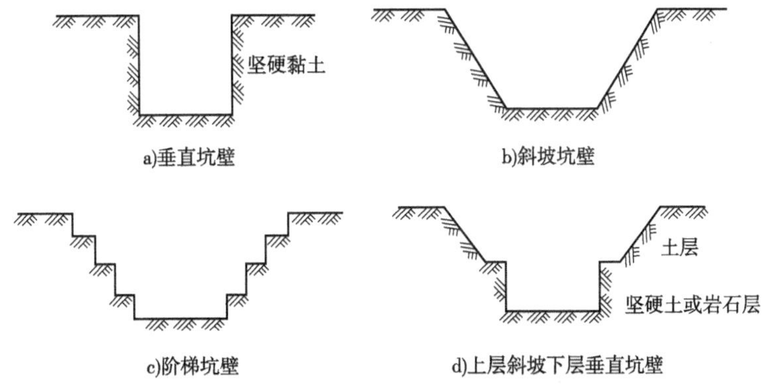

图 2-5　不设围护基坑坑壁形式

当基坑深度在5m以内,施工期较短,地下水在基底以下,且土的湿度接近最佳含水率,土质构造又较均匀时,基坑坡度可参考表2-1选用。

无围护基坑坑壁坡度 表2-1

坑壁土类别	坑壁坡度		
	基坑顶缘无荷载	基坑顶缘有静载	基坑顶缘有动载
砂类土	1:1	1:1.25	1:1.5
碎卵石类土	1:0.75	1:1	1:1.25
亚砂土	1:0.67	1:0.75	1:1
亚黏土、黏土	1:0.33	1:0.5	1:0.75
极软岩	1:0.25	1:0.33	1:0.67
软质岩	1:0	1:0.1	1:0.25
硬质岩	1:0	1:0	1:0

如地基土的湿度较大可能引起坑壁坍塌时,坑壁坡度应适当放缓。当基坑顶缘有动荷载时,基坑顶缘与动荷载之间至少应留1m宽的护道。如地质水文条件较差,应增宽护道或采取加固等措施,以增加边坡的稳定性。基坑深度大于5m时,可将坑壁坡度适当放缓或加设平台,如图2-6所示。

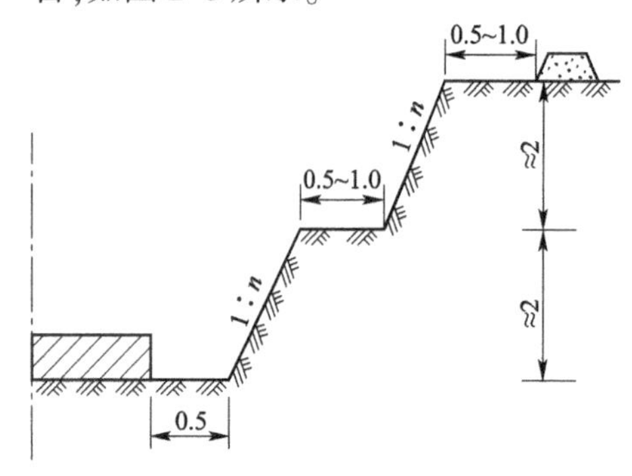

图2-6 基坑放坡开挖(尺寸单位:m)

必要时应在基坑顶缘四周适当距离处设置截水沟,以避免地表水冲刷坑壁,影响坑壁稳定性。还应经常注意观察坑边缘顶面土有无裂缝,坑壁有无松散塌落现象发生,以确保安全施工。

2)设置围护的基坑

当基坑较深,坑壁土质松软,地下水影响较大,边坡不易稳定,放坡开挖受到现场的限制或造成土方量过大时,宜采用加设围护结构的竖直坑壁基坑,这样既保证了施工的安全,同时又可大量减少土方量。

基坑围护的方法很多,常用的基坑围护结构主要有挡板、板桩墙、混凝土、临时挡土墙及桩体围护等。

(1)挡板围护。挡板支撑适用于开挖面积不大,地下水位较低,挖基深度较浅的基坑。挡板的施工特点是先开挖基坑后设置挡板围护。挡板形式有木挡板、钢木结合挡板和钢结构挡板等。

①木挡板。根据具体情况,挡板可垂直设置[图2-7a)]或水平横放[图2-7b)]。挡板支撑由立木、横枋、顶撑及衬板组成。衬板厚度为4~6cm,为便于挖基运土,顶撑应设置在同一竖直面内。

基坑开挖时,若坑壁土质密实,不会随挖随坍,可将基坑一次挖到设计高程,然后沿着坑壁竖向撑以衬板(密排或间隔排),再在衬板上压以横木,中间用顶撑撑住,如图2-7a)所示。若坑壁土质较差,或所挖基坑较深,坑壁土有随挖随坍可能时,则可用水平衬板支撑,分层开挖,随挖随撑,如图2-7b)所示。

在路桥基础开挖施工中,除在特定条件下,木挡板现已较少采用。

②钢木结合围护。当基坑深度在3m以上,或基坑过宽由于支撑过多而影响基坑出土时,

可沿基坑周围每隔1.5m左右打入一根型钢，至坑底面以下1m左右，并以钢拉杆把型钢上端锚固于锚桩上，随着基坑下挖设置水平衬板，并在型钢与衬板之间用木楔塞紧，如图2-8所示。

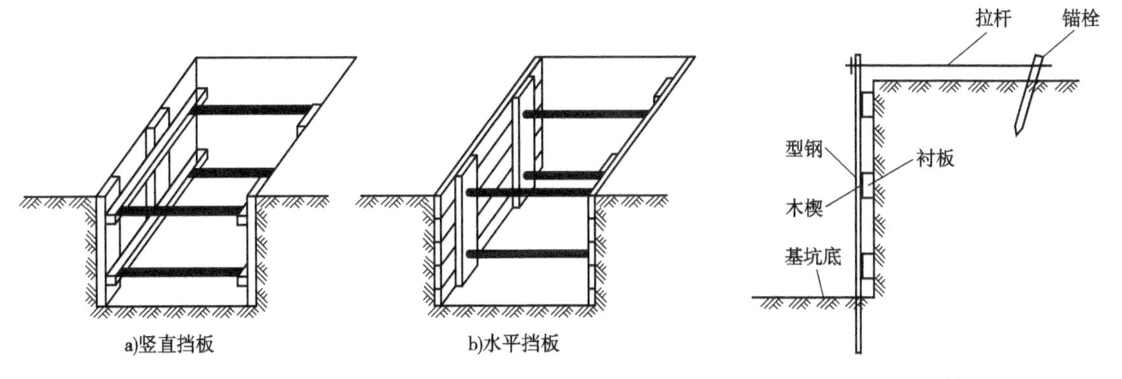

图2-7 挡板围护　　图2-8 钢木结合围护

③钢结构挡板。对于大型基坑，可采用定型钢模板作为挡板，用型钢作立木和纵横支撑。钢结构围护的优点是强度高，便于安装、拆卸，材料消耗少，有利于标准化、工业化生产，并可重复周转使用。

(2)板桩墙围护。当基坑面积较大又较深，尤其是基坑底面在地下水位以下超过1m，涌水量较大，不宜采用挡板围护时，可采用板桩墙围护。板桩的施工方法与挡板不同，其施工特点是：在基坑开挖前先将板桩垂直打入土中至坑底以下一定深度，然后边挖边设支撑，开挖基坑过程中始终是在板桩支护下进行。

板桩材料有木板桩、钢筋混凝土板桩和钢板桩三种。木板桩易于加工，但强度较低，长度受限制，现已很少采用。钢筋混凝土板桩耐久性好，但制作复杂，重量大，运输和施工不便，防渗性能差，所以桥梁基础施工中也很少采用。钢板桩的厚度较薄，重力轻，强度又大，能穿过较坚硬土层，施工方便；并且锁口紧密，不易漏水，还可以焊接接长，能重复使用；另外其断面形式较多(见图2-9)，可适应不同形状基坑。由于有上述这些特点，使钢板桩应用较广泛，但价格较贵。

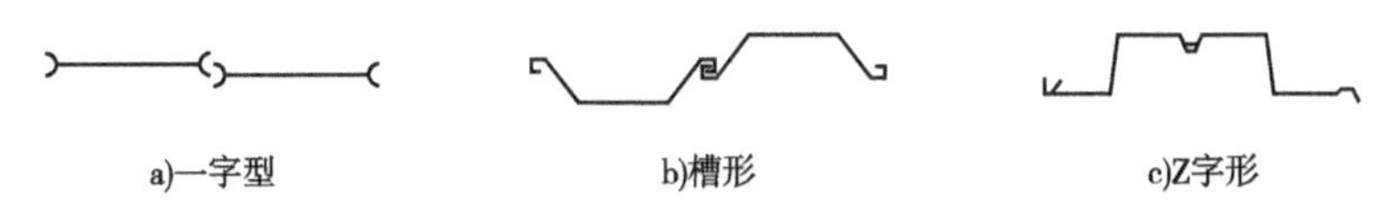

图2-9 钢板桩断面形式

板桩墙分无支撑式[图2-10a)]、支撑式[图2-10b)、c)]和锚撑式[图2-10d)]。支撑式板桩墙按设置支撑的层数可分为单支撑板桩墙[图2-10b)]和多支撑板桩墙[图2-10c)]。由于板桩墙多应用于较深基坑的开挖，故多支撑板桩墙应用较多。

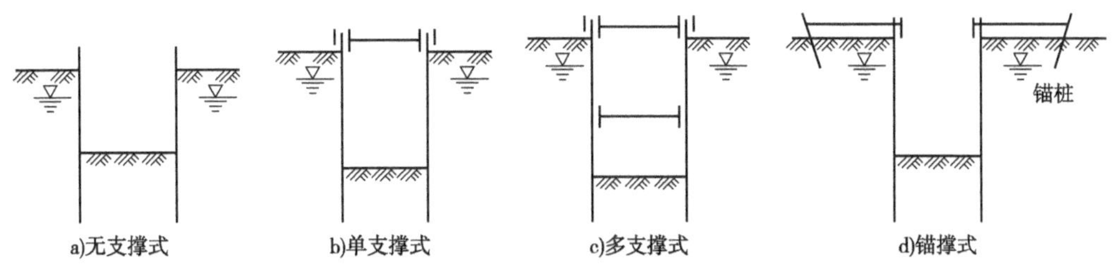

图2-10 板桩墙支撑形式

(3)混凝土围护。混凝土围护适用于除流沙和流塑状态黏性土外的各类土的基坑开挖，对直径较大、较深的圆形或椭圆形土质基坑更宜采用。混凝土围护的施工可采用喷射或现浇混凝土的方法，一般是随挖随喷(浇)，直至坑底。

①喷射混凝土围护。喷射混凝土围护宜用于土质较稳定、渗水量不大、深度小于10m、直径为6～12m的圆形基坑。对于有流沙或淤泥夹层的土质，也有使用成功的实例。

喷射混凝土护壁的基本原理是以高压空气为动力，将搅拌均匀的砂、石、水泥和速凝剂干料，由喷射机经输料管吹送到喷枪，在通过喷枪的瞬间，加入高压水进行混合，自喷嘴射出，喷射在坑壁，形成环形混凝土护壁结构，以承受土压力。

采用喷射混凝土护壁时，坑壁可根据土质和渗水等情况接近陡立或稍有坡度。每开挖一层喷护一层，每层高度为1m左右，土层不稳定时应酌减，渗水较大时不宜超过0.5m。

喷射混凝土厚度主要取决地质条件，渗水量大小，基坑直径和基坑深度等因素。根据实践经验，对于不同土层，可取下列数值：一般黏性土、砂土和碎卵石类土层，如无渗水，厚度为3～8cm；如有少量渗水，厚度为5～10cm。对稳定性较差的土，如淤泥、粉砂等，如无渗水，厚度为10～15cm；如有少量渗水，厚度为15cm；当有大量渗水时，厚度为15～20cm。

一次喷射是否能达到规定的厚度，主要取决于混凝土与土之间的黏结力和渗水量大小。如一次喷射达不到规定的厚度，则应在混凝土终凝后再补喷，直至达到规定厚度为止。

②现浇混凝土围护。喷射混凝土围护要求有熟练的技术工人和专门设备，对混凝土用料的要求也较严。现浇混凝土护壁则适应性较强，可以按一般混凝土施工，基坑深度可达15～20m，除流沙及呈流塑状态黏土外，可适用于其他各种土类。

现浇混凝土护壁也是用混凝土环形结构承受土压力，但其混凝土壁是现场浇筑的普通混凝土，壁厚较喷射混凝土大，一般为15～30cm，也可按土压力作用下环形结构计算。

采用现浇混凝土护壁时，基坑自上而下分层垂直开挖，开挖一层后随即浇筑一层混凝土壁。为防止已浇筑的围圈混凝土施工时因失去支承而下坠，顶层混凝土应一次整体浇筑，以下各层均间隔开挖和浇筑，并将上下层混凝土纵向接缝错开。开挖面应均匀分布对称施工，及时浇筑混凝土壁支护，每层坑壁无混凝土壁支护总长度应不大于周长的一半。分层高度以垂直开挖面不坍塌为原则，一般顶层高2m左右，以下每层高1～1.5m。

现浇混凝土应紧贴坑壁浇筑，不用外模，内模可做成圆形或多边形。施工中注意使层、段间各接缝密贴，防止其间夹泥土和有浮浆等而影响围圈的整体性。现浇混凝土一般采用C15早强混凝土。为使基坑开挖和支护工作连续不间断地进行，一般在围圈混凝土抗压强度到达2 500kPa时，即可拆除模板，让它承受土压力。和喷射混凝土护壁一样，要防止地面水流入基坑，要避免在坑顶周围土的破坏棱体范围有不均匀附加荷载。

目前也有采用混凝土预制块分层砌筑来代替就地浇筑的混凝土，它的好处是省去现场混凝土浇筑和养护时间，使开挖与支护砌筑连续不间断进行，且混凝土质量容易得到保证。

图2-11　桩体支护

(4)桩体围护。在软弱土层中的较深基坑，也可以采用钻挖孔灌注桩或深层搅拌桩等，按密排或格框形布置成连续墙以形成支挡结构，如图2-11所示。这种围护形式较常用于市政工程、工业与民用建筑工程，桥梁工程也有使用。

在一些基础工程施工中，对局部坑壁的围护也常因地制宜、就地取材，采用灵活多样的围护方法。

2. 基坑排水

基坑如在地下水位以下，随着基坑的下挖，渗水将不断涌集基坑，因此施工过程中必须不断地排水，以保持基坑的干燥，便于基坑挖土和基础的砌筑与养护。目前常用的基坑排水方法有集水坑排水法和井点降低地下水位法两种。

1）集水坑排水法

集水坑排水法，也称表面排水法或明式排水法，是在基坑整个开挖过程及基础砌筑和养护期间，在基坑四周开挖集水沟汇集坑壁及基底的渗水，并引向一个或数个比集水沟挖得更深一些的集水坑，集水沟和集水坑应设在基础范围以外，在基坑每次下挖以前，必须先挖沟和坑，集水坑的深度应大于抽水机吸水龙头的高度，在吸水龙头上套竹筐或木笼围护，以防泥沙堵塞吸水龙头。

这种排水方法设备简单、费用低，一般土质条件下均可采用。但当地基土为饱和粉细砂土等黏聚力较小的细粒土层时，由于抽水会引起流沙现象，造成基坑的破坏和坍塌，因此当基坑为这类土时，应避免采用表面排水法。

2）井点降低地下水位法

对粉质土、粉砂类土等如采用表面排水极易引起流沙现象，影响基坑稳定，此时可采用井点法降低地下水位排水。根据使用设备的不同，主要有轻型井点、喷射井点、电渗井点和深井泵井点等多种类型，可根据土的渗透系数、要求降低水位的深度及工程特点选用。

轻型井点降水（图2-12）是在基坑开挖前预先在基坑四周打入（或沉入）若干根井管，井管下端1.5m左右为滤管，上面钻有若干直径约2mm的滤孔，外面用过滤层包扎起来。各个井管用集水管（横管）连接并抽水，使井管两侧一定范围内的水位逐渐下降，各井管相互影响形成了一个连续的疏干区。在整个施工过程中保持不断抽水，以保证在基坑开挖和基础砌筑的整个过程中基坑始终保持着无水状态。

该法可以避免发生流沙和边坡坍塌现象，且由于流水压力对土层还有一定的压密作用。在滤管部分包有铜丝过滤网，以免带走过多的土粒而引起土层的潜蚀现象。

井点降低地下水位法，适用于渗透系数为0.1～80m/d的砂土。对于渗透系数小于0.1m/d的淤泥、软黏土等则效果较差，需要采用电渗井点排水或其他方法。在采用井点法降低地下水位时，应将滤管尽可能设置在透水性较好的土层中。同时还应注意到在四周水位下降的范围内对临近建筑物的影响，因为由于水位的下降，土自重应力的增加可能引起邻近结构物的附加沉降。

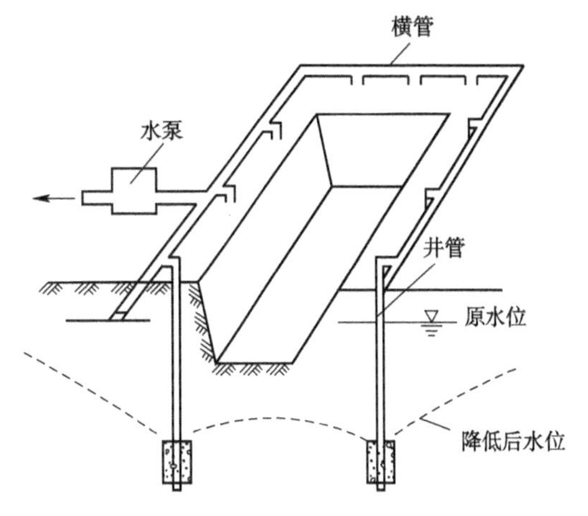

图2-12　井点降低地下水位法

3. 基底检验

挖好基坑后，在基础浇筑前应按规定对其进行检验，看其是否符合设计要求。

基底检验的主要内容包括：

（1）基底平面位置、尺寸大小和基底高程是否与原设计相符。按《桥涵施工技术规范》（JTG/T F50—2011）的要求，基底平面位置允许偏差不得大于20cm，基底高程不得超过：±5cm（土质）、+5～－20cm（石质）。

(2)基底土质是否与原设计相符,如有出入,应取样进行土质分析试验。

(3)基底地基承载力是否满足设计要求,如低于设计要求,可进行加固处理。

基底检验应根据桥涵大小、地基土质复杂情况(如溶洞、断层、软弱夹层、易溶岩等)、地基有无特殊要求等,按以下方法进行:

(1)小桥涵的地基,一般采用直观或触探方法,必要时进行土质试验。特殊设计的小桥涵对地基沉降有严格要求,且土质不良时,宜进行荷载试验。对经加固处理后的特殊地基,一般采用触探或做密实度检验等方法。

(2)大、中桥和填土12m以上涵洞的地基,一般由检验人员用直观、触探、挖试坑或钻探(钻深至少4m)试验等方法,确定土质容许承载力是否符合设计要求。对地质特别复杂,或在设计文件中有特殊要求,或虽经加固处理又经触探、密实度检验后尚有疑问时,需进行荷载试验,确认符合设计要求后,方可进行基础结构物施工。

三、水中浅基础施工

在水中修筑桥梁基础时,开挖基坑前需在基坑周围先修筑一道防水围堰,把围堰内的水排干后,再开挖基坑修筑基础。如排水较困难,也可在围堰内进行水下挖土,挖至预定高程后先灌注水下封底混凝土,然后再抽干水继续修筑基础。在围堰内不但可以修筑浅基础,也可以修筑桩基础等。

水中围堰的种类有土围堰、草(麻)袋围堰、钢板桩围堰、套箱围堰等。围堰所用类型应根据当地水文、地质条件、材料来源及基础形式而定。但不论哪种类型的围堰,均需满足下列基本要求:

(1)围堰顶面高程应高出施工期间中可能出现的最高水位0.7m以上,最低不能小于0.5m,有风浪时应适当加高,用于防御地下水的围堰宜高出水位或地面20~40cm。

(2)修筑围堰将压缩河道断面,使流速增大引起冲刷,或堵塞河道影响通航,因此要求河道断面压缩一般不超过流水断面积的30%。对两边河岸河堤或下游建筑物有可能造成危害时,必须采取有效防护措施。

(3)围堰内面积,应满足基础施工要求,并留有适当工作面积,由基坑边缘至堰脚距离一般不少于1m。

(4)围堰结构,应能承受施工期间产生的土压力、水压力以及其他可能发生的荷载,满足强度和稳定要求。

(5)围堰应具有良好的防渗性能,以减轻排水工作。

1. 土围堰和草袋围堰

在水深较浅(2m以内),流速缓慢,河床渗水较小的河流中,修筑基础可采用土围堰(图2-13)或草袋围堰(图2-14)。

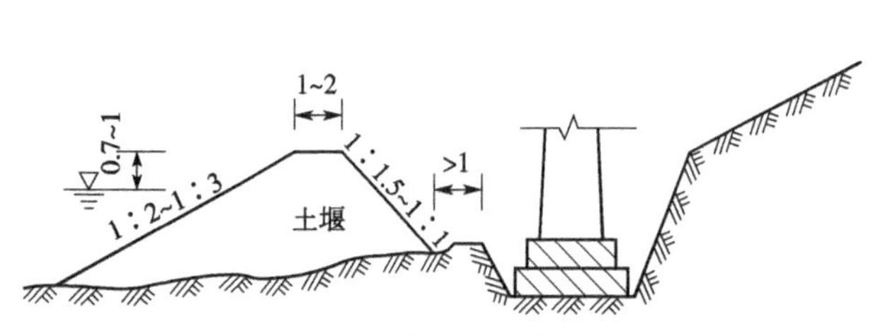

图2-13　土围堰(尺寸单位:m)

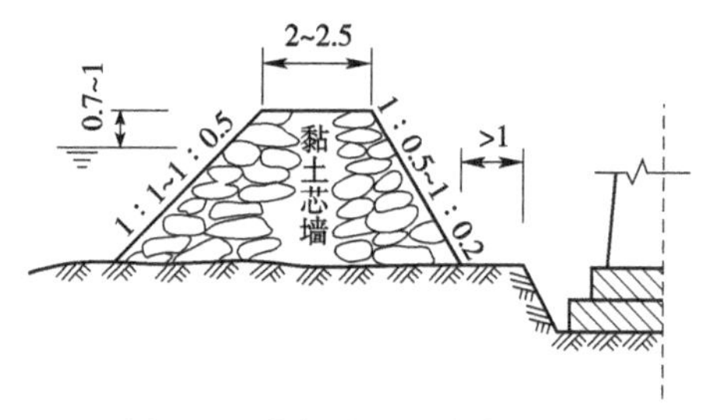

图2-14　草袋围堰(尺寸单位:m)

土围堰可用任意土料筑成，但以黏土或砂类黏土填筑最好，无黏性土时，也可用砂土类填筑，但须加宽堰身以加大渗流长度，砂土颗粒越大堰身越要加厚。围堰断面应根据使用土质条件，渗水程度及水压力作用下的稳定性确定。若堰外流速较大时，可在外侧用草袋柴排防护。

此外，还可以采用竹笼片石围堰和木笼片石围堰，其结构由内外二层装片石的竹(木)笼中间填黏土心墙组成。黏土心墙厚度不应小于2m。为避免片石笼对基坑顶部压力过大，并为必要时变更基坑边坡留有余地，片石笼围堰内侧一般应距基坑顶缘3m以上。

2. 钢板桩围堰

当水较深时，可采用钢板桩围堰。它具有材料强度高、防水性能好、穿透土层能力强、堵水面积小，并可重复使用的优点。钢板桩围堰一般适用于河床为砂土、碎石土和半干硬性黏土时，并可嵌入风化岩层。围堰内抽水深度最大可达20m。

钢板桩围堰的支撑(一般为万能杆件构架，也采用浮箱拼装)和导向(由槽钢组成内外导环)框架结构系统称为“围囹”或“围笼”(图2-15)。在深水中进行钢板桩围堰施工时，先在岸边或驳船上拼装围囹，然后运到基础位置定位，在围囹中打定位桩，将围囹固定在定位桩上作为施工平台，撤除驳船，接着在施工平台上沿导环插打钢板桩。

插桩顺序应能保证钢板桩在流水压力作用下紧贴围囹，一般自上游靠主流一角开始分两侧插向下游合拢，并使靠主流侧所插桩数多于另一侧。插打能否顺利合拢在于桩身是否垂直和围堰周边能否为钢板桩数所均分。插打合拢后再将钢板桩打至设计高程。打桩顺序应由合拢桩开始分两边依次进行。如钢板桩垂直度较好，可一次打桩至要求的深度，若垂直度较差，宜分两次施打，即先将所有桩打入约一半深度后，再第二次打到要求深度。

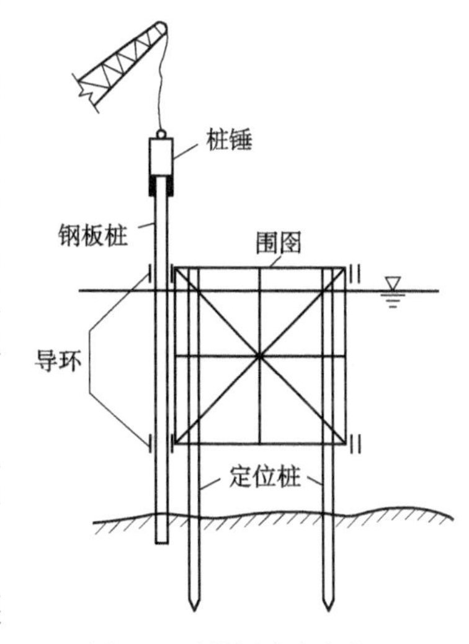

图2-15 围囹法打钢板桩

为加速打桩进度并减少锁口渗漏，宜事先将2～3块钢板桩拼成一组。要求组拼后的钢板桩两端都平齐，误差不大于3mm，每组上下宽度一致，误差不大于30mm。

钢板桩围堰在使用过程中，应防止围堰内水位高于围堰外水位，一般可在低于低水位处设置连通管，到围堰内抽水时，再予以封闭。

围堰内除土一般采用空气吸泥机进行，吸泥达到预计高程就可清底并灌注水下混凝土封底，然后抽出围堰内的水，清除封底混凝土顶面的浮浆和污泥，修筑基础及墩身，墩身出水后就可拆除钢板桩围堰，继续周转使用。

围堰使用完毕，拔除钢板桩时，应先将钢板桩与导梁间焊接物切除，再在围堰内灌水至高出围堰外水位1～1.5m，使钢板桩较易与水下混凝土脱离。再在下游选择一组或一块较易拔除的钢板桩，先略锤击振动后拔高1～2m，然后依次将所有钢板桩均拔高1～2m，使其都松动后，再从下游开始分两侧向上游依次拔除。

在深水中修筑钢板桩围堰，为确保围堰不透水，或基坑范围大不便设置支撑时，可采用双层钢板桩围堰(图2-16)。

3. 套箱围堰

套箱围堰，适用于无覆盖层或覆盖层比较薄的水中基础。

如图2-17所示，套箱为无底的围套，内部设木或钢支撑，组成支架。木板套箱在支架外面钉装两层企口木板，用油灰捻缝以防漏水。钢套箱则设焊接或铆合而成的钢板外壁。

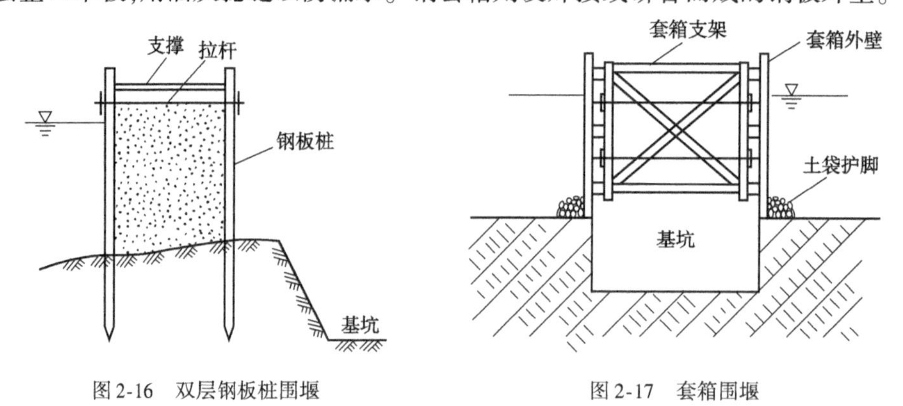

图2-16 双层钢板桩围堰　　图2-17 套箱围堰

木套箱采用浮运就位，然后加重下沉。钢套箱利用船运起吊就位下沉。在下沉套箱之前，应清理河床覆盖层并整平岩层。套箱沉至河底后，宜在箱脚外侧填以黏土或用装土草（麻）袋护脚。

第三节　桩基础施工

桩基础施工前，应根据已定出的墩台纵横中心轴线直接定出桩基础轴线和各基桩桩位。目前，已普遍应用全站仪设置固定标志或控制桩，以便施工时随时校核。下面分别介绍钻孔灌注桩、挖孔灌注桩、沉管灌注桩、预制沉桩施工方法。

一、水中桩基础施工

水中修筑桩基础显然比旱地上施工要复杂困难得多，尤其是在深水急流的大河中修筑桩基础。为了适应水中施工的环境，必然要增添浮运、沉桩及有关的设备，采用水中施工的特殊方法。

常用的浮运、沉桩设备是将桩架安设在驳船或浮箱组合的浮体上，或使用专用的打桩船，有时配合使用定位船、吊船等，在组合的船组中备有混凝土工厂、水泵、空气压缩机、动力设备、龙门吊或履带吊车及塔架等施工机具设备。所用设备可根据采用的施工方法和施工条件选择确定。

水中桩基础施工方法有多种，现按浅水和深水施工简要介绍如下。

1.浅水中桩基础施工

位于浅水或临近河岸的桩基，其施工方法类同于浅水中浅基础常采用的围堰修筑法，即先筑围堰，后沉基桩的方法。围堰所用的材料和形式，以及各种围堰应注意的要求，与浅基础施工基本相同。

围堰筑好后，便可抽水后挖基坑或水中吸泥挖坑后再抽水，然后作基桩施工。

临近河岸的基础若场地有足够大时，桩基础施工如同在旱地施工一样。

河中桩基础施工，一般可借围堰支撑或用万能杆件拼制或打临时桩搭设脚手架，将桩架或龙门架与导向架设置在堰顶和脚手架平台上进行基桩施工。

在浅水中建桥，常在桥位旁设置施工临时便桥。在这种情况下，可利用便桥和相应搭设的脚手架，把桩架或龙门架与导向架安置在便桥和脚手架上，利用便桥进行围堰和基桩施工，这样在整个桩基础施工中可不必动用浮运打桩设备，同时也是解决料具、人员运输的好办法。

2. 深水中桩基础施工

在宽大的深水江河中进行桩基础施工时，常采用双壁钢围堰、钢板桩围堰和吊箱等施工方法，现简介如下。

1）围堰法

在深水中的低桩承台桩基础或承台墩身有相当长度需在水下施工时，常采用围笼（围囹）修筑钢板桩围堰进行桩基础施工。

钢板桩围堰桩基础施工的方法与步骤如下：

（1）在导向船上拼制围笼，拖运至墩位，将围笼下沉、接高、沉至设计高程，用锚船（定位船）或抛锚定位。

（2）在围笼内插打定位桩（可以是基础的基桩也可以是临时桩或护筒），并将围笼固定在定位桩上，然后退出导向船。

（3）在围笼上搭设工作平台，安置钻机或打桩设备。

（4）沿围笼插打钢板桩，组成防水覆堰。

（5）完成全部基桩的施工（钻孔灌注桩或打入桩）。

（6）用吸泥机吸泥，开挖基坑。

（7）基坑经检验后，灌注水下混凝土封底。

（8）待封底混凝土达到规定强度后，抽水、修筑承台和墩身直至出水面。

（9）拆除围笼，拔除钢板桩。

在施工中也有采用先完成全部基桩施工后，再进行钢板桩围堰的施工。对于是采用先筑围堰还是先打基桩，应根据现场水文、地质条件、施工条件、航运情况和所选择的基桩类型等确定。

2）吊箱法

在深水中修筑高桩承台桩基时，由于承台位置较高不需座落到河底，一般采用吊箱方法修筑桩基础，或在已完成的基桩上安置套箱的方法修筑高桩承台。

吊箱是悬吊在水中的箱形围堰，基桩施工时用作导向定位，基桩完成后封底抽水，浇注混凝土承台。

吊箱一般由围笼、底盘、侧面围堰板等部分组成。吊箱围笼平面尺寸与承台相应，分层拼装，最下一节将埋入封底混凝土内，以上部分可拆除周转使用。顶部设有起吊的横梁和工作平台，并留有导向孔。底盘用槽钢作纵、横梁，梁上铺以木板作封底混凝土的底板，并留有导向孔（大于桩径 50mm）以控制桩位。侧面围堰板由钢板形成，整块吊装。

吊箱法的施工方法与步骤如下（图 2-18）：

（1）在岸上或岸边驳船上拼制吊箱围堰，浮运至墩位，将吊箱下沉至设计高程［图 2-18a）］。

（2）插打围堰外定位桩，并固定吊箱围堰于定位桩上［图 2-18b）、c）］。

（3）基桩施工［图 2-18d）］。

（4）填塞底板缝隙，灌注水下混凝土。

（5）抽水，将桩顶钢筋伸入承台，铺设承台钢筋，灌注承台及墩身混凝土。

（6）拆除吊箱围堰连接螺栓外框，吊出吊箱上部后，连续灌注墩身混凝土［图 2-18e）、f）］。

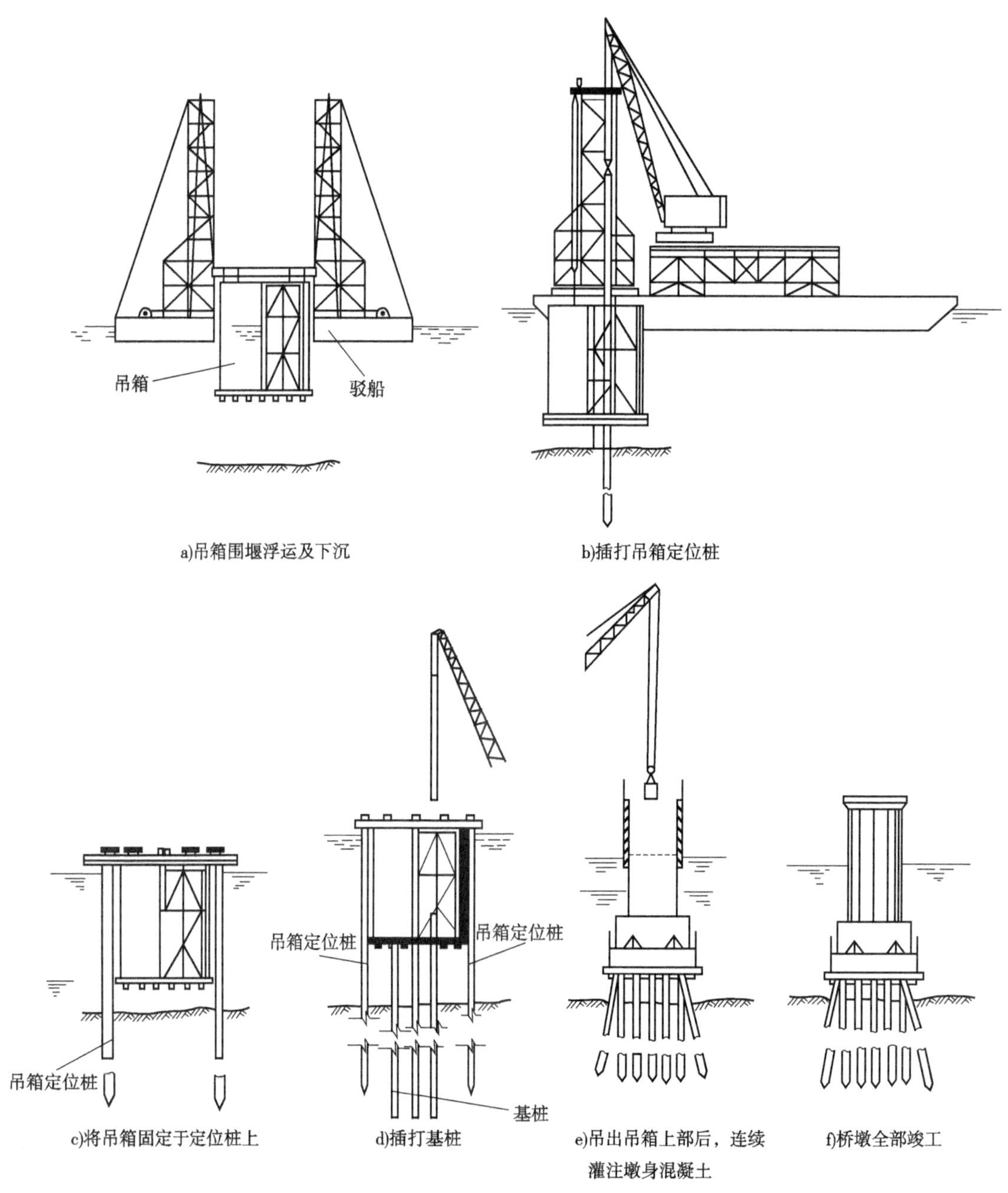

图2-18　吊箱法修筑深水中高桩承台桩基过程

3）双壁钢围堰

双壁钢围堰为圆形围堰，其堰壁钢壳是由有加劲肋的内外壁板和若干层水平桁架所组成（图2-19）。水平桁架的间距根据围堰灌水下沉和围堰内抽水各阶段的水头压力计算，为1～1.4m不等。堰壁底端设刃脚，以利于下沉入土。在堰壁内腔，用隔舱板等分为若干个密封的隔舱，借助向密闭隔舱注水或抽水来控制双壁钢围堰在下沉时的倾斜。

双壁钢围堰（图2-20）一般用以配合深水中的大直径钻孔群桩基础施工，双壁钢围堰法修筑基础即为浮式（着床型与非着床型）沉井加钻孔基础，钢沉井只起施工围堰的作用，不参与主体结构受力，其基底不采取大面积清理基底淤泥方式，而是钻孔嵌入岩石。由于从下至上均为双壁结构，且中空的双壁较厚，空舱内壁有水平桁架支撑，其刚度较大、强度较高，能够抵抗很大的水头差，一般在30m以上，能够承受较大的压力，承受洪水冲击。围堰内无支撑体系，工作面开阔，吸泥下沉、清基钻孔、灌注水下混凝土均很方便。由于钢围堰在施工中仅仅起临时围堰作用，工程完成到一定阶段后，要进行水下切割拆除回收，可以进行重复利用。下部不能切除部分可以对钻孔桩基础起到保护作用，可以防止因河床变迁引起的基础冲刷和对风化岩的破坏。

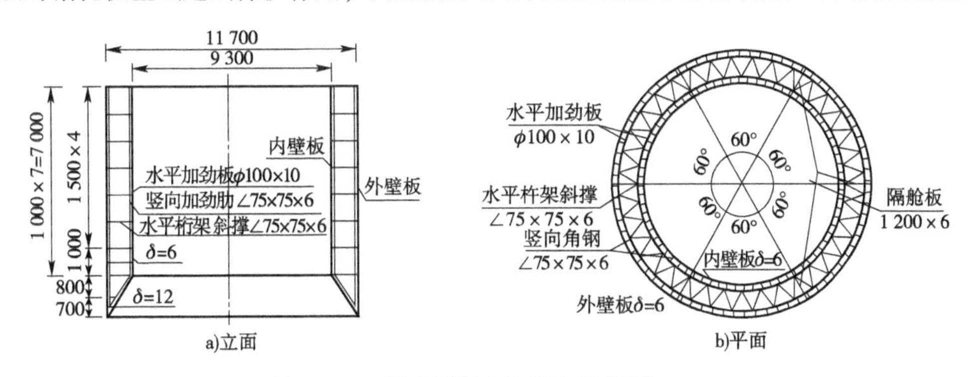

图2-19　双壁钢围堰结构示意图(尺寸单位:mm)

双壁钢围堰钻孔基础施工时，先制作底节沉井围堰，浮运至墩位处定位，通过水上起重设备起吊，放入水中浮起，并用导向船和缆绳将其在流水中定位，再向空壁中注水压重下沉并逐层接高压重，同时吸泥下沉。当围堰下沉至岩面时，可以将刃脚与岩面空隙填实，再向空壁中注水压重使其不再悬浮。双壁钢围堰下沉稳定后，可在其顶部搭设施工平台，安装固定钻孔护筒，灌注水下混凝土封底，安放钻孔设备进行钻孔桩施工。完成钻孔桩水下混凝土灌注后，可将围堰内的水抽干，修筑承台和墩身，墩身出水后，适时切除钢壳围堰，进入下一个施工循环。

4)沉井结合法

在深水中施工桩基础，当水底河床基岩裸露或卵石、漂石土层钢板围堰无法插打时，或在水深流急的河道上为使钻孔灌注桩在静水中施工时，还可以采用浮运钢筋混凝土沉井或薄壁沉井作桩基施工时的挡水挡土结构(相当于围堰)以及沉井顶作工作平台。沉井既可作为桩基础的施工设施，又可作为桩基础的一部分，即承台，如图2-21所示。薄壁沉井多用于钻孔灌注桩的施工，除能保持在静水状态施工外，还可将几个桩孔一起圈在沉井内代替单个安设的护筒并可周转重复使用。

图2-20　双壁钢围堰

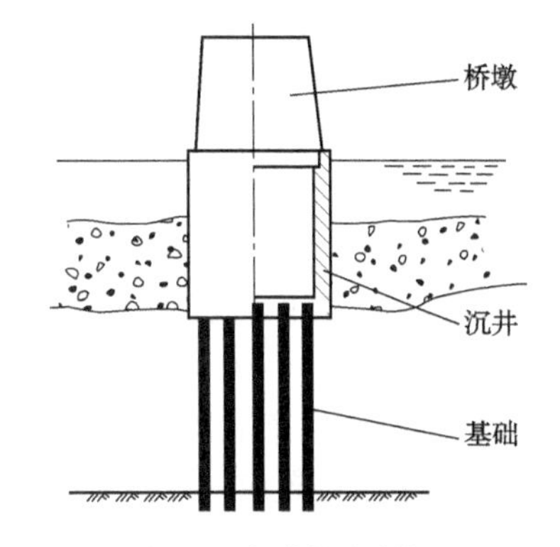

图2-21　沉井桩基础施工

二、钻孔灌注桩的施工

钻孔灌注桩施工，应根据土质、桩径大小、入土深度和机具设备等条件，选用适当的钻具和钻孔方法进行钻(冲)孔,以保证能顺利达到预计孔深,然后清孔、吊放钢筋笼架、灌注水下混凝土。

目前我国常使用的钻具有旋转钻、冲击钻和冲抓钻三种类型。为稳固孔壁,采用孔口埋设护筒和在孔内灌入黏土泥浆,并使孔内液面高出孔外水位,以在孔内形成一向外的静压力,而起到护壁、固壁作用。现按施工顺序介绍其主要工序。

1. 准备工作

1)准备场地

施工前应将场地平整好,以便安装钻架进行钻孔。

(1)当墩台位于无水岸滩时,钻架位置处应整平夯实,清除杂物,挖换软土。

(2)当场地有浅水时,宜采用土或草袋围堰筑岛[图2-23c)]。

(3)当场地为深水或陡坡时,可用木桩或钢筋混凝土桩搭设支架,安装施工平台支承钻机(架)。在深水中水流较平稳时,也可将施工平台架设在浮船上,就位锚固稳定后在水上钻孔。水中支架的结构强度、刚度和船只的浮力、稳定都应事前进行验算。

2)埋置护筒

护筒一般为圆筒形结构物,一般用木材、薄钢板或钢筋混凝土制成,如图2-22所示。护筒制作要求坚固、耐用、不易变形、不漏水、装卸方便和能重复使用。护筒内径应比钻头直径稍大,旋转钻须增大0.1~0.2m,冲击或冲抓钻增大0.2~0.3m。

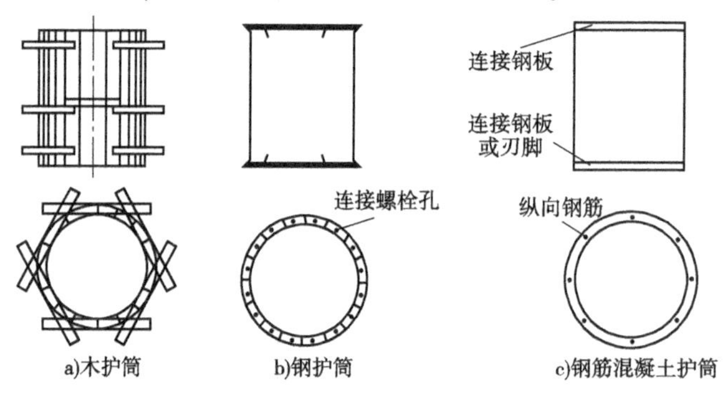

图2-22 护筒

护筒具有如下作用:

(1)固定桩位,并作钻孔导向。

(2)保护孔口,防止孔口土层坍塌。

(3)隔离孔内外表层水,并保持钻孔内水位高出施工水位以稳固孔壁。因此埋置护筒要求稳固、准确。

护筒埋设可采用下埋式(适于旱地)[图2-23a)]、上埋式(适于旱地或浅水筑岛)[图2-23b)、c)]和下沉埋设(适于深水)[图2-23d)]。

埋置护筒时应注意下列几点:

(1)护筒平面位置应埋设正确,偏差不宜大于50mm。

(2)护筒顶高程应高出地下水位和施工最高水位1.5~2m。在无水地层钻孔,因护壁顶设有溢浆口,因此筒顶也应高出地面0.2~0.3m。

(3)护筒底应低于施工最低水位(一般低于0.1~0.3m即可)。深水下沉埋设的护筒应沿导向架借自重、射水、振动或锤击等方法将护筒下沉至稳定深度,黏性土应达到0.5~1m,砂性土则应达到3~4m。

(4)下埋式及上埋式护筒挖坑不宜太大(一般比护筒直径大0.1~0.6m),护筒四周应夯填密实的黏土,护筒底应埋置在稳定的黏土层中,否则也应换填黏土并夯密实,其厚度一般为0.50m。

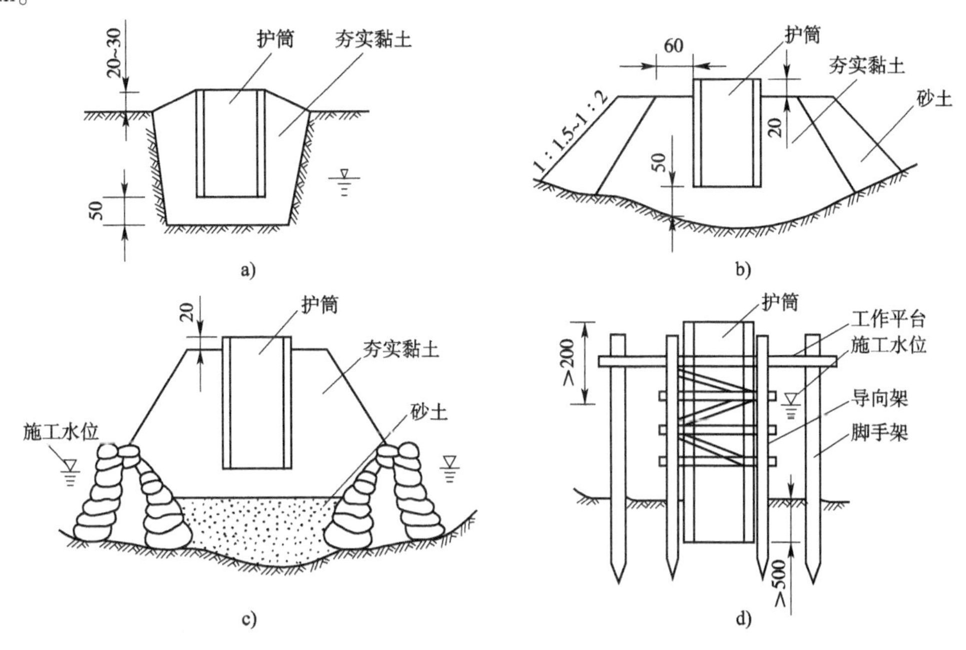

图2-23 护筒的埋置(尺寸单位:cm)

3)制备泥浆

泥浆在钻孔中的作用是:

(1)泥浆比重大、浮力大,在孔内可产生较大的悬浮液压力,可防止坍孔,起到护壁作用。

(2)具有悬浮钻渣作用,利于钻渣的排出。

(3)泥浆向孔外土层渗漏,在钻进过程中,由于钻头的活动,孔壁表面形成一层胶泥,具有护壁作用,同时将孔内外水流切断,能稳定孔内水位。

钻孔泥浆由水、黏土(或膨润土)和添加剂组成。开工前应准备数量充足和性能合格的黏土和膨润土。调制泥浆时,先将土加水浸透,然后用搅拌机或人工拌制,按不同地层情况严格控制泥浆浓度,正确选用正、反循环转法钻孔,为了回收泥浆原料和减少环境污染,应设置泥浆循环净化系统。

在较好的黏土层中钻孔,也可先灌入清水,钻孔时在孔内自造泥浆。

4)钢筋笼制作

在钻孔之前或者与钻孔同时,要制作好钢筋笼,以便成孔、清孔后尽快下放钢筋笼、灌注混凝土,以防止塌孔事故的发生。

钢筋笼的质量好坏直接影响着整个桩的强度,所以钢筋笼应严格按图纸尺寸要求制作。

下放钢筋笼前,应对其进行质量检查,保证钢筋根数、位置、净距、保护层厚度等满足要求。

5)安装钻机或钻架

安装钻机前,应掌握勘探资料,并确认地质条件符合该机的要求,地下无埋设物,作业范围内无障碍物,施工现场与架空输电线路的安全距离符合要求。钻机安装场地应平整、夯实,能承载该机的工作压力。当地基不良时,钻机下应加铺钢板防护,当有多台钻机工作时应注意布置位置,做到互不干扰。

钻架是钻孔、吊放钢筋笼、灌注混凝土的支架。我国生产的定型旋转钻机和冲击钻机都附有定型钻架，起、放钻架，应在指挥人员统一指挥下，有秩序的进行。

钻机（架）安装就位时，应详细测量，底座应用枕木垫实塞紧，顶端应用缆风绳固定平稳，并在钻进过程中经常检查。

2. 钻孔

1）钻孔方法和钻具

（1）旋转钻进成孔。

①普通旋转钻机成孔法。利用钻具的旋转切削土体钻进，并在钻进的同时常采用循环泥浆的方法护壁排渣，继续钻进成孔。我国现用旋转钻机按泥浆循环的程序不同分为正循环与反循环两种。

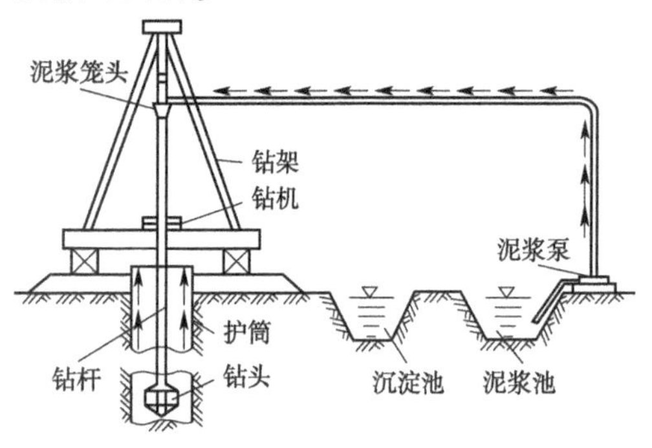

图 2-24　正循环旋转钻孔

a. 正循环。即在钻进的同时，泥浆泵将泥浆压进泥浆笼头，通过钻杆中心从钻头喷入钻孔内，泥浆挟带钻渣沿钻孔上升，从护筒顶部排浆孔排出至沉淀池，钻渣在此沉淀而泥浆仍进入泥浆池循环使用。正循环旋转钻孔如图 2-24 所示。

b. 反循环。与上述正循环程序相反，将泥浆用泥浆泵送至钻孔内，然后从钻头的钻杆下口吸进，通过钻杆中心排出到沉淀池，泥浆沉淀后再循环使用。

实现反循环有三种方法，如图 2-25 所示。

泵吸反循环：利用沙石泵的抽吸力迫使钻杆内部水流上升，使孔底带有钻渣的钻液不断补充到钻杆中，再由泵的出水管排出至集渣坑。由于钻杆内的钻液流速大，对物体产生的浮力也大，只要小于管径的钻渣都能及时排出，因此钻孔效率高。

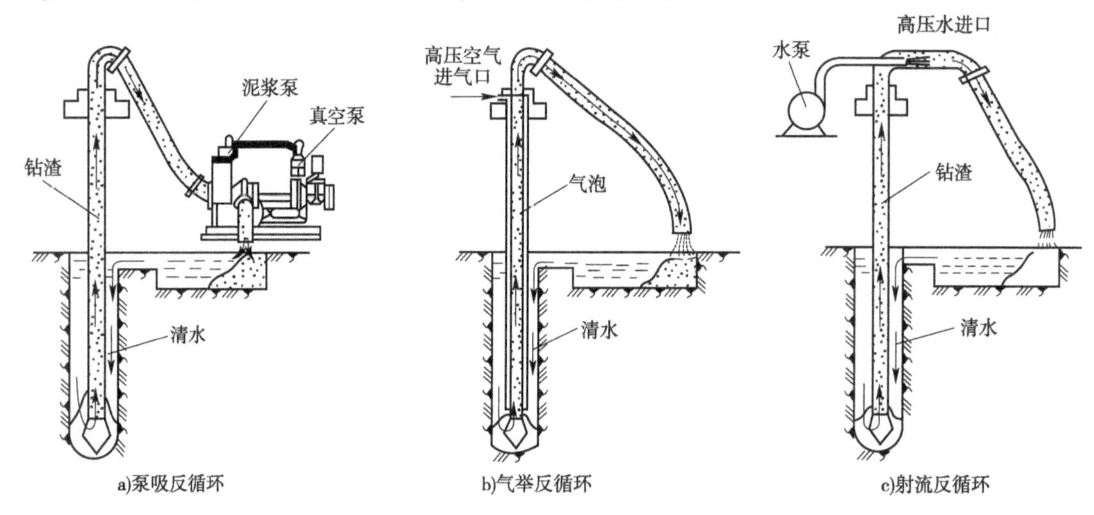

图 2-25　反循环的工作原理

气举反循环：将压缩空气通过供气管路送至钻杆下端的空气混合室，使其与钻杆内的钻液混合，在钻杆内形成比管外较轻的混合体，同时在钻杆外侧压力水柱的作用下，产生一种足够排出较大粒径钻渣的提升力，将钻渣排出。这种作业有利于深掘削，当掘削深度小于 5 ~ 7m 时不起扬水作用，还会发生反流现象。

射流反循环：采用水泵为动力，将 500 ~ 700kPa 的高压水通过喷射嘴射入钻杆内，从钻杆上方喷射出去，利用流速形成负压，迫使带有钻渣的钻液上升而排出孔外。此方法只能用于 10m 之内的钻削作业。但是，作为空气升液式作业不足的补充作业，尤为有效。

反循环钻机的钻进及排渣效率较高，但在接长钻杆时装卸较麻烦，如钻渣粒径超过钻杆内径(一般为 120mm)易堵塞管路，则不宜采用。

我国定型生产的旋转钻机在转盘、钻架、动力设备等方面均配套定型，钻头的构造根据土质情况可采用多种形式，正循环旋转钻机有鱼尾锥[图 2-26a)]、圆柱形钻头[图 2-26b)]、刺猬钻头[图 2-26c)]等，常用的反循环钻头为三翼空心钻。反循环旋转钻头见图 2-27。

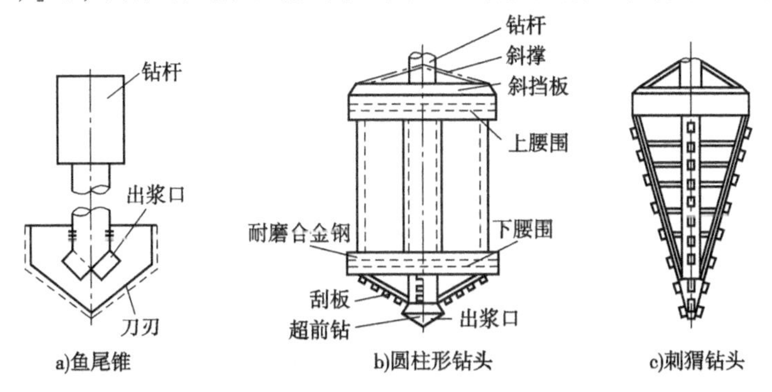

图 2-26 正循环旋转机钻头

②人工或机动推钻与螺旋钻成孔法。用人工或机动旋转钻具钻进，钻头一般采用大锅锥(图 2-28)，钻孔时旋转锥削土入锅，然后提锥出渣，再放入孔内继续钻进。这种方法钻进速度较慢，效率低，遇大卵石、漂石土层不易钻进，现很少采用。只是在桩径较细、孔深较小时可采用。

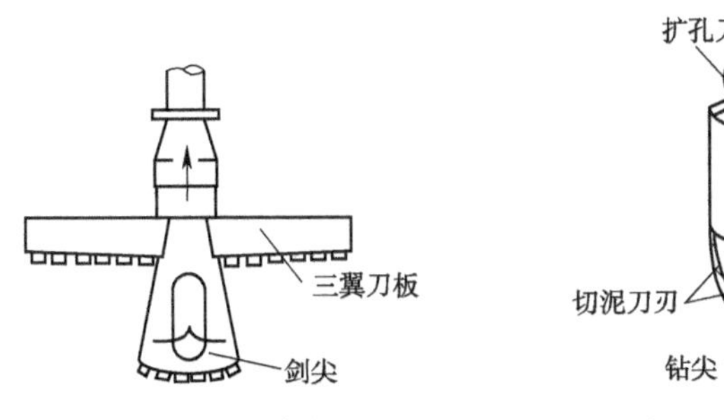

图 2-27 反循环旋转钻头

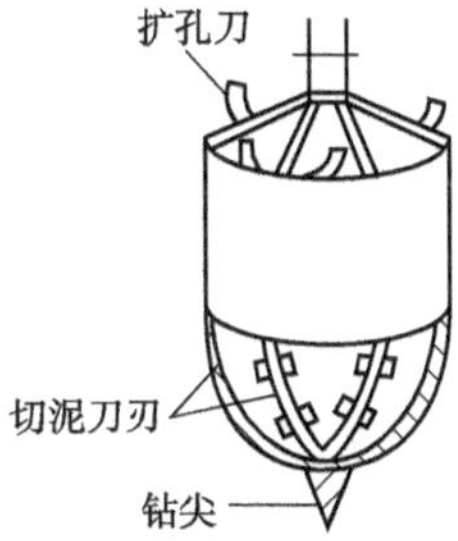

扩孔刀
切泥刀刃
钻尖

图 2-28 大锅锥

螺旋钻成孔法是通过动力旋转钻杆，使钻头的螺旋叶片旋转削土，土沿螺旋叶片提升并排出孔外。这种钻孔方法适合于地下水位较低的一般黏土层、砂土及人工填土地基，而不适于有地下水的土层和淤泥质土。

螺旋钻机根据钻杆上螺旋叶片的多少分为长螺旋钻机和短螺旋钻机。长螺旋钻机(又称全叶片螺旋钻机)在钻杆的全长上都有螺旋叶片[图 2-29a)]，而短螺旋钻机只在钻杆的下端有一小段螺旋叶片[图 2-29b)]。长螺旋钻头外径较小，已生产的成品规格有 ϕ400mm、ϕ600mm 和 ϕ800mm 等，成孔深度一般为 8 ~ 12m，目前最深可达 30m。短螺旋钻机成孔直径和深度较大，孔径可超过 2m，孔深可达 100m。

在软塑土层，含水率大时，可用疏纹叶片钻杆，以便较快地钻进。在可塑或硬塑黏土中，或含水率较小的砂土中应用密纹叶片钻杆，缓慢、均匀地钻进。

操作时要求钻杆垂直，钻孔过程中如发现钻杆摇晃或难钻进时，可能是遇到石块等异物，应立即停机检查。钻进速度应根据电流值变化及时调整。在钻进过程中，应随时清理孔口积土，遇到塌孔、缩孔等异常情况，应及时研究解决。

a)长螺旋钻机

b)短螺旋钻机

图 2-29　螺旋钻机

③旋挖钻机成孔法。旋挖钻机，一般适用黏土、粉土、砂土、淤泥质土、人工回填土及含有部分卵石、碎石的地层，借钻具自重和钻机加压力，耙齿切入土层，在回转力矩的作用下钻斗同时回转配合不同钻具，适应于干式（短螺旋）、湿式（回转斗）及岩层（岩心钻）的成孔作业。根据不同的地质条件选用不同的钻杆、钻头及合理的斗齿刃角。对于具有大扭矩动力头和自动内锁式伸缩钻杆的钻机，可以适应微风化岩层的施工。

旋挖钻机（图 2-30）工作时，能原地作整体回转运动。旋挖钻机钻孔取土时，依靠钻杆和钻头自重切入土层，斜向斗齿在钻斗回转时切下土块向斗内推进而完成钻取土。遇硬土时，自重力不足以使斗齿切入土层，此时可通过加压油缸对钻杆加压，强行将斗齿切入土中，完成钻孔取土。钻斗内装满土后，由起重机提升钻杆及钻斗至地面，拉动钻斗上的开关即打开底门，钻斗内的土依靠自重作用自动排出。钻杆向下放关好斗门，再回转到孔内进行下一斗的挖掘。旋挖钻机行走机动、灵活，终孔后能快速的移位或至下一桩位施工。

图 2-30　旋挖钻机

④潜水钻机成孔法。其特点是钻头与动力装置（电动机）联成一体，电动机直接驱动钻头旋转切土，能量损耗小而效率高，但设备管路较复杂，旋转电动机及变速装置均须密封安装在钻头与钻杆之间（图 2-31）。其钻进成孔方法与正循环法相同，钻孔时钻头旋转刀刃切土，并在钻头端部喷出高速水流冲刷土体，以水力排渣。

由于旋转钻进成孔的施工方法受到机具和动力的限制，一般适用于较细、软的土层，如各种塑状的黏性土、砂土、夹少量粒径小于 100 ~ 200mm 的砂卵石土层。对于坚硬土层或岩层，目前也有采用牙轮旋转钻头(由动力驱动大齿轮而带动若干个高强度小齿轮钻刃旋转切削岩体)，已取得良好效果。

(2)冲击成孔。利用钻锥(重为 10 ~ 35kN)不断地提锥、落锥，反复冲击孔底土层，把土层中的泥沙、石块挤向四壁或打成碎渣，钻渣悬浮于泥浆中，利用掏渣筒取出。重复上述过程冲击成孔，如图 2-32 所示。

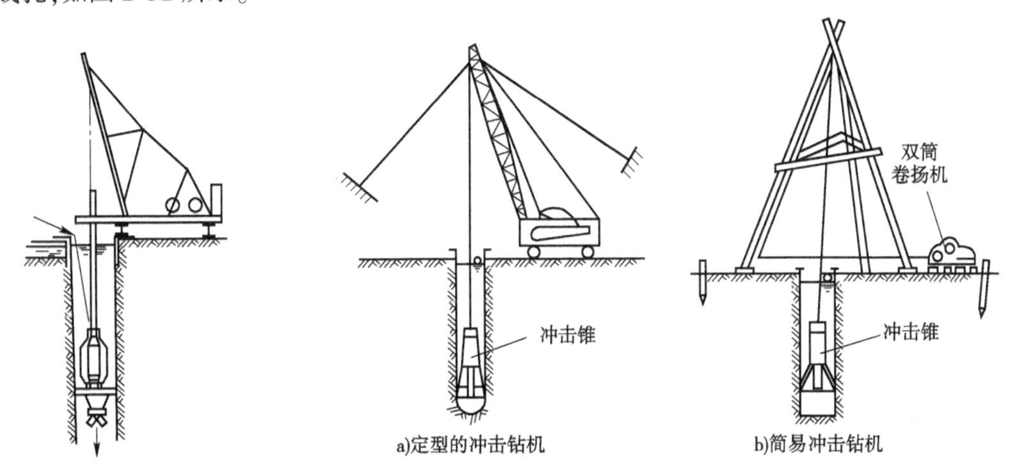

图 2-31 潜水电钻　　　　图 2-32 冲击成孔

主要采用的机具有定型的冲击式钻机(包括钻架、动力、起重装置等)[图 2-32a)]、冲击钻头、转向装置和掏渣筒等。也可用 30 ~ 50kN 带离合器的卷扬机配合钢、木钻架及动力组成简易冲击钻机[图 2-32b)]。

钻头一般是由整体铸钢做成的实体钻锥，钻刃常为十字形，采用高强度耐磨钢材做成，底刃最好不完全平直以加大单位长度上的压重，如图 2-33 所示(图中 β 为 70° ~ 90°，φ 为 160° ~ 170°)。冲击时钻头应有足够的重量、适当的冲程和冲击频率，以使它有足够的能量将岩块打碎。

冲锥每冲击一次，旋转一个角度，才能得到圆形的钻孔。因此在锥头和提升钢丝绳连接处应有转向装置，常用的有合金套或转向环，以保证冲锥的转动，也避免了钢丝绳打结扭断。

掏渣筒是用以掏取孔内钻渣的工具，如图 2-34 所示，用 30mm 左右厚的钢板制作，下面碗形阀门应与渣筒密合以防止漏水漏浆。

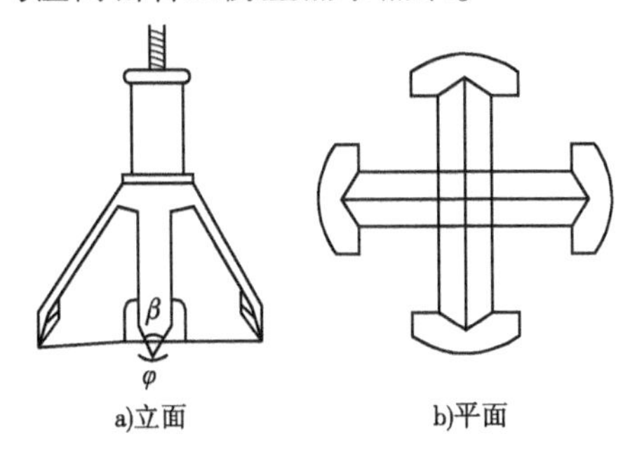

图 2-33 冲击钻锥

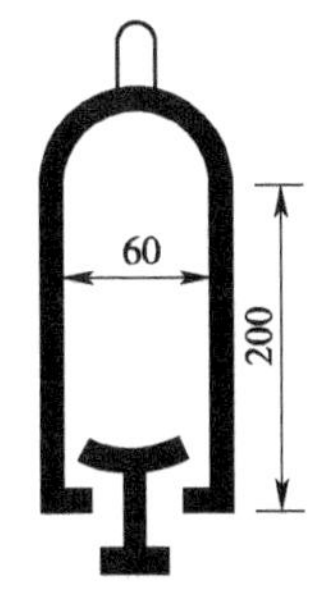

图 2-34 掏渣筒(尺寸单位：cm)

冲击钻孔适用于含有漂卵石、大块石的土层及岩层，也能用于其他土层。成孔深度一般不宜超过 50m。

(3)冲抓成孔。用兼有冲击和抓土作用的冲抓锥，通过钻架，由带离合器的卷场机操纵，靠冲锥自重(重为10～20kN)冲下，使抓土瓣锥尖张开插入土层，然后由卷扬机提升锥头收拢抓土瓣将土抓出，弃土后继续冲抓钻进而成孔，如图2-35所示。

钻锥常采用四瓣或六瓣冲抓锥，其构造如图2-36所示。当收紧外套钢丝绳松内套钢丝绳时，内套在自重作用下相对外套下坠，便使锥瓣张开插入土中。

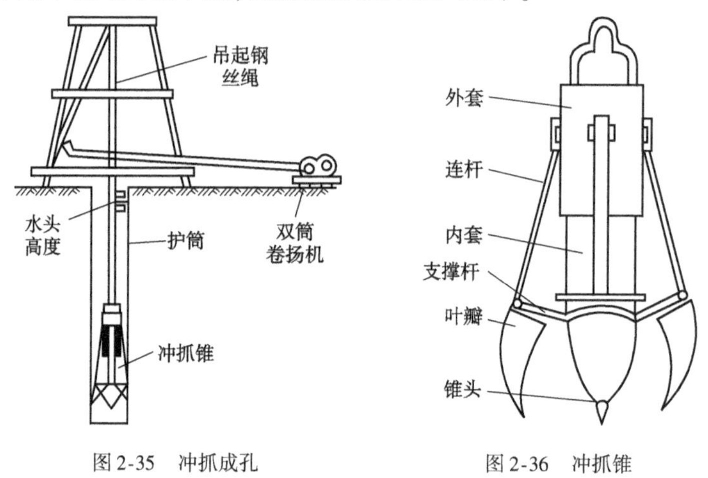

图2-35　冲抓成孔

图2-36　冲抓锥

冲抓成孔适用于黏性土、砂性土及夹有碎卵石的砂砾土层。成孔深度宜小于30m。

2)钻孔注意事项

在钻孔过程中，应防止坍孔、孔形扭歪或孔偏斜，甚至把钻头埋住或掉进孔内等事故。因此，钻孔时应注意下列几点：

(1)在钻孔过程中，要始终保持钻孔护筒内水位高出筒外1～1.5m的水位差和护壁泥浆的要求(泥浆比重为1.1～1.3、黏度为10～25s、含砂率≤6%等)，以起到护壁固壁作用，防止坍孔。若发现漏水(漏浆)现象，应找出原因及时处理。

(2)在钻孔过程中，应根据土质等情况控制钻进速度、调整泥浆稠度，以防止坍孔及钻孔偏斜、卡钻和旋转钻机负荷超载等情况发生。

(3)钻孔宜一气呵成，不宜中途停钻以避免坍孔，若坍孔严重应回填重钻。

(4)钻孔过程中应加强对桩位、成孔情况的检查工作。

终孔时应对桩位、孔径、形状、深度、倾斜度及孔底土质等情况进行检验，合格后立即清孔，吊放钢筋笼，灌注混凝土。

3. 清孔

清孔目的是抽、换孔内泥浆，清除钻渣，尽量减少孔底沉淀层厚度，防止桩底存留过厚的沉淀层而降低桩的承载力。清孔还能为灌注水下混凝土创造良好条件，使测深正确，灌注顺利，保证灌注的混凝土质量。

清孔应紧接在终孔检查后进行，避免间隔时间过长引起泥浆沉淀过厚及孔壁坍塌。

4. 吊放钢筋骨架

钻孔桩的钢筋，应按设计要求预先焊成钢筋笼骨架，整体或分段就位，吊入钻孔。钢筋笼骨架吊放前，应检查孔底深度是否符合要求，孔壁有无妨碍骨架吊放和正确就位的情况。钢筋骨架吊装可利用钻架或另立扒杆进行。吊放时应避免骨架碰撞孔壁，并保证骨架外混凝土保护层厚度，应随时校正骨架位置。钢筋骨架达到设计高程后，应将其牢固定位于孔口。钢筋骨架安置完毕后，须再次进行孔底检查，有时须进行二次清孔，达到要求后即可灌注水下混凝土。

5. 灌注水下混凝土

1）灌注方法及有关设备

目前我国多采用直升导管法灌注水下混凝土。

导管法灌注水下混凝土的施工过程如图2-37所示。将导管居中插入到离孔底0.3～0.4m（不能插入孔底沉积的泥浆中），导管上口接漏斗，在接口处设隔水栓，以隔绝混凝土与导管内水的接触。在漏斗中存备足够数量的混凝土后，放开隔水栓使漏斗中存备的混凝土连同隔水栓向孔底猛落，将导管内水挤出，混凝土从导管下落至孔底堆积，并使导管埋在混凝土内，此后向导管连续灌注混凝土。导管下口埋入孔内混凝土内1～1.5m深，以保证钻孔内的水不可能重新流入导管。随着混凝土不断由漏斗、导管灌入钻孔，钻孔内初期灌注的混凝土及其上面的水或泥浆不断被顶托升高，相应地不断提升导管和拆除导管，直至钻孔灌注混凝土完毕。

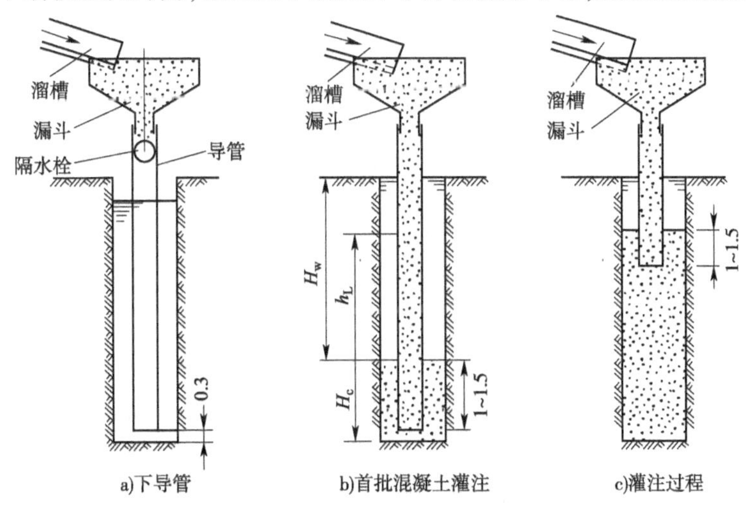

图2-37　灌注水下混凝土（尺寸单位：m）

导管是内径0.2～0.4m的钢管，壁厚3～4mm，每节长1～2m，最下面一节导管应较长，一般为3～4m。管两端用法兰盘及螺栓连接，并垫橡皮圈以保证接头不漏水，如图2-38所示，导管内壁应光滑，内径大小一致，连接牢固，在压力下不漏水。

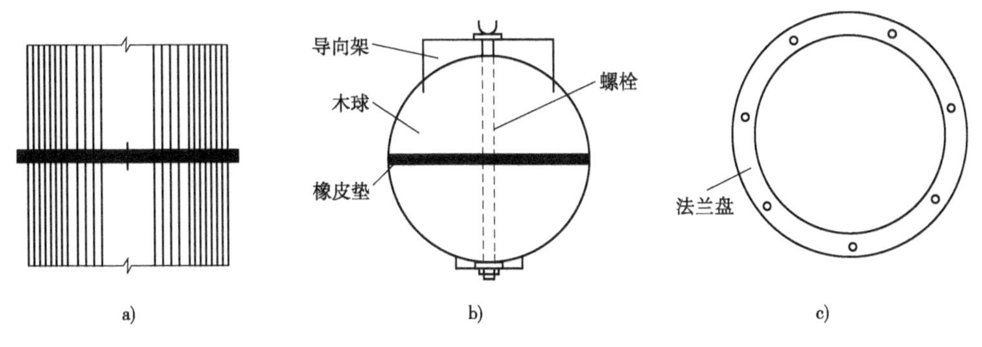

图2-38　导管接头及木球

隔水栓常用直径较导管内径小20～30mm的木球，或混凝土球、砂袋等，以粗铁丝悬挂在导管上口或近导管内水面处，要求隔水球能在导管内滑动自如不致卡管。木球隔水栓构造如图2-37和图2-38所示。目前也有采用在漏斗与导管接头处设置活门或铁抽板来代替隔水球，它是利用混凝土下落排出导管内的水，施工较简单，但需有丰富操作经验的人操作。

首批灌注的混凝土数量要保证将导管内的水全部压出，并能将导管初次埋入1～1.5m深。按照这个要求，应计算漏斗应有的最小容量，从而确定漏斗的尺寸大小及储料槽的大小。

漏斗顶端至少应高出桩顶(桩顶在水面以下时应高出水面)3m，以保证在灌注最后部分混凝土时，管内混凝土能满足顶托管外混凝土及其上面的水或泥浆重力的需要。

2)对混凝土材料的要求

为保证水下混凝土的质量，混凝土材料应满足以下要求：

(1)进行混凝土配合比设计时，要将混凝土强度等级提高20%。

(2)混凝土应有必要的流动性，坍落度宜在180～220mm范围内。

(3)每立方米混凝土水泥用量不少于360kg，水灰比宜用0.5～0.6，并可适当提高含砂率(宜采用40%～50%)使混凝土有较好的和易性。

(4)为防卡管，石料尽可能用卵石，卵石的适宜直径为5～30mm，最大粒径不超过40mm。

3)灌注水下混凝土的注意事项

灌注水下混凝土是钻孔灌注桩施工最后一道带有关键性的工序，其施工质量将严重影响到成桩质量，施工中应注意以下几点：

(1)混凝土拌和必须均匀，尽可能缩短运输距离和减小颠簸，防止混凝土离析而发生卡管事故。

(2)灌注混凝土必须连续作业，一气呵成，避免任何原因的中断灌注，因此混凝土的搅拌和运输设备应满足连续作业的要求，孔内混凝土上升到接近钢筋笼架底处时，应防止钢筋笼架被混凝土顶起。

(3)在灌注过程中，要随时测量和记录孔内混凝土灌注高程和导管入孔长度，提管时控制和保证导管埋入混凝土面内有3～5m深度。防止导管提升过猛管底提离混凝土面或埋入过浅而使导管内进水造成断桩夹泥。另一方面也要防止导管埋入过深，而造成导管内混凝土压不出或导管为混凝土埋住凝结，不能提升，导致中止灌注而成断桩。

(4)灌注的桩顶高程应比设计值预加一定的高度，此范围的浮浆和混凝土应凿除，以确保桩顶混凝土的质量，预加高度一般为0.5m，深桩应酌量增加。待桩身混凝土达到设计强度，按规定检验后方可灌注系梁、盖梁或承台。

三、挖孔灌注桩施工

挖孔灌注桩，适用于无水或少水的较密实的各类土层中，桩的直径(或边长)不宜小于1.4m，孔深一般不宜超过20m。

挖孔桩施工，必须在保证安全的基础上不间断地快速进行。每一桩孔开挖、提升出土、排水、支撑、立模板、吊装钢筋骨架、浇筑混凝土等作业都应事先准备好，紧密配合。

1.开挖桩孔

一般采用人工开挖，开挖之前应清除现场四周及山坡上悬石、浮土等，排除一切不安全的因素，做好孔口四周临时围护，排水设备、孔口应采取措施防止土石掉入孔内，并安排好排土提升设备，布置好弃土通道，必要时孔口应搭雨棚。

挖土过程中，要随时检查桩孔尺寸和平面位置，防止误差，并注意施工安全。下孔人员必须戴安全帽并准备安全绳，提取土渣的机具必须经常检查，孔深超过10m时，应经常检查孔内二氧化碳浓度，如超过0.3%应增加通风措施。孔内如用爆破施工，应采用浅眼爆破法，且在炮眼附近要加强支护，以防止震坍孔壁。桩孔较深时，应采用电引爆，爆破后应通风排烟，经检查孔内无毒后，施工人员方可下孔。应根据孔内渗水情况，注意做好孔内排水工作。

2. 护壁和支撑

挖孔桩开挖过程中，开挖和护壁两个工序，必须连续作业，以确保孔壁不坍。应根据地质、水文条件、材料来源等情况，因地制宜选择支撑和护壁方法。桩孔较深，土质相对较差，出水量较大或遇流沙等情况时，宜采用就地灌注混凝土护壁，如图2-39a）所示，每下挖1～2m灌注一次，随挖随支。护壁厚度一般采用0.15～0.2m厚混凝土，必要时可配置少量的钢筋，也可采用下沉预制钢筋混凝土护壁。如土质较松散而渗水量不大时，可考虑用木料作框架式支撑或在木框架后面铺木板作支撑，如图2-39b）所示，木框架或木框架与木板间应用扒钉钉牢，木板后面也应与土面塞紧。如土质尚好渗水不大时也可用荆条、竹笆作护壁，随挖随护壁，以保证挖土安全进行。

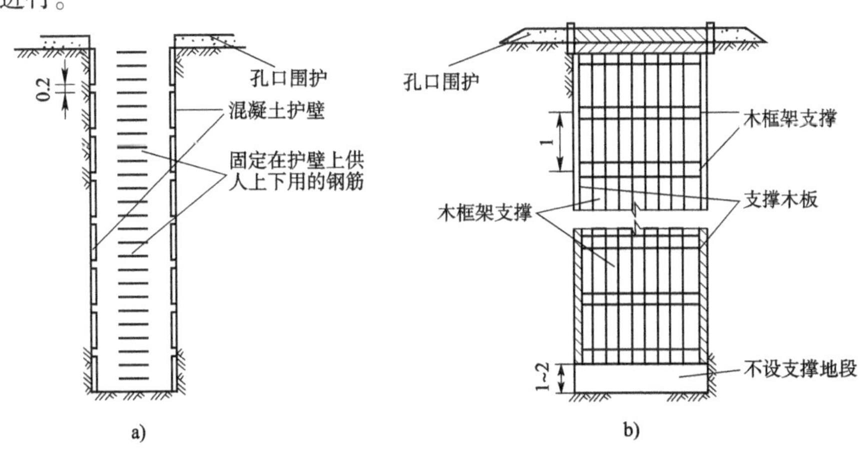

图2-39　护壁与支撑（尺寸单位：m）

3. 排水

孔内如渗水量不大，可采用人工排水，若渗水量较大，可用高扬程抽水机或将抽水机吊入孔内抽水。若同一墩台有几个桩孔同时施工，可以安排一孔超前开挖，使地下水集中在一孔排出。

4. 吊装钢筋骨架及灌注桩身混凝土

挖孔到达设计深度后，应检查和处理孔底和孔壁情况，清除孔壁、孔底浮土，孔底必须平整，土质及尺寸符合设计要求，以保证基桩质量。吊装钢筋笼架及需要时灌注水下混凝土的方法和注意事项与钻孔灌注桩有关部分基本相同。

在挖孔过深（超过20m）、孔壁土质易于坍塌、渗水量较大的情况下，采用挖孔桩都应慎重考虑。

四、沉管灌注桩施工

沉管灌注桩适用于黏性土、粉土、淤泥质土、砂土及填土，在厚度较大、灵敏度较高的淤泥和流塑状态的黏性土等软弱土层中采用时，应制订质量保证措施，并经工艺试验成功后方可实施。

沉管灌注桩是利用锤击打桩法或振动沉桩法，将带有活瓣式桩尖或带有钢筋混凝土桩靴的钢套管沉入土中成孔（图2-40），然后边拔管边灌注混凝土而成灌注桩。

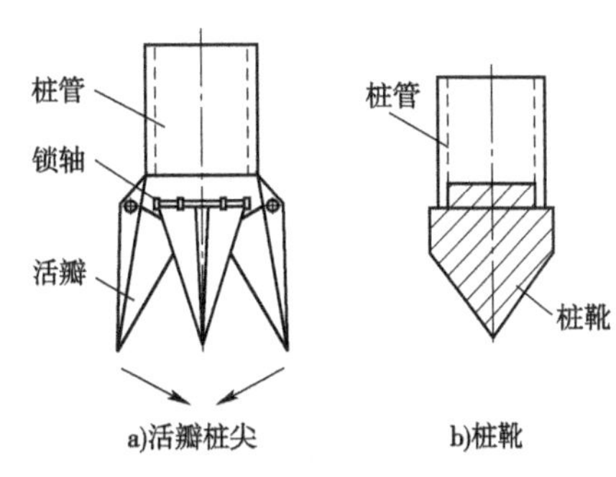

图2-40　活瓣桩尖及桩靴

若配有钢筋时,则在灌注混凝土前先吊放钢筋骨架。利用锤击沉桩设备沉管、拔管时,称为锤击沉管灌注桩。利用激振器的振动沉管、拔管时,称为振动沉管灌注桩。也可采用振动—冲击双作用的方法沉管。

沉管灌注桩无论是采用锤击打桩设备沉管,还是采用振动打桩设备沉管,其施工过程均如图 2-41 所示。

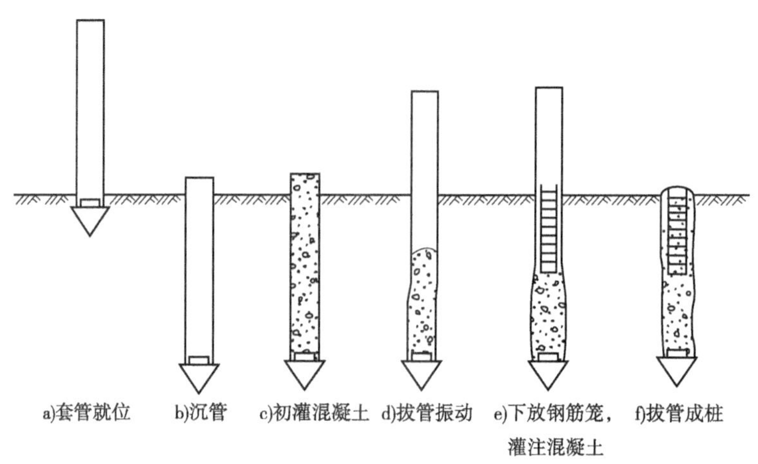

图 2-41 沉管灌注桩施工过程

沉管灌注桩的施工要点:

(1)就位。套管开始沉入土中,应保持位置正确,如有偏斜或倾斜应及时纠正。

(2)灌注混凝土。沉管至设计高程后,应立即灌注混凝土,尽量减少间隔时间。灌注混凝土之前,必须检查桩管内有无吞桩尖或进泥、进水。

(3)拔管。拔管时应先振后拔,满灌慢拔,边振边拔。在开始拔管时应测得桩靴活瓣确已张开,或钢筋混凝土确已脱离,灌入混凝土已从套管中流出,方可继续拔管。

(4)间隔跳打。在软土中沉桩时,由于排土挤压作用会使周围土体侧移及隆起,有可能挤断邻近已完成,但混凝土强度还不高的灌注桩,因此桩距不宜小于 3 ~3.5 倍桩径,并宜采用间隔跳打的施工方法,避免对邻桩挤压过大。如采用跳打方法,中间空出的桩须待邻桩混凝土达到设计强度的 50% 以后方可施打。

(5)复打。由于沉管的挤压作用,在软黏土中或软、硬土层交界处所产生的孔隙水压力较大或侧压力大小不一而易产生混凝土桩缩颈。为了弥补这种现象可采取扩大桩径的“复打”措施。另外,为了提高桩的质量和承载能力,也常采用复打灌注桩。

复打后的桩,其横截面增大,承载力提高,但其造价也相应增加,对邻近桩的挤压也大。

五、沉桩施工

沉桩是将预制桩(如木桩、混凝土桩、钢桩等)沉入地层达到设计高程。其下沉方法分为锤击(打入)法、振动法、静力压桩法及射水法等。

沉桩的工序为:预制、吊运、桩架定位、起吊、就位、沉入、接桩、送桩(桩顶位于地面以下时)。

1. 桩的预制、吊运和就位

1)桩的预制

桩可在预制厂预制,当预制厂距离较远而运桩不经济时,宜在现场选择合适的场地进行预制。

预制桩的混凝土，必须连续一次浇筑完成，宜用机械搅拌和振捣，以确保桩的质量。

2）桩的吊运

桩的混凝土强度必须大于设计强度的70%方可吊运，达到设计强度时方可使用。桩在起吊和搬运时，必须平稳，并且不得损坏，吊点布置参见图2-42。

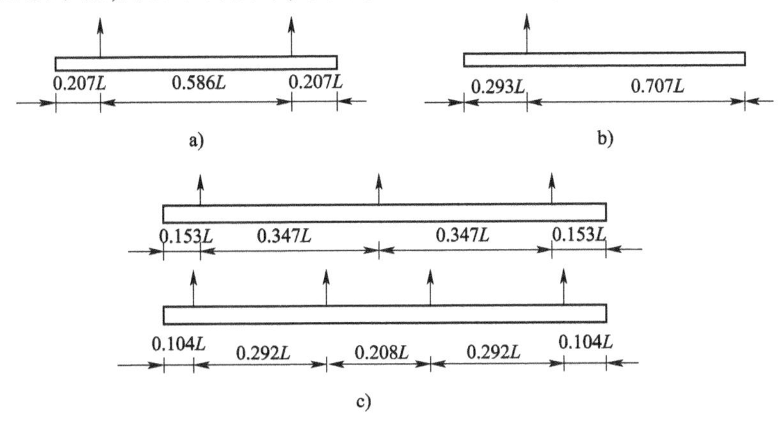

图2-42　吊点布置

3）桩的就位

桩位定线时，应将所有的纵横向位置固定牢固，如桩的轴线位于水中，应在岸上设置控制桩。打钢筋混凝土桩时，应采用与桩的断面尺寸相适应的桩帽，桩就位后如发现桩顶不平应以麻袋等垫平。桩锤压住桩顶后，检查锤与桩的中心线是否一致，桩位、桩帽有无移动，桩的垂直度或倾斜度是否符合规定。

2.沉桩常用方法

1）锤击沉桩法

锤击沉桩法是靠桩锤的冲击能量将桩打入土中，因此桩径不能太大（在一般土质中，桩径不大于0.6m），桩的入土深度也不宜太深（在一般土质中，不超过40m），否则对打桩设备要求较高，打桩效率很差。

锤击沉桩法一般适用于松散、中密砂土，黏性土。

2）振动沉桩法

振动沉桩法是用振动打桩机（振动桩锤）（图2-43）将桩打入土中的施工方法。其原理是由振动打桩机使桩产生上下方向的振动，在清除桩与周围土层间摩擦力的同时使桩尖地基松动，从而使桩贯入或拔出。

振动沉桩法，一般适用于砂土，硬塑及软塑的黏性土和中密及较软的碎石土，在砂性土中最为有效，而在较硬地基中则难以沉入。

振动沉桩法的特点是噪声较小、施工速度快、不会损坏桩头、不用导向架也能打进、移位操作方便，但需要的电源功率大。

桩的断面较大和桩身较长时，桩锤重力也应加大。随着地基的硬度加大，桩锤的重力也应增大。振动力加大则桩的贯入速度加快。

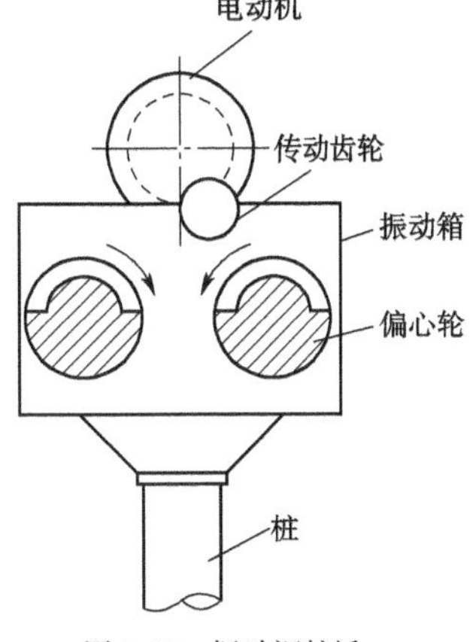

图2-43　振动沉桩锤

3）射水沉桩法

射水沉桩法是利用小孔喷嘴以 300 ~ 500kPa 的压力喷射水，使桩尖和桩周围土松动的同时，桩受自重作用而下沉的方法。它极少单独使用，常与锤击和振动法联合使用。

当射水沉桩到距设计高程尚差 1 ~ 1.5m 时，应停止射水，用锤击或振动恢复其承载力。射水沉桩对较小尺寸的桩不会损坏，施工时噪声和振动极小。

射水沉桩法对黏性土、砂性土都可适用，在细砂土层中特别有效。

4）静力压桩法

静力压桩是利用静压力将桩压入土中，施工中虽然仍然存在挤土效应，但没有振动和噪音。静力压桩适用于软弱土层，当存在厚度大于 2m 的中密以上砂夹层时，不宜采用静力压桩。

静力压桩机有机械式和液压式之分，根据顶压桩的部位又分为在桩顶顶压的顶压式的压桩机以及在桩身抱压的抱压式压桩机。目前使用的多为液压式静力压桩机，压力可达 6 000kN，甚至更大，图 2-44 是一种采用抱压式的液压静力压桩机。

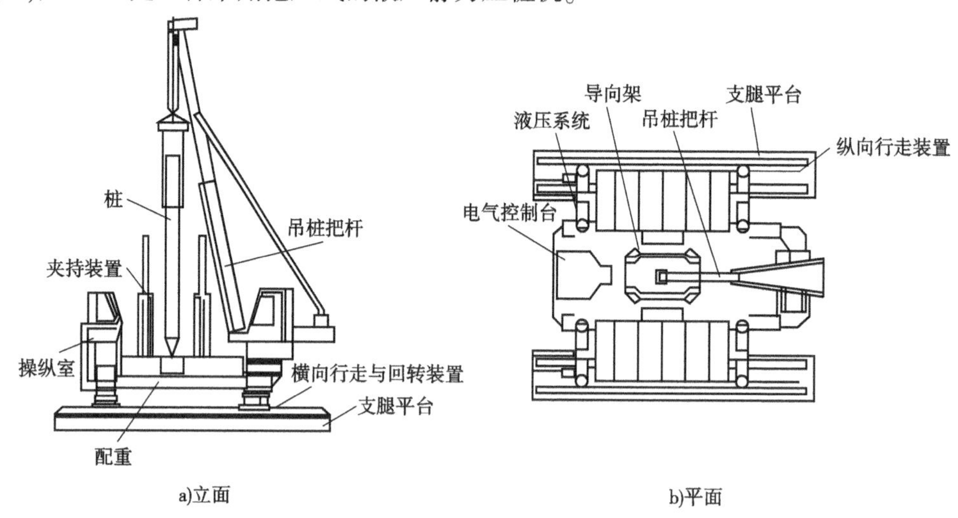

图 2-44　液压式静力压桩机

静力压桩机应根据土质情况配足额定重量。施工中桩帽、桩身和送桩的中心线应重合，压同一根（节）桩应缩短停顿时间，以便于桩的压入。长桩的静力压入一般也是分节进行，逐段接长。当第一节桩压入土中，其上端距地面 1m 左右时将第二节桩接上，继续压入。对每一根桩的压入，各工序应连续。其接桩处理与锤击法类似。

如压桩时桩身发生较大移位，桩身突然下沉或倾斜，桩顶混凝土破坏或压桩阻力剧变时，则应暂停压桩，及时研究处理。

静力压桩法的施工特点为：施工时产生的噪声和振动较小，桩头不易损坏，桩在贯入时相当于给桩做静载试验，故可准确知道桩的承载力，压入法不仅可用于竖直桩，而且也可用于斜桩和水平桩，但机械的拼装移动等均需要较多的时间。

第三章　桥梁墩台施工

第一节　桥梁墩台的类型与构造

桥梁墩台是桥梁的重要组成部分,称为桥梁的下部结构。它主要由墩台帽、墩台身和基础三部分组成(图3-1)。

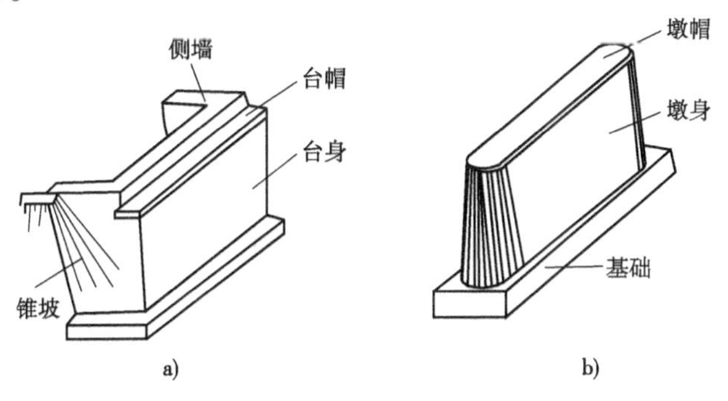

图3-1　重力式墩台

桥梁墩台承担着桥梁上部结构所产生的作用,并将作用有效地传递给地基,桥台还与路堤相连接,承受着桥头填土的土压力。墩台主要决定着桥梁的高度和在平面上的位置,受地形、地质、水文和气候等自然因素影响较大。

桥梁墩台结构,应遵循安全耐久、满足交通要求、造价低、养护费用少、施工方便、工期短、与周围环境协调、造型美观等原则。因此,桥梁墩台要置于稳定可靠的地基上,应考虑各种因素的组合作用,通过设计和计算确定基础形式和埋置深度,确保墩台在洪水、地震、桥梁活载等动力作用下安全、耐久。

墩台的造价通常在桥梁总造价中占有很大的比例。同时,在很多情况下墩台的修建较之桥跨结构更为复杂和艰巨。

一、桥墩构造

桥墩按其构造可分为重力式墩、空心墩、柱式墩、排架墩、轻型桥墩、框架墩等类型,按其受力特点可分为刚性墩和柔性墩,按其截面形状可分为矩形、圆形、圆端形、尖端形及各种截面组合而成的空心墩,如图3-2所示,按施工工艺可分为就地砌筑或浇筑桥墩和预制安装桥墩。

1. 梁桥桥墩构造

1)重力式桥墩

重力式桥墩主要依靠自身重力(包括桥跨结构重力)来平衡外力,从而保证桥墩的稳定。它往往是用圬工材料修筑而成,具有刚度大、防撞能力强等优点,但同时存在阻水面积大、圬工数量大、对地基承载力要求高等缺点。它适用于荷载较大的大、中型桥梁或流冰、漂浮物多的河流中的桥梁，以及砂石料丰富的地区和基岩埋深较浅的地基桥梁。

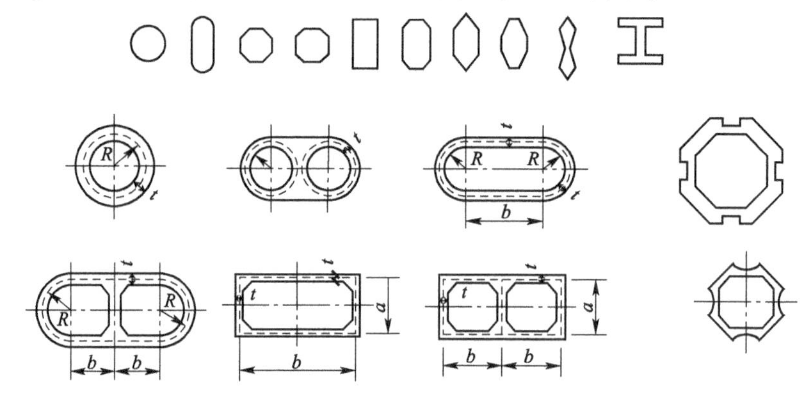

图 3-2　桥墩截面形式

重力式桥墩由墩帽、墩身和基础三部分组成。如图 3-3 所示，墩帽是桥墩的顶端，它通过支座支承上部结构，并将相邻两孔桥上的荷载传到墩身上。由于它受到支座传来的很大的集中应力作用，所以要求它有足够的厚度和强度。当墩帽上相邻支座高度不同时，须加设混凝土垫石调整，并在垫石内设置钢筋网，墩帽钢筋布置如图 3-4 所示。对于小桥，也可用 M5 以上砂浆、U25 以上料石砌筑墩帽。

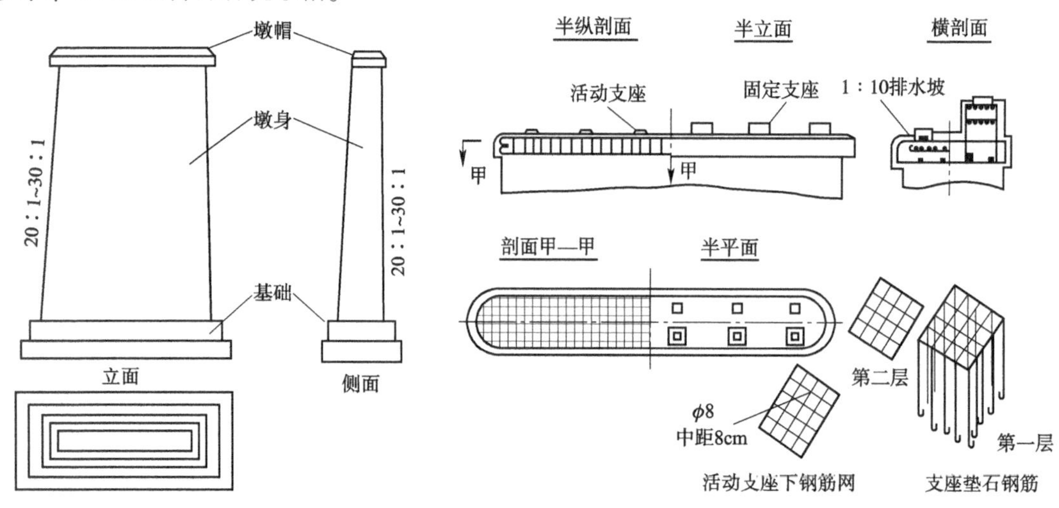

图 3-3　实体重力式桥墩图

图 3-4　墩帽钢筋构造

实体桥墩的截面形式，有圆形、圆端形、尖端形、矩形、菱形等，如图 3-5 所示，实体重力式桥墩图如图 3-6 所示。其中圆形、圆端形、尖端形的导流性好，圆形截面对各方向的水流阻力和导流情况相同，适应于潮汐河流或流向不定的桥位。矩形桥墩主要用于无水的岸墩或高架桥墩。在有强烈流水或大量漂浮物的河道上（冰厚大于 0.5m，流冰速度大于 1m/s），桥墩的迎水端应做成破冰棱体。破冰体可由强度较高的石料砌成，也可用强度等级高的混凝土辅以钢筋加固。

基础是桥墩与地基直接接触的部分，其类型与尺寸往往取决于地基条件，尤其是地基承载力。最常见的是刚性扩大基础，一般采用 C15 以上片石混凝土或浆砌块石筑成。基础的平面尺寸较墩身底面尺寸略大，四周各放大 20cm 左右。基础可以做成单层，也可以做成 2 ~ 3 层台阶式的。台阶的宽度由基础用材的刚性角控制。

2）空心桥墩

空心桥墩有两种形式：一种为部分镂空式桥墩，另一种为薄壁空心桥墩。

部分中心镂空桥墩，是在重力式桥墩基础上镂空中心一定数量的圬工体积，旨在减少圬工数量，使结构更经济，减轻桥墩自重，降低对地基承载力的要求。但镂空有一个基本前提，即保证桥墩截面强度和刚度足以承担和平衡外力，从而保证桥墩的稳定性。对于受船只、漂流物或流冰撞击的墩身部分，一般不宜镂空。

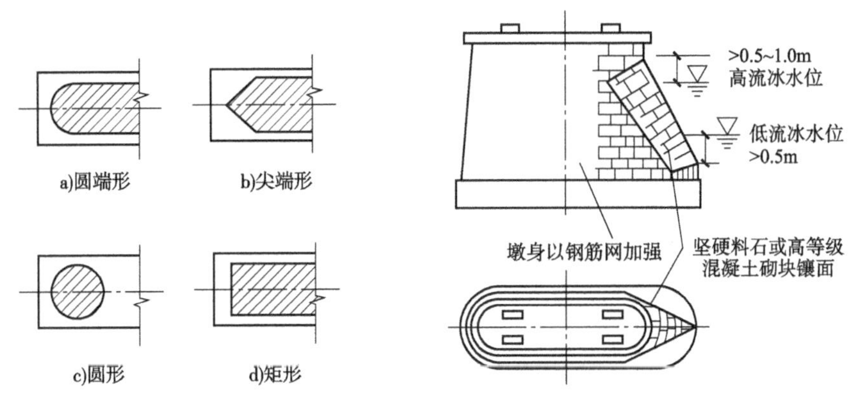

图 3-5　实体桥墩的截面形式

图 3-6　实体重力式桥墩图

薄壁空心墩是采用强度高、墩身壁较薄的钢筋混凝土构件，其最大特点是大幅度削减了墩身圬工体积和墩身自重，减小了地基负荷，因而适用于桥梁跨径较大的高墩和软弱地基桥墩。常见的几种空心桥墩如图 3-7 和图 3-8 所示。

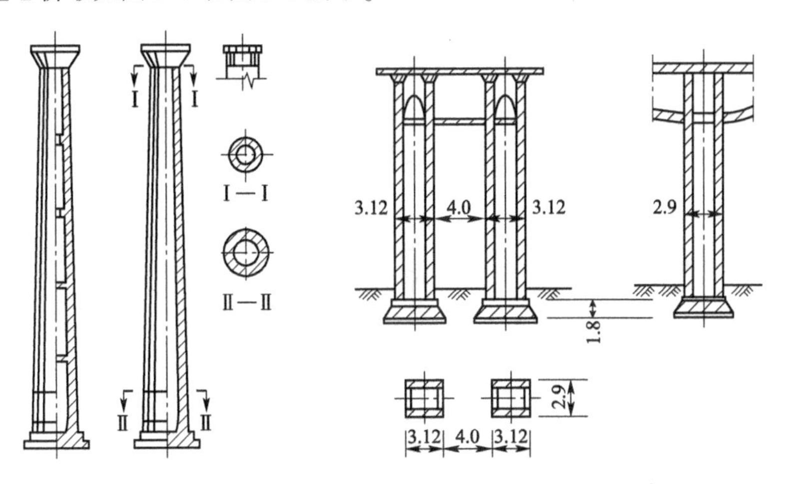

图 3-7　圆形空心墩

图 3-8　方形空心墩(尺寸单位:m)

3)柱式桥墩和桩柱式桥墩

柱式桥墩和桩柱式桥墩是目前公路桥梁中广泛采用的桥墩形式，由柱式墩身和盖梁组成，一般可分为单柱、双柱和多柱等形式，这种桥墩的优点是能减轻墩身重力，节约圬工材料，施工方便，外形轻巧又较美观，特别是适用于桥宽较大的桥梁和立交桥。

柱式桥墩适用多种基础形式，可以在桩顶设置承台，然后在承台上设立柱[图 3-9a)]；或在浅基础上设立柱[图 3-9b)]。为了增强墩柱间抗撞击的能力，在两柱中间加做隔墙[图 3-9c)]。当桥墩较高，也可以把水下部分做成实体式，水上部分仍为柱式[图 3-9d)]。

桩柱式桥墩的基础只适用桩基，在桩基础顶部以上(或柱桩连接处以上)称为柱，以下称为桩。图 3-9e)，为单柱式桩墩，适用于斜交桥；图 3-9f)为等截面双柱式桩墩，桩位施工的精度要求高，图 3-9g)为变截面双柱式桩墩。

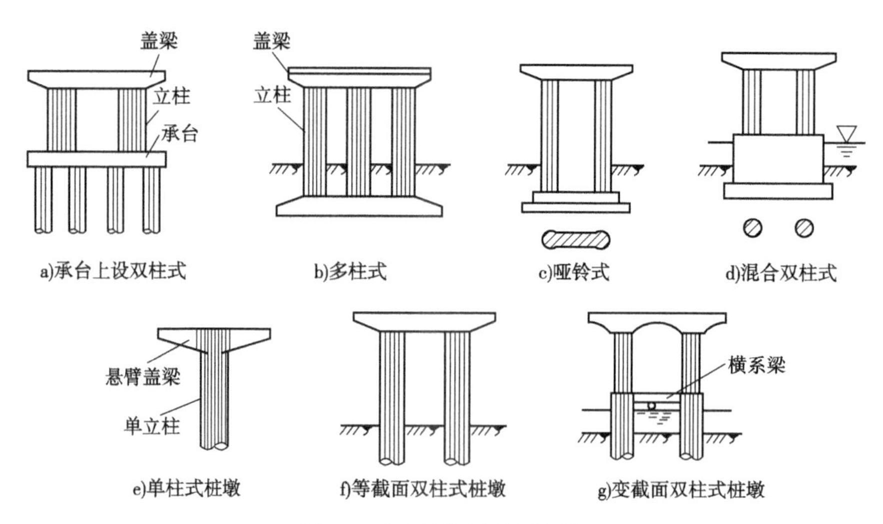

图 3-9　柱式桥墩和桩柱式桥墩

4）柔性排架墩

柔性排架墩由单排或双排的钢筋混凝土桩与钢筋混凝土盖梁连接而成。其主要特点是，上部结构传来的水平力（制动力、温度影响力等）按各墩台的刚度分配到各墩台，作用在每个柔性墩上的水平力较小，而作用在刚性墩台上的水平力很大，因此，柔性桩墩截面尺寸得以减小。

柔性墩是桥墩轻型化的途径之一，一般布设在两端具有刚性较大桥台的多跨桥中，全桥除一个中墩设置活动支座外，其余墩台均采用固定支座，如图 3-10 所示。

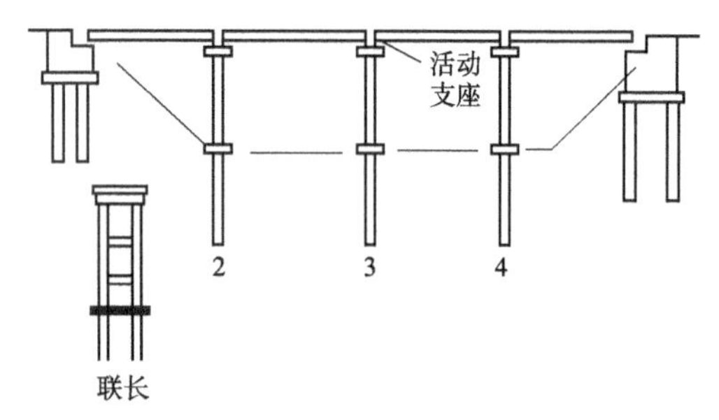

图 3-10　柔性排架墩布置

多跨长桥采用柔性墩时宜分成若干联，每联设置一个刚性墩（台），两个活动支座之间或刚性台与第一个活动支座间称为一联，以减小设置固定支座的墩顶位移，避免刚性桥台的支座所受水平力过大。

柔性排架桩墩分单排架和双排架墩，如图 3-11 所示。柔性排架墩多用于墩高为 5 ~ 7m，跨径 13m 以下，桥长 50 ~ 80m 的中小型桥中。对于漂浮物严重和流速较大的河流，由于桩墩容易磨耗，不宜采用。

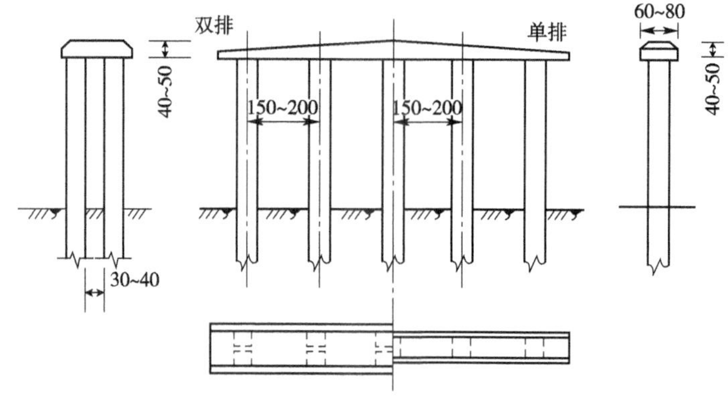

图 3-11　柔性排架墩构造（尺寸单位：cm）

为使全桥形成框架体系，可用锚栓将上下部构造连接起来，锚栓的直径用 25 ~ 28mm，预埋在盖梁内。两孔的接缝处用水泥砂浆填实，最好设置桥面连续装置。桥台背墙与梁端接缝亦填以水泥砂浆，不设伸缩缝。

5)轻型桥墩

轻型桥墩一般用于中小跨径的桥梁，与重力式墩相比，其圬工体积显著减小，自重减小，因而其抗冲击能力较低，不宜用于流速大并夹有大量泥沙的河流或可能有航船、冰等漂浮物撞击的河流中，如图3-12所示。

墩帽用混凝土浇筑，厚度不小于30cm。墩帽四周挑檐宽度为5cm，周边做成5cm削角。当桥面的横向排水不用三角垫层调整时，可在墩帽顶面以中心向两端加做三角垫层。

墩身用混凝土、浆砌块石或钢筋混凝土材料做成，其中钢筋混凝土薄壁桥墩最为典型，如图3-13所示，墩身宽度不小于60cm，两边坡度为直立，两头做成圆端形。

墩帽上要预埋栓钉，位置与上部结构块件的栓孔相适应。

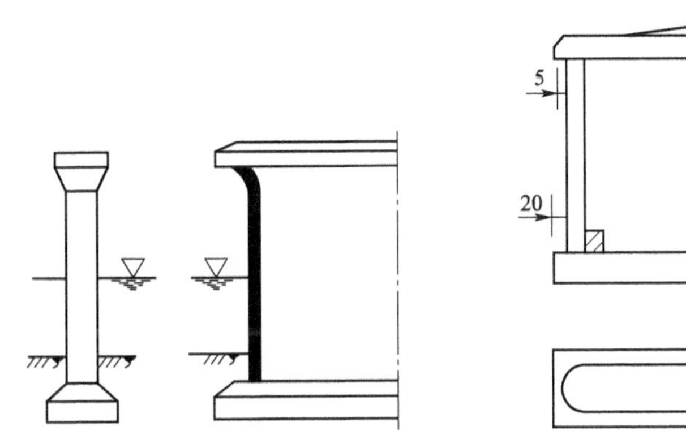

图3-12　轻型桥墩

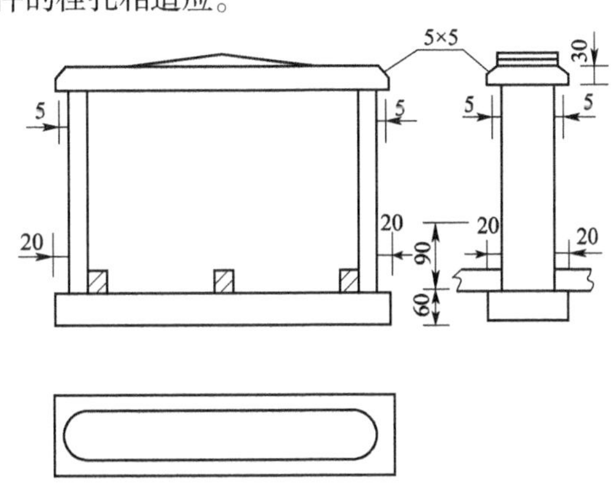

图3-13　钢筋混凝土薄壁桥墩(尺寸单位:cm)

6)框架式桥墩

框架式桥墩采用钢筋混凝土或预应力混凝土等压挠或挠曲构件组成平面框架代替墩身，支承上部结构，必要时可做成双层或多层框架。桥墩结构可采用顶部分开底部连在一起的V形桥墩[图3-14a)]和顶部分开底部与直立桥墩连在一起的Y形桥墩[图3-14b)]。这类桥墩结构不仅轻巧美观，给桥梁建筑增添了新的艺术造型，而且使桥梁的跨越能力提高，缩短了主梁的跨径，降低了梁高，但其结构复杂，施工比较麻烦。

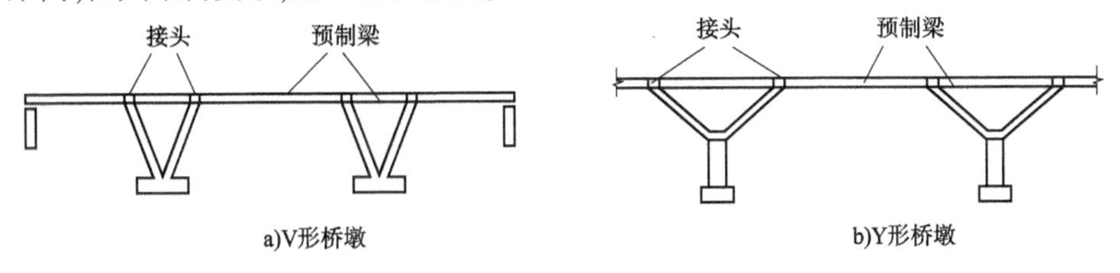

图3-14　V形桥墩和Y形桥墩

框架墩形式较多，均为压弯构件，所有钢筋均应通过计算确定。对于有分叉的墩来说，可用墩帽，也可无墩帽。无墩帽时，分叉张开角一般应小于90°，有墩帽时，张角可略大些，视受力情况而定。

墩帽内的配筋可参照柱式墩盖梁配筋。墩按计算配置抗拉、抗压主筋，并应特别重视分叉点钢筋的配置与连接。分叉处的钢筋应与帽顶面(上)或柱侧面(下)外层主筋相连接，并在分叉附近加密箍筋(用多肢或减小箍筋间距)。墩柱中的主筋对纵横两个方向应有不同的考虑，并与两叉上足够数量的主筋连接在一起，如图3-15所示。

2. 拱桥桥墩构造

1）重力式桥墩

拱桥重力式桥墩，其形式基本上与梁桥重力式桥墩相仿。因为承受较大的水平推力，所以，拱桥重力式桥墩的宽度尺寸比梁桥大。同时，墩帽顶部做成斜坡（图3-16），尽量考虑设置成与拱轴线正交的拱座（图3-17）。

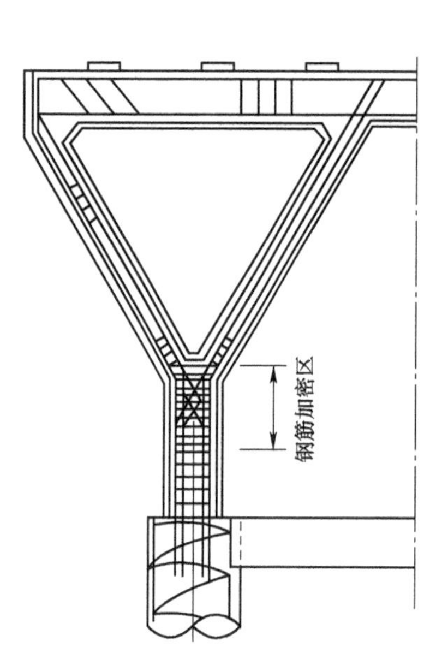

图3-15　Y形桥墩分叉处钢筋配置

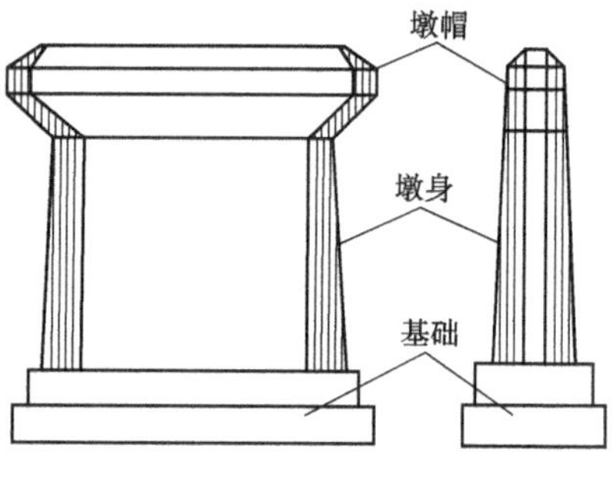

图3-16　拱桥重力式桥墩

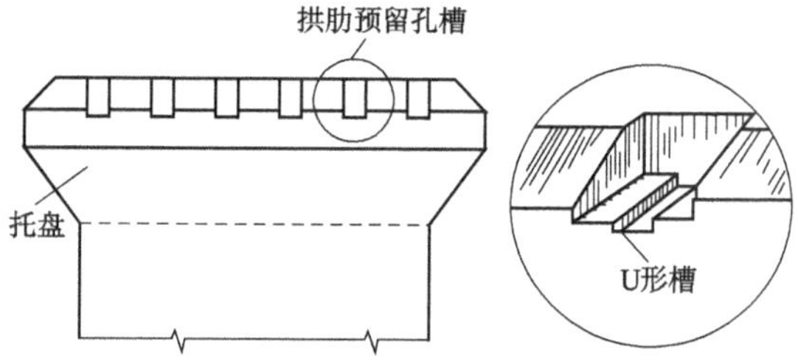

图3-17　拱座构造

拱桥墩身体积较大，除了用块石砌筑外，也可用片石混凝土浇筑。有时为了节省圬工砌体，可将墩身做成空心，中间填以砂石。

拱桥桥墩基础与梁桥相同。

2）柱式桥墩和桩柱式桥墩

拱桥的柱式桥墩和桩柱式桥墩与梁桥相同。由于承受较大的水平推力，柱和桩的直径比梁桥大，根数也比梁桥多。拱座（盖梁）采用钢筋混凝土，构造与重力式桥墩拱座基本相同。

3）单向推力墩

多跨拱桥根据施工和使用要求，每隔3～5孔设置单向推力墩。目前常用的单向推力墩有以下几种型式。

（1）普通柱墩加设斜撑的单向推力墩。这种单向推力墩是在普通墩柱上对称增设一对钢筋混凝土斜撑（图3-18），以提高其抵抗单向水平推力的能力。接头只承受压力而不承受拉力。在基础埋置深度不大，地基条件较好时，也可把桥墩基础加宽成上形的单向推力墩。

（2）悬臂式单向推力墩。悬臂式单向推力墩是在桥墩的顺桥向双向挑出悬臂（图3-19）。当邻孔遭到破坏后，由于悬臂端的存在，使拱支座竖向反力通过悬臂端而成为稳定力矩，保证了单向推力墩不致遭到损坏。

（3）实体单向推力墩。当桥墩较矮及单向推力不大时，只需加大实体墩身的尺寸。

二、桥台构造

桥台通常按其形式划分为：重力式桥台、埋置式桥台、轻型桥台、框架式桥台和组合式桥台。

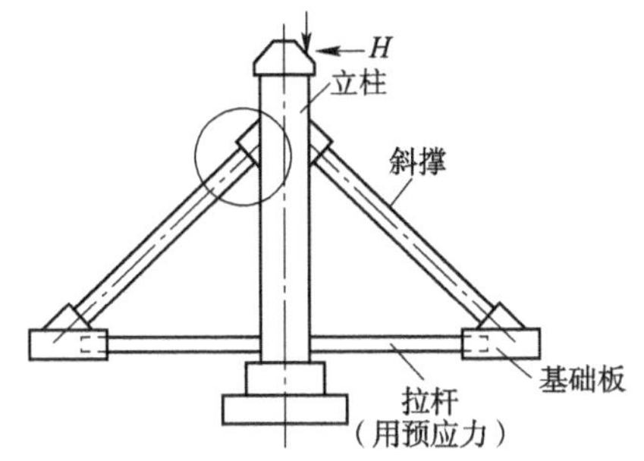

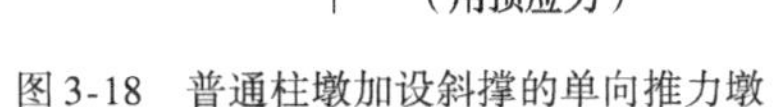
图 3-18　普通柱墩加设斜撑的单向推力墩

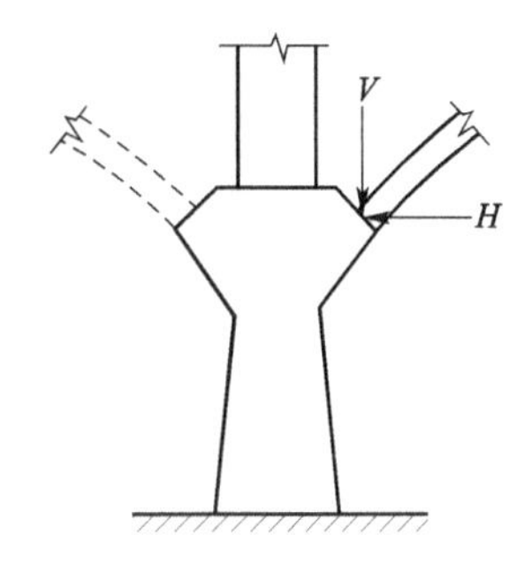

图 3-19　悬臂式单向推力墩

1. 梁桥桥台构造

1）重力式 U 形桥台

重力式 U 形桥台一般采用砌石、片石混凝土或混凝土等圬工材料就地砌筑或浇筑而成，主要依靠自重来平衡台后土压力，从而保证自身的稳定。U 形桥台构造简单，基础底承压面大，应力较小，但圬工体积大，并由于自身重力而增加对地基的压力，一般宜在填土高度不大而且跨径在 8m 以上的桥梁中采用。

U 形桥台由台帽、台身（前墙和侧墙）和基础组成，在平面上呈 U 字形，如图 3-20 所示。U 形桥台台身由前墙（含上端的防护墙）和侧墙组成。

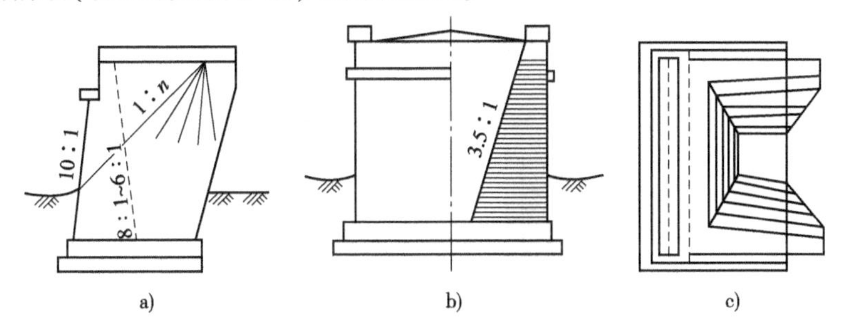

图 3-20　梁桥重力式 U 形桥台

为了排除桥台前墙后面的积水，应于侧墙间略高于高水位的平面上铺一层向路堤方向设有斜坡的夯实黏土作为防水层，并在黏土层上再铺一层碎石，将积水引向设于桥台后横穿路堤的盲沟内。基础尺寸可参照桥墩拟定。

桥台两侧设锥坡，坡度由纵向的 1:1 逐渐变到横向的 1:1.5，锥坡的平面形状为 1/4 椭圆，用土夯实填筑，其表面用片石砌筑。

2）埋置式桥台

当路堤填土高度超过 6 ~ 8m 时，可采用埋置式桥台，如图 3-21 所示。它是将台身埋在锥形护坡中，只露出台帽，以安放支座和上部结构。由于台身埋入土中，利用台前锥坡产生的土压力来抵消部分台后填土压力，可以增加桥台的稳定性，桥台的尺寸也相应减小，不需另设翼墙，桥台圬工数量较省。但埋置式桥台的锥坡挡水面积大，对桥孔下的过水面积有所压缩。因此，仅适用于桥头为浅滩，溜坡受冲刷较小，填土高度在 10m 以下的中等跨径的多跨桥中。

埋置桥台的台身可用混凝土、片石混凝土或浆砌块石筑成，台帽及耳墙用钢筋混凝土做成。台身常做成向后倾斜，这样可减小台后土压力和基底合力偏心距。

埋置衡重式高桥台，利用衡重台及其上的填土重力平衡部分土压力，在高桥中圬工数量较省，如图 3-22 所示。它适用于跨径大于 20m，高度大于 10m 的跨深沟及山区特殊地形的桥梁。

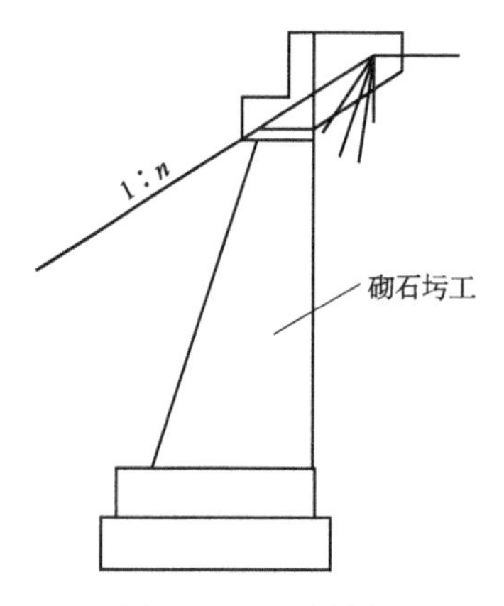

图 3-21　埋置式桥台

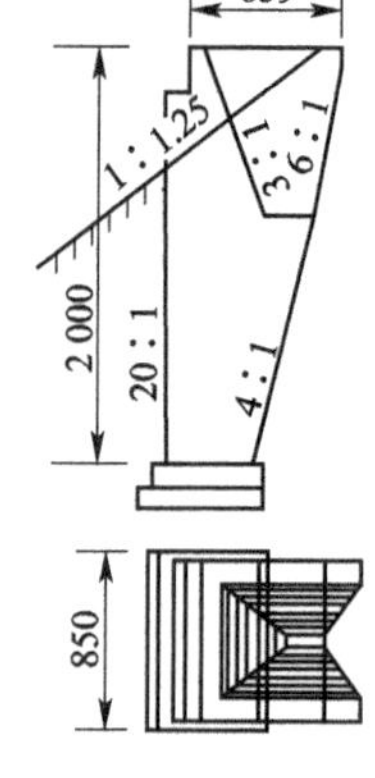

图 3-22　埋置衡重式高桥台(尺寸单位:mm)

3)轻型桥台

轻型桥台通常用钢筋混凝土或圬工材料砌筑。圬工轻型桥台只限于桥台高度较小的情况,而钢筋混凝土轻型台应用范围更广泛。从结构形式上分,轻型桥台有薄壁型轻型桥台和支撑梁型轻型桥台。

(1)薄壁轻型桥台。薄壁轻型桥台常用的形式有悬壁式、扶壁式、撑墙式和箱式等,如图 3-23 所示,其主要特点是利用钢筋混凝土结构的抗弯能力来减少圬工体积从而使桥台轻型化。相对而言,悬臂式桥台的柔性较大,钢筋用量较大,而撑墙式和箱式桥台刚度大,但模板用量多。

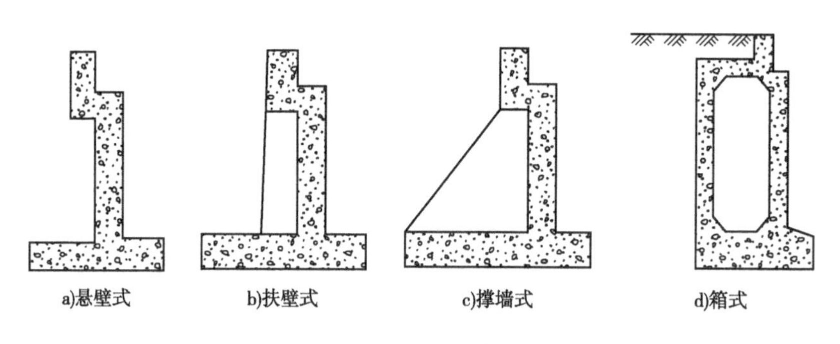

图 3-23　薄壁轻型桥台

用得较多的钢筋混凝土薄壁轻型桥台,是由扶壁式挡土墙和两侧的薄壁侧墙构成。挡土墙由厚度不小于 15cm 的前墙和间距为 2.5 ~ 3.5m 的扶壁组成。其顶帽及背墙成 L 形,并与其下的倒 T 形竖墙台身及底板连成钢筋混凝土整体结构。

(2)支撑梁轻型桥台。轻型桥台用于跨径不大于 13m 的板(梁)桥,且不宜多于 3 孔,全长不大于 20m。在墩台基础间设置支撑梁,在上部结构与台锚之间设置锚固栓钉,使上部结构与支撑梁共同支撑桥台承受台后土压力(图 3-24),减小桥台尺寸,节省圬工数量。

上部构造与台帽间应用栓钉连接,栓钉孔、上部结构与台背之间需用小石子混凝土(强度等级同上部结构)填实(图 3-25)。栓钉直径不宜小于上部构造主筋的直径,锚固长度为台帽厚度加上三角垫层和板厚。

两边翼墙与桥台连成整体,成为一字形桥台[图 3-26b)],也有把翼墙与桥台设缝分离,翼墙与水流方向成 30°夹角,成为八字形桥台[图 3-26a)]。为了节约圬工数量,也可在边柱上设置耳墙[图 3-26c)]。为了增加桥台抵抗水平推力的抗弯刚度,也可将台身做成 T 形截面[图 3-26d)]。

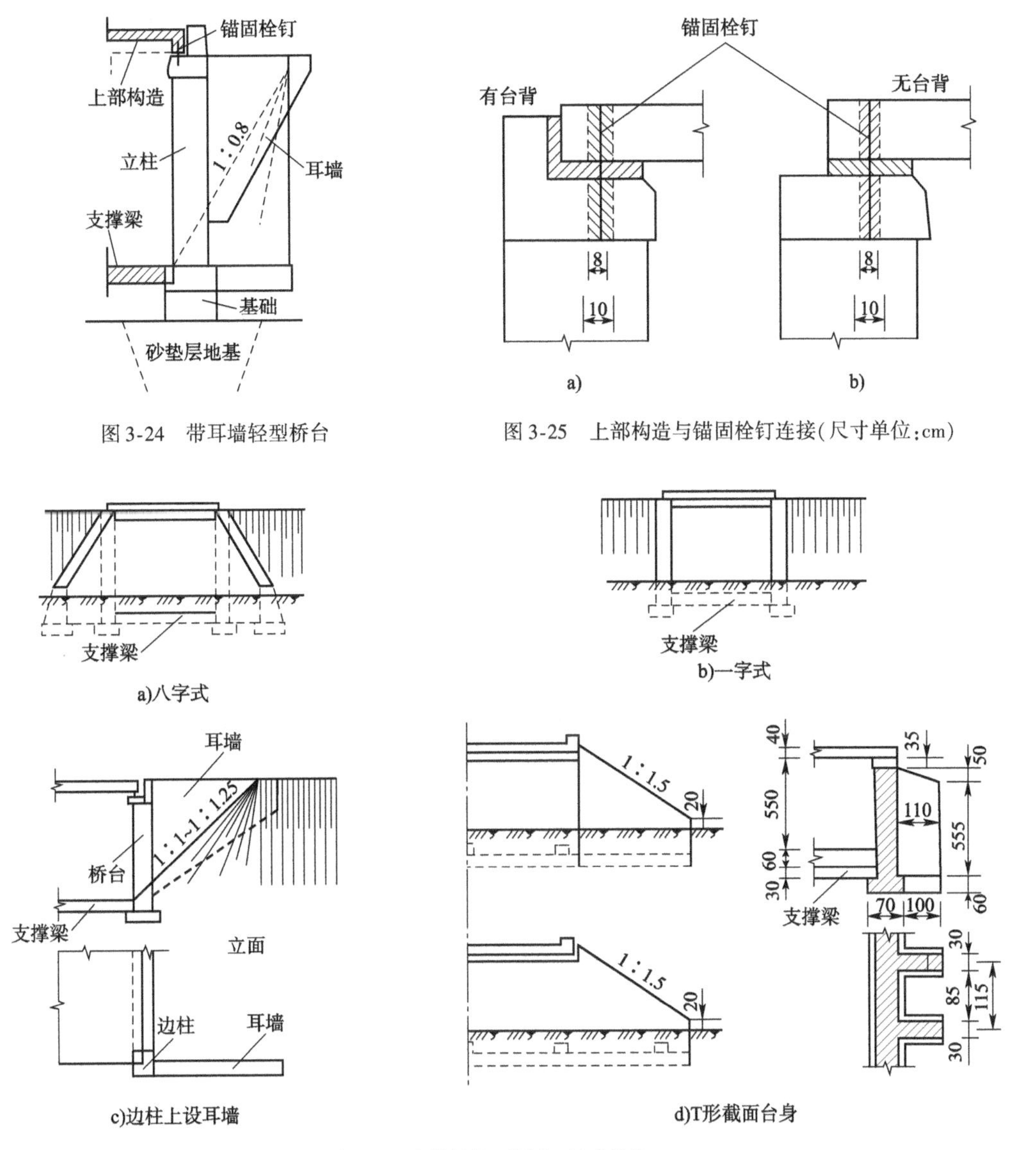

图 3-24 带耳墙轻型桥台

图 3-25 上部构造与锚固栓钉连接(尺寸单位:cm)

图 3-26 支撑梁轻型桥台(尺寸单位:cm)

4)框架式桥台

框架式桥台由台帽、立柱和基础组成,是一种在横桥向呈框架式结构的钢筋混凝土轻型桥台。它采用埋置式,台前设置溜坡,所受的土压力较小,适用于多种基础形式、台身较高、跨径较大的梁桥,是目前桥梁中采用较多的桥台形式。其构造形式有柱式、肋板式、半重力式、双排架式和板凳式等。

柱式桥台(图 3-27)指台帽置于立柱上,台帽两端设耳墙以便与路堤衔接,适用于填土高度小于 5m 的情况。柱式框架桥台的立柱可采用双柱式或多柱式,根据桥宽确定。

当填土高度大于 5m 时,用钢筋混凝土薄墙(肋板)代替立柱支承台帽,即成为肋板式桥台(图 3-28),可以在浅基础上设置肋板,也可在桩基础顶部设承台,承台上设置肋板支承台帽,当水平力较大时,桩基础设置成双排或多排桩。台帽两端同样设耳墙便于同路堤衔接,必要时在台帽前方两侧设置挡土板。

当水平力较大时，桥台可采用双排架式或板凳式，它由台帽、台柱和承台组成。排架装配式桥台如图3-29所示。

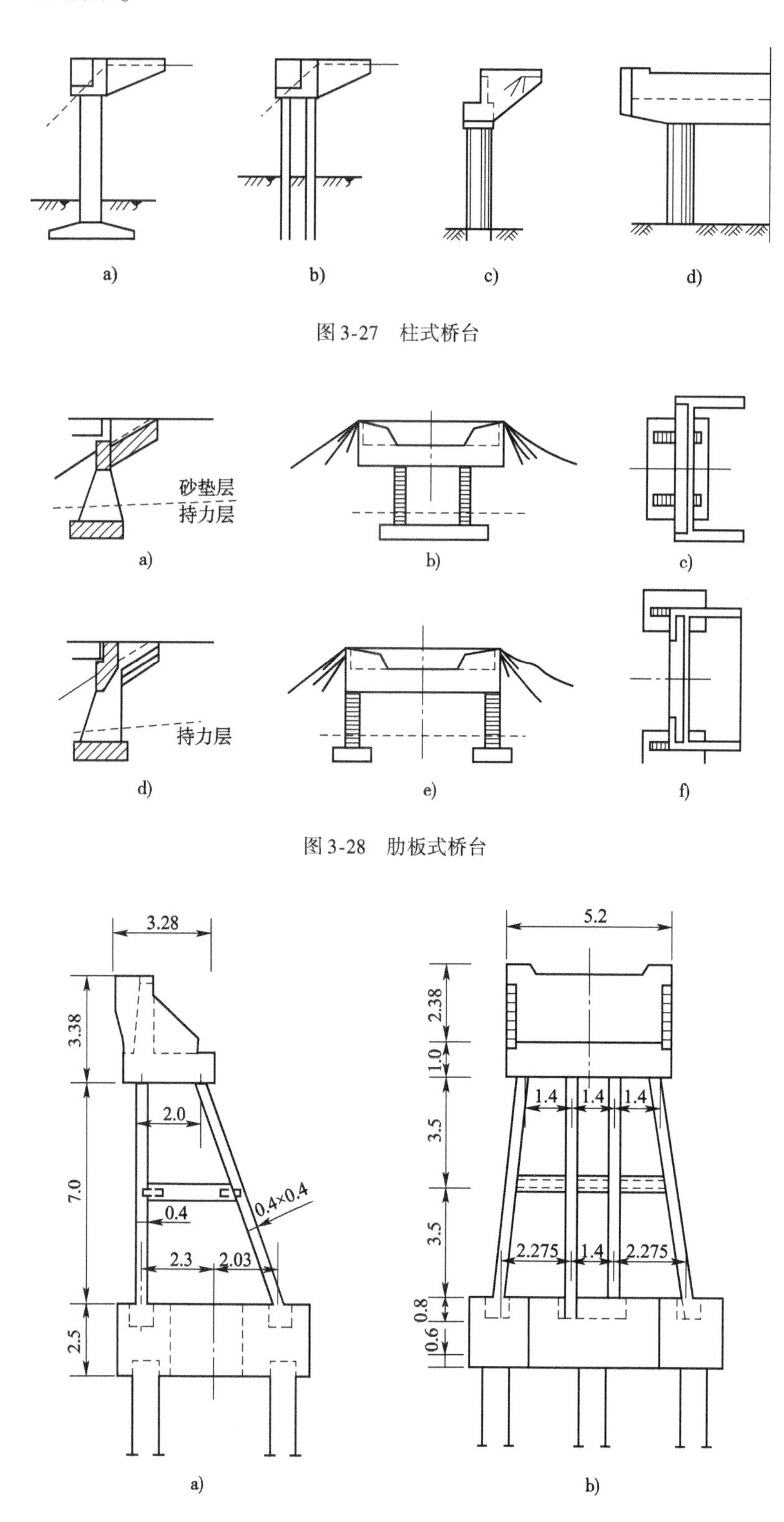

图3-27　柱式桥台

图3-28　肋板式桥台

图3-29　排架装配式桥台（尺寸单位：m）

在梁桥中，除上述桥台以外，还有一些特殊形式的桥台。如根据上部结构需要及受力要求，具有承压和承拉功能的承拉桥台，如图 3-30 所示；桥台下土质比较密实，河床比较稳定，无冲刷，直接搁于地基上的枕梁式桥台，如图 3-31 所示。

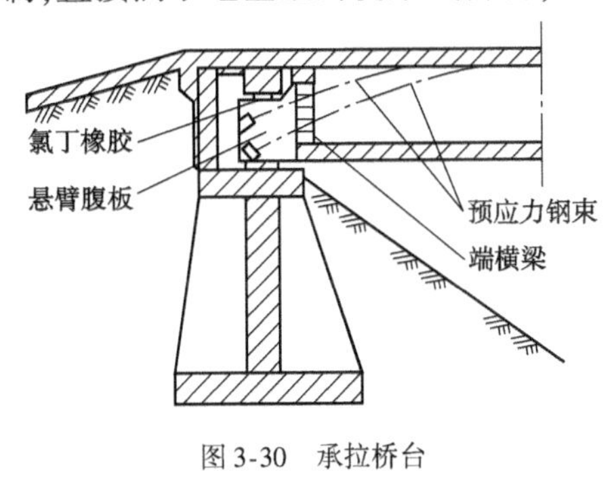

图 3-30　承拉桥台

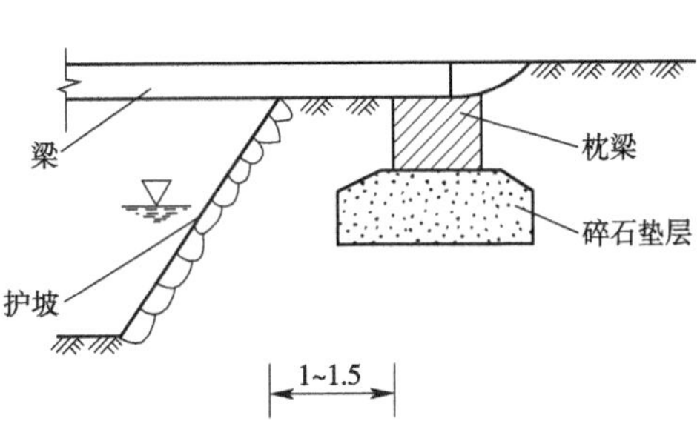

图 3-31　枕梁式桥台(尺寸单位：m)

2. 拱桥桥台构造

1)重力式 U 形桥台

重力式 U 形桥台(图 3-32)在拱桥中用得最多，其构造与梁桥 U 形桥台相仿，也是由前墙、侧墙和基础三部分组成。前墙承受拱圈推力和路堤填土压力。前墙上设有台帽，构造和拱桥墩帽相同。对空腹式拱桥，在前墙顶设有防护墙。侧墙和前墙连成整体，伸入路堤锥坡内 75cm，可抵挡路堤填土向两侧的压力。

2)组合式桥台

组合式桥台(图 3-33)由台身和后座两部分组成。台身基础承受竖向力，一般采用桩基础。

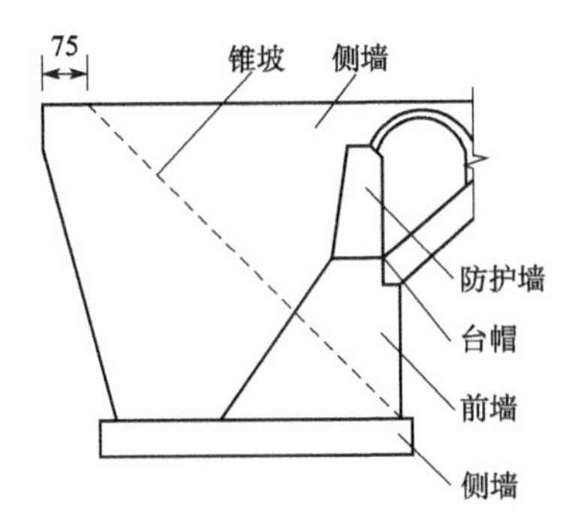

图 3-32　重力式 U 形桥台(尺寸单位：cm)

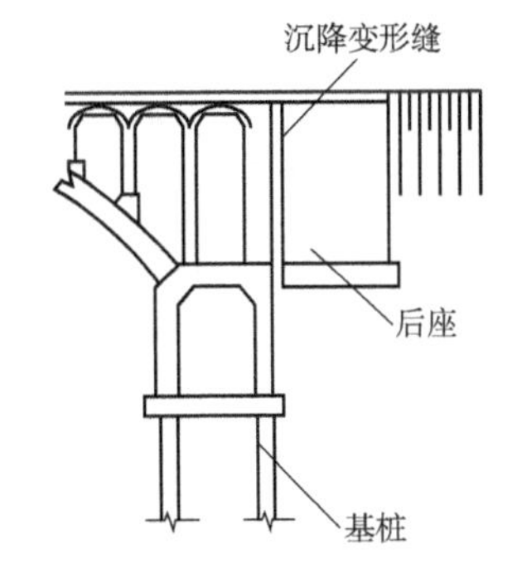

图 3-33　组合式桥台

拱的水平推力则主要由后座基底摩阻力及台后的土侧压力来平衡。组合式桥台的承台与后座间必须密切贴合并设置沉降变形缝，以适应两者的不均匀沉降。后座基底高程应低于拱脚下缘高程，力台后土侧压力和基底摩阻力的合力作用点同拱座中心标高一致。

3)轻型桥台

(1)八字形轻型桥台。八字形桥台(图 3-34)的台身可做成等厚度的或变厚度的。变厚度的台身背坡一般为 2:1 ~4:1，台口尺寸应满足抗剪强度要求。两边八字翼墙与台身分开，其顶宽为 40cm，前坡为 10:1，后坡为 5:1。

(2)前倾式轻型桥台。前倾式桥台(图 3-35)由于台身向桥孔方向倾斜，因此比直立台身的受力情况要好，用料要省。前倾台身可做成等厚度的，前倾坡度可达 4:1。其缺点是施工比较麻烦。

此外，拱桥轻型桥台还有多种形式，如 U 字形桥台（图 3-36），由前墙（等厚度的）和平行于行车方向的侧墙组成。当桥台宽度较大时，为了保证前墙和侧墙的整体性，可在 U 字形桥台的中间加一道背撑，成为山字形桥台。当拱桥在软土地基而桥台本身不高时可采用空腹 L 形桥台（图 3-37）、履齿式桥台、屈膝式桥台等。

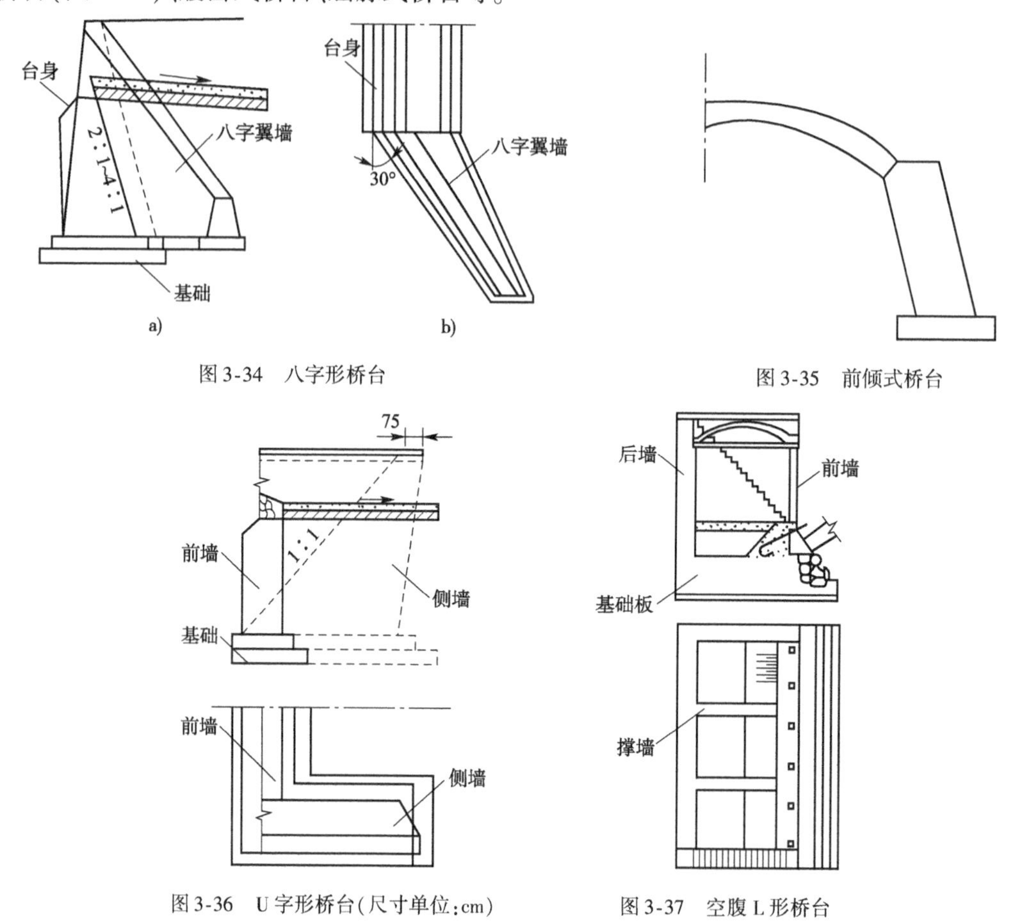

图 3-34　八字形桥台

图 3-35　前倾式桥台

图 3-36　U 字形桥台（尺寸单位：cm）

图 3-37　空腹 L 形桥台

第二节　桩柱式墩施工

桩柱式桥是桩式、双柱式、单柱式桥墩的统称。一般由基础上的系梁、柱式墩身和盖梁组成。优点是能减轻墩身自重，节约圬工材料，比较美观，刚度和强度都较大，在有漂流物和流冰的河流中可以使用。桩式墩是将钻孔桩基础向上延伸作为桥墩的墩身，在桩顶浇筑盖梁。在墩位上的横向可以是一根或多根桩，设置一排桩时叫排桩墩。材料用量经济，施工简便，适合平原地区建桥使用。桩柱式桥墩多采用就地灌筑钢筋混凝土建造，也可采用预制构件拼装，或将打入桩组成排架式墩。

桩柱式桥墩按截面形式划分可以分为两类：方形截面桩和圆形空心桩。以下重点介绍圆形桩柱式桥墩施工的几种主要工序。

一、系梁施工

为了增加桩柱的横向刚度，在桩柱之间设置横系梁。墩柱一般采用 20 ~ 30 号的钢筋混凝土,直径0.6~1.5m的圆柱或方形、六角形柱,其构造如图3-38和图3-39所示。为使桩柱与盖梁或承台有较好的整体性,桩柱顶一般应嵌入盖梁或承台15~20cm,露出柱顶与柱底的主筋可弯成与铅垂线约成15°倾斜角的喇叭形,伸入盖梁或承台中,喇叭形主筋外围应设置直径不小于8mm的箍筋,间距一般为10~20cm。单排桩基的主筋应与盖梁主筋连接。

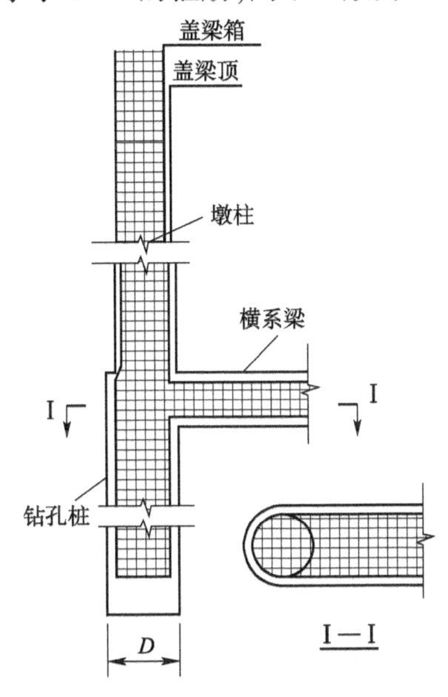

图3-38 墩柱与桩的构造

图3-39 系梁及墩柱钢筋构造

1.施工工艺流程

测量放样→铺设底模→钢筋安装→模板安装→混凝土浇筑→拆模、养生。

2.具体施工工艺方法

(1)铺设底模。按墩身系梁位置进行底模铺设。

(2)钢筋安装。钢筋在加工场地预制成型,运至施工现场,采用常规方法进行焊接、安装。在进行主筋(水平筋)接头时,将预埋筋按单面焊的搭接长度进行搭接,并满足同一搭接长度区段内接头错开50%,焊接标准执行施工规范的要求。安装时应注意预埋盖梁、预埋钢筋。

(3)模板安装。模板找正采用全站仪跟踪测量,水平仪测量顶面高程的方法控制,模板支立前涂刷优质脱模剂,以保证混凝土外观质量及拆模便利之用。

(4)混凝土浇筑。系梁混凝土采用集中搅拌站拌和,人工手持振捣棒分层浇筑振捣,塑料布覆盖洒水保湿养生的方法施工。

(5)拆模。待混凝土强度达到设计规定强度再行拆模,采用人工配合吊车扶模拆卸。

二、柱式墩墩身施工

墩台施工工艺流程为:施工准备→钢筋工程→模板工程→混凝土工程→拆模养生。

1.钢筋工程

1)下料

进场材料要通过抽样检测,确保钢筋的力学指标符合规范要求,原材料表面应无锈蚀,无裂纹,无污染。下料前,钢筋要进行调直。

2)焊接

主筋钢筋焊接前,应该按施工图进行配筋,以减少接头数量,同一根钢筋应避免出现多个接头,同一截面接头数量不得超过 50%。必须根据施工条件进行试焊,经试验室检验合格后方可正式施焊,焊工必须持证上岗。钢筋采用搭接焊时,焊接前须将搭头弯折,以保证钢筋轴线一致,搭接长度≥$5d$(采用双面焊)。焊缝要饱满,表观平顺圆滑,无气孔、无夹渣,不伤筋,不咬筋,焊缝隙的长度、宽度和厚度均要符合规范要求,并将焊渣清除干净。主筋焊接完成后,可用常规方法人工焊接、人工缠绕箍筋形成钢筋笼。

随着桥梁施工标准化的推广,使用钢筋笼滚焊机设备焊接、制作钢筋笼的工法逐渐普及。相对常规的人工模式,该法可以更好的提升现场制作的速度,而且,机械焊接加工的作业模式可以更好的控制钢筋笼成品的质量,主筋、箍筋的间距更加均匀。

图 3-40 为墩柱滚焊机制作钢筋笼。

3)运输

钢筋笼加工成型经检查合格后,运往施工现场进行安装。在运输过程中,注意吊点设置和装卸方法,防止制作好的钢筋构件弯曲变形。

4)安装

安装时,钢筋骨架的位置、间距要准确无误。绑扎、焊接要牢固,对于主筋之间的焊接要对交叉处的四个点进行施焊(图 3-41)。

2. 模板工程

常用的墩台模板类型有拼装式模板(图 3-42)、整体吊装模板、组合型钢模板等。对于柱式桥墩台,采用定型圆钢模,每节 2~4m,汽车吊配合逐节拼装立模。高度较大的墩柱,分次拼装立模逐段浇筑。钢模用螺栓连接,缆风绳定位固定,混凝土泵送入模,分层浇筑,机械振捣。模板垂直稳定用四根缆风绳对称固定,如图 3-43 所示。

图 3-40　滚焊机制作墩柱钢筋笼

图 3-41　墩柱钢筋笼焊接

图 3-42　拼装式模板

3. 混凝土工程

墩台身混凝土施工前,应将基础顶面冲洗干净,凿除表面浮浆,整修连接钢筋。灌筑混凝土时,应经常检查模板、钢筋及预埋件的位置和保护层的尺寸,确保位置正确,不发生变形。混凝土施工中,应切实保证混凝土的配合比、水灰比和坍落度等技术性能指标满足规范要求。

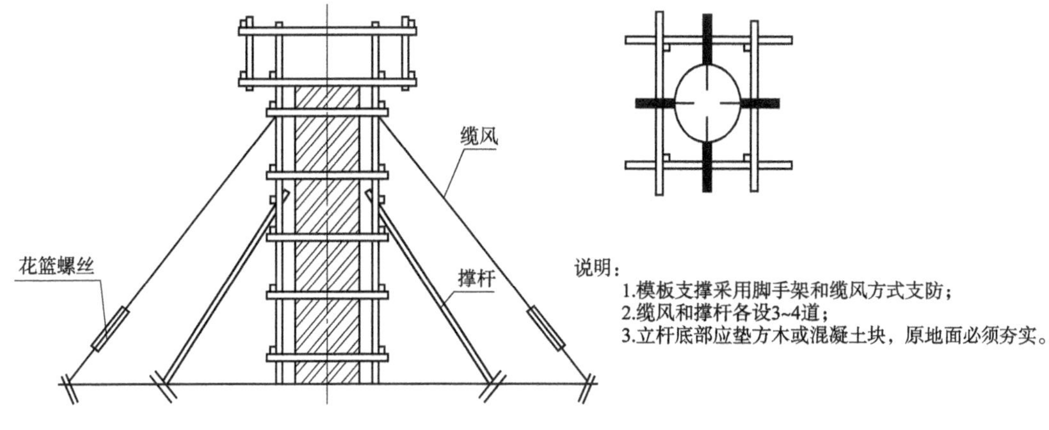

图 3-43　立柱模板支撑示意图

4. 混凝土养护

拆模后的混凝土立即使用保温保湿的覆盖物(图 3-44),宜使用自动喷水系统和喷雾器,不间断养护,避免形成干湿循环,养护时间不少于 7d,保湿养护 14d 以上。养护期间混凝土强度未达到规定强度之前,不得承受外荷载。

三、盖梁施工

桩柱墩帽亦称盖梁,除装配式的以外,需要现场立模浇筑。支架法是常规的思路,但当地基条件不好、桥墩过高时,经济性方面并无优势。盖梁圬工体积小,有条件利用墩柱本身作模板支承。目前广泛使用的有预埋螺栓法和抱箍法。

图 3-44　柱式桥墩混凝土养生

预埋螺栓法(图 3-45)是在墩柱混凝土施工时预留锚栓孔,墩柱拆模后将高强螺杆穿入预留孔,利用螺栓将两根钢梁相对夹紧,通过钢梁与墩柱间摩擦力和高强螺杆的抗剪能力平衡盖梁施工时的荷载。该法工艺简单,克服了满堂支架法受桥下不良地基限制的弊端,但预埋孔处理不当会在墩柱上留下痕迹,影响外观。

抱箍法(图 3-46)是指在墩顶偏下的适当位置,设置两个半圆形钢箍,通过高强螺栓连接后与墩柱挤压紧密产生的静摩擦力,来支撑抱箍以上施工支架、盖梁力自重力以及其他荷载。盖梁采用抱箍法施工具有操作方法简单,施工效率高,施工质量容易保证,无需预留孔,不留施工痕迹等显著优点。

1. 底模板安装

在钢梁之上铺设横梁,横梁上安装底模板。

2. 钢筋骨架安装

盖梁内钢筋根据图纸要求,在钢筋加工场进行加工,组装成钢筋骨架,利用吊机将骨架吊装就位、固定见图 3-47。部分箍筋在安装就位后再进行绑扎。

3. 浇筑盖梁混凝土

浇筑前注意盖梁顶支座垫石钢筋网的预埋。一般可采用起重机(或龙门吊)配吊斗的方法施工,如图 3-48 所示。

图3-45　利用预埋螺栓固定工字钢

图3-46　抱箍法支承工字钢

图3-47　安装盖梁钢筋

图3-48　浇筑盖梁混凝土

混凝土浇筑、养护事项与墩柱相似，不再赘述。支座垫石混凝土在盖梁有足够强度后再支模浇筑。

第三节　常规矩形墩施工

矩形桥墩是重力式桥墩按其墩身截面形式划分的一种类型，墩身上设墩帽，下接基础。它具有外形简单，施工方便，圬工数量较省，节约钢材等优点。缺点是对水流阻碍较大，易引起较大的墩周河床的局部冲刷。一般用于无水的旱桥、较大跨径和水流较小的跨谷桥。桥墩高度大，不宜使用抗震性能弱的桩柱式墩时，也可采用矩形墩。

图3-49　承台施工图

一、承台施工

矩形墩截面较大，一般下接多桩承台。承台施工如图3-49所示。

1. 桩头破除

待桩基混凝土强度达到规范规定的设计强度时，将灌注桩顶0.5～1m掺杂有泥浆或其他杂物的多余混凝土部分用空压机结合人工凿除。上部采用空压机凿除，下部留有10～20cm由人工进行凿除。凿除时应注意不扰动设计桩顶以下的桩身混凝土,严禁用挖掘机或铲车将桩头强行拉断,以免破坏主筋。凿除至承台底面以上15mm时停止凿除,清理桩头表面,使其表面平整。将伸入承台的桩身钢筋清理整修成设计形状,复测桩顶高程,进行桩基检测。桩头凿完后应报与监理人验收,并经超声波检测合格后方可浇筑混凝土垫层。

2. 重新测量放样

当基底经测量找平、监理人验收合格后,利用筑岛顶面测设出的横纵中心线用全站仪测设到基底上,弹出横纵中线,然后用全站仪、钢尺精确放出承台基础结构大样及边缘线大样。

3. 钢筋安装用常规方式进行

承台钢筋安装采用常规方式进行,在场地预制成型,用车运至施工现场。钢筋安装时应注意将墩台身钢筋直接预埋在承台混凝土里,墩台身钢筋的施工方法同常规施工方法。施工中可采用钢管施工脚手架作为操作平台,脚手架用钢管支架形成。预埋墩台身钢筋应注意测设的墩台身的位置必须精确,预埋后墩台身钢筋的固定用地锚拉线进行找正和固定。

4. 模板

模板设在钢筋骨架绑扎完毕后进行,安装前在模板表面涂刷脱模油,保证拆模顺利并且不破坏混凝土外观。安装模板时力求支撑稳固,以保证模板在浇筑混凝土过程中不致变形和移位。由于承台几何尺寸较大,模板上口用螺杆内拉并配合支撑方木固定。承台模板与承台尺寸一致。模板与模板的接头处,应采用海绵条或双面胶带堵塞。

5. 清理承台底面,浇筑承台混凝土

混凝土施工采用混凝土集中搅拌站拌和,自动计量,罐车运输,泵送混凝土施工,插入式振捣器振捣。

浇筑混凝土期间,设专人检查支撑、模板、钢筋和预埋件的稳固情况,当发现有松动、变形、移位时,应及时进行处理。

混凝土浇筑完毕后,对混凝土面应及时进行修整、收浆抹平,待定浆后混凝土稍有硬度时,再进行二次抹面。对墩柱接头处进行拉毛,保证墩柱与承台混凝土连接良好。

6. 基坑回填

混凝土达到设计强度后进行基坑回填,基坑四周同步进行,回填土分层回填,每层厚度为10~20cm,并采用冲击夯夯实。

7. 养生

在混凝土浇筑完成并且初凝后,予以洒水养护保证混凝土表面经常处于湿润状态,养生期应符合规范要求。

二、矩形墩墩身施工工艺

矩形墩施工工艺流程如下:施工准备→钢筋制作安装→组拼模板→中线与高程测量→浇筑混凝土→拆模、养生。

1. 钢筋制作与安装

1)钢筋下料

(1)钢筋应使用砂轮切割机切割下料,不得使用普通切割机或电焊、气割等方式切割。

(2)钢筋端部不得有弯曲,有弯曲时需调直或将弯曲部分切除后方可使用。

(3)钢筋端面必须平整并与钢筋轴线垂直,不得呈马蹄形或扭曲。

2)钢筋连接

矩形墩粗钢筋的连接可采用搭接焊、挤压套筒连接、滚压直螺纹套筒连接等方法。下面以目前逐渐推广的滚压直螺纹套筒连接方式介绍钢筋的连接。

(1)连接前的准备。钢筋连接之前,先将钢筋丝头上的塑料保护帽及连接套筒上的塑料密封盖取下并回收,检查钢筋丝头是否完好,如有杂物或锈蚀应用钢刷清理干净。

(2)接头的连接。把已经拧好套筒的一端拧到被连接的钢筋上,然后用扳手将连接的两根钢筋拧紧,每端的外露丝扣均不许超过一扣。钢筋连接完毕,用油漆画上标记。

(3)接头检验。接头连接完成后,由质检人员分批检验,并做好检验记录。模板安装前,质检人员按规定的抽检数量进行目测检查,每端的外露丝扣长度相等,且均不许超过一扣。

3)钢筋安装

钢筋在钢筋棚内加工成半成品后,运至主墩施工现场,利用塔吊起吊并安装。钢筋安装时先安装内壁的竖向钢筋,后安装外壁的竖向钢筋,之后再安装外壁箍筋及内壁水平筋,最后安装防裂钢筋网。

2. 模板制作和安装

1)模板布置

模板之间用螺栓连接,拉筋用圆钢或螺纹钢。在拉筋处的内外模板之间设 PVC 硬管,以便再次利用。灌注混凝土前在模板顶面按 1.5m 的间距设临时木或铁支撑,以控制墩身壁厚。内外模板均设模板刚度加强架,以控制模板变形。内外施工平台搭设在内外脚手架上。在内侧施工平台上铺薄钢板,用来临时存放钢筋和其他施工用的小型机具。

2)模板安装检查

模板在运输和安装吊运过程中,严格按照吊装操作规程进行吊装转运,要保障模板不变形、不散架。按设计图尺寸组合安装模板。安装模板设置拉杆,端头部分配戴双螺母,以固定模板的准确位置。模板安装就位后,必须在测量人员指导下调整校核模板位置。严格控制结构尺寸大小和高程及其轴线的位置,各种偏差控制在施工规范规定的范围内。经监理人检验合格后才可进行下一道施工工序。

3. 混凝土施工要点

根据工艺的要求,混凝土施工采用输送泵泵送下料的方法。在混凝土浇筑完成后,待混凝土收浆后再覆盖并洒水养生。混凝土养护用水与混凝土拌和用水相同(不带有害成分的水)。混凝土养护洒水时间一般为 7d,可根据气温、温度、水泥品种和掺入外加剂等情况不同,酌情延长或缩短时间。

三、墩、台帽施工

1. 放样

墩、台混凝土浇筑离墩、台帽下缘 300 ~ 500mm 高度时,需测出墩、台帽纵横中心轴线,并开始竖立墩、台帽模板,安装锚栓孔或安装预埋支座垫板,绑扎钢筋等。桥台台帽放样时,应注意不要以基础中心线作为台帽背墙线。模板立好后,在浇筑混凝土前应再次复核,以确保墩、台帽中心、支座垫石等位置、方向和高程不出差错。

2. 模板

墩、台帽系支承上部结构的重要部分,其位置、尺寸和高程的准确度要求较严,墩、台身混凝土浇筑至墩、台帽下 300 ~ 500mm 处就应停止浇筑,以上部分待墩、台帽模板立好后一次浇筑,以保证墩、台帽底有足够厚度的紧密混凝土。

台帽背墙模板应特别注意纵向支承或拉条的刚度,防止浇筑混凝土时发生鼓肚,侵占梁端空隙。

3. 钢筋网安设

梁桥墩、台帽支座处一般均布设1～3层钢筋网。当墩、台帽为素混凝土或虽为配筋混凝土但钢筋网未设置架立钢筋时，施工时应根据各层钢筋网的高度安排墩、台帽混凝土的浇筑程序。为了保证各层钢筋网位置正确，应在两侧板上画线，并加设钢筋网的架立钢筋和定位钢筋，以免振捣混凝土时钢筋网发生位移。

4. 预埋件处理

预埋件施工应注意下述各点：

(1)为保证预埋件位置准确，应对预埋件采取固定措施，以免振捣混凝土时发生移动。

(2)预埋件下面及附近的混凝土应注意振捣密实，对具有角钢筋的预埋件更应注意加强捣实。

(3)预埋件在墩、台帽上的外露部分要有明显标识，浇至顶层混凝土时，要注意外露部分尺寸准确。

(4)在已埋入墩、台帽内的预埋件上施焊时，应尽量采用细焊条、小电流、分层施焊，以免烧伤混凝土。

第四节　特殊模板系统下的高墩施工

公路通过深沟宽谷或大型水库时，采用高桥墩能使桥梁更为经济合理，不仅可以缩短线路、节省造价，而且可以提高运营效益，减少日常维护工作。高桥墩可分为实体墩、空心墩与钢架墩。自20世纪70年代以后，较高的桥墩一般均采用空心墩。

高桥墩的施工设备与一般桥墩所用设备大体相同，但其模板却另有特色，一般有滑动模板、爬升模板、翻升模板等几种。这些模板都是依附于已浇筑的混凝土墩壁上，随着墩身的逐步加高而向上升高。

一、滑动模板施工法

1. 滑动模板构造

滑动模板系将模板悬挂在工作平台的围圈上，沿着所施工的混凝土结构截面的周界组拼装配，并随着混凝土的灌筑由千斤顶带动向上滑升。由于桥墩类型、提升工具的类型不同，模板构造也稍有差异，但其主要部件与功能则大致相同，一般主要由工作平台、内外模板、混凝土平台、工作吊篮和提升设备等组成，如图3-50所示。

(1)工作平台由外钢环、辐射梁、内钢环、栏杆、步板组成，除提供施工操作的场地外，还用它把滑模的其他部分与顶杆相互连接起来，使整个滑模结构支承在顶杆上。可以说，工作平台是整个滑模结构的骨架，因此，应具有足够的强度和刚度。

(2)内外模板采用薄钢板制作，用于上下壁厚相同的直坡空心桥墩的滑模，内外模板均通过立柱固定在工作平台的辐射梁上。用于上下壁厚相同的斜坡空心墩的收坡滑模，内外模板仍固定在立柱上，但立柱架(或顶梁)不是固定在辐射梁上，而是通过滚轴悬挂在辐射梁上，并可利用收坡丝杆沿辐射方向移动立柱架及内外模板位置。用于斜坡式不等壁厚空心墩的收坡滑模，则内外立柱固定在辐射梁上，并在模板与立柱间安装收坡丝杆，以便分别移动内外模板的位置。

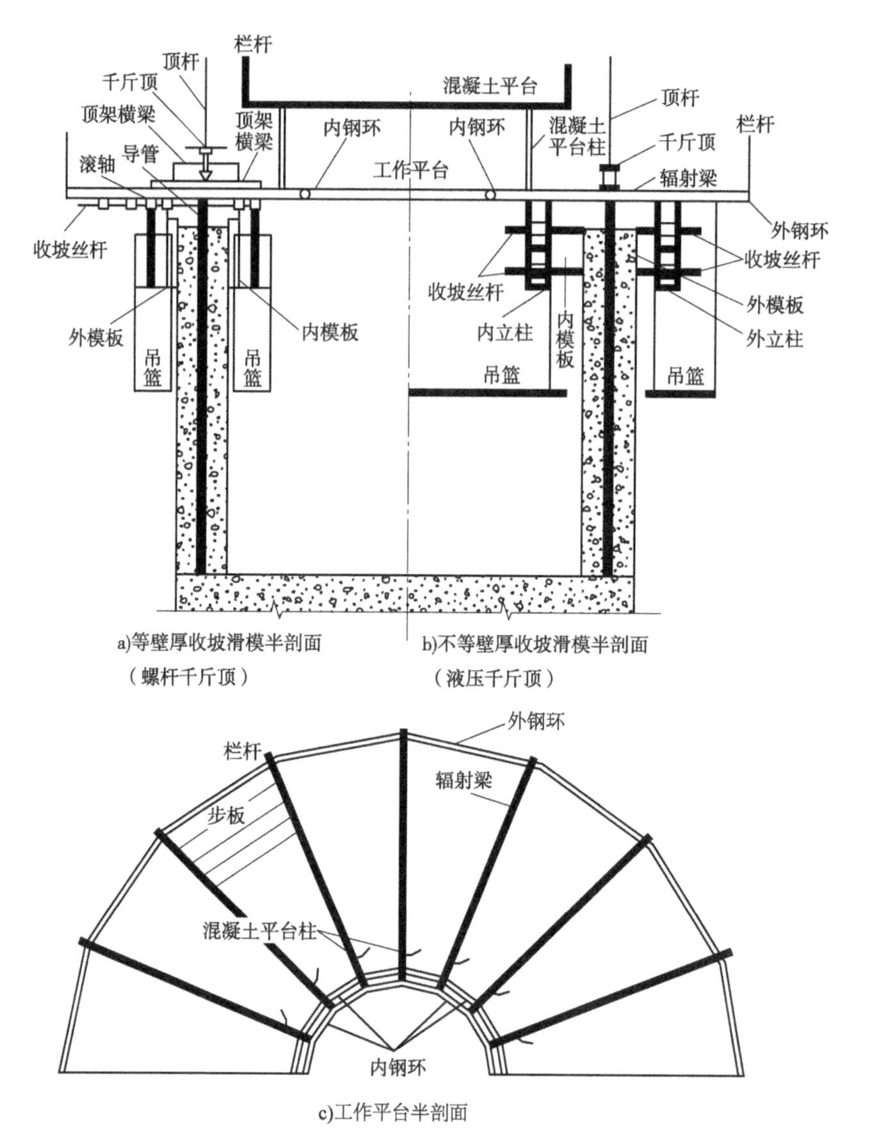

图3-50　滑动模板构造示意图(尺寸单位:cm)

(3)混凝土平台由辐射梁、步板、栏杆等组成,利用立柱支承在工作平台的辐射梁上,供堆放及灌注混凝土的施工操作用。

(4)工作吊篮悬挂在工作平台的辐射梁和内外模板的立柱上,它随着模板的提升而向上移动,供施工人员对刚脱模的混凝土进行表面修饰和养生等施工操作用。

(5)提升设备由千斤顶、顶杆、顶杆导管等组成,通过顶升工作平台的辐射梁使整个滑模提升。

2. 滑动模板提升工艺

滑动模板提升设备主要有提升千斤顶、支承顶杆及液压控制装置等几部分。其提升过程如下。

1)螺旋千斤顶提升步骤

转动手轮使螺杆旋转,使千斤顶顶座及顶架上横梁带动整个滑模徐徐上升。此时,上卡头、卡瓦、卡板卡住顶杆,而下卡头、卡瓦、卡板则沿顶杆向上滑行,当滑至与上下卡挖接触或螺杆不能再旋转时,即完成一个行程的提升。向相反方向转动手轮,此时,下卡头、卡瓦、卡板卡住顶杆,整个滑模处于静止状态。仅上卡头、卡瓦、卡板连同螺杆、手轮沿顶杆向上滑行,至上卡头与顶架上横梁接触或螺杆不能再旋转时为止,即完成整个一个循环。螺旋千斤顶提升示意图如图3-51所示。

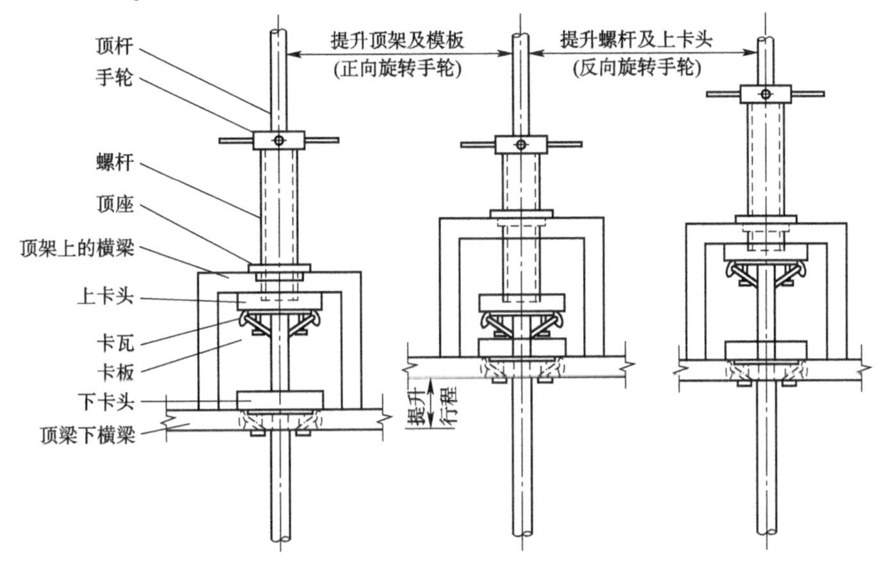

图3-51 螺旋千斤顶提升示意图

2)液压千斤顶提升步骤

首先进油提升:利用油泵将油压入缸盖与活塞间,在油压作用时,上卡头立即卡紧顶杆使活塞固定于顶杆上[图3-52a)]。随着缸盖与活塞间进油量的增加,使缸盖连同缸筒、底座及整个滑模结构一起上升,直至上、下卡头顶紧时[图3-52b)],提升暂停。此时,缸筒内排油弹簧完全处于压缩状态。

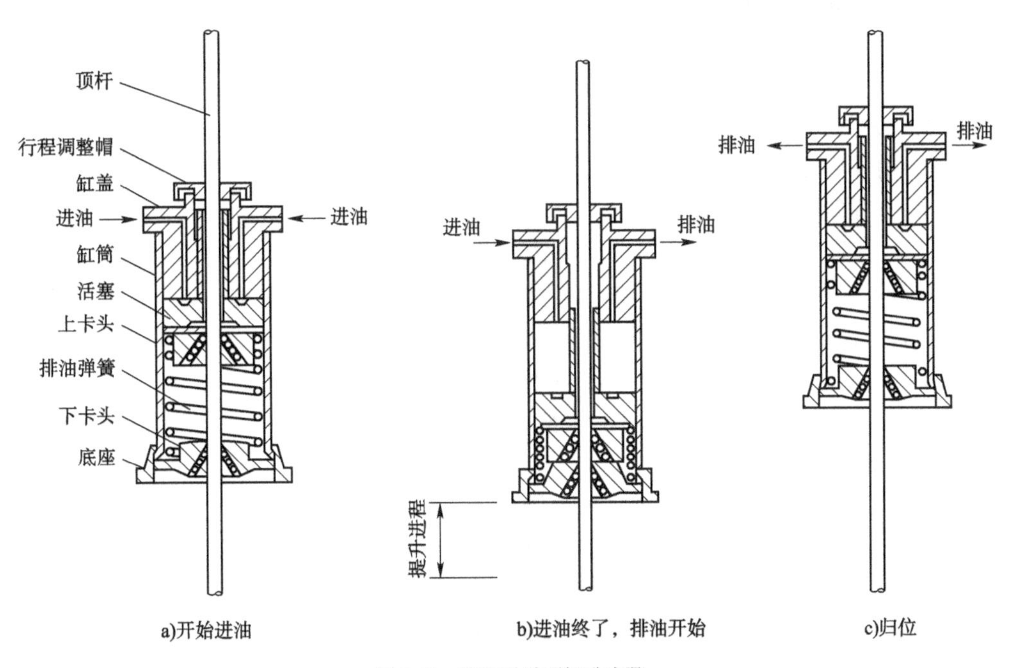

图3-52 液压千斤顶提升步骤

然后排油归位：开通回油管路，解除油压，利用排油弹簧推动下卡头使其与顶杆卡紧，同时推动上卡头将油排出缸筒，在千斤顶及整个滑模位置不变的情况下，使活塞回到进油前位置。至此，完成一个提升循环。为了使各液压前千斤顶能协同一致地工作，应将油泵与各千斤顶用高压油管连通，由操座台统一集中控制[图3-52c)]。

提升时，滑模与平台上临时荷载全由支撑顶杆承受。顶杆多用A3与A5圆钢制作，直径25mm，A5圆钢的承载能力约为12.5kN（A3则为10kN）。顶杆一端埋置于墩、台结构的混凝土中，一端穿过千斤顶芯孔，每节长2~4m，用工具式或焊接连接。为了节约钢材使支承顶杆能重复使用，可在顶杆外安上套管，套管随同滑模整个结构一起上升，待施工完毕后，可拨出支承顶杆。

3. 滑模浇筑混凝土施工要点

1）滑模组装

在墩位上就地进行组装时，安装步骤为：

（1）在基础顶面搭枕木垛，定出桥墩中心线。

（2）在枕木垛上先安装内钢环，并准确定位，再依次安装辐射梁、外钢环、立柱、千斤顶、模板等。

（3）提升整个装置，撤去枕木垛，再将模板落下就位，随后安装余下的设施。内外吊架待模板滑升至一定高度，及时安装。模板在安装前，表面需涂润滑剂，以减少滑升时的摩阻力。组装完毕后，必须按设计要求及组装质量标准进行全面检查，并及时纠正偏差。

2）灌注混凝土

滑模宜采用低流动度或半干硬性混凝土分层、分段对称地进行灌注，分层厚度以20~30cm为宜，灌筑后混凝土表面距模板上缘宜有不小于10~15cm的距离，应采用插入式振动器捣固。混凝土可根据气温、水泥强度等级经试验后掺入一定量的早强剂，以加速提升，脱模后8h左右开始养生，用吊在下吊架上的环绕墩身的带小孔的水管来进行。养生水管一般设在距模板下缘1.8~2cm处效果较好。

3）提升与收坡

整个桥墩灌筑过程可分为初次滑升、正常滑升和最后滑升三个阶段。从开始灌筑混凝土到模板首次试升为初次滑升阶段。混凝土具有0.2~0.4MPa的脱模强度，可以开始缓慢提升20cm左右。初升后，经全面检查设备，即可进入正常滑升阶段。即每灌筑一层混凝土，滑模提升一次，使每次灌筑的厚度与每次提升的高度基本一致。在正常气温条件下，提升时间不宜超过1h。最后滑升阶段是混凝土已经灌筑到需要高度，不再继续灌筑，但模板尚需继续滑升的阶段。灌完最后一层混凝土后，每隔1~2h将模板提升5~10cm，滑动2~3次后即可避免混凝土模板胶合。滑模提升时应做到垂直、均衡一致，顶架间高差不大于20mm，顶架横梁水平高差不大于5mm。并要求三班连续作业，不得随意停工。

随着模板的提升，应转动收坡丝杆，调整墩壁曲面的半径，使之符合设计要求的收坡坡度。

4. 接长顶杆、绑扎钢筋

模板每提升至一定高度后，就需要穿插进行接长顶杆、绑扎钢筋等工作。为了不影响提升时间，钢筋接头均应事先配好，并注意将接头错开。对预埋件及预埋的接头钢筋，滑模抽离后，要及时清理，使之外露。

在整个施工过程中，由于工序的改变或发生意外事故，使混凝土的灌注工作停止较长时间，即需要进行停工处理。例如，每隔半小时左右稍为提升模板一次，以免黏结，停工时在混凝土表面要插入短钢筋等，以加强新老混凝土的黏结。复工时还需将混凝土表面凿毛，并用水冲走残渣，湿润混凝土表面，灌注一层厚度为 2～3cm 的 1:1 水泥砂浆，然后再浇筑原配合比的混凝土，继续滑模施工（图 3-53）。

二、爬升模板施工

爬升模板施工（图 3-54）与滑动模板施工（图 3-53）相似，不同的是爬升模板施工时支架通过千斤顶支承于预埋在墩壁中的预埋件上，待浇筑好的墩身混凝土达到一定强度后，将模板松开，千斤顶上顶，把支架连同模板升到新的位置，模板就位后，再继续浇筑墩身混凝土。如此往复循环，逐节爬升，每次升高约 2m。爬升模板的应用还不太普遍。

图 3-53　滑模施工

图 3-54　爬模施工

三、翻升模板施工

翻升模板施工时采用一种特殊的钢模板，一般由三层模板组成一个基本单元，并配置有随模板升高的混凝土接料工作平台。当浇筑完上层模板的混凝土后，将最下层模板拆除翻上来拼装成第四层模板，以此类推，循环施工（图 3-55）。翻升模板也能够用于有坡度的桥墩施工。

图 3-55　翻升模板

四、高桥墩常用三种模板的施工方法的比较

高墩模板常用滑动模板、爬升模板、翻升模板等，三种模板的施工方法各有特色，应根据各自的适用范围选取合适的施工模板，具体内容参见滑动模板、爬升模板、翻升模板施工方法对比一览表（表 3-1）。

滑动模板、爬升模板、翻升模板施工方法对比一览表 表 3-1

项目	施工方法		
	滑动模板	爬升模板	翻升模板
工艺原理	滑模装置由模板系统、操作平台系统、液压提升系统和垂直运输系统等四大系统组成。滑模施工工艺原理是预先在墩身混凝土结构中埋置钢管(称之为支承杆),利用	爬模是综合大模板与滑升模板工艺特点的一种施工方法。爬模主要由爬升装置、外组合模板、移动模板支架、上爬架、下吊架、内爬架、模板及电器、液压控制系统等部分构成。液压自爬	翻模是大模板施工方法,以墩身作为支承主体,上层模板支承在下层模板上,循环交替上升。分为塔吊翻模和液压翻模两种,前者工作平台支撑于钢模板的牛腿支架或横竖肋背带上,通过塔吊提升模板及
工艺原理	千斤顶与提升架将滑升模板的全部施工荷载转至支承杆上,待混凝土具备规定强度后,通过自身液压提升系统将整个装置沿支承杆上滑,模板定位后又继续浇筑混凝土并不断循环的一种施工工艺	模板工艺原理为自爬模的顶升运动通过液压油缸对导轨和爬架交替顶升来实现,导轨和爬模架互不关联,二者之间可进行相互运动,当爬模架工作时,导轨和爬模架都支撑在埋件支座上,两者之间无相对运动	工作平台。后者工作平台与模板是分离的,工作平台支撑于提升架上,模板的提升靠固定于墩身主筋上的手动葫芦来完成
适用范围	适宜浇筑低流动度或半干硬性混凝土,同时由于其工作原理,滑模施工要求结构物结构形式单一、断面变化少、无局部凸出物及其他预埋件等物体,应用范围较为狭窄,适用于等截面或变截面的实体或薄壁空心墩	适宜浇筑钢筋混凝土竖直或倾斜结构,适用于墙体、桥梁墩柱、索塔塔柱等,范围较广	适用于等截面或变截面的实体或薄壁空心墩等,范围较广
施工效率	一般混凝土的浇筑及滑升速度平均为0.2m/h,模板高度为0.9~1.5m	每次混凝土浇筑高度约为4.5~6m。5~6d一个循环,每天1m	塔吊翻模模板分2至3节,每次浇筑高度约为4~6m;液压翻模模板分3节,每次浇筑高度约为1.5m。5~6d一个循环,每天1m
外观质量	因脱模时间早,所以滑模混凝土外观需经过涂抹才能比较光滑。施工当中墩身的垂直度控制好坏取决于千斤顶是否同步顶升,控制不好将发生墩身截面扭转和不规则错台现象	由于采用整体大块模板,并且脱模时间有保证,所以混凝土外观质量易于控制、施工接缝易于处理	由于采用整体大块钢模板,并且脱模时间有保证,所以混凝土外观质量易于控制、施工接缝易于处理
优点	施工速度快,安全度高	实体及外观质量好	实体及外观质量好
缺点	投入较大,施工质量相对较差。不便于在施工和养护期间对桥墩混凝土进行保温和蒸汽养护	投入较大,施工进度相对较慢。不便于在施工和养护期间对桥墩混凝土进行保温和蒸汽养护	施工进度相对较慢。不便于在施工和养护期间对桥墩混凝土进行保温和蒸汽养护
经济投入	较大	较大	塔吊翻模:较少; 液压翻模:较大

第五节　墩台附属工程及支座施工

一、墩台附属工程

桥梁墩台主体建设完成后，在桥台后需要进行填土、台后搭板、台后泄水盲沟的施工。在路堤与桥台衔接处，为保证路堤迎水部分路堤边坡的稳定，一般在桥台两侧设置砌筑的锥形护坡（图3-56），以防止桥台受到水流过大的冲刷。除了锥坡，在桥梁建设时还会根据河道的特点和水文的要求修筑护岸、导流结构物等，这些结构起到疏导水流、保护桥梁、加强河道稳定的作用。在桥梁结构中以上结构统称为墩台的附属工程。

图3-56　锥形护坡

1. 桥台翼墙、锥坡施工要点

（1）锥体填土应按设计高程及坡度填足，砌筑片石厚度不够时再将土挖去，不允许填土不足，临时边砌石边填土。锥坡拉线放样时，坡顶应预先放高2～4cm，使锥坡随同锥体填土沉降后，坡度仍符合设计规定。

（2）砌石时放样拉线要张紧，表面要平顺，锥坡片石背后应按规定做碎石倒滤层，防止锥体受水浸蚀变形。

（3）锥坡与路肩或地面的连接必须平顺，以利排水，避免砌体背后冲刷或渗透坍塌。

（4）在大孔土地区，应检查锥体基底及其附近有无陷穴，并彻底进行处理，保证锥体稳定。

（5）干砌片石锥坡，用小石子砂浆勾缝时，应尽可能在片石护坡砌筑完成后间隔一段时间，待锥体基本稳定再进行勾缝，以减少灰缝开裂。

（6）锥体填土应分层夯实，填料一般以黏土为宜。锥坡填土应与台背填土同时进行，并应按设计宽度一次填足。

2. 台后填土要求

（1）台后填土应与桥台砌筑协调进行。填土应尽量选用渗水土，如黏土含量较少的砂质土。土的含水量要适量，在北方冰冻地区要防止冻胀。如遇软土地基，为增大土抗力，台后适当长度内的填土可采用石灰土（掺5%石灰）。

（2）填土应分层夯实，每层松土厚20～30cm，一般应夯2～3遍，夯实后的厚度达到15～20cm，密实度达到85%～90%，并作密实度测定。靠近台背处的填土打夯较困难时，可用木棍、拍板打紧捣实，与路基搭接处宜挖成台阶形。

（3）石砌圬工桥台台背与土接触面应涂抹两道热沥青或用石灰三合土、水泥砂浆胶泥做不透水层作为台后防水处理。

（4）梁式桥的轻型桥台台后填土，应在桥面完成后，在两侧平衡地进行。

（5）台背填土顺路线方向长度，一般应自台身起，底面不小于桥台高度加2m，顶面不小于2m。

3. 台后搭板的施工要点

（1）设置搭板是解决台后错台跳车的重要工程措施，其效果与搭板之下的路堤压缩程度和搭板长度有密切关系。

（2）桥头搭板应设置一个较大的纵坡 i_2，若路线纵坡是 i_1，则搭板纵坡应符合 $10\% \leq i_2 - i_1 \leq 15\%$，以保证在台后长度方向上的沉降分布较均匀，并逐渐减小。搭板末端顶面应与路基平齐,搭板前端顶面应留有路面面层的厚度。

(3)对台后填土应有严格的压实要求。应先清理基坑,使其尺寸符合要求。接着进行基底压实,如压路机使用困难可用小型手推式电动震动打夯机压实,并用环刀法测定压实度。基底填筑达到规定高程后,可填筑并压实二灰碎石,一般可用12~15t压路机压实,每层碾压6~8遍,分层压实的厚度一般不大于20cm,对于边角部位可用小型打夯机补压。可在填压达到搭板顶部的高程,压实或通行车辆一段时间后,再挖开浇筑搭板和枕梁。

(4)对上述填筑台后路堤材料有困难时,至少应选用透水性良好的砂性土,或掺用40%~70%的砂石料,分层厚度为20~30cm,压实度不小于95%。靠近后墙部位(1.5m宽)可用小型打夯机,也可填筑块片石及级配砂砾石,用震动器振实。用透水性材料填筑时,应以干密度控制施工质量。

(5)台背填筑前应在土基上或某一合适高度设置泄水管或盲沟,并注意将泄水管或盲沟引出路基之外。

4.台后泄水盲沟施工

(1)地下水较多时,泄水盲沟以片石、碎石或卵石等透水材料砌筑,并按坡度设置,沟底用黏土夯实。盲沟应建在下游方向,出口处应高出一般水位0.2m。平时无水的干河沟应高出地面0.3m。

(2)如桥台在挖方内,横向无法排水时,泄水盲沟在平面上可在下游方向的锥体填土内折向桥台前端排水,在平面上呈L型。

(3)地下水较大时,盲沟的一般构造可参见图3-57。

二、桥梁支座施工

桥梁支座是连接桥梁上部结构和下部结构的重要结构部件,它架设于墩台上,顶面支承桥梁上部结构的传力装置。它能将桥梁上部结构的反力和变形(位移和转角)可靠的传递给桥梁下部结构,从而使结构的实际受力情况与计算的理论图式相符合。我国现在较常用的有板式橡胶支座(图3-58)、聚四氟乙烯板式橡胶支座(图3-59)、盆式橡胶支座等(图3-60)。前两种用于反力较小的中小跨径桥梁,后一种用于反力较大的大跨径桥梁。

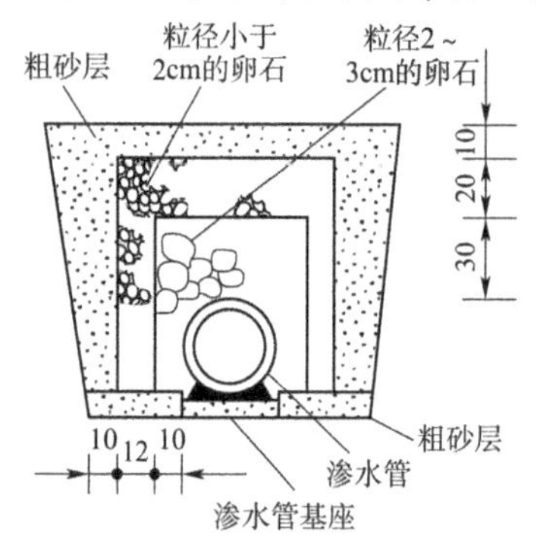

图3-57 盲沟一般构造(尺寸单位:cm)

图3-58 板式橡胶支座

1.布置支座时需要考虑的基本原则

(1)上部结构是空间结构时,支座应能同时适应桥梁顺桥向和横桥向的变形。

(2)支座必须能可靠的传递垂直和水平反力。

(3)支座应使由于梁体变形所产生的纵向位移、横向位移和纵、横向转角尽可能不受约束。

(4)铁路桥梁通常必须在每联梁体上设置一个固定支座。

(5)当桥梁位于坡道上,固定支座一般应设在下坡方向的桥台上。

(6)当桥梁位于平坡上,固定支座宜设在主要行车方向的前端桥台上。

(7)固定支座宜设置在具有较大支座反力的地方。

(8)在同一桥墩上的几个支座应具有相近的转动刚度。

(9)连续梁可能发生支座沉陷时,应考虑制作高度调整的可能性。

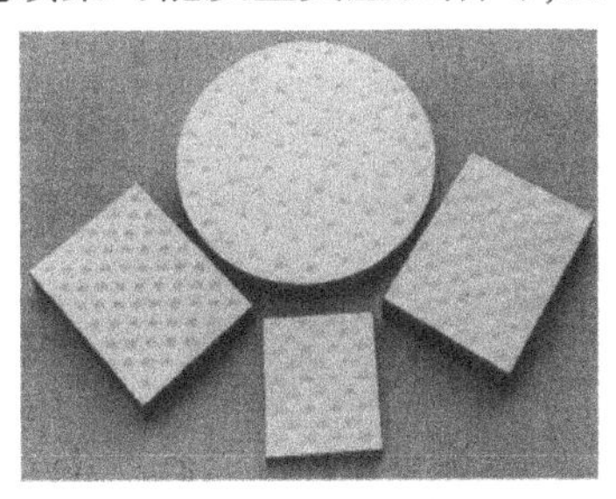

图3-59　聚四氟乙烯板式橡胶支座

图3-60　盆式橡胶支座

总之,桥梁支座的布置原则是既要便于传递支座反力,又要使支座能充分适应梁体的自由变形,其功能为将上部结构固定于墩台,承受作用在上部结构的各种力,并将它可靠地传给墩台,在荷载、温度、混凝土收缩和徐变作用下,支座能适应上部结构的转角和位移,使上部结构可自由变形而不产生额外的附加内力。

2. 板式橡胶支座的安设

板式橡胶支座在安装前的全面检查和力学性能检验,包括支座长、宽、厚、硬度(邵氏)、容许荷载、容许最大温差以及外观检查等,如不符合设计要求,不得使用。支座安装时,支座中心尽可能对准梁的计算支点,必须使整个橡胶支座的承压面上受力均匀。为此,应注意以下几点:

(1)安装前应将墩、台支座支垫处和梁底面清洗干净,除去油垢,用水灰比不大于0.5的1:3的砂浆仔细抹平,使其顶面高程符合设计要求。

(2)支座安装尽可能安排在接近年平均气温的季节里进行,以减小由于温差变化过大而引起的剪切变形。

(3)梁、板安放时,必须细致稳妥,使梁、板就位准确且与支座密贴,勿使支座产生剪切变形。就位不准时,必须吊起重放,不得用撬杠移动梁、板。

(4)当墩台两端高程不同,顺桥向或横桥向有坡度时,支座安装必须严格按设计规定进行。

(5)支座周围应设排水坡,防止积水,并注意及时清除支座附近的尘土、油脂与污垢等。

3. 盆式橡胶支座的安设

(1)支座安装准备工作。

①预埋锚固连接件。盆式支座的顶板和底板可用焊接或锚固螺栓栓接在梁底和墩台顶面的预埋钢板上。当采用地脚螺栓锚固时,在墩台上应预留锚固螺栓孔,孔深应略大于地脚螺栓的长度,孔的尺寸应大于或等于三陪的地脚螺栓直径。当采用焊接时,必须按设计要求,埋设钢板,钢板的尺寸和厚度,均应大于支座顶板和底板的尺寸和厚度,并有可靠的锚固措施。

②浇筑支承垫石。在浇筑前,将支承垫石下面的浮渣、杂物,清理并冲洗干净。按设计要求绑扎和铺设钢筋网,按设计图上支承垫石的位置和尺寸,支好模板,浇筑混凝土,并捣固密

实,及时收浆、抹面、覆盖并养生 7d 以上。

③支座全面检查。按设计要求检查支座的规格,尺寸是否符合规定,产品合格证书是否齐全,有无技术性能指标等,厂家设置的预偏值是否正确,必要时进行更正。查看支座部件有无丢失、损坏,滑动面上的四氟滑板和不锈钢板不得有划痕、碰伤等。查看橡胶块与盆底间有无压缩空气,若有,应排除空气,保持紧密。活动支座安装前,应用丙酮或酒精仔细擦洗各相对滑移面,擦净后在四氟板的储油槽内注满硅脂润滑剂,并注意保持清洁。支座的其他部件也应擦洗干净。

(2)测量放样。

①支座安装前,除了再次测量支承垫石高程外,还应对两个方向的四角高差进行测量,其四角高差应不大于 1mm。

②测量并放出支座纵横向十字中线,标出支座准确安放位置。支座纵桥向中线应与主桥中心线重合或平行。

(3)铺设支座垫层砂浆。铺设支座垫层砂浆主要有座浆法和重力灌浆法。座浆法是传统现浇梁常用的方法,用砂浆填充满锚栓孔和支座安装区域。重力灌浆法可用于预制梁和现浇梁,在垫石顶面支座四周支模板,采用重力方式将砂浆由支座底中心灌注到预留孔和支座顶面,直至其顶面高程符合设计要求。

(4)支座安装。

①当安装温度与设计温度不同时,活动支座的预设偏移值,应按实际温度下计算的相应预偏值进行调整。

②支座吊装前,用螺栓支座上顶板和下底板临时进行固定,再进行吊装。

③为了使安放的支座高程易控制准确,在铺垫层砂浆前,可采用贴垫钢片的方法,准确定出支座底四点高程。

④按放样位置,将支座小心安全地吊装入位,然后用木锤振击,使支座缓慢下沉,同时反复测定支座中心线位置,支座中心和四角高程,均应控制在允许的偏差范围内。

⑤为了避免砂浆垫层在未凝固前,因上支座板预偏心值过大,导致支座变位,应在上支座板的四角用木块做临时支撑。

(5)支座锚固。

①当采用地脚螺栓连接时,待砂浆或混凝土达到要求的强度后,应及时将地脚螺栓拧紧锚固。

②当采用焊接锚固时,待支座定位后,用断续跳跃的焊接方法,将支座的顶板、底板分别与预埋钢板焊在一起,然后逐步焊满周边,焊接时应采用有效措施避免因温度过高烧伤混凝土。

(6)养护

①支承垫了混凝土及砂浆垫层应及时用湿润的土工布或其他材料覆盖好,且定时洒水养生 7d 以上。

②支座外露部分钢构件应涂红丹漆或灰面漆以防锈蚀。

③将支座周围的杂物清理干净,严禁积水。

④按要求安装支座防尘罩。

第四章　梁式桥施工

第一节　概　　述

钢筋混凝土与预应力混凝土梁式桥具有多种不同的构造类型。对其演变加以分析可以看出，除了从力学上考虑充分发挥材料特性而不断改进桥梁的截面形式外，构件的施工方便性以及起重安装设备的能力，也是影响构造形式发生变化的重要因素。

下面从几个主要方面简述钢筋混凝土和预应力混凝土梁式桥上部结构的构造类型及其使用情况。

一、按承重结构的截面形式划分

1. 板桥

板桥的承重结构就是矩形截面的钢筋混凝土或预应力混凝土板。是公路桥梁中量大、面广的常用桥型，它构造简单、受力明确，施工方便，而且建筑高度较小。简支板桥可以做成实心板也可以做成空心板，就地现浇施工是为了适应各种形状的弯、坡、斜桥，因此，在一般公路、高等级公路和城市道路桥梁中，被广泛采用。

实心板一般用于跨径13m以下的板桥。现浇混凝土需要大量模板和支架，也可采用预制拼装的施工方法。实心板的截面图如图4-1a)～c)所示。

空心板[图4-1d)]用于跨径大于或等于13m，一般采用先张法或后张法的预应力混凝土结构。先张法用钢绞线和冷拔钢丝，后张法可用单根钢绞线、多根钢绞线群锚或扁锚，立模现浇或预制拼装。成孔芯模采用胶囊、拆装式模板或一次性成孔材料如预制薄壁混凝土管或其他材料。

图4-1e)是一种装配—整体组合式板桥，它利用一些小型构件安装就位后作为底模，在其上再浇注混凝土结合成整体，在缺乏起重设备的情况下，这种板桥能收到较好的效果。

图4-2是现代化高架路上采用的单波和双波式横截面板桥，在与柱型桥墩配合下，桥下净空大，造型也很美观，但施工较复杂。

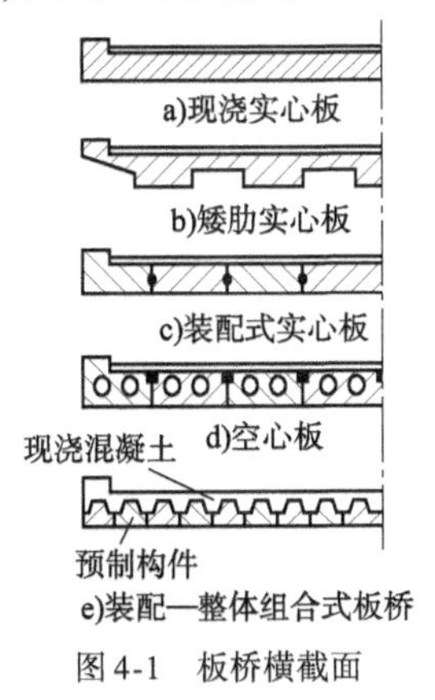

图4-1　板桥横截面

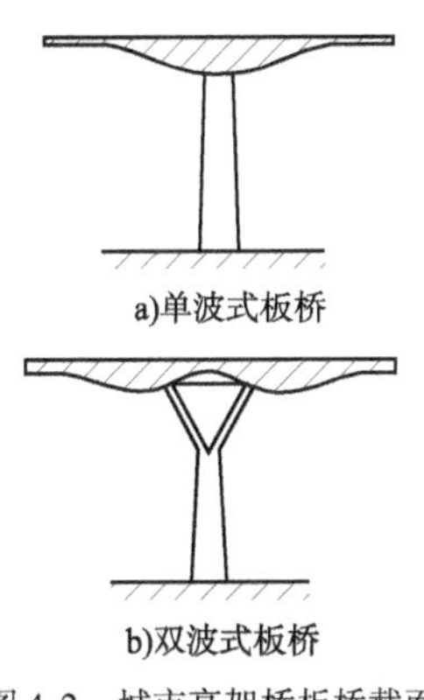

图4-2　城市高架桥板桥截面

钢筋混凝土和预应力混凝土板桥,其发展趋势为:采用高标号混凝土,为了保证使用性能尽可能采用预应力混凝土结构;预应力施加方式和锚具多样化;预应力钢材一般采用钢绞线。板桥跨径可做到25m,目前有建成35~40m跨径的桥梁。

2. 肋板式梁桥

在横截面内形成明显肋形结构的梁桥称为肋板式梁桥,简称肋梁桥。在此种桥上,梁肋(或称腹板)与顶部的钢筋混凝土桥面板结合在一起作为承重结构。与板桥相比,对于梁肋较高的肋梁桥来说,具有更大的抵抗荷载弯矩能力。目前,中等跨径(20~40m)的梁桥通常采用肋板式梁桥。

图4-3a)所示为整体式肋梁桥的横截面形状。有时为减小桥面板的跨径,还可在两主梁之间增设内纵梁[图4-3b)]。

装配式肋梁桥,考虑到起重设备的能力以及预制和安装的方便,一般采用主梁间距在2m以内的多梁式结构。图4-3c)是目前我国最常用的装配式肋梁桥(也称装配式T形梁桥)的横截面。在每一预制T梁上通常设置待安装就位后相互连接用的横隔梁,藉以保证全桥的整体性。在桥上车辆荷载作用下,通过横隔梁接缝处传递剪力和弯矩而使各T形梁共同受力。

3. 箱形梁桥

横截面呈一个或几个封闭箱形的梁桥简称为箱形梁桥。这种结构除了梁肋和上部翼缘板外,在底部尚有扩展的底板,因此它提供了能承受正、负弯矩的足够的混凝土受压区。箱形梁桥的抗弯、抗扭刚度特别大,适用于较大跨径的悬臂梁桥和连续梁桥以及斜拉桥,同时也可用来修建全截面均参与受力的预应力混凝土简支梁桥。

箱梁截面有单箱单室[图4-4a)]、单箱双室或多室[图4-4b)、图4-4c)],早期为矩形箱,逐渐发展成斜腰板的梯形箱。

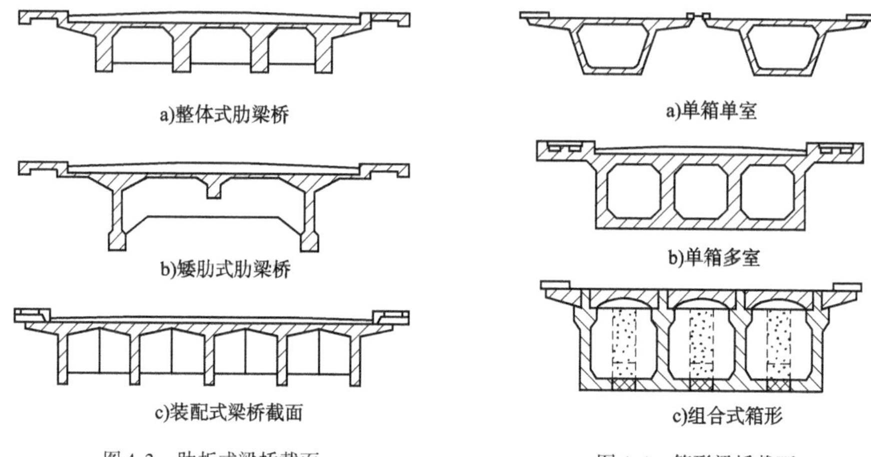

图4-3 肋板式梁桥截面

图4-4 箱形梁桥截面

箱梁桥可以是变高度,也可以是等高度。从美观上看,有较大主孔和边孔的三跨箱梁桥用变高度箱梁是较美观的,多跨桥(三跨以上)用等高箱梁具有较好的外观效果。

二、按承重结构的静力体系划分

1. 简支梁桥

建桥实践中使用最广泛、构造最简单的梁式桥是简支梁桥[图4-5a)]。由于多孔简支梁桥各跨的构造和尺寸统一,从而能简化施工管理工作,并降低施工费用。

2. 连续梁桥

连续梁桥[图4-5b)]的主要特点是:承重结构(板、T形梁或箱梁)不间断地连续跨越几个桥孔而形成超静定结构,连续孔数一般不宜过多。当桥梁孔数较多时,需要沿桥长分建成几组(或称几联)连续梁。连续梁桥合理的最大跨径为60~70m。

3. 悬臂梁桥

悬臂桥梁[图4-5c)]的主体是长度超出跨径的悬臂结构。仅一端悬出者称为单悬臂梁,两端均悬出者称为双悬臂梁。悬臂梁桥合理的最大跨径为60~70m。

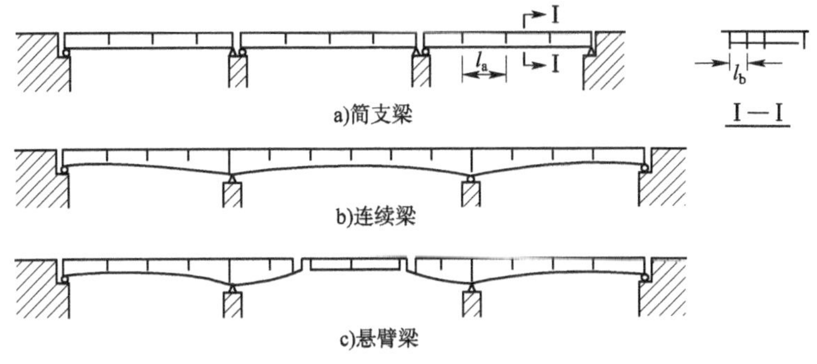

图4-5 梁式桥基本体系

三、按有无预应力划分

1. 钢筋混凝土梁桥

钢筋混凝土梁式桥是由钢筋和混凝土两种材料组成的结构,它充分利用了两种材料各自的优点。

2. 预应力混凝土梁桥

预应力混凝土结构是为解决钢筋混凝土结构在使用阶段容易开裂而发展起来的。它采用的是高强度钢筋和高强度混凝土材料,并采用相应的张拉钢筋的施工工艺在构件中建立预加应力。按预应力度的不同可分为部分预应力混凝土梁桥和全预应力混凝土梁桥。

第二节 支架浇筑施工法

一、施工支架

就地浇筑混凝土梁桥的上部结构,首先应在桥孔位置搭设支架,以支承模板、浇筑的钢筋混凝土,以及其他施工荷载的重量。支架有满布式木支架、满布式钢管脚手架[图4-6a)]、钢木混合的梁式支架[图4-6b)]梁支柱式支架及万能杆件拼装支架与装配式公路钢桥桁节拼装支架[图4-6c)]等形式。

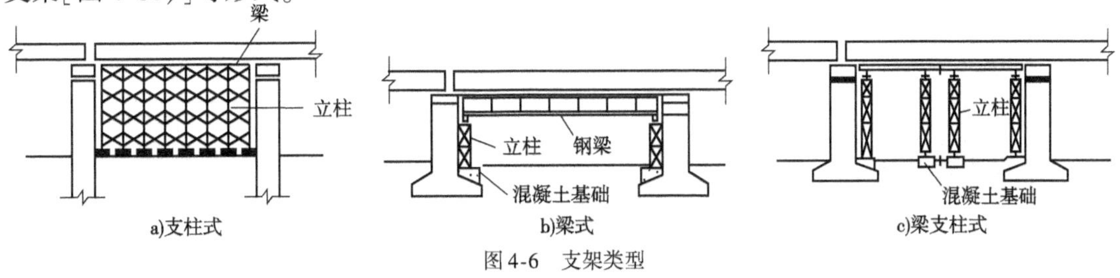

图4-6 支架类型

1)满布式支架

满布式支架常用于陆地或不通航的河道,或桥墩不高,桥位处水位不深的桥梁。其形式可根据支架所需跨径的大小等条件,采用排架式、人字撑式或八字撑式。当排架较高时,为保证支架横向的稳定,除在排架上设置撑木外,尚须在排架两端外侧设置斜撑木或斜立桩。

2)钢木混合支架

为加大支架跨径,减少排架数量,支架的纵梁可采用工字钢,其跨径可达10m。但在这种情况下,支架多改用木框架结构,以加强支架的承载力及稳定性。这类钢木混合支架的构造通常如图4-7所示,工字钢截面如图4-8所示。

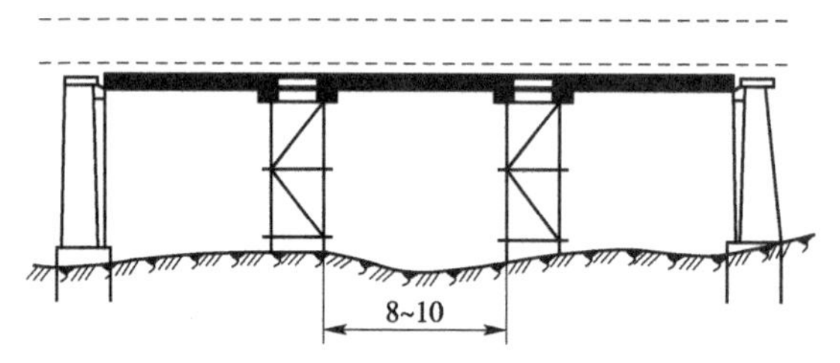

图4-7 钢木混合支架(尺寸单位:m)

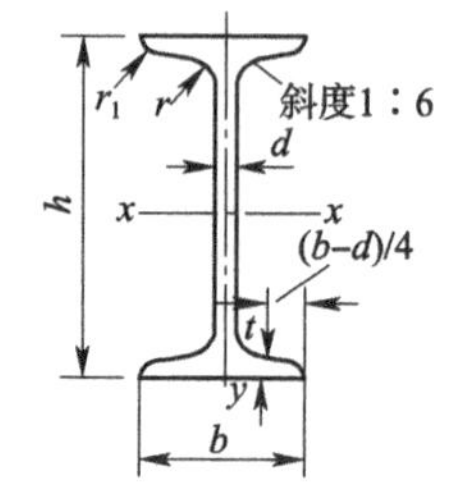

图4-8 热轧普通工字钢截面形状

3)万能杆件拼装支架

用万能杆件可拼装成各种跨度和高度的支架,在荷重作用下的变形较大,而且难以预计其数值。因此,应考虑预加压重,预压重力相当于浇筑的混凝土的重力。

4)轻型钢支架

桥下地面较平坦,有一定承载力的梁桥,为节省木料,宜采用轻型钢支架。轻型钢支架的梁和柱,以工字钢、槽钢或钢管为主要材料,斜撑、联结系等可采用角钢。

轻型钢支架构造示例,如图4-9所示。

5)墩台自承式支架

在墩台上留下承台式预埋件,上面安装横梁及架设适宜长度的工字钢或槽钢,即构成模板的支架。这种支架适用于跨径不大的梁桥,但支立时仍须考虑梁的预拱度,支架梁的伸缩以及支架和模板的卸落等所需条件。

6)模板车式支架

这种支架适用于跨径不大,桥墩为立桩式的多跨梁桥的施工,形状如图4-10所示。在墩柱施工完毕后即可立即铺设轨道,拖进孔间,进行模板的安装,当上部构造混凝土浇筑完毕,强度达到要求后,模板车即可整体向前移动,这种方法可简化安装工序和节省安装时间。

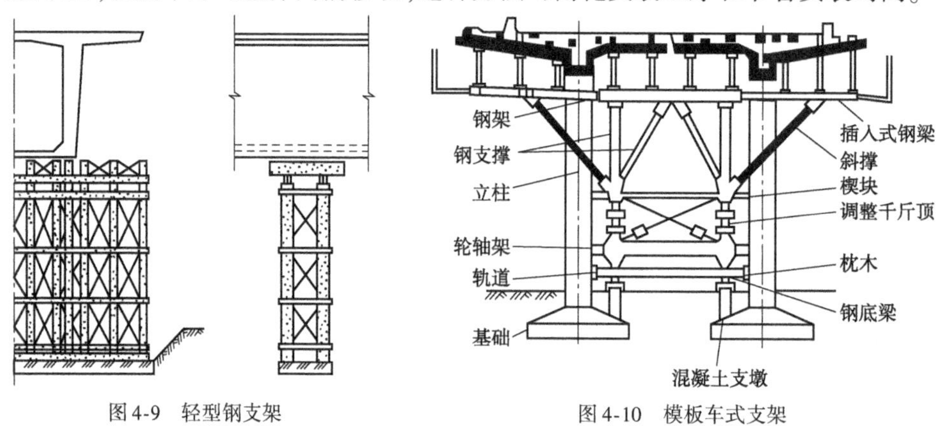

图4-9 轻型钢支架

图4-10 模板车式支架

二、模板构造

模板是用于浇筑混凝土、形成结构形状和尺寸的临时性板块结构。

1. 对模板的基本要求

(1)具有足够的强度、刚度和稳定性。能安全可靠地承担施工中可能出现的各种荷载。

(2)保证结构的设计形状、尺寸及各部分相互之间位置的准确性。

(3)模板的接缝必须密合,确保混凝土浇筑过程中不漏浆。

(4)构造简单,拆装方便,便于周转使用,应尽量做成装配式组件或块件。

2. 模板分类

(1)按模板的梁体成型时的作用分为内模、外模、侧模、端模、底模等。

(2)按模板所用的材料不同分为木模板、钢模板、钢木模板、胶合板模板、钢竹模板、塑料模板、玻璃钢模板、铝合金模板、不锈钢模板等。

三、模板和支架的制作与安装

1. 模板及支架在制作和安装时的注意事项

(1)构件的连接应尽量紧密,以减少支架变形,使沉降量符合预计数值。

(2)为保证支架稳定,应防止支架与脚手架和便桥等接触。

(3)模板的接缝必须密合,如有缝隙,须塞堵严密,以防跑浆。

(4)建筑物外露面的模板应涂石灰乳浆、肥皂水或无色润滑油等润滑剂。

(5)为减少施工现场的安装拆卸工作和便于周转使用,支架和模板应尽量制成装配式组件或块件。

(6)钢制支架宜制成装配式常备构件,制作时应特别注意构件外形尺寸的准确性,一般应使用样板放样制作。

(7)模板应用内撑支撑,用对拉螺栓销紧。内撑有钢管内撑、钢筋内撑、硬塑料胶管内撑等。

2. 制作及安装质量要求

支架和模板制作应符合设计图纸的要求,安装应符合施工规范的要求。

3. 支架和模板的计价

支架和模板费用摊销在对应构件混凝土的造价中,一般不单独计价。

四、钢筋骨架的安装

1. 骨架制作

在支架上浇筑钢筋混凝土梁时,为减少在支架上的钢筋安装工作,梁内的钢筋宜预先在工厂或桥梁工地制成平面或立体骨架。当梁的跨径较大时,可预先分段制成骨架,当不能预先制成骨架时,则钢筋的接长应尽可能预先进行。制作钢筋骨架时,须焊扎坚固,以防在运输和吊装过程中变形。

多层钢筋焊接时,可采用侧面焊缝,使之形成平面骨架,焊接缝设在弯起钢筋的弯起点处。如斜筋弯起点之间的距离较大,应在中间部分适当增加短段焊缝,以便有效地固定各层主钢筋。

2. 钢筋接头

(1)直径不大于25mm的螺纹钢筋或光圆钢筋均可采用绑扎搭接,受拉钢筋搭接长度不小于表4-1中的规定,受压钢筋搭接长度,应取受拉钢筋搭接长度的0.7倍。

受拉钢筋绑扎接头搭接长度　　表4-1

钢　　筋	混凝土强度等级		
	C20	C25	>C25
R235	35d	30d	25d
HRB335	45d	40d	35d
HRB400	—	50d	45d

注:1. d为钢筋直径。

2. 搭接长度除应符合本表规定外,在受拉区不得小于300mm,在受压区不得小200mm。

3. 当混凝土强度等级低于C20时,Ⅰ级钢筋的搭接长度不得小于45d,Ⅱ级钢筋的搭接长度不得小于55d,Ⅲ级钢筋不宜采用。

4. 当螺纹钢筋直径d不大于25mm时,其搭接长度应按表值减少5d。

5. 当混凝土在凝固过程中受力钢筋易受扰动时,其搭接长度宜适当增加。

(2)钢筋接头应设置在内力较小处,并错开布置。绑扎搭接的接头数量,对焊接接头,在接头长度区段内,同一根钢筋不得有两个接头;对绑扎接头,两接头间的距离应不小于1.3倍搭接长度。接头长度区段内受力钢筋接头面积的最大百分率见表4-2所规定。

接头长度区段内受力钢筋接头面积的最大百分率　　表4-2

接　头　形　式	接头面积最大百分率(%)	
	受拉区	受压区
主钢筋绑扎接头	25	50
主钢筋焊接接头	50	不受限制

注:1. 焊接接头长度区段内是指35d(d为钢筋直径)长度范围内,但不得小于500mm,绑扎接头长度区段是指1.3倍搭接长度。

2. 在同一根钢筋上宜少设接头。

3. 装配式构件连接处的受力钢筋焊接接头可不受此限制。

4. 绑扎接头中钢筋的横向净距不应小于钢筋直径且不应小于25mm。

(3)采用搭接式电弧焊接时,钢筋端部应预先折向一侧,使两接合钢筋在搭接范围内轴线一致,以减少偏心。搭接时双面焊缝的长度不小于5d,单面焊缝的长度不小于10d。

(4)采用夹焊式焊接时,夹杆总面积不小于被焊钢筋的面积。夹杆长度,如用双面焊缝,应不小于5d,如用单面焊缝,应不小于10d。

3. 钢筋骨架的拼装

用焊接的方法拼接骨架时,应用样板严格控制骨架位置。为保证混凝土保护层的厚度,应在钢筋骨架与模板之间错开放置适当数量的水泥砂浆垫块、混凝土垫块或钢筋头垫块,骨架侧面的垫块应绑扎牢固。

4. 钢筋骨架的运输和吊装

运输预制钢筋骨架时,骨架可放在平车上或在骨架下面垫以滚轴,用绞车拖拉。运输道路可根据现场条件,或设在桥上或设在桥侧面,孔数较多时,以设在桥侧面为宜。由桥侧面运进和吊装时,侧面模板应在骨架入模后再安装。用起重机吊装骨架时,为防骨架弯曲变形,宜加设扁担梁。

5. 钢筋骨架质量要求

钢筋骨架除应按规定对加工质量、焊接质量及各项机械性能进行检验外,并应检查其焊扎和安装的正确性。其允许偏差详见《公路桥涵施工技术规范》(JTG/TF 50—2011)。

五、混凝土工程

原材料在进场之前,施工单位应自检,做好混凝土配合比设计,并报请监理人验证批准后才能进场,具体内容如下:

1. 原材料的检查

水泥、细集料、粗集料在进场之前,必须报请监理人抽验,填写进场材料检验申请单,经监理人检验合格并签证后方可进场使用。

此外,组成混凝土的材料还有水以及外加剂。人畜可用的洁净水可用来拌制混凝土。主要的外加剂类型有普通和高效减水剂、早强减水剂、缓凝减水剂、引气减水剂、抗冻剂、膨胀剂、阻锈剂和防水剂等。

2. 混凝土配合比

由于大部分桥梁施工远离城市,特别是中、小桥以及涵洞工程,混凝土数量不大,基本上都是采用现场拌制混凝土,除非城市桥梁施工,采用商品混凝土(预拌混凝土)。因此工程技术人员要设计并控制好现场混凝土配合比,确保混凝土质量。

3. 混凝土拌制

混凝土拌制通常以机械为主,人工为辅,主要的基本工程工作量一般为机械拌制,工程中少量的塑性混凝土是人工拌制。

1)机械拌制

靠搅拌机完成,常用的机械有自落式和强制式搅拌机两种。自落式搅拌机用于拌合塑性混凝土,强制式搅拌机用于拌合半干硬性混凝土。

对于大桥或特大桥以及混凝土数量较多时应设置混凝土拌和站,各种混凝土采用集中拌制、电子计量的方法,利于混凝土的质量控制。

2)人工拌制

速度慢,劳动强度大,仅用于小量的辅助或修补工程。

4. 混凝土的运输

混凝土应以最少的转运次数,最短的距离迅速地从拌制地点运往灌筑地点,避免发生离析、泌水和灰浆流失现象,否则应进行二次拌制。混凝土运输时间不宜超过时间限制允许值。

5. 混凝土的浇筑

浇筑前应会同监理人对模板、钢筋以及预埋件的位置进行检查。

1)混凝土的浇筑速度

为了保证浇筑混凝土的整体性,防止在浇筑上层混凝土时破坏下层混凝土,浇筑层次的增加须有一定的速度,须使次一层的浇筑能在先浇筑的一层混凝土初凝以前完成。

2)混凝土的浇筑顺序

在考虑主梁混凝土的浇筑顺序时,不应使模板和支架产生有害的下沉。为了使混凝土振捣密实,应采用相应的分层浇筑,当在斜面或曲面上浇筑混凝土时,一般应从低处开始。

①水平分层浇筑。对于跨径不大的简支梁桥,可在钢筋全部扎好以后,将梁和板沿一跨全长内水平分层浇筑,在跨中合龙。分层的厚度视振捣器的能力而定,一般为0.15~0.3m。当

采用人工捣实时可采用0.15~0.2m。为避免支架不均匀沉陷的影响，浇筑工作应尽量快速进行，以便在混凝土失去塑性以前完成。

②斜层浇筑。跨径不大的简支梁桥混凝土的浇筑，还可用斜层法从主梁两端对称向跨中进行，并在跨中合龙。T梁和箱梁采用斜层浇筑的顺序如图4-11a)所示。当采用梁式支架、支点不设在跨中时，应在支架下沉量大的位置先浇混凝土，使应该发生的支架变形及早完成。其浇筑顺序如图4-11b)所示。

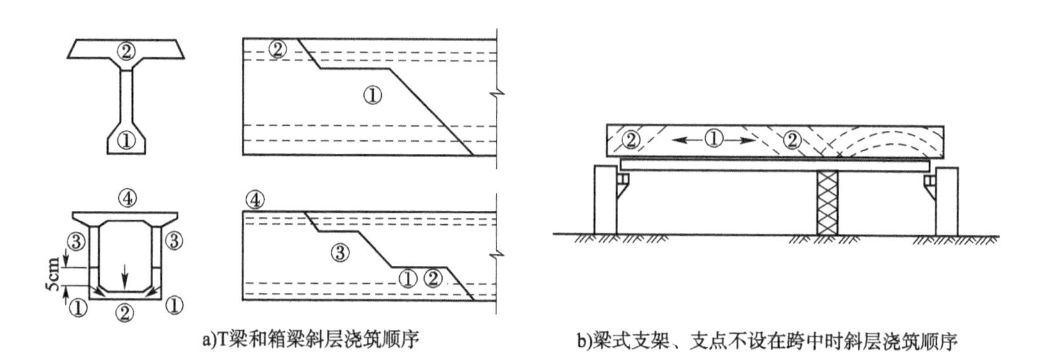

图4-11　简支梁桥在支架上的浇筑顺序

较大跨径的简支梁桥，可用水平分层或斜层法先浇筑纵横梁，待纵横梁浇筑完毕后，再沿桥的全宽浇筑桥面板混凝土。在桥面板与纵横梁间应按设置工作缝处理。

③单元浇筑法。当桥面较宽且混凝土数量较大时，可分成若干纵向单元分别浇筑。每个单元的纵横梁可沿其长度方向水平分层浇筑或用斜层法浇筑，在纵梁间的横梁上设置工作缝，并在纵横梁浇筑完成后填缝连接。之后桥面板可沿桥全宽全面积一次浇筑完成，不设工作缝，桥面板与纵横梁间设置水平工作缝。

6. 混凝土的振捣

混凝土的振捣分人工振捣(用铁钎)和机械振捣两种。人工振捣一般用于坍落度大、混凝土数量少或钢筋过密部位的振捣。大规模的混凝土浇筑，必须用机械振捣。

械振捣设备有插入式、附着式、平板式振捣器和振动台等。平板式振捣器用于大面积混凝土施工，如桥面、基础等。附着式振捣器可设在侧模板上，但附着式振捣器是借助振动模板来振捣混凝土，故对模板要求较高，而振捣效果不是太好，常用于薄壁混凝土部分振捣，如梁肋上和空心板两侧部分。插入式振捣器常用的是软管式的，只要构件断面有足够的地方插入振捣器，而钢筋又不太密时，采用插入振捣器的振捣效果比平板式和附着式都要好。

7. 混凝土养护及模板拆除

1)混凝土的养护

混凝土浇筑完成后应及时进行养护。养护可分自然养护和蒸汽养护两种。在养护期间，应使其保持湿润，防止雨淋、日晒、受冻及受荷载的振动、冲击。以促使混凝土硬化，并在获得强度的同时，防止混凝土干缩引起的裂缝。为此，对于混凝土外露面，在表面收浆、凝固后即用草帘等物覆盖，并应经常在覆盖物上洒水，洒水养护时间不少于《公路桥涵施工技术规范》(JTG/T F50—2011)所规定的时间。

当日平均气温低于+5℃或日最低气温低于-3℃时，应按冬季施工要求进行养护。

2)拆除模板和落架

当混凝土强度达到设计强度的25%以后，可拆除侧面模板；达到设计强度的50%后，可拆除跨径 3cm 以内的桥梁的模板；达到在桥跨结构静重作用下所必需的强度且不小于设计强度的 70% 以后，可拆除各种梁的模板。

梁体的落架程序应从梁挠度最大处的支架节点开始，逐步卸落相邻两侧的节点，并要求对称、均匀、有顺序的进行，同时要求各节点应分多次进行卸落，以使梁的沉落曲线逐步加大到梁的挠度曲线。通常简支梁桥和连续梁桥可从跨中向两端进行，悬臂梁桥则应先卸落挂梁及悬臂部分，然后卸落锚跨部分。

第三节　预制安装施工法

一、装配式预应力混凝土梁的施工

1. 预应力混凝土结构的特点

普通钢筋混凝土结构受弯构件在正常使用条件下，其受拉区是开裂的，影响构件的正常使用和耐久性，并限制了高强材料的应用。另外，普通钢筋混凝土结构的自重大，增加了施工的难度，大大地限制了桥梁的跨越能力。随着桥梁跨度的增大，预应力混凝土结构将更具有优势。因为预应力混凝土结构除了具有普通钢筋混凝土结构的优点外，还有下述重要特点：

(1)能最有效的利用高强钢筋、高强混凝土，减小截面，降低自重，增大跨越能力。

(2)与普通钢筋混凝土桥梁相比，一般可节省钢材 30% ~40%，跨径越大，节约越多。

(3)预应力混凝土梁在正常使用条件下不出现裂缝，截面能全部参与工作。故可显著减少建筑高度，使大跨径桥梁做得轻柔美观，扩大了对各种桥型的适应性，提高了结构的耐久性。

(4)预应力技术的采用，为现代装配式结构提供了最有效的装配、拼装手段。根据需要，可在纵向、横向和竖向施加预应力，使装配式结构集整成理想的整体，扩大了装配式桥梁的使用范围。

当然，预应力混凝土结构要有作为预应力筋的优质高强钢材并能可靠保证高强混凝土的制备质量，同时要有一整套专门的预应力张拉设备和材质好、精度高的锚具，并要掌握复杂的施工工艺。

2. 施加预应力的方法

施加预应力一般是靠张拉在混凝土中配置的高强度钢筋来实现的。目前，在桥梁工程中常用的方法有先张法和后张法两种。

二、先张法施工

先张法施工基本工艺流程见图 4-12。

1. 张拉台座

张拉台座是先张法生产的主要设备之一，它承受预应力筋的全部张拉力，因此须有足够的强度、刚度和稳定性。台座按构造形式分为墩式和槽式两类。

1)重力式台座

重力式台座是靠自重和土压力来平衡张拉力所产生的倾覆力矩，并靠土壤的反力和摩擦力来抵抗水平位移。其适用于地质条件良好、张拉线较长的情况，由台面、承力架、横梁和定位钢板等组成，如图 4-13、图 4-14 所示。

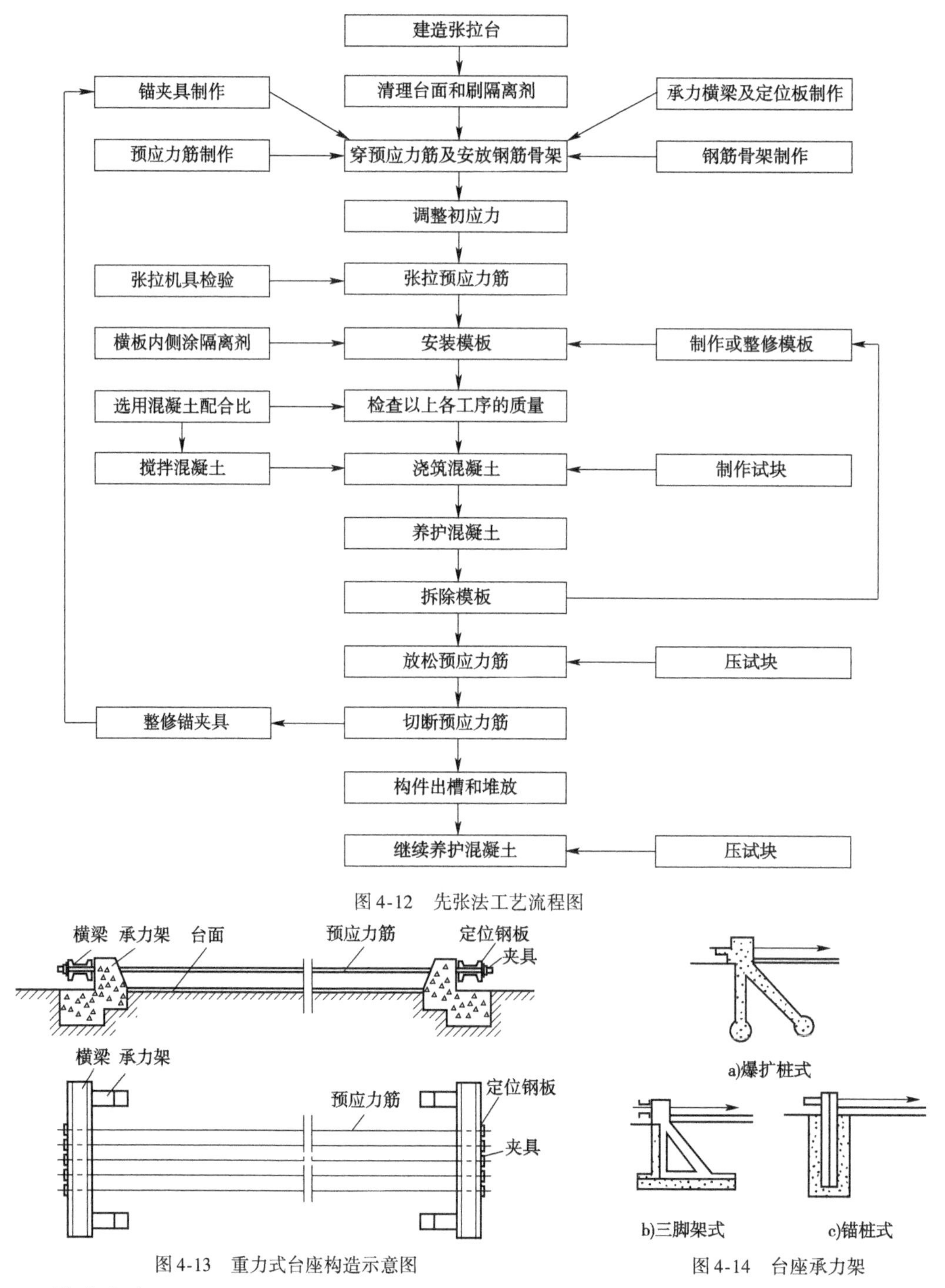

图4-12　先张法工艺流程图

图4-13　重力式台座构造示意图

图4-14　台座承力架

2）槽式台座

当现场地质条件较差、台座又不很长时，可采用由台面、传力柱、横梁、横系梁等组成的槽式台座，如图4-15所示。传力柱和横系梁一般用钢筋混凝土做成，其他部分与墩式台座的相同。槽式台座与墩式台座不同之处在于其预应力筋张拉力由传力柱承受而得到平衡。

2. 预应力筋的张拉

1）张拉前的准备工作

张拉前应先在端横梁上安装并检查定位钢板，其孔位和孔径应符合设计要求，然后将定位钢板固定在横梁上。安装定位板时要保证最下层和最外侧预应力筋的混凝土保护层尺寸。进而在台座上安装预应力筋，将其穿过端横梁和定位板后用锚具固定在板上，沿台面每隔一定距离放置钢筋头垫起预应力钢筋，对于长线台座，预应力筋或者预应力筋与拉杆、拉索的连接，必须先用连接器串联后才能张拉，如图4-16所示。

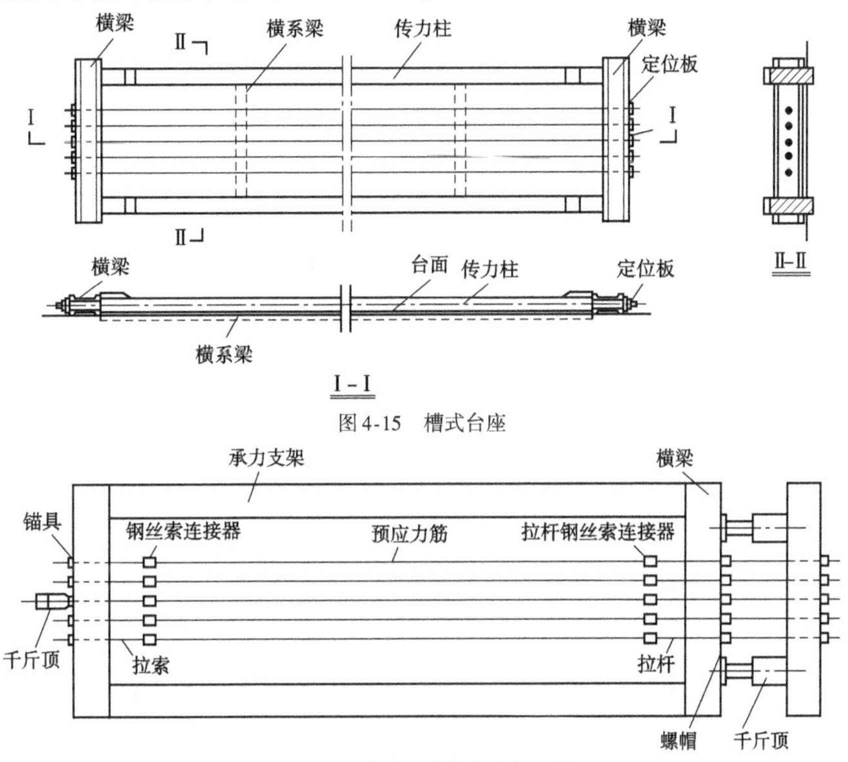

图4-15 槽式台座

图4-16 先张法张拉台座布置图

2）张拉工艺

先张法张拉预应力筋，分单根张拉和多根整批张拉，单向张拉和双向张拉。单根张拉设备比较简单，吨位要求小，但张拉速度慢，为避免台座承受过大的偏心力，应先张拉靠近台座截面重心处的预应力筋，然后向两侧对称张拉。多根同时张拉需一个或两个大吨位千斤顶，张拉速度快，但控制要求较高，要保证每根钢筋的初始长度一致，活动横梁与固定横梁保持平行。如遇钢筋的伸长值大于千斤顶油缸最大工作行程时，可采用重复张拉的办法解决。

3）张拉程序（表4-3）

先张法预应力筋张拉程序 表4-3

预应力筋种类	张 拉 程 序
钢筋	0→初应力→$1.05\sigma_{con}$（持荷2min）→$0.9\sigma_{con}$→σ_{con}（锚固）
钢丝、钢绞线	0→初应力→$1.05\sigma_{con}$（持荷2min）→0→σ_{con}（锚固）
	对于夹片式等具有自锚性能的锚具： 普通松弛力筋：0→初应力→$1.03\sigma_{con}$（锚固） 低松弛力筋：0→初应力→$0\sigma_{con}$（持荷2min锚固）

注：1. 表中σ_{con}为张拉时的控制应力值，包括预应力损失值。

2. 超张拉数值超过规定的最大超张拉应力限值时，应按规定的限制张拉应力进行张拉。

3. 张拉钢筋时，为保证施工安全，应在超张拉放张至$0.9\sigma_{con}$时安装模板、普通钢筋及预埋件等。

3. 预应力筋的放松

当混凝土强度达到设计规定的放松强度后(若设计无规定,一般应不小于设计强度的80%),可放松受拉的预应力筋,然后再切割端部的预应力筋。常用的放松方法有以下几种。

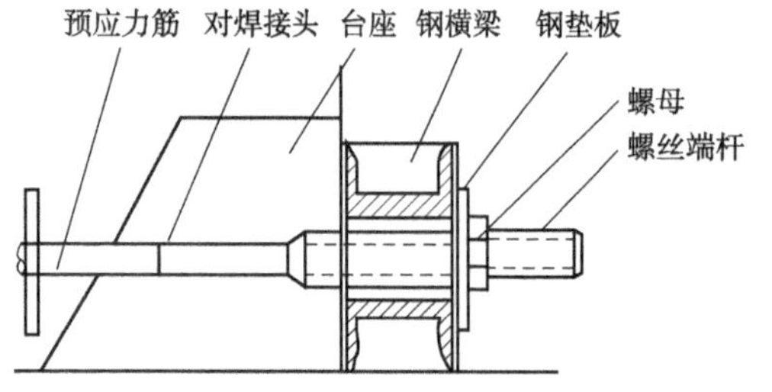

图 4-17 螺杆放松示意图

1)螺杆放松

放松时只要将螺母反向拧动即可(图 4-17),此法一般用于放松用螺丝端杆或工具式张拉螺杆固定的预应力筋。

2)千斤顶放松

在台座固定端的承力架与横梁之间,张拉之前预先安放千斤顶。放松时,两个千斤顶同时回程,使拉紧的预应力筋徐徐回缩,张拉力被放松,如图 4-18 所示。

3)砂箱放松

用砂箱代替千斤顶。使用时从进砂口灌满烘干的砂子,加上压力打紧。放松时,打开出砂口,砂子慢慢流出,预应力筋徐徐回缩,张拉力被放松,如图 4-19 所示。先张法预制梁预应力筋放松程序见表 4-4。

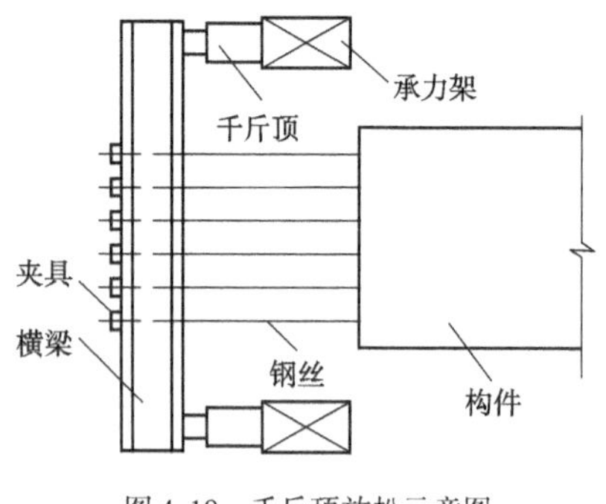

图 4-18 千斤顶放松示意图

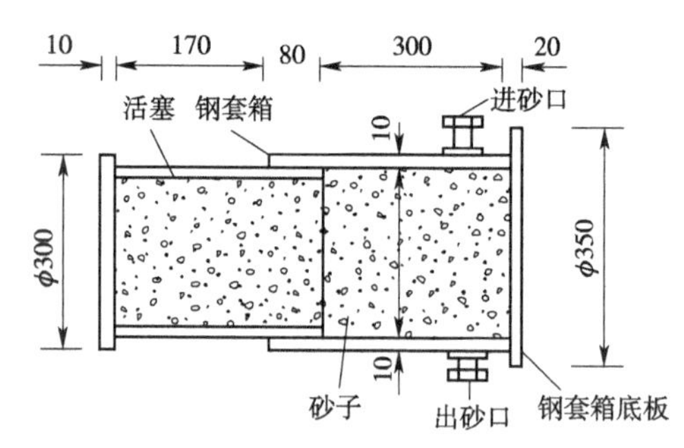

图 4-19 砂箱放松示意图(尺寸单位:mm)

先张法预制梁预应力筋放松程序 表 4-4

阶 段	每阶段放松数量(cm)	第一次	第二次	第三次	
Ⅰ	1~2	1,4	2,3	5,6	5 6 1 2 3 4
Ⅱ	2~4	1,4	2,3	5,6	
Ⅲ	全部	6,5	1,4	2,3	

钢筋放松后可用氧炔焰切割,但应防止烧坏钢筋端部。钢丝放松后,可用割、锯断或剪断的方法切断。切割后的外露端应用砂浆封闭以防生锈。

三、后张法施工

后张法的张拉设备简单,不需要专门台座,便于在现场施工,预应力筋可布置成直线和曲线,施加的力较大,适合预制大型构件。

后张法制作预应力混凝土构件,常采用抽拔芯管法成型孔道,其基本工艺流程如图 4-20 所示。

1. 预留孔道工艺

预留孔道是后张构件制作的特殊工序,孔道的形状、尺寸和质量对后张构件的质量有直接影响,其预留孔道主要有直线和曲线两种形式。制孔的方法一般有以下两种:

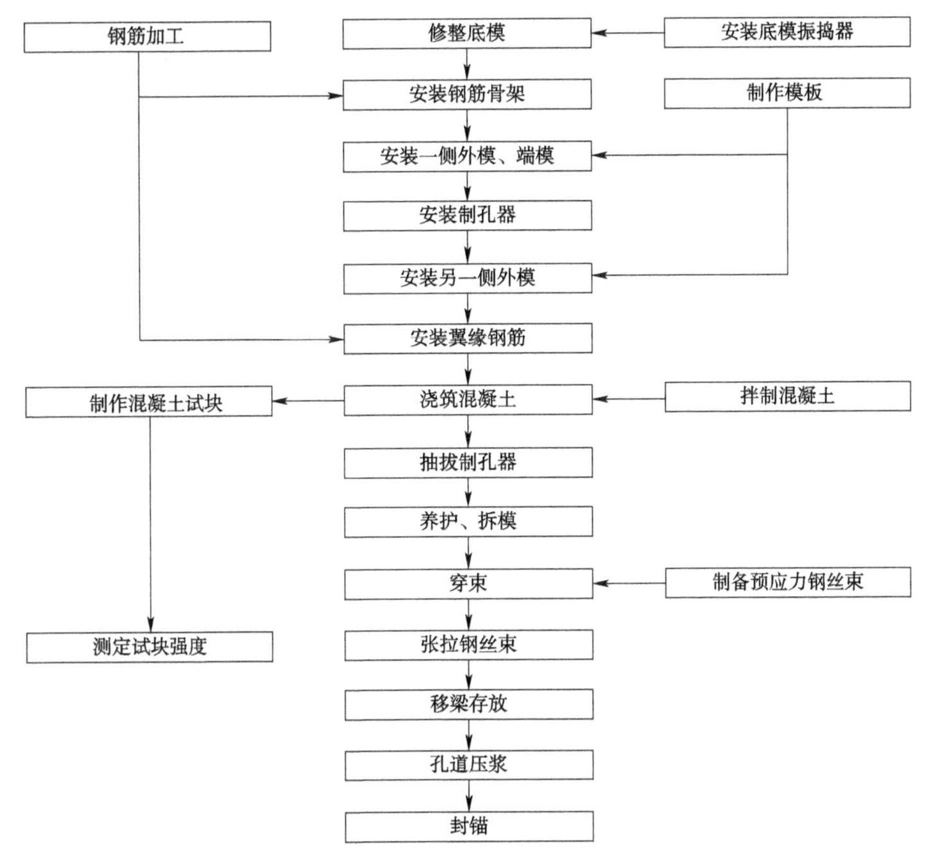

图 4-20　后张法预制 T 梁工艺流程图

1)埋设管道法

主要用于含有曲线管孔的制作。一般采用薄铁皮管、金属波纹管和塑料波纹管,它在梁体制成后留在梁内,使用后不能回收,成本较高。

如图 4-21 所示,金属波纹管一般是用厚 0.3 ~ 0.6mm 的镀锌钢带,由制管机卷制而成,管分为"通用段"和"连用段"。钢带的厚度根据管径而定,管表面有螺旋状的凸肋,既增加了管的刚性,又可在接头处旋入直径稍大的连接管段,成型后的管沿纵向和径向具有一定的刚度。沿长度又有较好的柔性,而且便于排布各种曲线孔道。在需要接长时,两段管之间旋入一段长约 40mm 的连接管段作为搭接头,在接缝处缠绕塑料胶带密封,以防漏浆。"连接段"与"通用段"两种管的形状相同,"连接段"仅直径增大 3 ~ 5mm。金属波纹管的连接如图 4-22 所示。用金属波纹管做孔道预埋管,可提高孔道位置的准确度和防止孔道间掉浆。

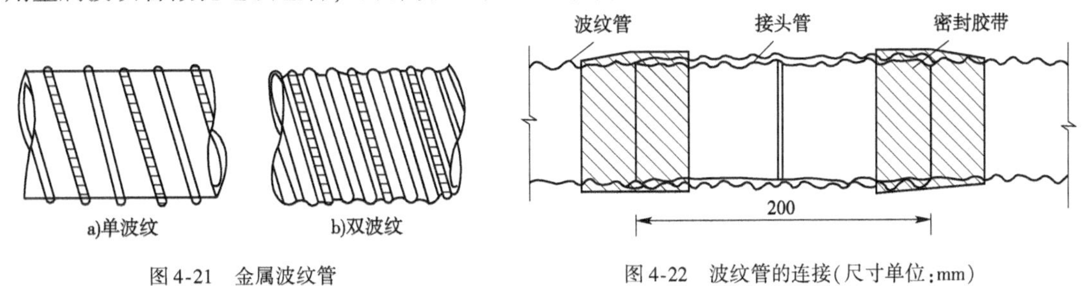

图 4-21　金属波纹管

图 4-22　波纹管的连接(尺寸单位:mm)

2)抽芯成孔法

主要用于直线管孔制作。是预先将其安放在预应力筋的设计位置上,待混凝土终凝后将它拔出，构件内即具有孔道，它能周转使用，应用较广。抽拔式制孔器有橡胶管、金属伸缩管和钢管三种形式。抽拔制孔器的时间与预制所处的环境的气温有关，必须严格掌握，否则将会出现塌孔或拔不出的情况。一般以混凝土抗压强度达到 0.4 ~ 0.8MPa 时为宜。制孔器抽拔时间通过试验确定，也可参考表 4-5 进行。

制孔器抽拔时间参考表 表 4-5

环境温度(℃)	抽拔时间(h)	环境温度(℃)	抽拔时间(h)
30 以上	3	20 ~ 10	5 ~ 8
30 ~ 20	3 ~ 5	10 以下	8 ~ 12

2. 孔道检查

制孔后，应用橄榄形钢制通孔器检查，若发现孔道堵塞，应清除孔道内的杂物，为力筋穿孔创造条件。若堵塞严重，则应标出准确位置，从侧面凿开取出，疏通孔道，重设制孔器，修补缺口。

3. 穿束

穿束前应全面检查锚垫板和孔道，锚垫板应位置正确，孔道内应畅通，无水分和杂物。穿束工作一般采用人工直接穿束，较长的预应力筋可借助一根长钢丝作为引线，用卷扬机进行穿束。

4. 预应力筋的张拉

张拉前，应检验构件的外观和尺寸，构件端部预埋铁板与锚具和垫板接触处的焊渣、毛刺、混凝土残渣应清除干净。混凝土强度不应低于设计强度的 80%。

1) 张拉原则

(1) 对曲线预应力筋或长度≥25m 的直线预应力筋，宜在构件两端同时张拉。如设备不足时，可先在一端张拉补足预应力值。

(2) 为避免张拉时构件截面呈过大的偏心受压状态，应分批、分段对称张拉，先张拉靠近截面重心处的预应力筋，再张拉截面重心较远处的预应力筋。

2) 张拉程序

张拉程序与预应力钢材的类别和锚具的形式有关，各种张拉程序可按表 4-6 的规定进行。

后张法预应力筋张拉程序 表 4-6

预应力筋		张拉程序
钢筋、钢筋束		0→初应力→1.05σ_{con}(持荷 2min)→σ_{con}(锚固)
钢筋线束	对于夹片式等具有自锚性能的锚具	普通松弛力筋：0→初应力→1.03σ_{con}(锚固) 低松弛力筋：0→预应力→σ_{con}(持荷 2min 锚固)
	其他锚具	0→初应力→1.05σ_{con}(持荷 2min)→σ_{con}(锚固)
钢丝束	对于夹片式等具有自锚性能的锚具	普通松弛力筋：0→初应力→1.03σ_{con}(锚固)
	其他锚具	0→初应力→1.05σ_{con}(持荷 2min)→0→σ_{con}(锚固)
精轧螺纹钢筋	直线配筋时	0→初应力→σ_{con}(持荷 2min 锚固)
	曲线配筋时	0→σ_{con}(持荷 2min)→0(上述程序可反复几次)→初应力→σ_{con}(持荷 2min 锚固)

注：1. 表中 σ_{con} 为张拉时控制应力值，包括预应力损失值。

2. 两端同时张拉时两端千斤顶升降压、画线、侧伸长、插垫等工作应基本一致。

3. 梁的竖向预应力筋可一次张拉到控制应力，然后于持荷 5min 后侧伸长和锚固。

4. 超张拉数值超过规定的最大超张拉应力限值时，应按规定的限值进行张拉。

5. 孔道压浆及封锚

1) 压浆

孔道压浆是用水泥浆填满孔道中预应力筋周围的空隙,目的是为了保护预应力筋不致锈蚀,并使预应力筋与梁体结成整体,从而提高梁的承载能力、抗裂性能和耐久性。孔道压浆是用专门的活塞式压浆机进行,要求张拉后尽快压浆(一般不宜超过 14d),压浆时要求密实、饱满。

(1) 准备工作。压浆前烧割锚外钢丝时,应采取降温措施,以免锚具和预应力筋因过热而产生滑丝。用环氧砂浆或棉花和水泥浆填塞锚塞周围的钢丝间隙。用压力水冲洗孔道,排除孔内杂物并吹去孔内积水。

(2) 水泥浆的技术条件。孔道压浆一般宜采用水泥浆,空隙大的孔道,水泥浆中可掺入适量的细砂。水泥浆 28d 的抗压强度不应低于 50MPa。水泥浆中可掺入钙矾石系或复合型膨胀剂,但其 24h 自由膨胀应小于 3%。水泥浆自调制至压入孔道的延续时间一般不宜超过 40min。

(3) 压浆方法。压降的顺序,应先压下孔道,后压上孔道。应将集中的孔道连续一次压完,以免孔道串浆,将附近孔道阻塞。对于曲线孔道应由最低点的压浆孔压入,由最高点的排气孔排气及溢出水泥浆。

传统的压浆工艺有"一次压注法"和"二次压注法"两种,前者用于不太长的直线形孔道,对于较长的孔道或曲线形孔道以"二次压注法"为宜。二次压浆时,第一次从甲端压入直至乙端流出浓液浆时将乙端的孔用木塞塞住,待灰浆的压力达到要求(一般为 0.5 ~ 0.7MPa),且各部无漏水现象时再将甲端喷嘴拔出并立即用木塞塞住。待第一次压浆完成约 30mim 后,拔掉甲乙端的塞子,自乙端再进行第二次压浆,重复上述步骤,待第二次压浆完成约 30mim 后,卸除压浆管,压浆工作便告完成。

近年来,我国逐渐推广真空压浆工艺来代替传统的压浆工艺。真空辅助压浆是在孔道的一端采用真空泵对孔道进行真空处理,使之产生 -0.08 ~ -0.1MPa 的真空度。然后用灌浆泵将优化后的水泥浆从孔道的另一端灌入,直至充满整条孔道,并加以不大于 0.7MPa 的正压力,以提高预应力孔道灌浆的饱满度和密实度。采用真空灌浆工艺是提高后张预应力混凝土结构安全性和耐久性的有效措施。

2) 封锚

孔道压浆后应立即将梁端水泥浆冲洗干净,并将端面混凝土凿毛,绑扎端部钢筋和安装封锚模板后浇筑锚端混凝土。封锚应采用与结构或构件同强度的混凝土。浇完封锚混凝土并静置 1 ~ 2h 后,应进行带模浇水养护。脱模后在常温下一般养护时间不少于 7d。长期外露的锚具,应采取防锈措施。

6. 安全技术及注意事项

(1) 高压油泵与千斤顶之间所有连接点、紫铜管的喇叭口或接口必须完好无损坏,并应将螺母拧紧。操作高压油泵人员应戴护目镜,防止油管破裂时或接口不严时喷油伤眼。

(2) 张拉时,构件两端不得站人,并应设置防护罩。高压油泵应放在构件端部的两侧,拧紧螺母时,操作人员应站在预应力钢材位置的侧面。张拉完毕后,稍等几分钟再拆卸张拉设备。

(3) 孔道压浆时,掌握喷浆嘴的人必须戴护目镜、穿水鞋、戴手套。喷嘴插入孔道后,喷嘴后面的胶皮垫圈须压紧在孔洞上。堵压浆孔时应站在孔的侧面,以防灰浆喷出伤人。

四、装配式简支梁的运输

1. 对构件混凝土强度的要求

装配式预制构件在移运、堆放时,混凝土的强度不应低于设计对吊装所要求的强度,并且不宜低于设计强度标准值的80%,对于预应力混凝土构件,其孔道水泥浆的强度不应低于设计要求。如无设计规定时,应不低于设计强度的80%。

2. 构件移运前的准备工作

构件拆模后应检查外形实际尺寸,伸出钢筋、吊环和各种预埋件的位置及构件混凝土的质量。如构件尺寸误差超过允许限度,应修补、处理,务必使构件形状正确,确保安装时不致发生困难。

3. 吊移工具的选择

构件预制场内的吊移工具设备可视构件尺寸,质量和设备条件采用A形小车、平板车、扒杆、龙门架、拖履(走板)、滚杠、聚四氟乙烯滑板、汽车吊、履带吊等工具设备,其构造、计算方法、竖立方法及使用注意事项,可参阅《公路施工手册——桥涵》(上、下册)有关章节。

4. 吊运

(1)构件移运时的起吊点位置,应按设计的规定布置。

(2)板、梁、柱构件移运和堆放时的支承位置应与吊点位置一致,并应支承牢固,以免折断。

(3)使用平板拖车或超长拖车运输大型构件时,车长应能满足支撑点间距要求。为适应车辆在途中转弯,支点处须设活动转盘,以免扭伤混凝土。如运输道路坑凹不平,颠簸厉害时,可采取如图4-23所示的措施,防止构件产生负弯矩而断裂。

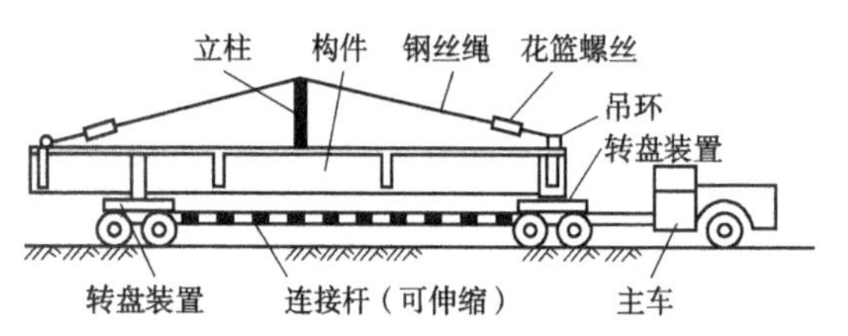

图4-23 防止构件运输时发生负弯矩措施

构件装在平板拖车的垫木上后,于构件中部设一立柱,用钢丝绳穿过两端吊环,中间搁在立柱上,并以花篮螺丝将钢丝绳收紧,这样构件在运输途中不会发生负弯矩。为防止构件倾倒或滑移,还应另外采取固定措施。

5. 存放

因施工组织或设计原因,预制构件在安装到桥跨之前往往要集中存放一段时间。

堆放构件时,应按构件刚度及受力情况平放或竖放,并保持稳定。小型构件堆放,应以其刚度较大的方向作为竖直方向。水平分层堆放构件时,其堆垛高度按构件强度、地基承压力、垫木强度以及堆垛的稳定性而定。一般大型构件以2层为宜,不宜超过3层,板、桩和盖梁不宜多于6层。层与层之间应以垫木隔开,多层垫木位置应在一条垂直线上。

五、装配式梁桥的安装

预制梁(板)的安装是预制装配式混凝土梁桥施工中的关键性工序,应结合施工现场条件、工程规模、桥梁跨径、工期条件、架设安装的机械设备条件等具体情况,以安全可靠、经济简单和加快施工速度等为原则,合理选择架梁的方法。

必须注意的是,预制梁(板)的安装既是高空作业,又需用复杂的机具设备,施工中必须确保施工人员的安全,杜绝工程事故。因此,无论采用何种施工方法,施工前均应详细、具体地研究安装方案，对各承力部分的设备和杆件进行受力分析和计算，采取周密的安全措施，严格执行操作规程，加强施工管理和安全教育，确保能够安全、迅速地进行架梁工作。同时，安装前应将支座安装就位。

1. 陆地架梁法

1）移动式支架架梁法

此法是在架设孔的地面上，顺桥轴线方向铺设轨道，其上设置可移动支架，预制梁的前端搭在支架上，通过移动支架将梁移运到要求的位置后，再用龙门架或人字扒杆吊装，或者在桥墩上设枕木垛，用千斤顶卸下，再将梁横移就位，如图4-24所示。

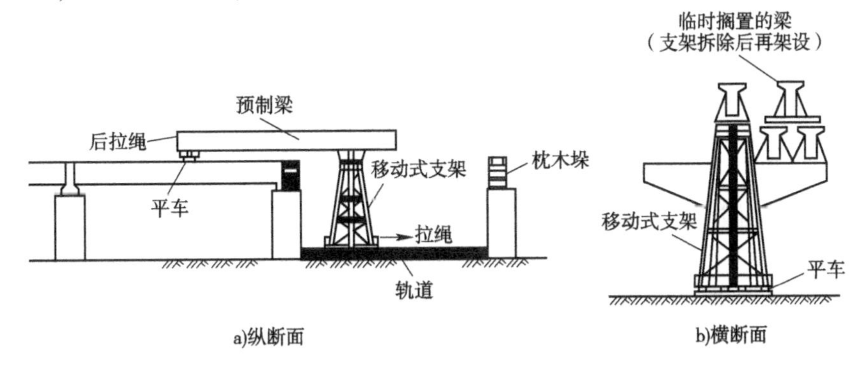

图4-24　移动式支架架设法

2）自行式吊机架梁法

一般中小跨径的预制梁（板）的架设安装越来越多地采用自行式吊机。

当预制梁质量不大，而吊机又有相当的起重能力，河床坚实无水或少水，允许吊机行驶、停搁时，可以视吊装质量的不同，用一台或两台吊机直接在桥下进行吊装［图4-25a）］。如果桥下是河道或桥墩较高时，可将吊机直接开到桥上，利用吊机的伸臂边架梁边前进［图4-25b）］。

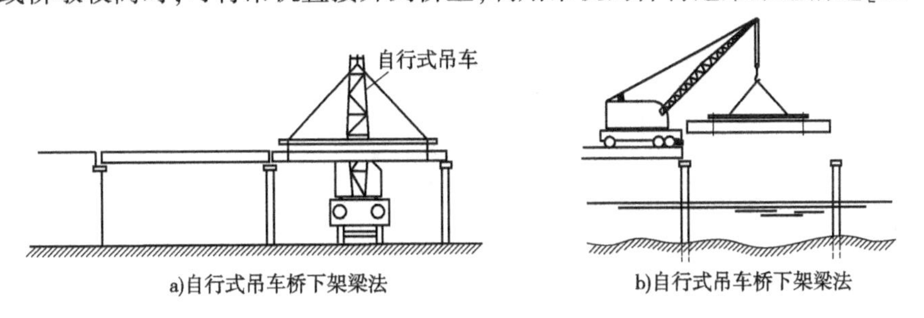

图4-25　小跨径桥梁的架设

3）跨墩或墩侧龙门架架梁法

本法是以胶轮平板拖车、轨道平车或跨墩龙门架将预制梁运送到桥孔，然后用跨墩龙门架或墩侧高低脚龙门架将梁吊起，再横移到梁设计位置然后落梁就位完成架梁工作。

用本法架梁的优点是架设安装速度较快，河滩无水时也较经济，而且架设时不需要特别复杂的技术工艺，作业人员较少。但龙门吊机的设备费用一般较高，尤其在高桥墩的情况。

跨墩龙门架的架梁程序如图4-26a）所示。预制梁可由轨道平车运送至桥孔，如两台龙门架吊机自行且能达到同步运行时，也可利用跨墩龙门架将梁吊着运送到桥孔再吊起横移落梁就位。

墩侧高低脚龙门架如图4-26b）所示，其架设程序与跨墩龙门架基本相同。但预制梁必须用轨道平车或胶轮平车拖板运送至桥孔。

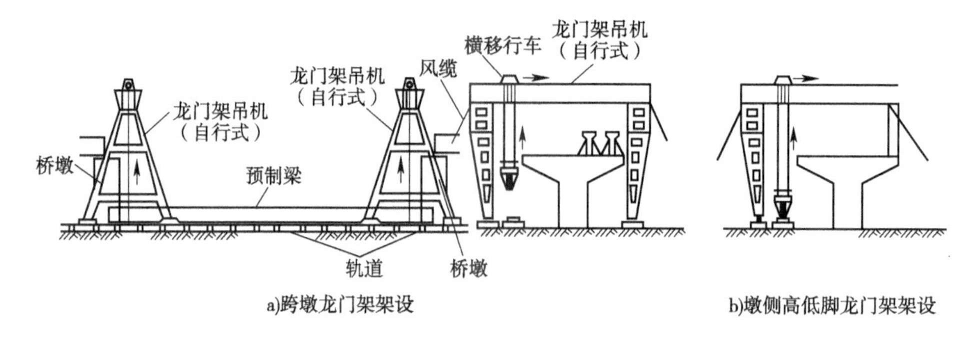

图 4-26　龙门架架梁法

2. 浮运架梁法

浮运架梁法是将预制梁用各种方法移装到浮船上,并浮运到架设孔以后就位安装。采用浮运架梁法时,河流须有适当的水深,水深需根据梁重而定。浮运架梁法的优点是桥跨中不需设临时支架,可以用一套浮运设备架设安装多跨同孔径的预制梁,较为经济,且架梁时浮运设备停留在桥孔的时间很少,不影响河流通航。

3. 高空架梁法

1)联合架桥机架梁(蝴蝶架架梁法)

此法适用于架设安装 30m 以下的多孔桥梁,其优点是完全不设桥下支架,不受水深流急影响,架设过程中不影响桥下通航、通车。预制梁的纵移、起吊、横移、就位都较方便。该法目前很少使用。

联合架桥机由两套门式吊机、一个托架(即蝴蝶架)、一根两跨长的钢导梁三部分组成,如图 4-27 所示。联合架桥机架梁顺序如下:

(1)在桥头拼装钢导梁,梁顶铺设钢轨,并用绞车纵向拖拉导梁就位。

(2)拼装蝴蝶架和门式吊机,用蝴蝶架将两个门式吊机移运至架梁孔的桥墩(台)上。

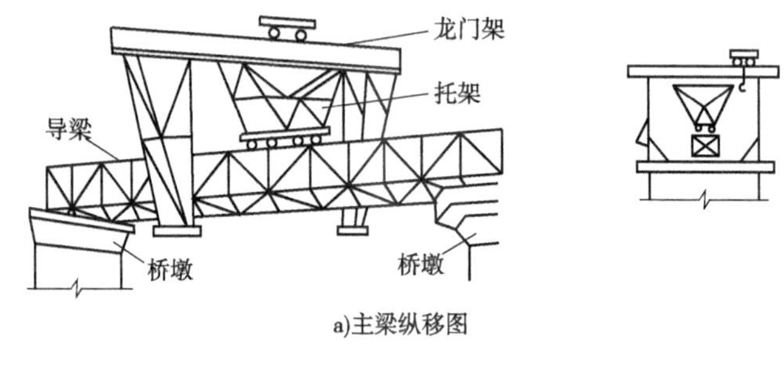

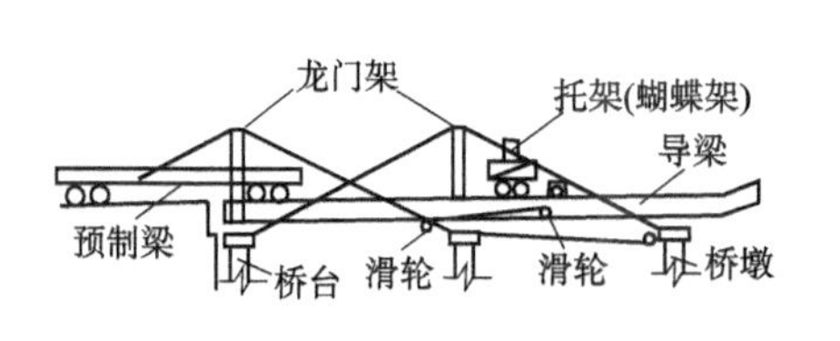

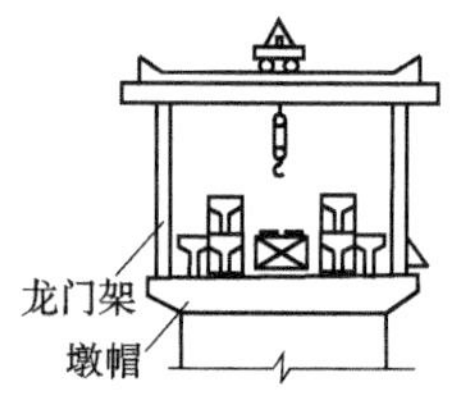

图 4-27　联合架桥机架梁法

(3)由平车轨道运送预制梁至架梁孔位,将导梁两侧可以安装的预制梁用两个门式吊机吊,横移并落梁就位。

(4)将导梁所占位置的预制梁临时安放在已架设好的梁上。

(5)用绞车纵向拖拉导梁至下一孔后,将临时安放的梁由门式吊机架设就位,完成一孔梁的架设工作,并用电焊将各梁联结起来。

(6)在已架设的梁上铺接钢轨,再用蝴蝶架顺序将两个门式吊机托起并运至前一孔的桥墩上。

如此反复,直至将各孔梁全部架设好为止。

2)双导梁穿行式架梁法

双导梁穿行式架梁法的优点与联合架桥机法相同,适用于墩高、水深的情况下架设多孔中小跨径的装配式梁桥,但不需蝴蝶架,而配备双组导梁,故架设跨径可较大,吊装的预制梁可较重。

其架梁操作步骤是:

(1)一孔架设完后,吊机的前后横梁移至尾部作平衡重[图4-28a)]。

(2)吊机向前移动一孔位置,并使前支腿支撑在墩顶上[图4-28b)]。

(3)吊机前横梁吊起T形梁,梁的后端仍放在运梁平板车上,继续前移[图4-28c)]。

(4)吊机后横梁也吊起T形梁,缓缓前移,对准纵向梁位后,先固定前后横梁,再用横梁上的吊梁小车横移落梁就位[图4-28d)]。

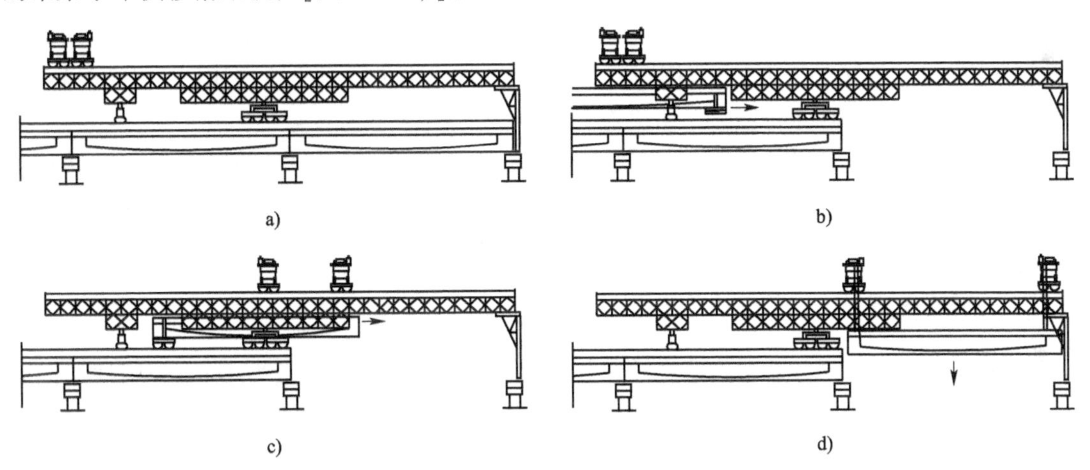

图4-28 双导梁穿行式架桥机架梁步骤

由于这种架桥机的自重大,所以当它沿桥面纵向移动时,一定要保持慢速,并须注意前支点的下挠度,以保证安全。

3)单导梁步履式架梁法

不论联合架桥机架梁法还是双导梁穿行式架梁法,都无法做到横向一次落梁到位。单导梁步履式架桥机的出现,实现了全幅横移梁片、一次落梁到位的目标,极大地提高了工作效率。现逐渐从铁路行业向公路行业推广。

该机属单臂简支型,可架设梁片最大跨度为40m、最大额定起重能力为120t,且具有结构简单、重量轻、运输组装方便、性能稳定、自动化程度高等特点(图4-29)。架梁步骤与双导梁穿行式架梁法相似,不作赘述。

图4-29 单导梁步履式架桥机

第四节　悬臂施工法

悬臂施工法也称为分段施工法,它不需要在河中搭支架,而是以桥墩为中心向两岸对称、逐节悬臂接长,并施加预应力,使其与建成部分连接成整体。

悬臂施工法最早应用于修建预应力T型刚构桥,由于悬臂施工法的优越性,后来被推广用于预应力混凝土悬臂梁桥、连续梁桥、斜腿刚架桥、桁架桥、拱桥和斜拉桥等。近年来,悬臂施工法在国内外大跨径预应力混凝土桥梁中得到广泛应用。

悬臂施工法分为悬臂浇筑和悬臂拼装两类。

一、悬臂施工的特点

(1)如果将悬伸的梁体与墩柱做成刚性固结,就这样构成了能量最大限度发挥悬臂施工优越性的预应力混凝土T型刚构桥。因此,在预应力连续梁及悬臂梁桥的施工中,需要进行体系转换,即在悬臂施工时梁体与墩柱采取临时固结,结构为T型刚构,合龙后形成连续体系。

(2)桥跨间不需搭设支架,施工不影响桥下通航或行车。施工机具和人员等荷载均由已建梁段承受,随着施工的进展,悬臂逐渐延伸,机具设备也逐步移至梁端,需用支架作支撑。

(3)多孔桥跨结构可同时施工,加快施工进度。

(4)悬臂施工法充分利用预应力混凝土承受负弯矩能力强的特点,将跨中正弯矩转移为支点负弯矩,使桥梁跨越能力提高,并适合变截面桥梁施工。

(5)悬臂施工用的悬拼吊机或挂篮设备可重复使用,施工费用较省,可降低工程造价。

二、悬臂浇筑

悬臂浇筑(简称悬浇)采用移动式挂篮作为主要施工设备,以桥墩为中心,利用挂篮向两岸对称浇筑梁段混凝土,待混凝土达到要求强度后,张拉预应力束,再移动挂篮,进行下一段施工。悬臂浇筑每个节段长度一般2~6m,节段过长,将增加混凝土自重及挂篮结构重力,同时还要增加平衡重及挂篮后锚设施,节段过短,影响施工进度。所以施工时,应根据设备情况及工期,选择适合的节段长度。

1.悬臂浇筑的分段及程序

悬臂浇筑施工时,梁体一般要分四部分浇筑,如图4-30所示。A为桥墩顶梁段(0号块),B为由0号块两侧对称分段悬臂浇筑部分,C为边孔在支架上浇筑部分,D主梁在跨中合龙段。主梁各部分的长度视主梁模式和跨径、挂篮的形式及施工周期而定。0号块一般为5~10m,悬浇分段一般为3~5m,支架现浇段一般为2~3个悬臂浇筑分段长,合龙段一般为1~3m。

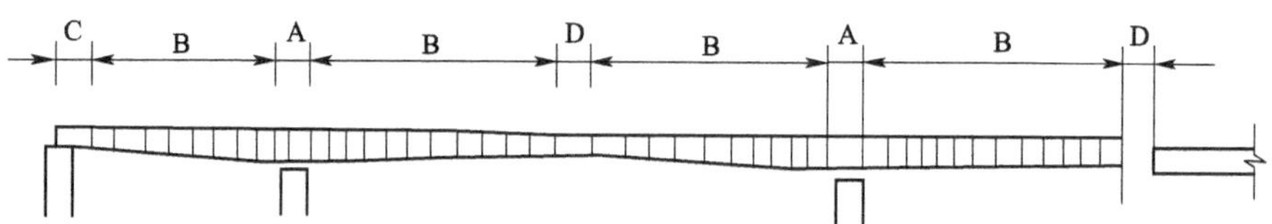

图4-30　悬臂浇筑程序示意图

A-托架上浇筑0号块;B-利用挂篮浇筑梁段;C-临时支架上浇筑梁段;D-主梁合龙段

悬臂浇筑程序如下：

(1)在墩顶托架上浇筑0号块(A段),并实施墩梁临时固结系统。

(2)在0号块上安装悬臂挂篮,向两侧依次对称地分段浇筑主梁至合龙前段(B段)。

(3)在临时支架或梁端与边墩间的临时托架上支模浇筑现浇梁段(C段),当现浇梁段较短时,可利用挂篮浇筑,当与现浇段相接的连接桥是采用顶推施工时,可将现浇梁段锚固在顶推梁前段施工,并顶推到位。此法无需现浇支撑,省料省工。

(4)主梁合龙段(D段)可在改装的简支挂篮托架上施工,多跨合龙段浇筑顺序按设计或施工要求进行。

2. 墩顶A梁段(0号块)施工

墩顶0号块采用在托架上立模现浇,如图4-31所示,并在施工过程中设置临时梁墩锚固,使0号块能承受两侧悬臂施工时产生的不平衡力矩。

图4-31　托架浇筑墩顶0号块、安装斜拉式挂篮

0号块结构复杂,预埋件、钢筋、各项预应力钢束及其孔道、锚具密集交错,务必精心施工。视其结构形式及高度,一般分2~3层浇筑,先底板、再腹板、后顶板。

1)施工托架

施工托架可根据承台形式、墩身高度和地形情况,分别支承在承台、墩身或地面上。托架的顶面尺寸,视拼装挂篮的需要和拟浇梁段的长度而定,横桥间的宽度一般应比箱梁底板宽出1.5~2m,以便设立箱梁边肋的外侧模板。

2)支座

(1)支座垫石。垫石是永久支座的基石。垫石四角及平面高差应小于1mm,为确保精度,垫石分两层浇筑。首层浇筑高程比设计高程低15cm。第二层应利用带微调整平器的模板,控制浇筑高程比设计高程稍高,再利用整平器及精密水准仪量测,反复整平混凝土面。在安装支座前凿毛垫石,铺2~3cm厚与墩身等强的砂浆,砂浆浇筑高程较设计高程略高3mm,然后安放支座就位,用锤振击,使符合设计高程,偏差不得大于1mm,水平位置偏差不得大于2mm。

(2)临时支座。临时支座的作用是在施工阶段临时固结墩梁,结构为T型刚构,能承受两侧悬臂施工时产生的不平衡力矩,并便于拆除和体系转换。临时支座一般采用C40混凝土,并用塑料包裹的锚固钢筋穿过混凝土预埋梁底和墩顶中。中层设有10~20cm厚夹有电阻丝的硫磺砂浆层,便于拆除时加热融化,或采用静态爆破等其他方法解除固结。连续梁悬浇施工墩顶临时锚固支座纵剖面图如图4-32所示。

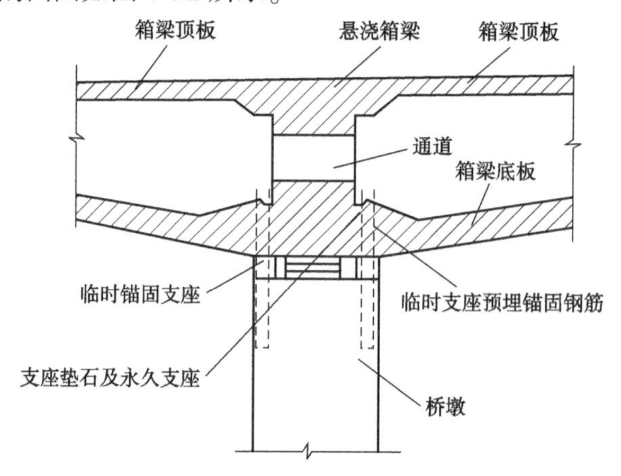

图4-32　连续梁悬浇施工墩顶临时锚固支座纵剖面图

3.B 梁段悬浇施工

1)B梁段悬浇施工程序

B梁段悬浇施工流程如图4-33所示。

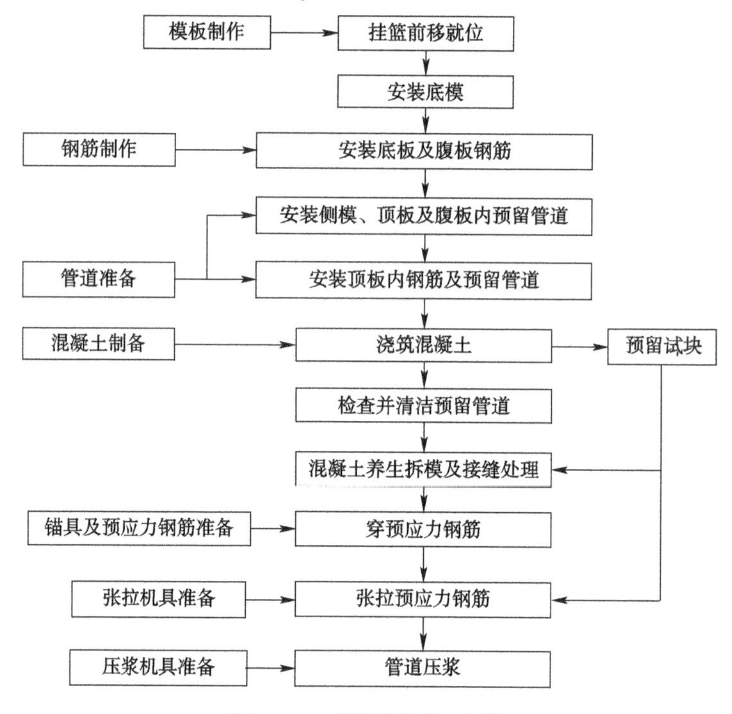

图4-33　B梁段悬浇施工流程

挂篮是悬臂浇筑施工的主要机具,悬挂在已经张拉锚固的梁段上,他是一个能沿着轨道行走的活动脚手架,悬臂浇筑时的模板安装、钢筋绑扎、管道安装、混凝土浇筑、预应力张拉、压浆等工作均在挂篮上进行。当一个梁段的施工程序完成后,挂篮解除后锚,移至下一梁段施工。所以挂篮既是空间的施工设备,又是预应力筋未张拉前梁段的承重结构。

2)挂篮的分类

随着施工技术的不断改进,挂篮已由过去的压重平衡式,发展成现在通用的自锚平衡式。

自锚式施工挂篮结构的形式可分为桁架式和斜拉式两类。

(1)桁架式。按构成形状的不同,可分为平行桁架式、弓弦式、菱形式等多种,如图4-34所示。

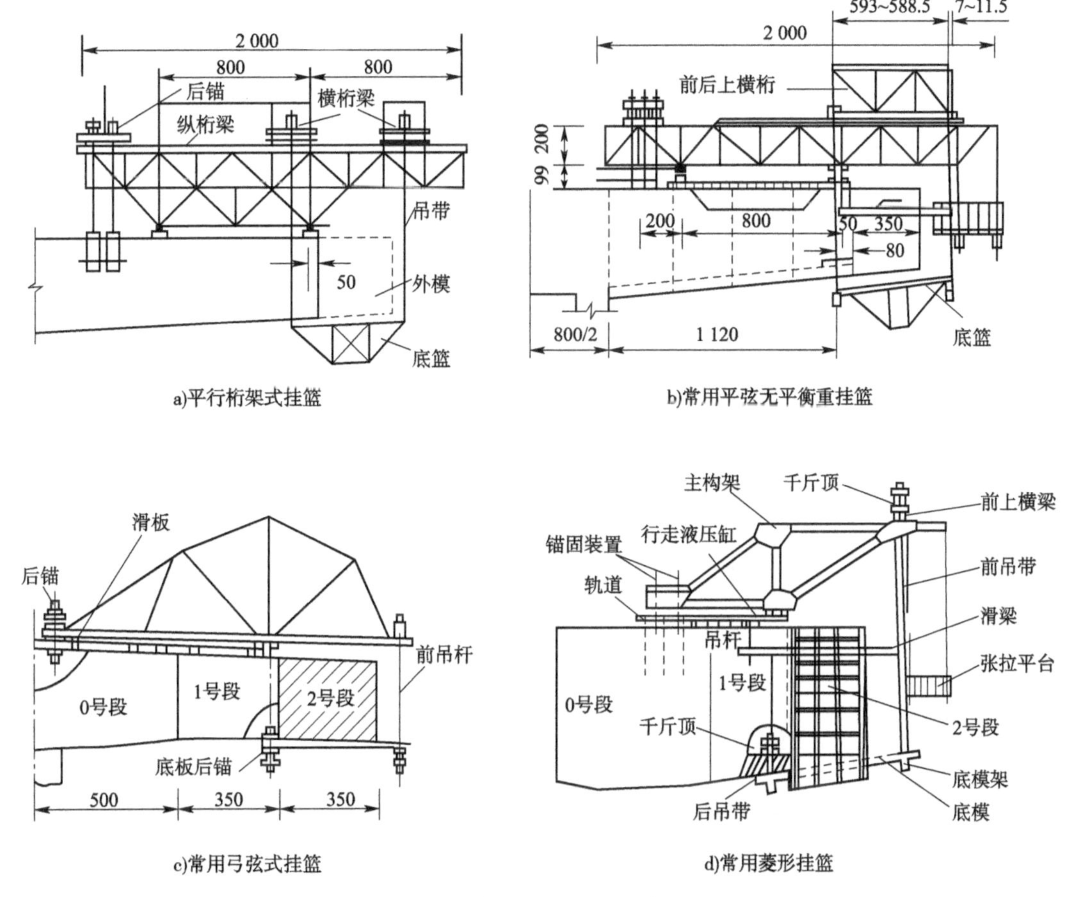

图4-34 常用桁架式挂篮(尺寸单位:cm)

(2)斜拉式。斜拉式挂篮也叫轻型挂篮,随着桥梁跨径越来越大,为了减轻挂篮自重,以减少施工节段增加的临时钢丝束,在桁架式挂篮的基础上研制了斜拉式挂篮。

斜拉式挂篮主要有三角斜拉、预应力筋斜拉、体内斜拉等多种,如图4-35所示。

3)挂篮的构造

挂篮纵横桁梁系布置如图4-36所示。

(1)主纵、横桁梁。主纵、横桁梁是挂篮悬臂承重结构,可由万能杆件或贝雷桁架(或装配式公路钢桁架)组拼或型钢加工而成。

(2)行走系统。行走系统包括支腿和滑道及拖移收紧设备。采用电动卷扬机牵引,通过圆棒滚动或在铺设的滑道上移动。滑道要求平整光滑,摩阻力小,铺拆方便,能反复使用。目前大多采用上滑道覆一层不锈钢薄板,下滑道用槽钢,内设聚四氟乙烯板,行走方便、安全,稳定性好。

(3)底篮。底篮直接承受悬浇梁段的施工重力,可供立模板、绑扎钢筋、浇筑混凝土、养生等工序用。由下横桁梁和底模纵梁及吊杆(吊带)组成。横梁可用万能杆件、贝雷桁架、型钢、钢管构成,底模纵梁用多根24~30号槽钢或工字钢;吊杆一般可用ϕ32mm的精轧螺纹钢筋或16Mn钢带。

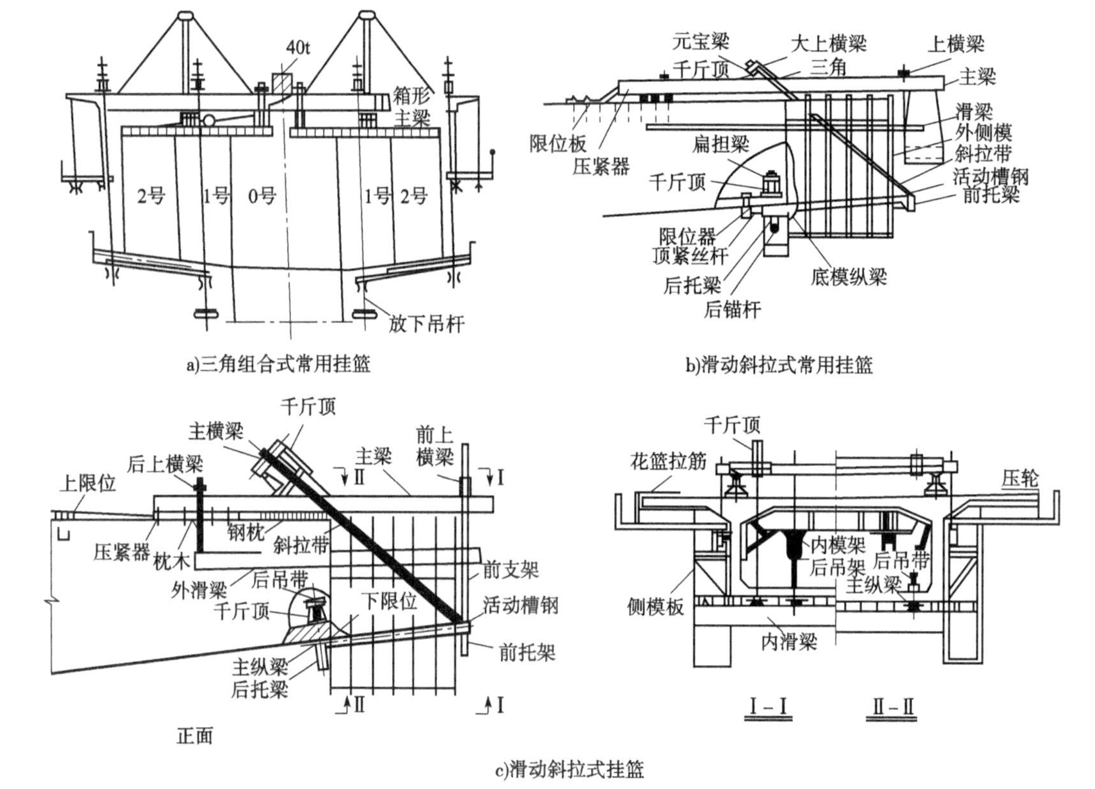

a)三角组合式常用挂篮

b)滑动斜拉式常用挂篮

c)滑动斜拉式挂篮

图4-35　常用斜拉式挂篮

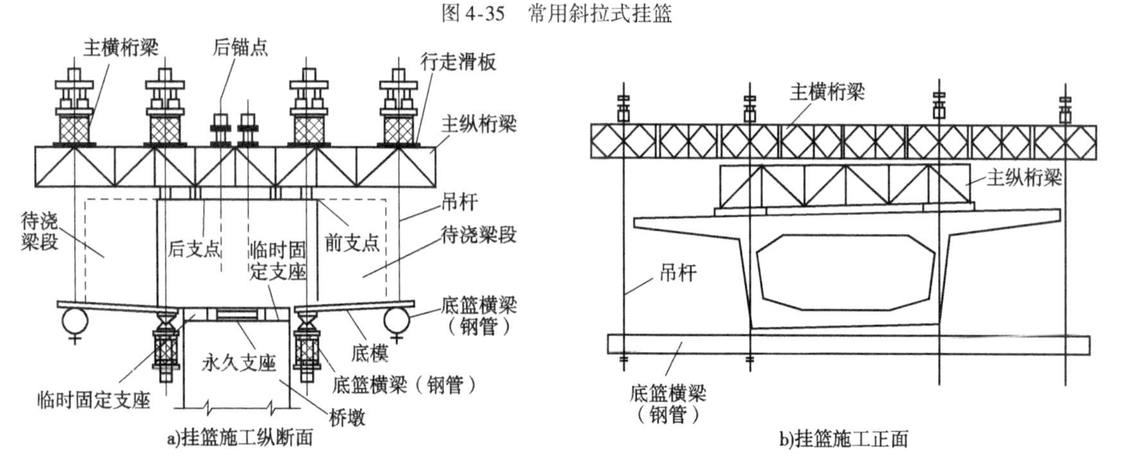

a)挂篮施工纵断面

b)挂篮施工正面

图4-36　挂篮纵横桁梁系布置

(4)后锚系统。后锚是主纵桁梁自锚平衡装置，由锚杆压梁、压轮、连接件、升降千斤顶等组成，目的是防止挂篮在浇筑混凝土梁段时倾覆失稳。

4)挂篮的安装

(1)挂篮组拼后，应全面检查安装质量，并做载重试验，以测定其各部位的变形量，并设法消除其永久变形。

(2)在起步长度内梁段浇筑完成并获得要求的强度后，在墩顶拼装挂篮。有条件时，应在地面上先进行试拼装，以便在墩顶熟练有序地开展挂篮拼装工作。拼装时应对称进行。

(3)挂篮的操作平台下应设置安全网，防止物件坠落，以确保施工安全。挂篮应呈全封闭形式，四周设围护，上下应有专用扶梯，方便施工人员上下挂篮。

(4)挂篮行走时,须在挂篮尾部压平衡重,以防倾覆。浇筑混凝土梁段时,必须在挂篮尾部将挂篮与梁进行锚固。

5)挂篮试压

为了检验挂篮的性能和安全,并消除结构的非弹性变形,应对挂篮试压。试压通常采用试验台加压法、水箱加压法等。

4. 现浇C梁段施工

C梁段为边跨支架上的现浇部分,支架可在墩旁搭设临时墩支承平台,一般采用万能杆件、贝雷架等拼装,在其上分段浇筑。当与采用顶推法施工的连接桥相接时,可把Ⅲ梁段临时固结在顶推梁上,到位后再进行梁的联结。

5. D梁段(合龙段)施工和连续梁施工的体系转换

连续梁的分段悬浇施工,常采用对称施工。全梁施工过程是从各墩顶0号段开始至该T构的完成,再将各T构拼接而形成整体连续梁。这种T构的拼接就是合龙。合龙是连续梁施工和体系转换的重要环节,合龙施工必须满足受力状态的设计要求,保持梁体线形,控制合龙段的施工误差。

利用连续梁成桥设计的负弯矩预应力筋为支承,是连续梁分段悬浇施工的受力特点。悬浇过程中各独立T构的梁体处于负弯矩受力状态,随着各T构的依次合龙,梁体也依次转化为成桥状态的正负弯矩交替分布形式,这一转化就是连续梁的体系转换。因此,连续梁悬浇施工的过程就是其应力体系转换的过程,也就是悬浇时实行支座临时固结、各T构的合拢、固结的适时解除、预应力的分配以及分批依次张拉的过程。

多跨连续梁合拢的原则是由边至中,即先合龙各边跨,再合龙各次边跨,最后为中跨。

三、悬臂拼装

悬臂拼装(简称悬拼)是悬臂施工法的一种,它是利用移动式悬拼吊机将预制梁段起吊至桥位,然后采用环氧树脂胶和预应力钢丝束连接成整体,采用逐段拼装,一个节段张拉锚固后,再拼装下一节段。悬臂拼装的分段,主要决定于悬拼吊机的起重能力,一般节段长2~5m。节段过长则自重大,需要悬拼吊机的起重能力大,节段过短则拼装接缝多,工期也延长。一般在悬臂根部,因截面积较大,预制长度比较短,以后逐渐增长。悬拼适用于预制场地及运吊条件较好,特别是工程量大和工期较短的桥梁工程。

1. 悬拼特点

悬拼和悬浇均利用悬臂原理逐段完成全联梁体的施工,悬浇以挂篮为支承逐段现浇,悬拼以吊机逐段完成梁体拼装。因此,与悬浇和支架现浇等施工方法相比,悬拼还有进度快、制梁质量高、线形好、收缩和徐变小等优点。

悬拼施工的主要工序:梁段预制、运输、吊拼、悬拼梁体体系转换、合龙。

2. 梁段预制

悬拼施工将梁沿纵轴向并根据起吊能力分成适当长度的节段,在工厂或桥位附近的预制场进行预制,然后运到桥位处用吊机进行拼装。节段预制的质量直接关系着梁段悬拼的速度和质量,因此预制时应严格控制梁段断面及形体的精度,并应充分注意场地的选择与布置,台座和模架的制作,工艺流程的拟定以及养护和储运的每一环节。

3. 梁段的吊拼及其设备

悬拼按起重吊装的方式不同分为浮吊悬拼、连续千斤顶或卷扬机滑轮组悬拼(吊机悬拼)、缆索起重机(缆吊)悬拼及移动导梁悬拼等。

1)浮吊悬拼

重型的起重机械装配在船舶上,全套设备在水上作业,起重力大,辅助设备少,施工速度较快,但台班费用较高。一个对称干接悬拼的工作面,一天可完成2~4段的吊拼。

2)连续千斤顶或卷扬机滑轮组悬拼(悬拼吊机)

连续千斤顶或卷扬机滑轮组吊拼时,均需架设悬臂起重桁架,其上安装起重设备,驳船将待拼梁段运至施工点吊拼。

悬臂起重桁架多采用贝雷架、万能杆件及型钢等拼配制作,由承重梁、横梁、锚固装置、起吊装置、行走系统和张拉平台等几部分组成(图4-37)。

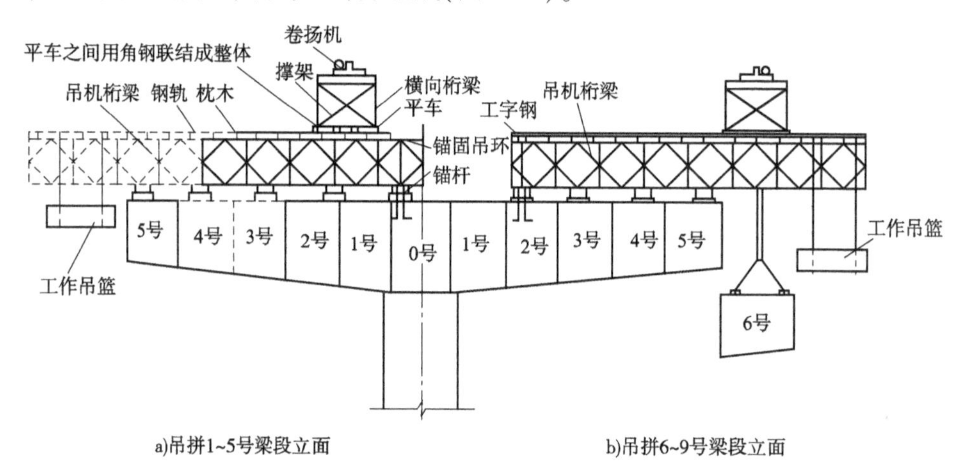

图4-37 贝雷桁梁拼装的悬拼吊机吊拼梁段示意图

图4-38为贝雷桁架连续千斤顶悬拼吊机吊拼梁段示意图。连续千斤顶占用面积小、质量轻,起重力与吊重力之比约为1:100。当0号梁段顺桥向长度不能满足起步长度或采用吊机悬吊1号梁段时,需在墩侧设立托架。

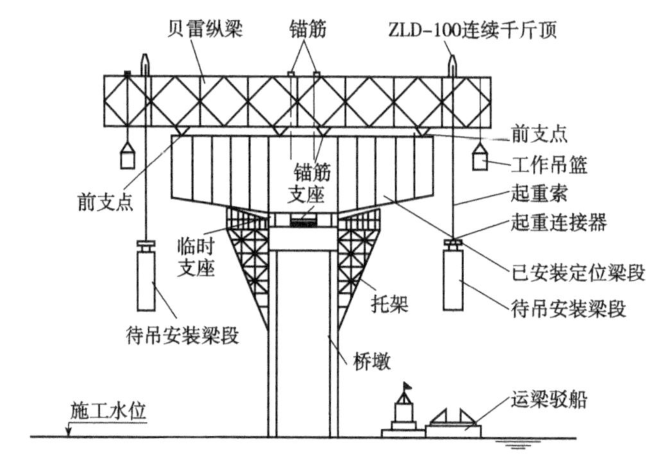

图4-38 贝雷桁架连续千斤顶悬拼吊机吊拼梁段示意图

4.梁段的拼装施工

1)支座临时固结或设置临时支架

为了确保连续梁分段悬拼施工的平衡和稳定,常与悬浇方法相同,需要临时固结成T构。当临时固结支座不能满足悬拼要求时,一般考虑在墩两侧或一侧加临时支架。悬拼完成,T构合龙(合龙要点与悬浇相同),即可恢复原状,拆除支架。

2)梁段拼装程序

梁段拼接缝有湿接、铰接两种形式,不同的施工阶段和不同部位常采用不同的接缝形式。

(1)湿接缝拼装梁段。湿接缝是相邻梁段间浇筑一段10~20cm宽的混凝土作为接头的连接缝,用以调整随后梁段(基准梁段)的位置,使准确地控制其后续梁段的安装精度。1号梁段时紧邻0号梁段两侧的第一个阶段,也是悬拼T构的基准梁段,是全跨安装质量的关键,一般采用湿接缝连接。

(2)铰接缝拼装梁段。铰接缝是在两端接触面上涂一层约0.8mm厚的环氧树脂加水泥薄层而形成。它在施工中起润滑作用,使接缝密贴,在凝固后能提高结构的抗剪能力、整体刚度和不透水性。梁段吊上并基本定位后(此时接缝宽10~15cm),先将临时预应力筋穿入,安好连接器,再开始涂胶及合龙,张拉临时预应力筋,使固化前铰接缝的压应力不低于0.3MPa,这时可以解除吊钩。

(3)拆除吊机后,穿入永久预应力筋,张拉预应力筋后,可移动挂篮,进行下一梁段的吊装。

第五节　移动模架施工法

一、概述

逐孔施工法是从桥梁的一端开始,采用一套施工设备或一、二孔施工支架逐孔施工,周期循环,直到全部完成。它使施工单一标准化、工作周期化,降低了工程造价,自20世纪50年代末期以来得到了广泛的应用和发展。

逐孔施工可以为预制,也可以为现浇。当桥墩较高,桥跨较长或桥下净空受到约束时,可以采用非落地支承的移动模架逐孔现浇施工,称为移动模架法。移动模架法适用在多跨长桥,桥梁跨径可达50m,使用一套设备可多次移动周转使用。

1.移动模架法的施工特点

移动模架可利用已浇梁段或墩柱提供支承,完成一孔桥梁的全部工序,即模板工程、钢筋工程、浇筑混凝土和张拉预应力筋等。待混凝土有足够强度后,张拉预应力筋,移动支架、模板,进行下一孔梁的施工。因此具有如下特点:

(1)移动模架法不需要设置地面支架,不影响通航或桥下交通,施工安全、可靠。

(2)有良好的施工环境,保证施工质量,一套模架可多次周转使用,具有可在类似预制场生产的优点。

(3)机械化、自动化程度高,节省劳力,降低劳动强度,缩短工期。

(4)通常每一施工梁段的长度取用一跨的跨长,接头的位置一般选在桥梁受力较小的地方,即离支点$L/5$附近。

(5)移动模架设备投资大,施工准备和操作都比较复杂。

(6)此法宜在桥梁跨径小于50m的桥上使用。

2.移动模架常用类型

分为移动悬吊模架(图4-39)与支承式活动模架(图4-40)两种类型。

图 4-39　移动悬吊模架图

图 4-40　支承式活动模架

二、移动模架法施工要点

1. 移动悬吊模架施工

移动悬吊模架亦称上承式模架,具体形式很多,构造各异,其基本构造包括三个部分:承重梁、肋骨状横梁和移动支承。移动悬吊摸架的施工顺序如图 4-41 所示。

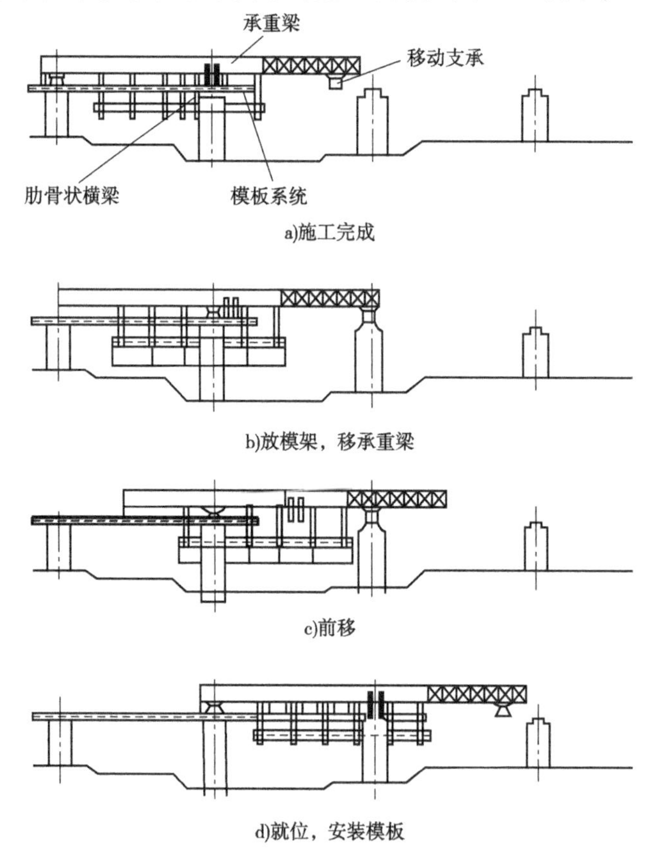

图 4-41　移动悬吊模架的施工程序

承重梁通常采用钢箱梁,长度大于两倍桥梁跨径,是承担施工设备自重力、模板系统重力和现浇混凝土重力的主要承重构件。承重梁的后端通过移动式支架落在已完成的梁段上,承重梁的前方支承在桥墩上,工作状态呈单悬臂梁。承重梁除起承重作用外,在一跨梁施工完成后,作为导梁将悬吊模架纵移到前方施工跨。承重梁的移位及内部运输由数组千斤顶或起重机完成,并通过控制室操作。

在承重梁的两侧悬出许多横梁覆盖全桥宽,并由承重梁向两侧各用2~3组钢束拉住横梁,以增加其刚度。横梁的两端各用竖杆和水平杆形成下端开口的框架并将主梁包在其中。当模板支架处于浇筑混凝土状态,模板依靠下端的悬臂梁和锚固在横梁上的吊杆定位,并用千斤顶固定模板。当模架需要纵向移位时,放松千斤顶及吊杆,模板安放在下端悬臂梁上,并转动该梁前端一段可转动部分,使模架在纵移状态时顺利通过桥墩。

2. 支承式活动模架施工

支承式活动模架亦称下承式移动模架,基本结构由承重梁、导梁、台车和桥墩托架等组成,它采用两根承重梁,分别设置在箱形梁的两侧,支承在桥墩托架上。承重梁用来支承模板和承受施工荷载,承重梁的长度要大于桥梁的跨径,承重梁导梁主要用于移动承重梁和活动模架,因此需要大于两倍桥梁跨径的长度。当一跨桥梁施工完成进行脱模卸架后,由前方台车(在导梁上移动)和后方台车(在已完成的梁上移动),沿纵向将承重梁的活动模架运送到下一跨,承重梁就位后,导梁再向前移动并支承在前方墩下。支承式活动模架移动程序见图4-42。

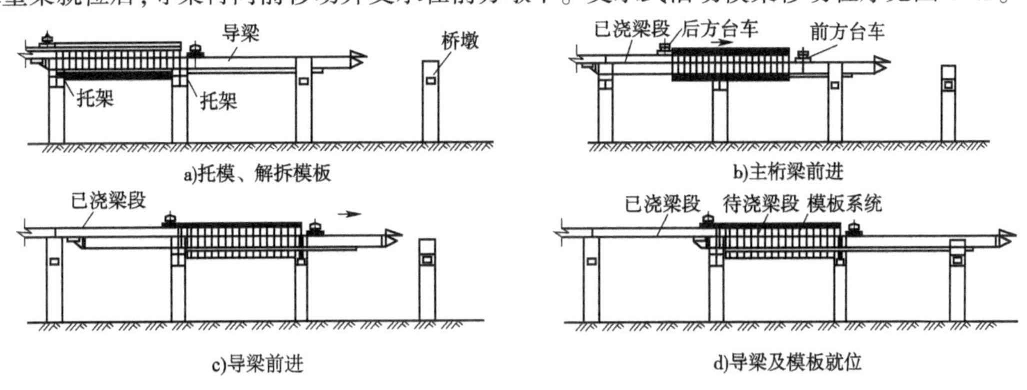

图4-42 支承式活动模架移动程序

第六节 顶推施工法

一、概述

预应力混凝土连续梁桥顶推安装法是钢桥拖拉架设法在预应力混凝土桥型中的运用和发展。本法是沿桥纵轴方向的后台开辟预制场地,分节段预制混凝土梁身,并用纵向预应力筋连成整体,然后通过水平液压千斤顶施力,借助不锈钢板与聚四氧乙烯滑块特制的滑动装置,将梁逐段向对岸顶进,就位后落架,更换正式支座完成桥梁施工。

顶推法于1959年首次在奥地利的阿格尔桥上使用,该桥全长280m,为四跨一联预应力混凝土连续桥梁,最大跨径85m。该桥分节段预制,节段长8.5m,段间采用0.5m现浇混凝土接缝,待全桥节段组拼完成后一次顶推施工。

我国于1974年,首先在狄家河铁路桥采用顶推法施工,该桥为4×40m预应力混凝土连续梁桥。1977年在广东东莞县修建了40m+54m+40m三跨一联的万江桥。之后,湖南望城沩水河桥4×38m+2×38m两联连续梁,首次使用柔性墩多点顶推,为我国采用顶推法施工创造了成功经验。

顶推法施工不仅用于连续梁桥和钢桥,也可用于其他桥型。如简支梁桥,可先连续顶推施工,就位后解除梁跨间的连续,拱桥的拱上纵梁,可在立柱间顶推施工,斜拉桥的主梁采用顶推法等。

连续梁桥采用顶推法施工的概况如图4-43所示。

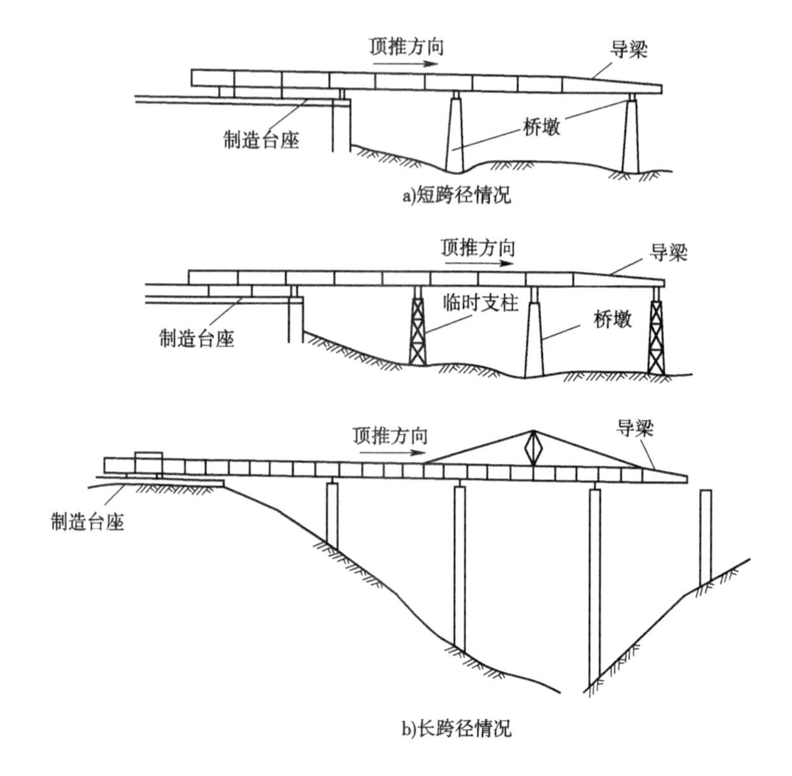

图4-43　顶推法施工的概况

1. 顶推施工的优缺点

1)优点

(1)由于聚四氟乙烯与不锈钢板间的摩擦系数为0.02~0.05。因此,顶推力远比梁体自重小,所以顶推设备轻型简便,不需大型吊运机具。

(2)不影响桥下通航或行车。

(3)仅需一套模板周转,节省材料,施工工厂化,易于质量管理。

(4)施工安全,干扰少。

(5)节约劳力,减轻劳动强度,改善工作条件。

2)缺点

(1)由于顶推过程中,各截面正、负弯矩交替变化,致使施工临时预应力筋增多,且装拆与张拉繁杂,梁体截面高度比其他施工方法大。

(2)由于顶推悬臂弯矩不能太大,且施工阶段的内力与营运阶段的内力也不能相差太大,所以顶推只适用较多跨(少跨不经济),且跨径不大于50m的桥型。

(3)对于多孔长桥,因工作面(最多两岸对顶)所限,顶推过长,施工工期相对较长。

2. 顶推法施工程序

预应力混凝土连续梁桥上部结构采用顶推法施工的程序如图4-44所示。

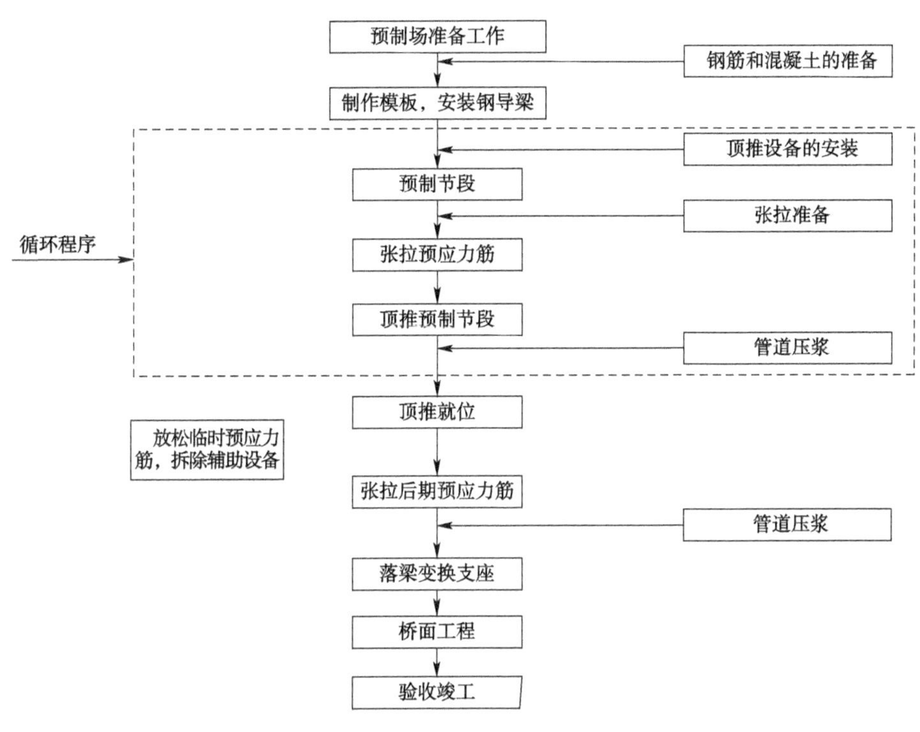

图 4-44　顶推法施工程序图

二、梁段预制

1. 预制场布置

顶推法的制梁有两种方法：一种是在梁轴线的预制场上连续预制逐段顶推；另一种是在工厂制成预制块件，运送桥位连接后进行顶推。在后一种情况下，必须根据运输条件决定节段的长度和重量，一般不超过 5m，同时增加了接头工作，需要起重、运输设备，因此，以现场预制为宜。

主梁节段预制完成后，要将节段向前顶推，空出预制台座继续浇筑下一节段。对于顶出的梁段要求顶后无高程变化，梁的尾端不能产生转角，因此在到达主跨之前要设置过渡孔。

预制场地包括预制台座和从预制台座到标准顶推跨之间的过渡孔。

预制场地一般设在桥后面的引桥或者引道上。500m 左右的桥长，通常只设一端预制场。较长的桥梁，或者中间跨为不同结构时，也可在桥两端设预制场地，相向顶推。

2. 确定分段长度

主梁节段的长度划分主要考虑段间的连接处不要设在连续梁受力最大的支点与跨中截面，同时要考虑制作加工容易，尽量减少分段，缩短工期，因此一般每段长 10 ~ 30m。

3. 梁段预制

模板由底模、侧模和内模组成。一般来说，采用顶推法施工多选用等截面，模板多次周转使用。因此宜使用钢模板，以保证预制梁尺寸的准确性。目前多采用的预制方案有两种：

(1) 在梁轴线的预制台座上分段预制，逐段顶推。预制一般采用两次浇筑法，先浇筑梁的底板、腹板混凝土，然后立顶模，浇筑顶板混凝土。

(2) 在箱梁的预制台座分底板段和箱梁段两段设置，先预制底板段（第一段把导梁的下弦预埋件预埋在底板前端），待底板段混凝土的强度达到设计强度 80% 后，将底板顶推至箱梁位置就位,同时将第二段底板和第一段箱梁交错施工,以此循环进行,缩短箱梁预制的施工周期。

三、梁段顶推

1. 顶推方法的选择

1)单点顶推

全桥纵向只设一个或一组顶推装置,顶推装置通常集中设置在梁段预制场附近的桥台或桥墩上,而在前方各墩上设置滑移支承。

按顶推装置分为水平—竖直千斤顶法和拉杆千斤顶法。

(1)水平—竖直千斤顶法。水平千斤顶与竖直千斤顶联合使用,施工程序为顶梁、推移、落下竖直千斤顶和收回水平千斤顶的活塞杆,如图 4-45 所示。

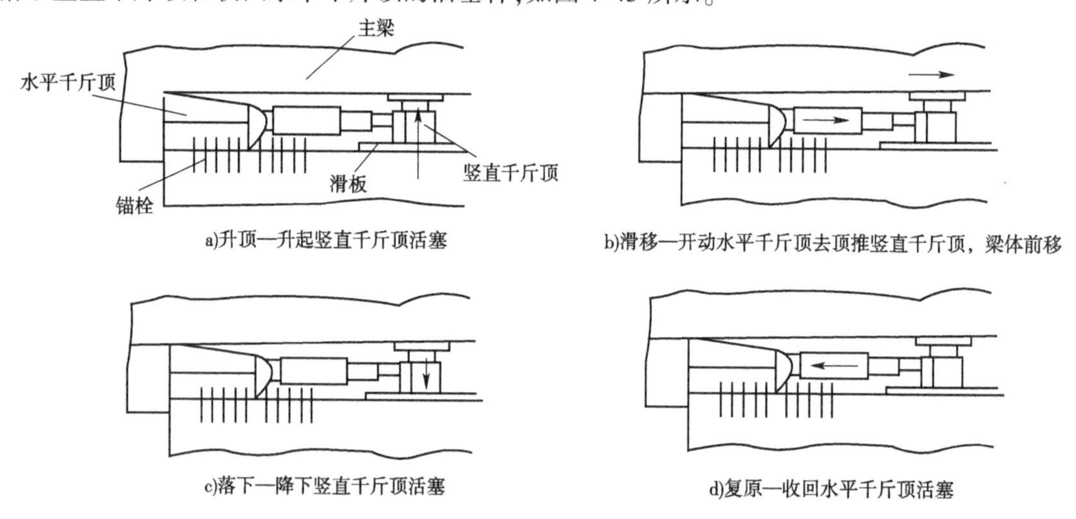

图 4-45 水平千斤顶与竖直千斤顶联用顶推

顶推时,升起竖直千斤顶活塞,使临时支承卸载,开动水平千斤顶去顶推竖直千斤顶,由于竖直千斤顶下面设有滑道,千斤顶的上端装有一块橡胶板,即竖直千斤顶在前进过程中带动梁体向前移动。当水平千斤顶达到最大行程时,降下竖直千斤顶活塞,使梁体落在临时支承上,收回水平千斤顶活塞,带动竖直千斤顶后移,回到原来位置,如此反复不断地将梁顶推到设计位置。

(2)拉杆千斤顶法。将水平液压千斤顶布置在桥台前端,底座紧靠桥台,由楔块夹具固定在梁底板或侧壁锚固设备的拉杆与千斤顶连接,通过千斤顶的牵引作用,带动梁体向前移动。千斤顶回程时,固定在油缸上的刚性拉杆便从楔形夹具上松开,在锚头中滑动,随后重复下一循环。拉杆式顶推装置如图 4-46 所示。

滑移支承设在桥墩的混凝土垫块上,垫块上放置光滑的不锈钢板或镀铬钢板形成滑道,组合的聚四氟乙烯滑块有聚四氟乙烯板表层和带有钢板夹层的橡胶块组成,顶推时,滑块在前方滑出,通过在滑道后方不断喂入滑块,使梁身前移时始终支承在滑块上。

单点顶推在国外称 TL 顶推法,单点顶推力可达 3 000 ~4 000kN。

2)多点顶推

在每个墩台上均设置一对小吨位的水平千斤顶,将集中顶推力分散到各墩上,并在各墩上及临时墩上设置滑移支承。多点顶推通常采用拉杆式顶推装置,它在每个墩位上设置一对液压穿心式水平千斤顶。

多点顶推法与单点顶推法比较，可以免用大规模的顶推设备，并能有效地控制顶推梁的偏移，顶推时桥墩承受的水平推力小，便于结构采用柔性墩。在顶推弯桥时，由于各墩均匀施加顶力，所以能顺利施工。

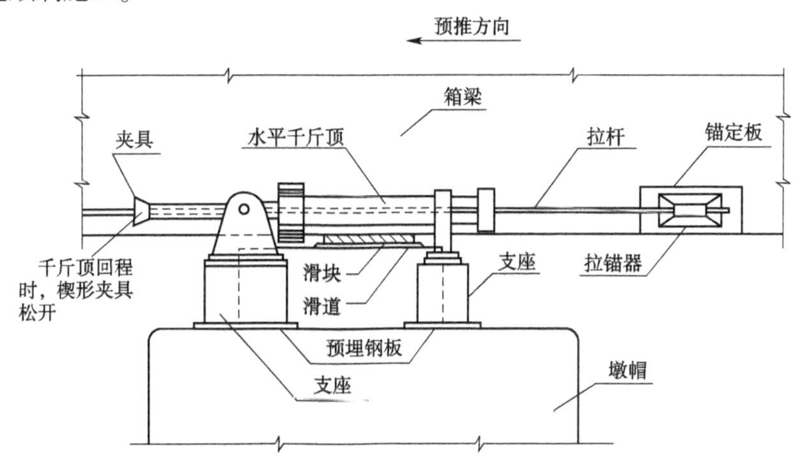

图 4-46　拉杆式顶推装置

顶推法施工还可以分为单向顶推和双向顶推施工。双向顶推需要在两岸同时预制，因此要有两个预制场，两套设备，施工费用高。双向顶推用于连续梁中孔跨径较大而不宜设置临时墩的三跨桥梁。此外，在 $L>600$m 时，为缩短工期也可采用双向顶推施工。

2. 支承系统

1）设置临时滑动支承顶推

顶推施工的滑道是在墩上临时设置的，由光滑的不锈钢板与组合的聚四氟乙烯滑块组成，用于滑移梁体起支承作用，待主梁顶推就位后，更换正式支座。我国采用顶推法施工的几座预应力混凝土连续梁桥一般采用这种施工方法。

2）使用与永久支座合一的滑动支承顶推

该方法采用施工临时滑动支承与竣工后永久支座组合兼用的支承构造进行顶推。它将竣工后的永久支座安装在墩顶的设计位置上，施工时通过改造作为顶推滑道，主梁就位后，恢复为永久支座状态，它不需要拆除临时滑动支承，也不需要采用大吨位千斤顶进行顶梁作业。

上述兼用支承的顶推方法在国外称 RS 施工法，操作工艺简单、省工，但支撑本身的构造复杂、价格较高。

四、导梁和临时墩

为减小顶推过程中梁的受力大小，一般可采取的方法有：顶推前端使用导梁法、在架设孔跨中设置临时墩法、导梁和临时墩并用法两端同时顶推至跨中合龙法和在梁上设拉索加劲体系法。在此，简要介绍导梁和临时墩的构造及技术要点。

1. 导梁

导梁设置在主梁的前端，为等截面或变截面的钢桁架或钢板梁，主梁前端装有预埋件与钢导梁栓接。导梁在外形上，底缘与箱梁底应在同一平面上，前端底缘呈向上圆弧形，以便于顶推时顺利通过桥墩。

导梁设置的长度一般为顶推跨径的 0.6～0.8 倍，导梁的刚度为主梁的 1/15～1/9，过大或过小都将增加主梁顶推时的内力。为减轻自重最好采用从根部至前端为变刚度的或分段变刚度的导梁。按材料分一般有如下两类：

1)钢板导梁

顶推跨径较大时,为了尽量减少导梁本身的挠度变形,宜采用刚度大的专用钢导梁。但一次性投资大,运输不方便,完工后无其他用途。专用导梁多为变截面工字型实腹钢板梁,如图4-47所示,它由主梁和联系杆件组成。主梁的片数与箱梁腹板相对应,为了便于运输,纵向分成了多块,用拼接板和精致螺栓拼成整体。导梁在专业厂家制作后,运输到工地拼装成型。

图4-47 钢导梁图

2)钢桁架导梁

拼装式钢桁架导梁对于顶推跨径不大,或者桥横向又分成多个小箱顶推的桥梁,一般可用贝雷桁架、万能杆件或六四军用桁架拼装成钢桁架梁,便于周转使用。

2. 临时墩

当梁的设计跨径大于50m时,宜考虑设置临时墩。使用临时墩要增加桥梁的施工费用,但是可以节省上部结构材料用量,需要从桥梁分跨、通航要求、桥墩高度、水深、地质条件等方面做综合技术经济比较。

临时墩应能承受顶推时最大竖直荷载和最大水平摩阻力引发的变形。墩基可用打入桩、混凝土浅基础或钻孔灌注桩,墩身尽可能设计为能重复使用的构件。一般采取装配式空心钢筋混凝土柱或钢管柱,前者与后者比较,荷重和温度变化产生的变形小,但后者安装和拆除快,回收利用率高。

为加强临时墩的抗推能力,可以用斜拉索或水平拉索锚于永久墩下部或其墩帽处,如图4-48所示。临时墩上一般仅设滑道,而不设顶推装置。

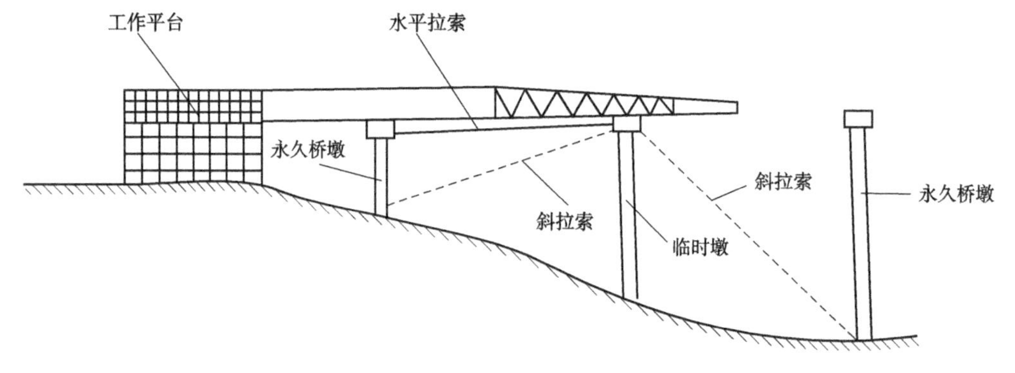

图4-48 用斜拉索和水平拉索加强的临时墩示意图

第五章 拱桥施工

第一节 概 述

由于拱式体系的受力合理，拱桥这一桥梁体系在我国得到非常广泛的应用。与梁桥相比，其受力性能有较大差别，拱式结构在竖向荷载作用下，支承处除产生竖向反力外，还产生水平力。由于水平推力的存在，其弯矩相比同跨径梁的弯矩小很多，拱圈截面主要承受压力。尤其对于大跨径拱桥，恒载占全部荷载中的绝大部分，拱轴线选择合理时，可使拱圈在恒载作用下主要承受压力。因而，拱桥不仅可以利用钢材、钢筋混凝土等材料来修建，还可以根据拱的这个受力特点，充分利用抗压性能较好而抗拉性能较差的圬工材料（石料、混凝土、砖等）来修建。这种由圬工材料修建的拱桥又称为圬工拱桥。

拱桥在具有如此多的优点的同时，也存在以下一些缺点：

(1) 自重较大，相应的水平推力也较大，增加了下部结构的工程量，对地基要求较高。

(2) 拱桥（尤其是圬工拱桥）一般都采用在支架上施工的方法修建，随着跨径和桥高的增大，支架和其他辅助设备的费用大大增加，从而增加了拱桥的施工难度，提高了拱桥的造价。

(3) 由于拱桥水平推力较大，在连续多孔的大、中桥梁中，为防止一孔破坏而影响全桥的安全，需要设置单向推力墩，增加了造价。

(4) 与梁式桥相比，上承式拱桥的建筑高度较高，当用于城市立体交叉及平原区的桥梁时，因桥面高程提高，从而使两岸接线的工程量增加，或使桥面纵坡增大，既增加造价又对行车不利。

拱桥虽然存在上述这些缺点，但由于其优点突出，在条件许可的情况下，修建拱桥往往仍然是经济合理的。尤其是圬工拱桥具有节省钢材的优点，符合我国目前的实际情况。

一、拱桥的构造

拱桥按结构体系主要分为简单体系拱桥和组合体系拱桥。简单体系拱桥中，主拱单独承受桥上的全部荷载，承台或者基础直接承受拱的水平推力。当拱桥行车系的行车道梁与拱圈共同受力时，称为组合体系拱桥。根据拱桥墩台是否承受水平推力的作用，可将拱桥分为无推力拱[图 5-1a)]和有推力拱[(图 5-1b)]两类，无推力拱桥中拱的推力由杆系承担，墩台不承受水平推力。

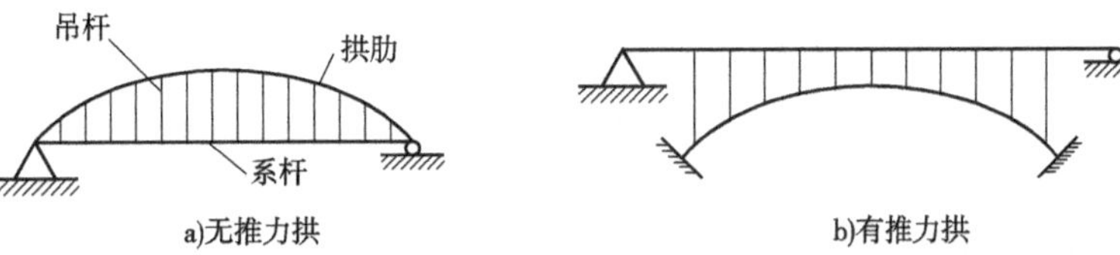

图 5-1 组合体系拱桥

主拱圈是拱桥的重要承重结构,可沿拱轴线做成等截面或变截面形式。根据主拱圈截面形式不同,可分为板拱、肋拱以及箱形拱等。

1. 板拱桥

板拱桥的主拱圈采用矩形实体截面,如图 5-2a)所示。这种截面形式通常只在地基条件较好的中、小跨径圬工拱桥中采用。为提高拱圈的抗弯刚度,可在较薄的拱板上增加几条纵向肋,这就构成板拱的另外一种形式——板肋拱,如图 5-2b)所示。

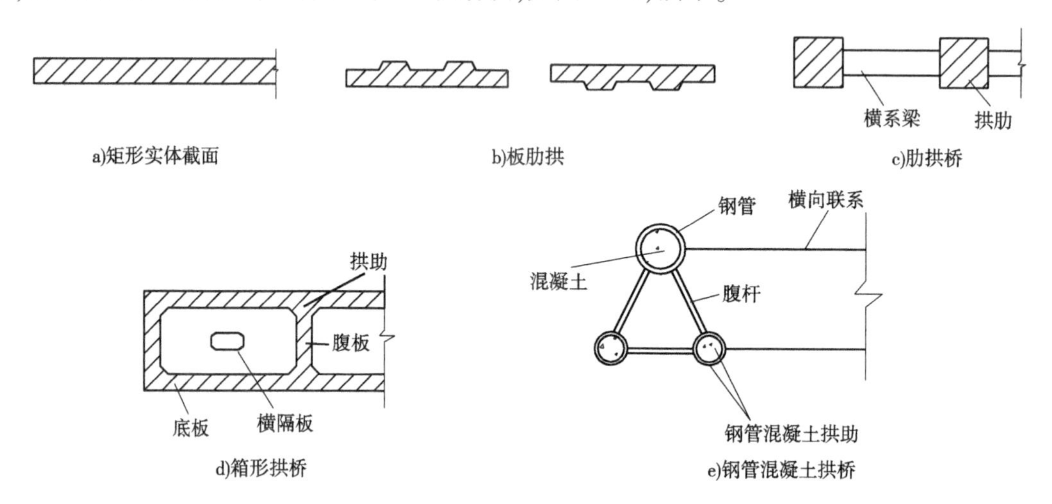

图 5-2　主拱圈截面形式

2. 肋拱桥

肋拱桥是在板拱桥的基础上发展而来的,它是将板拱肋进一步发展,分成两条或多条分离的、高度较大的拱肋,肋间用横系梁相连,如图 5-2c)所示,用较小的截面面积获得较大的截面抗矩,从而节省材料,减轻结构自重,多用于大、中跨径拱桥中。

3. 箱形拱桥

由于截面挖空,箱形拱的截面抗矩较同材料用量的板拱大很多,如图 5-2d)所示,因而能节省材料,减轻自重,相应也减少了下部结构材料用量,对于大跨径拱桥效果更为显著。又因为闭口箱形截面抗扭刚度大,横向整体性以及结构稳定性较好,特别适用于无支架施工。

4. 钢管混凝土拱桥

钢管混凝土拱桥是我国近年来兴起的一种新的拱桥桥型,它以内罐混凝土的钢管作为拱肋,如图 5-2e)所示。管内混凝土由于受到钢管的约束,在承受轴向压力时,其侧向膨胀受到限制而处于三向受力状态,相比普通钢筋混凝土,具有较大的承载能力和变形能力。

二、拱桥的组成

同其他桥梁一样,拱桥也由上部结构以及下部结构两部分组成。拱桥上部结构由主拱圈及其上面的拱上建筑构成。拱桥的主要承重结构是主拱圈,桥面系以及传力构件或填充物统称为拱上建筑。

拱桥下部结构由桥墩、桥台以及基础等组成。

拱圈最高处横向截面称为拱顶,拱圈和墩台连接处的横向截面称为拱脚(或起拱面),拱圈各横向截面的形心连线称为拱轴线,拱圈上曲面称为拱背,下曲面称为拱腹,拱脚与拱腹相交的直线称为起拱线,如图 5-3 所示。

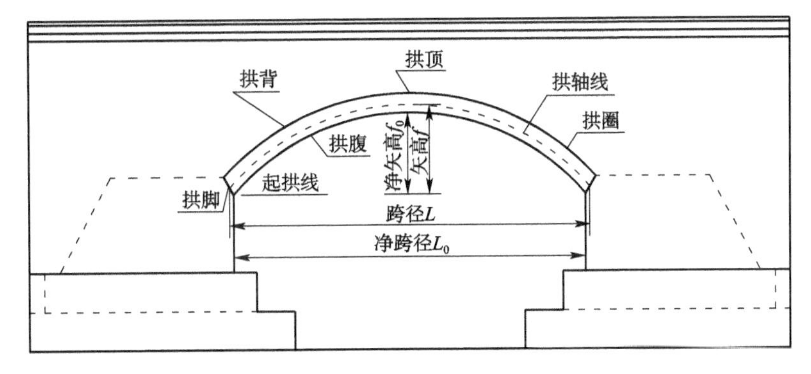

图 5-3 实腹式拱桥上部结构

注：矢跨比为矢高 f 与跨径 L 的比值。跨径不变时，矢跨比越大，墩台所受水平推力越小。

三、拱桥施工方法

拱桥的施工方法很多，主要根据其结构形式、跨径大小、建桥材料、桥址环境等具体情况以及方便、经济、快速的原则而定，并随着拱桥各阶段的发展水平变化。

1. 石拱桥与混凝土预制块拱桥

根据用料不同，石拱桥可分为片石拱、块石拱或料石拱；根据布置形式不同，又可分为实腹式石板拱或空腹式石板拱和石肋拱。对于石拱桥，目前主要采用拱架施工法。拱架施工法的关键在于拱架结构合理（预拱度设置、加载与落架程序）、计算正确。采用钢拱架时，为减小拱架尺寸并减少用材，还可采用斜拉钢拱架施工法，即利用斜拉索适时调整拱架受力，以实现拱圈连续砌筑。另外，对于桥下无交通需要的小跨径旱桥或季节性河流上的拱桥，可以采用土牛拱胎施工法。

混凝土预制块拱桥施工与石拱桥类似。

2. 钢筋混凝土拱桥

钢筋混凝土拱桥是中、大（特大）型拱桥的主要形式，包括钢筋混凝土箱板拱桥、箱肋拱桥、钢管混凝土拱桥等。根据拱桥的不同形式，可选择多种施工方法。在允许设置拱架或无足够吊装能力的情况下，各类拱桥均可采用在拱架上现浇或组拼拱圈的拱架施工法。

为节省拱架用材，并同时施工上、下部结构，缩短工期，可采用预制安装施工。常用方法为无支架缆索吊装法，通过设置吊运天线，完成预制拱圈节段的纵向与竖向运输，进而完成拱圈拼装。该施工方法的关键是吊装缆索系统（特别是主缆、地锚等）的设计与计算、吊装过程控制以及拱肋扣挂等。

依据两岸地形及施工现场的具体情况，还可采用转体施工法。该方法在两岸现浇半拱，然后绕拱座作水平或竖直转动，直至合龙成拱。转体施工法的关键是转动系统的设计与计算以及转动过程控制。

在拱桥跨径更大，采用上述施工方法均存在一定困难时，可采用劲性骨架施工法，它是特大跨径拱桥施工方法之一。劲性骨架施工实质上就是一种体内支架法，即先采用无支架缆索吊装或转体架设劲性（刚性或半刚性）钢骨架拱，然后在此骨架上现浇混凝土拱圈。

另外，悬臂施工法也是特大跨径拱桥的一种施工方法，其自拱脚开始采用悬臂浇筑或拼装逐渐形成拱圈，利用斜拉索对拱圈合龙前的悬臂状态进行扣挂，直至拱顶合龙成拱。该施工方法在我国使用较少，国外采用该法施工的拱桥跨径已达 390m。

3. 钢管混凝土拱桥

钢管混凝土拱桥是以钢管为拱圈外壁，在钢管内浇筑混凝土，使其形成由钢管和混凝土组成的拱圈结构。该类型拱桥多采用缆索吊装法施工，采用钢管混凝土修建大跨径拱桥可以进一步简化施工。该法首先采用无支架缆索吊装钢管拱圈，然后在钢管内填充混凝土，待混凝土达到设计强度后即形成最终结构，避免了大量的高空施工作业。钢管混凝土拱桥施工的关键是钢管拱圈加工(特别是焊接和钢管表面防护)、管内混凝土的浇筑以及施工监控等。

钢管混凝土拱桥由于拱圈钢管壁内填满混凝土，提高了钢管壁受压的稳定性，且钢管内的混凝土受钢管的约束，提高了混凝土的抗压强度和延性。在施工中，由于钢管质量小、刚度大、吊装方便、钢管的较大刚度可以作为拱圈施工的劲性骨架、钢管本身就是模板，这些优点给大跨度拱桥施工创造了十分有利的条件。

第二节　支架就地浇筑施工法

一、拱架

拱架种类很多，按其使用材料可分为木拱架、钢拱架、竹拱架、竹木混合拱架、钢木组合拱架以及土牛胎拱架等多种形式，按结构形式可分为排架式、撑架式、扇形式、桁架式、组合式、叠桁式、斜拉式等。

1. 木拱架

木拱架的布置形式主要有排架式、撑架式、扇形式、叠桁式及桁架式等。前四种在桥孔中间设有或多或少的支架，统称满布式拱架，后一种可采用三铰木桁架形式，桥孔中不设支架。图5-4为撑架式木拱架。

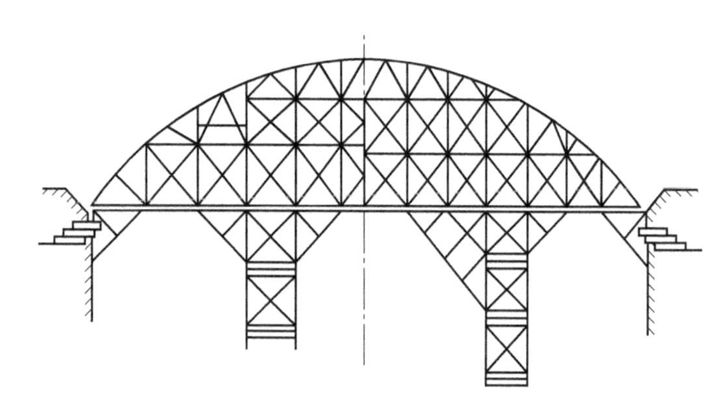

图5-4　撑架式木拱架

1)木拱架构造

满布式木拱架一般可分为上下两部分，下部为支架，上部为拱架。支架在纵、横方向均设置水平撑和斜撑(或剪刀撑)，以使排架稳定。支架较高时，可采用框架式结构，但两半跨构造应尽量对称，上下游应设拉索或斜撑。

拱架弧形木，跨度一般为2～3m，其上缘应按拱圈或拱肋的内侧弧线制成弧形。矢跨比不大、矢高不超过立柱或斜撑木料长度时，可将拱架的水平拉杆设置在起拱线的水平位置上，而矢跨比较大、拱矢较高时,可提高拉杆位置。图5-5为满布式木拱架节点构造图。

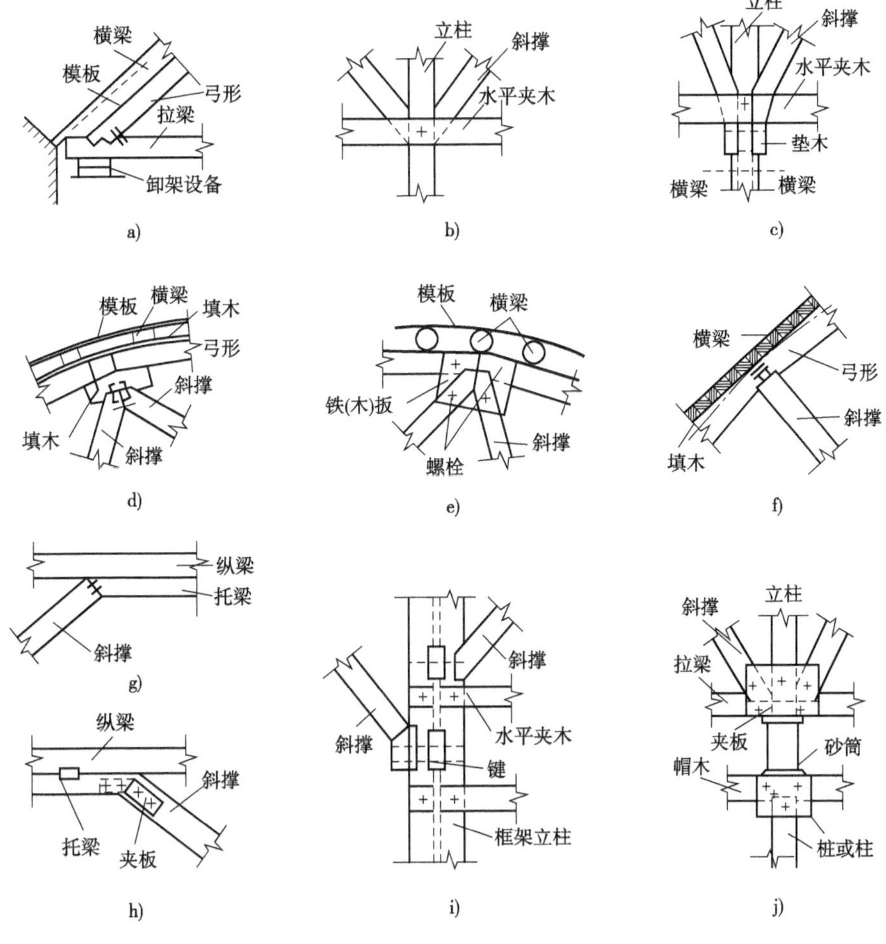

图5-5　满布式木拱架节点构造图

2)支架基础

支架基础必须稳固,承重后应能保持均匀沉降,且沉降量不得超过设计范围。基础为石质时,挖去表土,凿低、凿平立柱根部岩面。基础为密实土时,施工期间如不会被流水冲刷,可采用枕木或铺砌石块做支架基础;施工期间如可能被流水冲刷或为松软土质时,需采用桩基、框架结构或其他加固措施,如采用夯填碎石补强,砂砾土用水泥固结,再在其上浇混凝土基座作为支架基础等。

3)拱架的制作与安装

拱架弧形木、立柱等主要杆件,以及木桁架的各种杆件,应采用材质较强、无损伤、无腐烂及湿度不大的木材。拱架制作安装时,拱架尺寸和形状应符合设计要求,立柱位置准确且保持直立,各杆件连接接头应紧密,支架基础应牢固,应特别注意高拱架的横向稳定性。

拱架可就地拼装,也可依据起吊设备能力预拼成组件后再行安装。

2. 钢拱架与钢木组合拱架

1)工字梁钢拱架

工字梁钢拱架可采用有中间木支架的钢木组合拱架和无中间木支架的活用钢拱架两种形式。

钢木组合拱架是在木支架上用工字钢梁代替木斜梁,以加大斜梁的跨度,减少支架用量,可用垫木将工字钢梁顶面垫成拱模弧形线，但在工字梁接头处应适当留出间隙，以防拱架承载落实顶死。其支架常采用框架式，钢木组合拱架如图 5-6 所示。

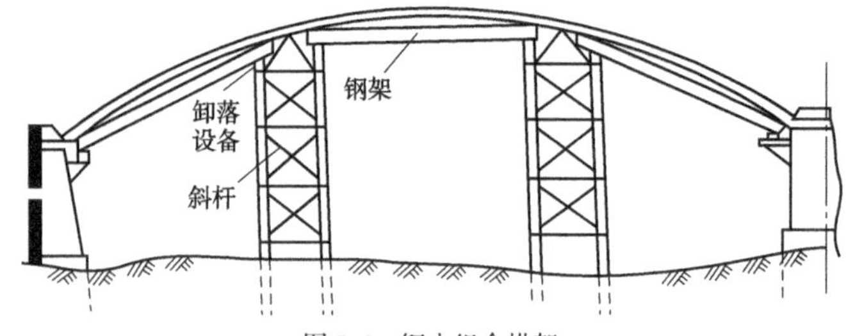

图 5-6　钢木组合拱架

工字梁活用钢拱架，构造简单，拼装方便，且可重复使用，其构造形式如图 5-7 所示。它适用于施工期间需保持通航、墩台较高、河水较深或地质条件较差的桥孔。

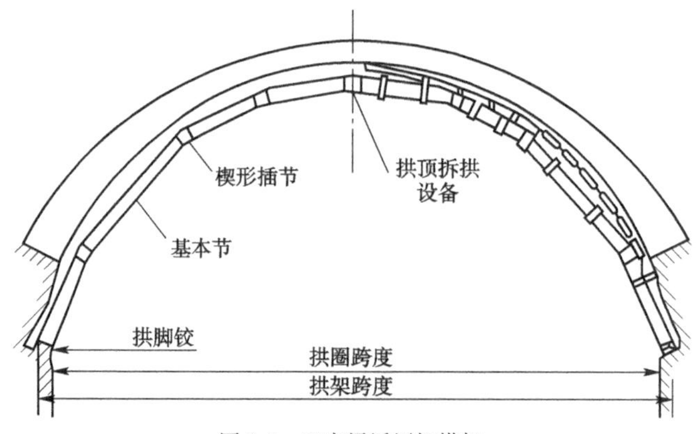

图 5-7　工字梁活用钢拱架

2）钢桁架拱架

钢桁架拱架的结构类型通常有常备拼装式桁架形拱架、装配式公路钢桁架节段拼装式拱架、万能杆件拼装式拱架、装配式公路钢桁架或万能杆件桁架与木拱盔组合的钢木组合拱架。图 5-8 为常备拼装式桁架拱架示意图，图 5-9 为装配式公路钢桁架节段拼装式拱架示意图。

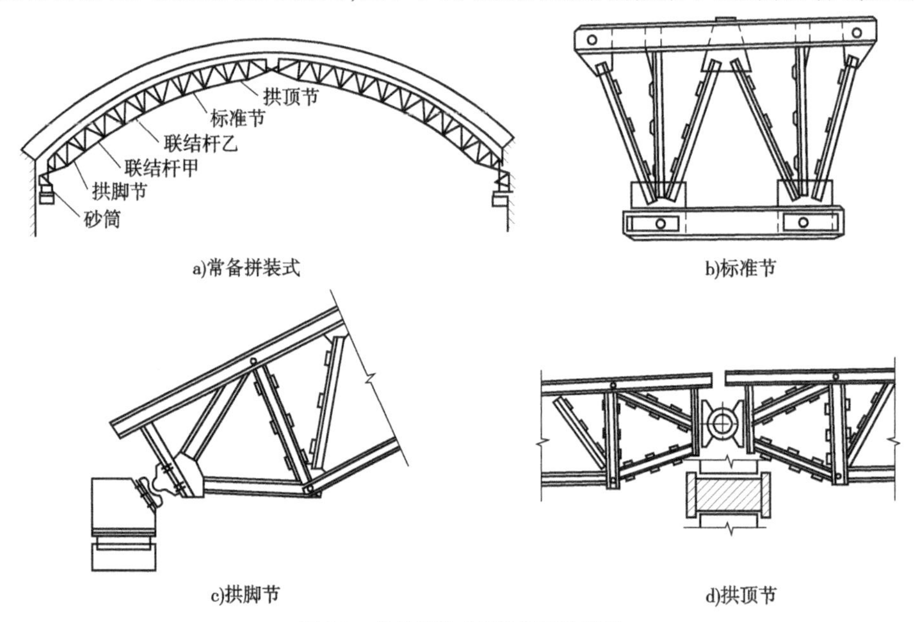

图 5-8　常备拼装式桁架拱架示意图

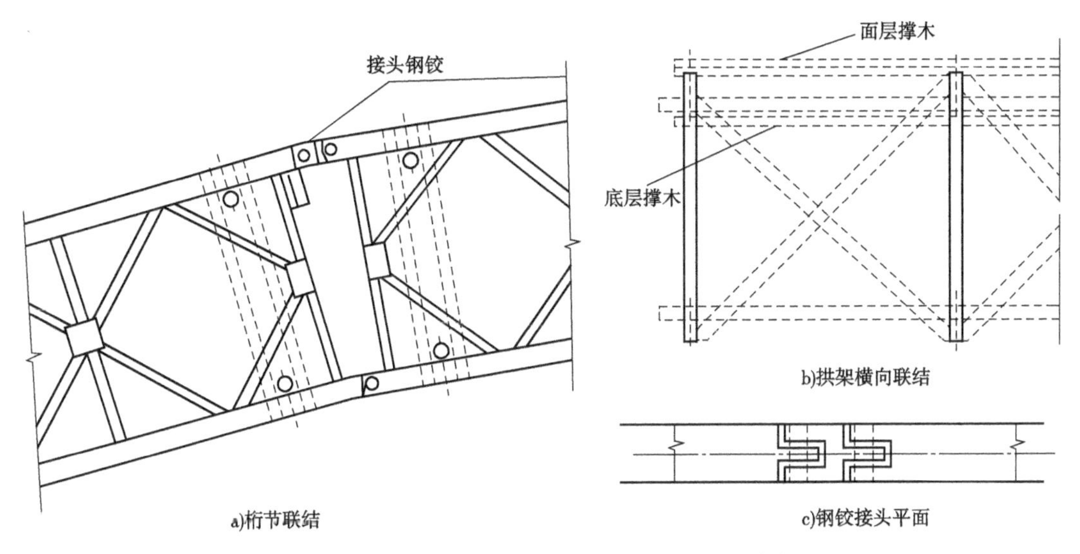

图5-9 装配式公路钢桁架节段拼装式拱架示意图(尺寸单位:mm)

3)扣件式钢管拱架

扣件式钢管拱架是将房屋建筑施工用的钢管脚手架移植到拱桥施工中,一般有满堂式、预留孔满堂式及立柱式扇形等几种。扣件式钢管拱架是一个空间框架结构,不分支架和拱盔部分,一般由立柱、小横杆(顺水流向)、大横杆(顺桥轴向)、剪刀撑、斜撑、扣件和缆风索等组成,所有杆件(钢管)通过各种不同形式的扣件实现联结,不需设置卸落装置。图5-10为满堂式钢管拱架构造图。

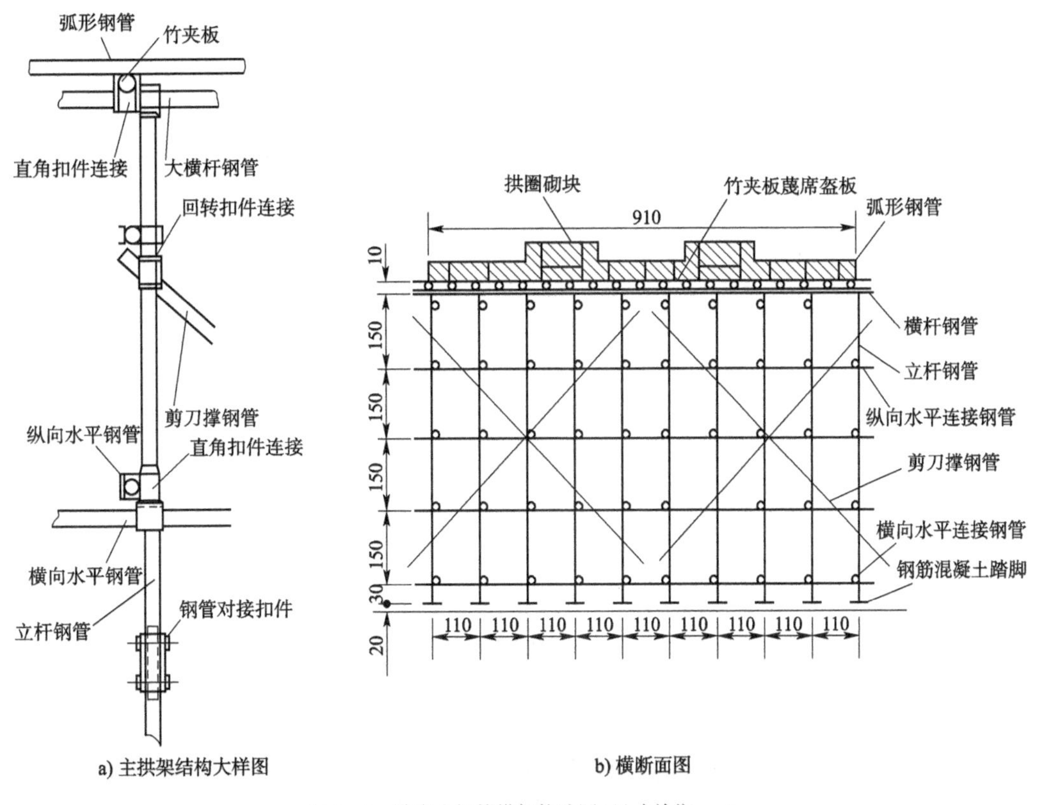

图5-10 满堂式钢管拱架构造图(尺寸单位:cm)

3. 斜拉式贝雷平梁拱架

斜拉式贝雷平梁拱架一般应用于多跨连续施工中，在距边墩一定距离处设置临时墩，在中间墩顶各设一塔柱，塔柱顶端伸出斜拉杆拉住贝雷平梁，平梁上设拱盔，形成多孔连续的斜拉式贝雷平梁拱架结构，斜拉式贝雷平梁拱架示意图如图 5-11 所示。

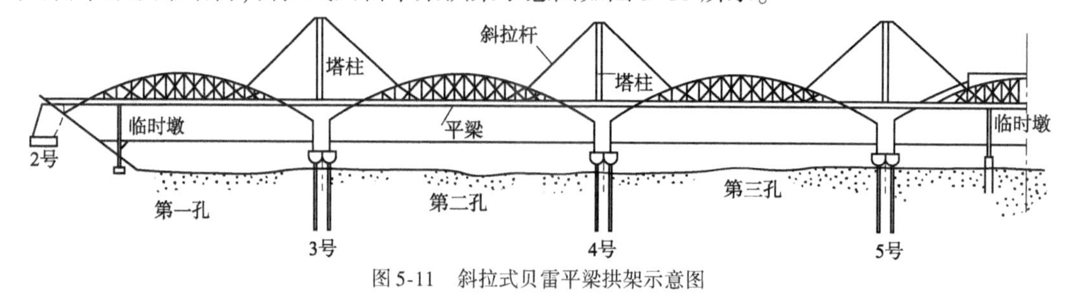

图 5-11　斜拉式贝雷平梁拱架示意图

二、支架就地浇筑施工

拱桥支架就地浇筑施工一般分三阶段进行：

(1)浇筑拱圈(或拱肋)及拱上立柱的底座。

(2)浇筑拱上立柱、联结系及横梁等。

(3)浇筑桥面系。

后一阶段的混凝土在前一阶段的混凝土达到设计强度的 70% 以上才能浇筑。第二或第三阶段混凝土浇筑前应拆除拱架，但须事先对拆除拱架后拱圈的稳定性进行验算。

1. 拱架安装

以常备拼装式桁架型拱架悬臂拼装为例，拱架由标准节、拱顶节、拱脚节及联结杆等以钢销连接组成，再以纵横向连结系将几片拱架连成一体，作为浇筑拱圈或拱肋的支架。采用变换联结杆长度的方法得到拱轴线的曲度。

1)拱架吊运安装

拱架安装布置如图 5-12 所示。安装前将拱架按框架形式组成安装单元，其长度可包括 2 ~ 3 节拱架。由拱脚至拱顶，两岸对称进行安装。拱架用门式索塔安装，中间拱架可采用直接抬吊法吊运就位，图 5-12 为抬吊法施工示意图。

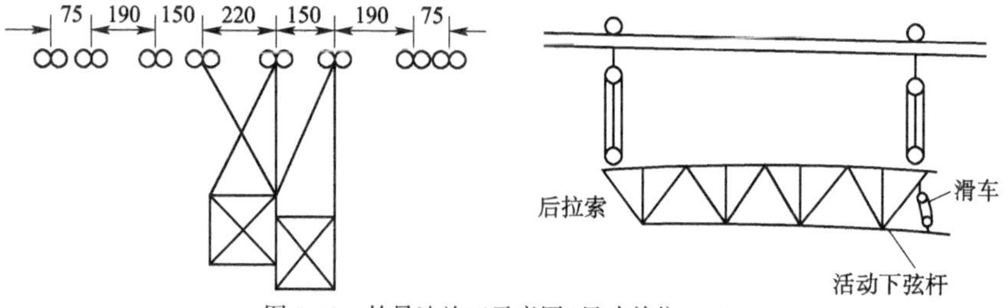

图 5-12　抬吊法施工示意图(尺寸单位：cm)

2)封拱及卸吊

悬臂安装法安装拱架时，应采用低温封拱、高温卸吊的成拱方法。应由拱顶向拱脚分次对称循环进行卸吊，一次放松不能过多，斜拉索花篮螺栓一次放松不得超过 5cm。

2. 拱圈或拱肋的浇筑

1)连续浇筑

跨径小于 16m 的拱圈(或拱肋)，应按拱圈全宽、自两端拱脚向拱顶对称地连续浇筑，且在拱脚处混凝土初凝前全部完成。如预计不能在限定时间内完成，须在拱脚处预留一个隔缝，并最后浇筑隔缝混凝土。

2)分段浇筑

大跨径拱桥的拱圈或拱肋(跨径 >16m),为避免拱架变形而产生裂缝,并减小混凝土的收缩应力,应采用分段浇筑的施工方法。分段长度一般为 6 ~ 15m,应按照使拱架受力对称、均匀,并使拱架变形小的原则确定分段位置。

分段浇筑程序应符合设计要求,且对称于拱顶进行,使拱架变形保持对称均匀,并尽可能地小。应由两拱脚向拱顶对称填充间隔缝混凝土,拱顶及两拱脚间隔缝应在最后封拱时浇筑。

3)箱形截面拱圈(或拱肋)的浇筑

大跨径拱桥一般采用箱形截面的拱圈或拱肋,一般采取分环、分段的浇筑方法减轻拱架负担。分段方法与上述相同,分环方法一般是沿截面高度分成二环或三环。分二环时,先分段浇筑底板(第一环),然后分段浇筑肋墙、隔墙与顶板(第二环)。分三环时,先分段浇筑底板(第一环),然后分段浇筑肋墙、隔墙(第二环),最后分段浇筑顶板(第三环)。图 5-13 为箱形截面拱圈采用分环分段浇筑的施工程序示意图。

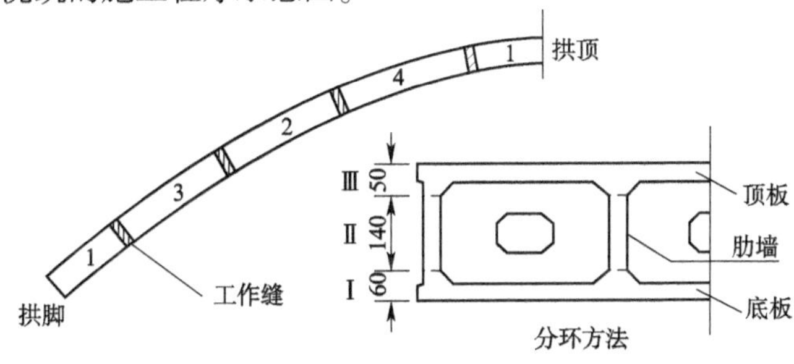

图 5-13　箱形截面拱圈分环分段浇筑的施工程序示意图(尺寸单位:cm)

4)拱架卸落

采用就地浇筑施工的拱架,卸拱架的工作相当关键,必须在拱圈砌筑完成后 20 ~ 30d 左右,待砂浆砌筑强度达到设计强度的 70% 后方可拆除拱架。此外还必须考虑拱上建筑、拱背填料、连拱等因素对拱圈受力的影响,尽量选择对拱体产生最小应力的时候卸落拱架。为了能使拱架所支承的拱圈重力能逐渐转给拱圈自身来承受,拱架不能突然卸除,而应按一定的程序进行。

当拱架的卸落设备架设于拱顶时,可在系吊或支撑的情况下,逐次松动卸架设备,逐次卸落拱架,直至拱架脱离拱圈后,才将拱架拆除,如图 5-14 所示。当卸架设备架设于拱脚时(一般为砂筒),为防止拱架与墩台顶紧阻碍拱架下降,应在拱脚三角垫与墩台之间设置木楔,如图 5-15 所示。卸落拱架时,先松动木楔,再逐次对称地卸砂落架。

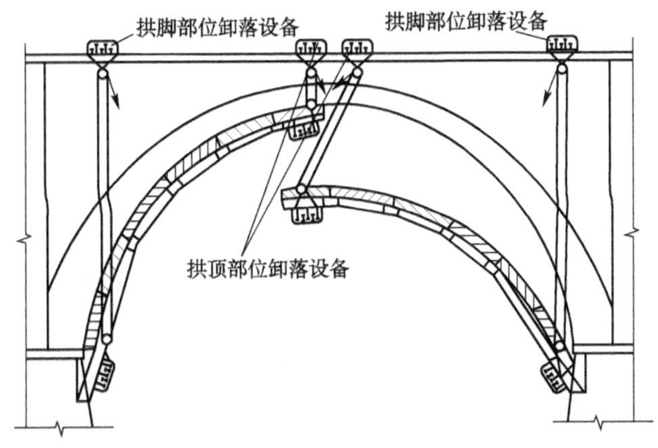

图 5-14　跨径 10 ~ 25m 工字梁活用钢拱架的卸落

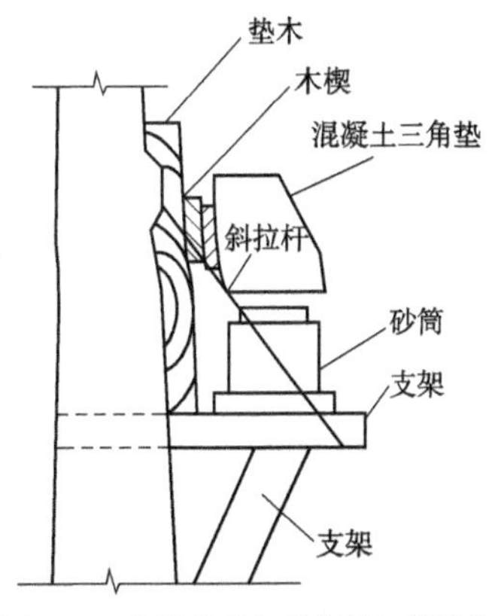

图 5-15　钢桁架拱架拱脚处卸落设备

拼装式钢桁架拱架可利用拱圈进行拱架的分节拆除，拆除后的拱架节段可用缆索吊车吊移。图5-16所示为拼装钢桁架拱架的卸落与拆除。

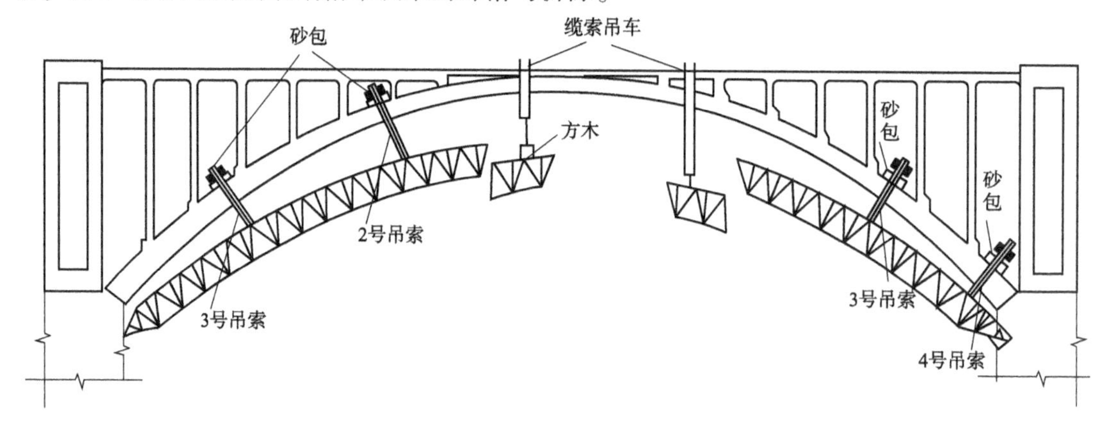

图5-16　拼装钢桁架拱架的卸落与拆除

5）其他拱架的卸落

叠桁式木拱架的卸落参照满布式拱架进行。

扣件式钢管拱架没有卸落设备时，卸架只需用扳手拧紧扣件，取走拱架杆件即可。

斜拉式贝雷平梁拱架的卸落，应视平梁上拱架的形式而定，一般可采取满布式的卸架程序和方法，同时应考虑相邻孔拱架卸落的影响。

3. 拱上建筑浇筑

拱上建筑施工，应对称均衡地进行。施工中浇筑的程序和混凝土数量应符合设计要求。拱上建筑施工过程中，应对拱圈的内力和变形及墩台的位移进行观测和控制。

第三节　预制安装施工法

梁桥上部结构的轻型化、装配化，大大加快了梁桥施工速度。为了提高拱桥的竞争能力，拱桥也必须向轻型化和装配化的方向发展。混凝土装配式拱桥主要包括肋拱、组合箱形拱、悬砌拱、桁架拱、刚架拱等。

大跨径拱桥中，目前大多采用箱形截面拱圈，本节将重点介绍箱形截面拱桥的预制安装施工方法。为叙述方便，下文均以拱肋进行介绍，如无特殊说明，同样适用于板拱。

一、构件的预制、运输与堆放

1. 构件预制

1）拱肋构件坐标放样

预制安装混凝土拱桥，拱肋坐标放样与有支架施工拱肋坐标放样相同。

2）拱肋立式预制

采用立式浇筑方法预制拱肋，具有起吊方便、节省木材的优点。为了减小预制场地，常采用土牛拱胎密排浇筑底模，该方法尤其适用于大跨径拱桥。

（1）土牛拱胎立式预制。该方法施工方便，适用性强。土牛拱胎填筑时，应分层夯实，且应在表面土中掺入适量石灰，并加以拍实，然后用栏板套出圆滑弧线，如图5-17所示。宜在拱胎表层按适当距离埋入横木或用粗钢筋或钢管以便固定侧模，且应在土牛拱胎的表面铺一层木板、油毛毡、水泥袋纸或一层水泥砂浆。

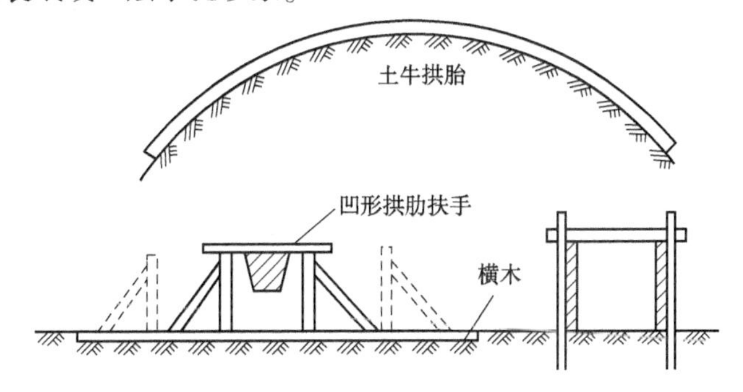

图 5-17 土牛拱胎预制拱肋

(2)木架立式预制。当取土及填土不方便时,可采用木支架进行装模和预制,但支架拆除时应注意拱肋的强度和受力状态,防止拱肋发生裂纹。

(3)条石台座立式预制。条石台座由数个条石支墩、底模支架和底模等组成,如图 5-18 所示。

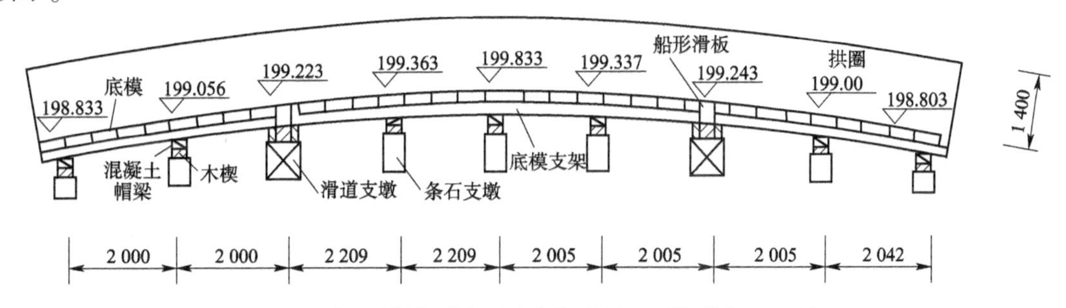

图 5-18 条石支墩布置图(尺寸单位:高程以 m 计,其余以 mm 计)

条石支墩用 M5 砂浆块石砌筑而成,其平面尺寸应根据拱肋的长度和宽度决定,高度根据拱肋端头下高程以及便于横移拱肋操作进行确定,顶部须用砂浆抹平或再浇筑 20 ~ 25cm 厚混凝土。每个台座设 2 个滑道支墩,滑道支墩顶面埋设钢板,以便拱肋移运。

底模支架由槽钢、角钢等型钢组成。底模可采用组合钢模,可将钢模点焊在底模支架上,以便于脱模。底模支架应根据拱肋高程作适当预弯,每个支墩处设木楔用于脱模。

3)拱肋卧式预制

卧式预制,拱肋形状和尺寸较易控制,尤其对于空心拱肋,浇筑混凝土时操作方便,且节省木材,但起吊时较易损坏。卧式预制通常有以下几种方法:

(1)木模卧式预制。预制拱肋数量较多时,宜采用木模,如图 5-19a)所示。浇筑截面为 L 形时,可用黏土砖或其他材料垫砌拱肋的缺口部分。

(2)土模卧式预制。如图 5-19b)所示,根据放样尺寸,在平整好的土地上挖出与拱肋尺寸大小相同的土槽,然后将土槽壁仔细抹平、拍实,铺上油毛毡或水泥袋以便浇筑拱肋。此法虽

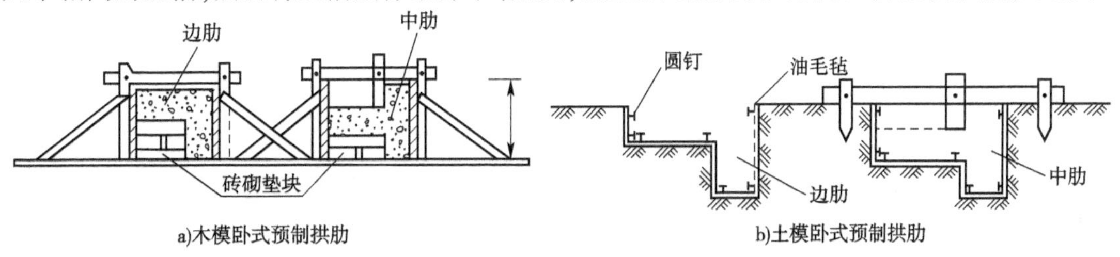

图 5-19 拱肋卧式预制

然节省材料，但土槽开挖较费工且容易损坏，尺寸也不如木模准确，仅适用于少量预制的中小跨拱桥。

(3)卧式叠浇。如图5-20所示，采用卧式预制的拱肋混凝土，待其强度达到设计强度的30%，在其上安装侧模，浇筑下一片拱肋，如此连续浇筑称为卧式叠浇，卧式叠浇一般可达5层。浇筑时每层拱肋接触面用油毛毡、塑料布或其他隔离剂将其隔开。该方法的优点是节省预制场地和模板，但先期预制的拱肋不易取出，影响工期。

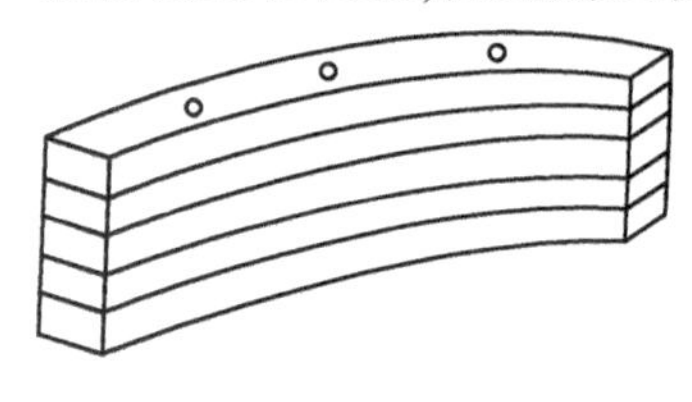
图5-20 拱肋卧式叠浇

2. 拱肋分段与接头

1)拱肋的分段

拱肋跨径小于30m时，可不分段或仅分2段；30～80m范围内，可分3段，大于80m时一般分5段。拱肋分段吊装时，理论上接头宜选择在拱肋自重弯矩最小的位置及其附近，但一般为等分，这样各段重力基本相同，吊装设备较省。

2)拱肋的接头形式

(1)对接。为预制方便，分二段吊装拱肋时多采用对接形式，如图5-21a)、b)所示。对接接头在连接处为全截面通缝，接头的连接材料强度要求高，一般采用螺栓或电焊钢板等。

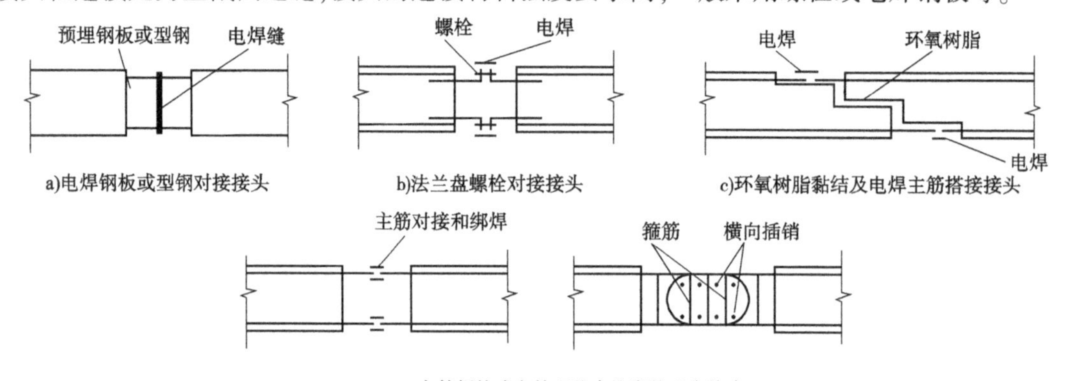

图5-21 拱肋接头形式

(2)搭接。拱肋分三段吊装时，接头处在自重弯矩较小部位，一般可采用搭接形式，如图5-21c)所示。分5段吊装时，边段与次边段拱肋的接头也可采用搭接形式。搭接接头受力较好，但构造复杂，预制也较困难，须用样板校对、修凿，确保拱肋安装质量。

(3)现浇接头。简易排架施工拱肋时，可采用主筋焊接或主筋环状套接绑扎的现浇接头，如图5-21d)所示。

3. 拱肋运输及堆放

1)场内运输

拱肋场内运输可采用龙门架、胶轮平板挂车、汽车平板车或轨道平车等机具进行。

2)构件堆放

拱肋堆放时应尽可能卧放，特别是矢跨比小的构件。卧放时应在拱肋中央及离两端$0.15L$处垫三个同高度的垫点。如必须立放时，应搁放在符合拱肋曲度的弧形支架上，如无此种支架，则应在其中央及距两端$0.2L$处垫搁三个支点，各支点高度应符合拱肋曲度，以免拱肋折断。

堆放构件的场地应平整夯实，不致积水。当因场地受限而采用堆垛时，应设置垫木。堆放高度按构件强度、地面承载力、垫木强度以及堆放的稳定性而定，一般以 2 层为宜，不应超过 3 层。

二、缆索吊装施工法

1. 缆索吊装施工法简介

缆索吊装由于具有跨越能力大，水平和垂直运输机动灵活，适应性广，施工比较稳妥方便等优点，在峡谷或水深流急的河段上，或在需要满足船只顺利通行的通航河流上的拱桥施工中使用最为广泛。

拱桥缆索吊装施工中，为了充分发挥缆索的作用，拱上建筑也可以采用预制安装施工。该方法对于加快桥梁施工速度，降低桥梁造价等方面具有显著效果。图 5-22 为缆索吊装布置示意图。

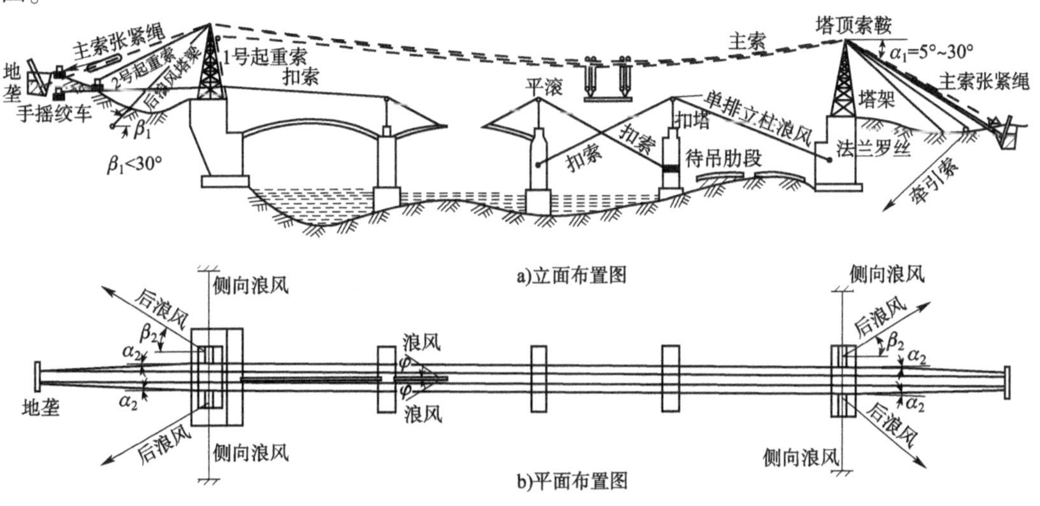

图 5-22 缆索吊装布置示意图

2. 吊装程序

拱桥缆索吊装施工的一般吊装程序为：

(1)边段拱肋吊装及悬挂。

(2)次边段拱肋吊装及悬挂(五段吊装)。

(3)中段拱肋吊装及拱肋合龙。

(4)拱上构件的吊装或砌筑安装等。

单孔桥吊装拱肋顺序常由拱肋合龙的横向稳定方案决定，多孔桥吊装应尽可能在每孔合龙几片拱肋后再推进，一般不少于两片拱肋。对于肋拱桥，在吊装拱肋时应尽早安装横系梁，需设横向临时连接系以加强拱肋的稳定性，加快施工进度。

为减少主索的横向移动次数，可将每个主索位置下的拱肋全部吊装完毕后再移动主索。一般将起吊拱肋的桥孔安排在最后吊装，必要时该孔最后几段拱肋可在两肋之间用“穿孔”方法起吊。

3. 拱肋缆索起吊

拱肋由预制场运到主缆索下后，通常采用起重索直接起吊。不能直接起吊时，可采用下列方法进行。

1)翻身

卧式预制拱肋在吊装前，需要“翻身”成立式，通常有就地翻身和空中翻身两种方法。

(1)就地翻身,如图5-23a)所示,先用枕木将平卧拱肋架至一定高度,以保证翻身后两端头不致碰到地面,然后用一根短钢索连接拱肋吊点与吊钩,边起重拱肋边翻身直立。

(2)空中翻身,如图5-23b)所示,用一根串有手链滑车的短钢索穿过拱肋的吊点处的吊环,将拱肋兜住,并挂在主索吊钩上,然后收紧起重索起吊拱肋,当拱肋起吊至一定高度后,缓慢放松手链滑车,使拱肋翻身为立式。

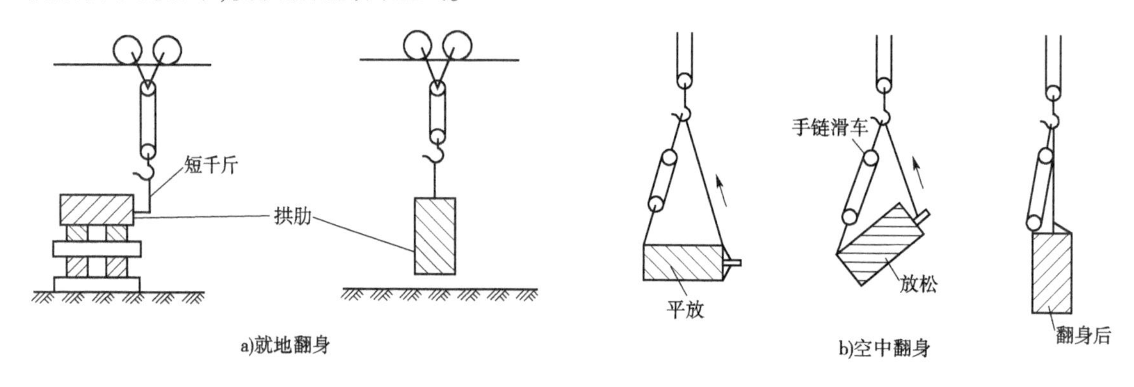

图5-23 拱肋翻身

2)掉头

为拱肋预制方便,边段拱肋有时采用同一方向预制,在吊装这部分拱肋时,掉头方法常因设备不同而异。

(1)河中起吊时,可利用装载拱肋的船只进行掉头。

(2)平坦场地采用胶轮平车运输时,可将跑车与平车配合起吊将拱肋掉头。

3)吊鱼

如图5-24所示,当拱肋从塔架下面通过后,在塔架前起吊而塔架前场地不足时,可先用一个跑车吊起一个吊点并向前牵出一段距离后,再用另一个跑车吊起第二个吊点。此方法采用单点向前牵引拱肋时,须拉住尾索,以防拱肋向前滑动。

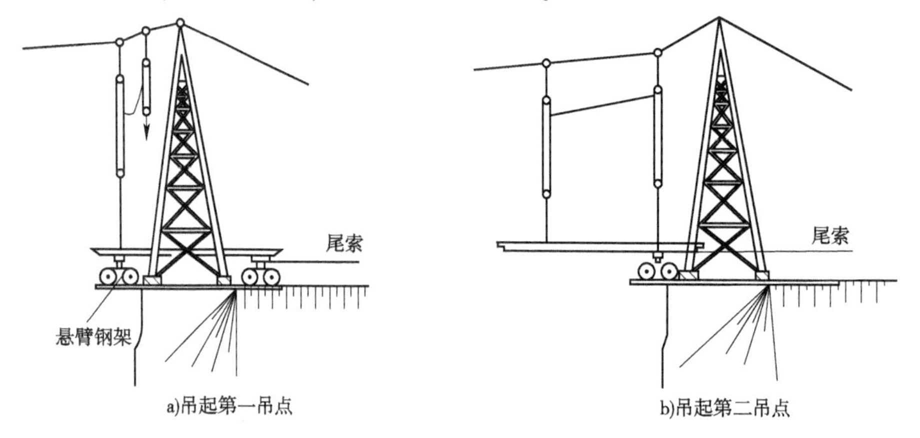

图5-24 吊鱼

4)穿孔

拱肋在桥孔中起吊时,最后几段拱肋常需在该孔已合龙的拱肋之间穿过,俗称穿孔,如图5-25所示。

穿孔前应暂时拆除穿孔范围内的拱肋横夹木,并在拱肋两端另加稳定缆风索。为防止穿孔时碰撞已合龙的拱肋,主索一般布置在两拱肋中间。

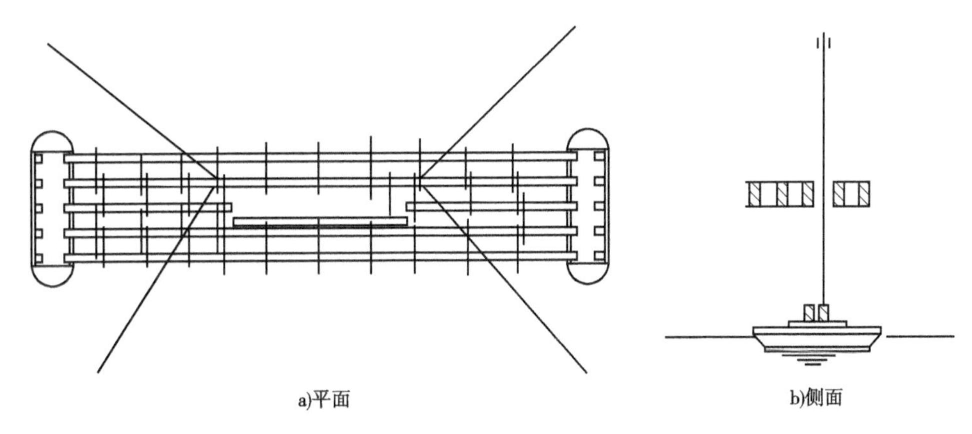

图 5-25　穿孔

4. 缆索吊装边段拱肋悬挂方法

1）扣索的设置

拱肋无支架施工中，边段拱肋及次边段拱肋均用扣索悬挂。按支承扣索的结构物位置和扣索本身特点可分为天扣、塔扣、通扣、墩扣等类型，可依据具体情况选用，也可混合使用。边段拱肋悬挂方法如图 5-26 所示。

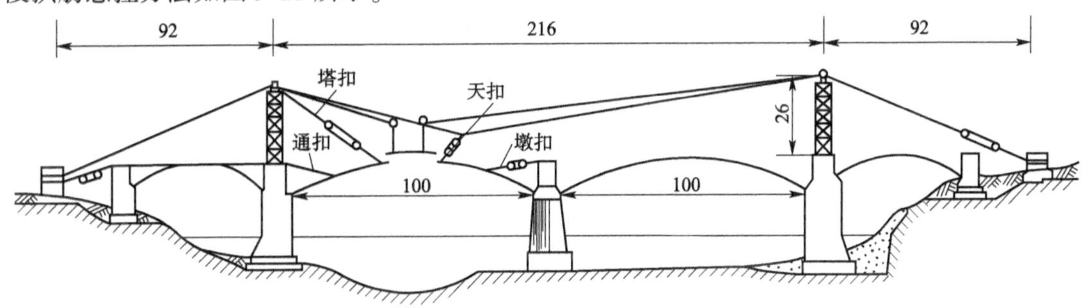

图 5-26　边段拱肋悬挂方法（尺寸单位：m）

图中墩扣的扣索锚固在桥墩上，天扣用另一组主索跑车将拱肋悬挂在天线上，塔扣支承在主索塔架上，通扣一直贯通到两岸地锚前收紧。

2）塔扣

塔扣直接利用主索塔架作为扣索支承，节省了扣架，在单跨桥中较多采用。对于多孔桥，若桥跨不很大也可采用。此时扣索在塔架和拱肋扣点间的自由长度较长，须确保扣索充分受力，以保证边段拱肋的纵向稳定，同时应加强拱肋接头两侧的缆风索以确保边段拱肋的横向稳定，如图 5-27 所示。

3）通扣

通扣是先在桥墩上立一个扣架，或直接利用接近桥面高程的桥墩立柱、横墙或桥台，用一根钢丝绳做扣索，扣索的千头固定在拱肋扣点上，另一头连续通过各扣架顶端，一直贯通到两岸地锚前，再用滑轮组予以收紧。该方法扣索长，伸展范围广，扣架与拱肋扣点间自由长度短，扣索与主索系统分开，干扰少，收紧滑轮固定，施工操作方便，在多孔长跨拱桥中得到普遍应用，如图 5-28 所示。

4）天扣

天扣实质上是一组主索设备，它是专门用来悬挂边段拱肋的，不需另设扣架。与通扣法相比，主索跑车吊运拱肋时，不必在扣架上翻越，可降低主索塔架高度。拱肋分两段吊装时，天扣

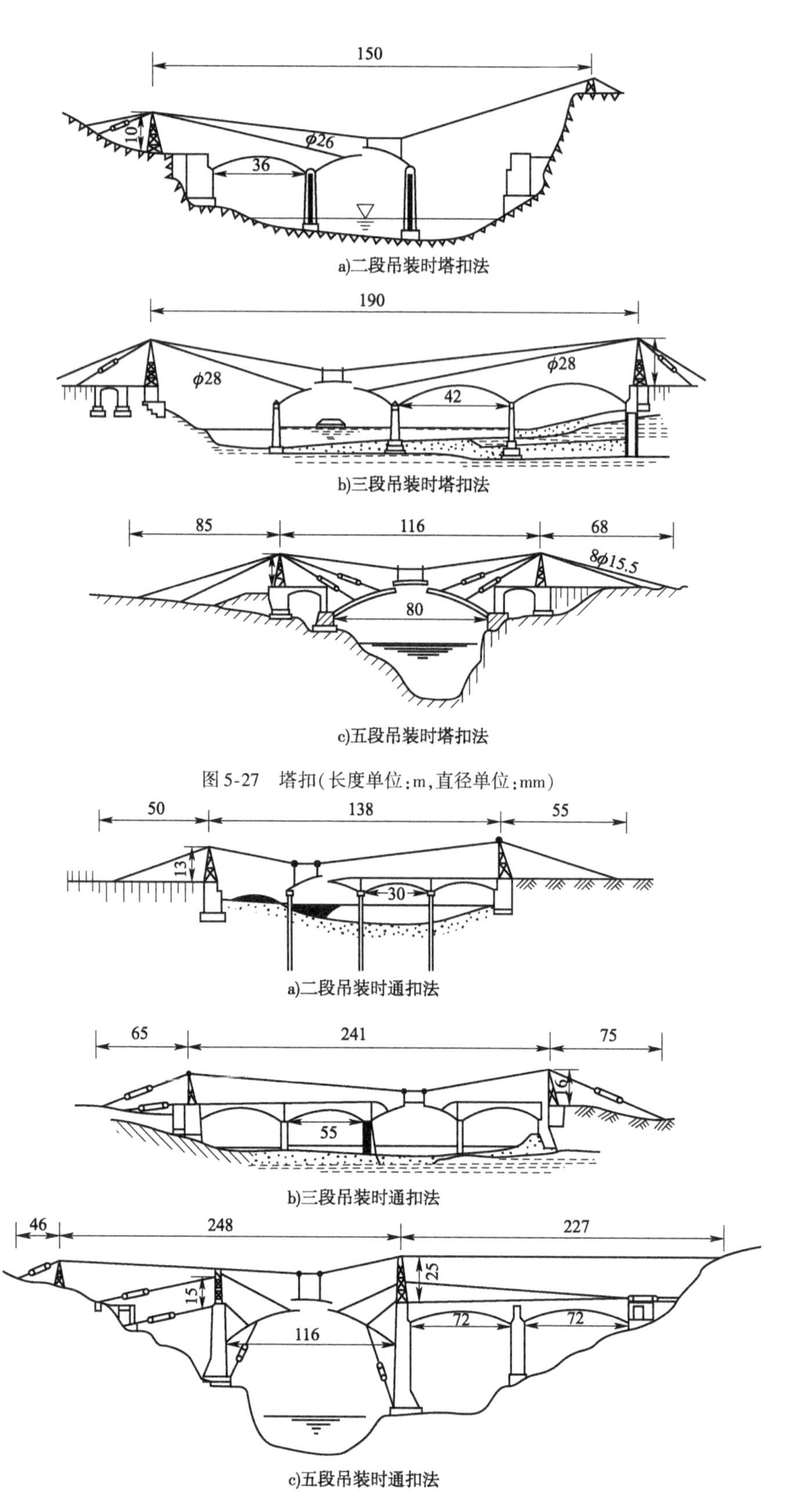

图 5-27　塔扣(长度单位:m,直径单位:mm)

图 5-28　通扣(尺寸单位:m)

为一套完整的主索，两组设备可以交替作主索和扣索使用，如图5-29所示。

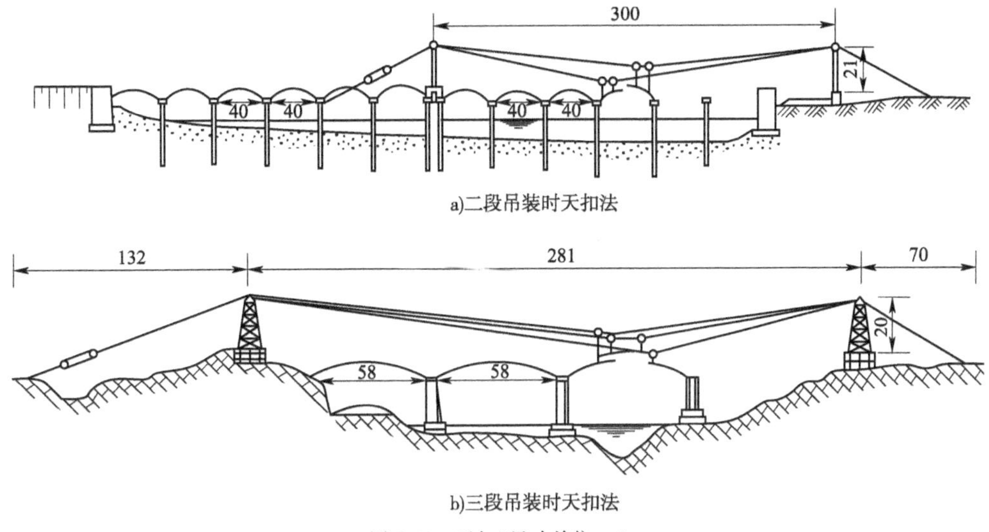

a)二段吊装时天扣法

b)三段吊装时天扣法

图5-29　天扣(尺寸单位：m)

5)墩扣

当桥墩(台)砌筑到接近桥面高程，且本身又具有足够强度时，可直接用于锚固扣索，以悬挂边段拱肋，可减少扣索设备，但墩扣的拉力较大，一般用于分五段拱肋吊装的第一个边段或分二、三段吊装的边段拱肋悬挂，如图5-30所示。

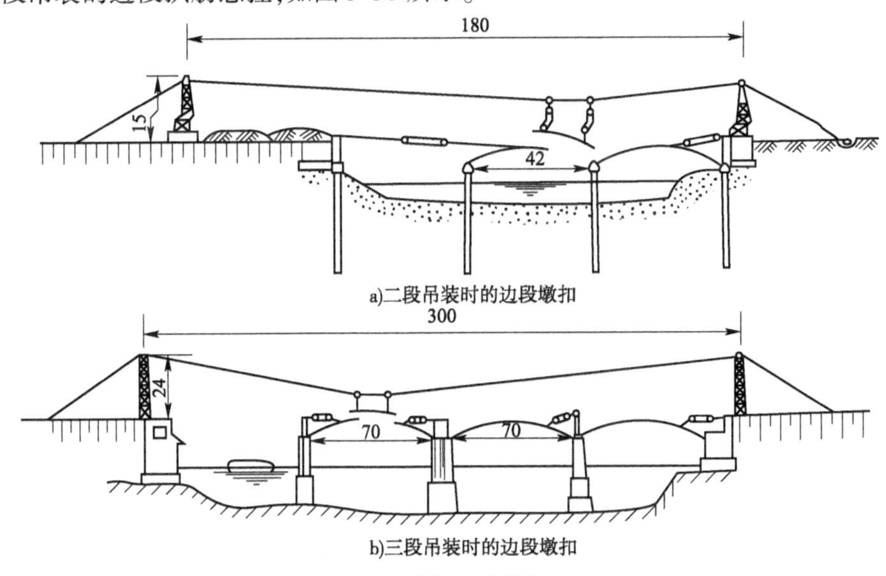

a)二段吊装时的边段墩扣

b)三段吊装时的边段墩扣

图5-30　墩扣(尺寸单位：m)

5. 拱肋缆索吊装合龙方式

边段拱肋悬挂固定后，就可以吊运中段拱肋进行合龙。拱肋合龙后，通过接头、拱座的联结处理，使拱肋由铰结状态逐步成为无铰拱，因此，拱肋合龙是拱桥无支架吊装中的关键工作。拱肋合龙方式通常有单基肋合龙和双基肋同时合龙两种，应根据拱肋自身的纵向与横向稳定性、跨径大小、分段多少和机具设备条件等不同情况，选用不同的合龙方式。

6. 拱肋缆索吊装

1)三段吊装程序

拱肋分三段吊装，当采用螺栓对接接头时，宜先将边段拱肋初步悬挂定位，使上端头高程比设计高程值高出 5 ~ 10cm，然后调整扣索，准确悬扣拱顶段，使两端头高程比设计值约高出 1 ~ 2cm，最后放松两拱段扣索使其均匀下降与拱顶段合龙，安装接头螺栓。当采用阶梯形搭接接头时，宜先准确扣挂两拱脚段，调整扣索使其上端头高程比设计值高出 3 ~ 5cm，再安装拱顶段使之与拱脚段合龙。

2）五段吊装程序

拱肋分五段吊装时，宜先从拱脚段开始，依次向拱顶分段吊装就位，每段的上端头端面不得扭斜。拱脚段的上端头应较设计高程抬高 15 ~ 20cm，次边段定位后，拱脚段的上端头抬高值应下降 5cm 左右，并保持次边段的上端头抬高值约为拱脚段的上端头抬高值的 2 倍，否则应及时调整，以防拱肋接头处开裂。

7. 拱上构件吊装

主拱圈以上结构部分，统称为拱上构件。应按规定施工程序对称均衡地砌筑拱上构件，以免产生过大的拱圈应力。可将拱上构件中的立柱、盖梁、行车道板、腹拱圈等做成预制构件，用缆索吊装施工，以充分发挥缆索吊装设备的作用，加快施工进度。与拱肋吊装相比，由于构件尺寸小、质量轻、数量多，其吊装方法有所不同。

1）运入主索下起吊

该方法适用于主索跨度范围内有起吊场地时的起吊，它将构件从预制场运到主索下，由跑车直接起吊安装。

2）“横扁担”吊装法

为减少构件横移就位工作，加快施工进度，可采用“横扁担”装置对数目多、横向安装范围广的拱上构件进行吊装。

（1）构造形式。“横扁担”装置可就地取材，采用圆木或型钢等制作，其构造形式如图 5-31 所示。

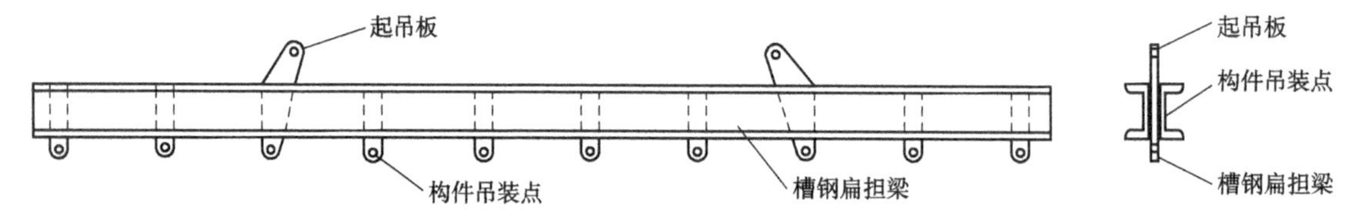

图 5-31 “横扁担”构造图

（2）吊装。采用“横扁担”吊装时，应根据构件的不同形状和大小，选择不同的吊装方法。对于短立柱，可直接直立吊运。对于长立柱，因受到吊装高度的限制，常需先进行卧式吊运，待运到安装位置后，再竖立起来，放在立柱下端进行安装。对于盖梁，一般直接采用卧式吊运和安装的方法。对腹拱圈、行车道板的吊装，应在横桥方向上分组，沿桥跨方向逐次安装，以减小立柱所承受的单向推力。

第四节 转体施工法

一、转体施工法简介

转体施工法一般适用于单孔或三孔拱桥的施工。它将拱圈或整个上部结构分为两个半跨，在河流两岸利用地形或简单支架分别现浇或预制装配半拱，然后利用一些机具设备和动力装置将两半跨拱体转动至桥轴线位置合龙成拱。转体方法可采用平面转体、竖向转体或平竖结合转体，目前已应用于拱桥、梁桥、斜拉桥、斜腿刚架桥等不同桥型的上部结构施工中。

1. 平面转体

平面转体可分为有平衡重转体和无平衡重转体。有平衡重转体一般以桥台背墙作为平衡重，并作为桥体上部结构转体用拉杆的锚碇反力墙，用以稳定转动体系和调整重心位置。无平衡重转体不需要有一个作为平衡重的结构，而是以两岸山体岩土锚洞作为锚碇来锚固半跨桥梁悬臂状态时产生的拉力，并在立柱上端做转轴，下端设转盘，通过转动体系进行平面转体。主要适用于刚构梁式桥、斜拉桥、钢筋混凝土拱桥及钢管拱桥。

2. 竖向转体

竖向转体施工是在桥台处先竖向或在桥台前俯卧预制半拱，然后在桥位平面内绕拱脚将其转动合龙成拱。

3. 平竖结合转体

拱桥转体施工时，由于受到河岸地形条件的限制，可能遇到既不能按设计高程预制半拱，也不可能在桥位竖平面内预制半拱的情况（如在平原区的中承式拱桥）。此时，拱体只能在适当位置预制后既需平转、又需竖转才能就位。这种平竖结合转体方法与上述方法相似，但其转轴构造较为复杂。

二、有平衡重平面转体施工

有平衡重转体施工的特点是转体质量大，施工的关键是转体。主要依靠以下两项措施把数百吨重的转动体系顺利、稳妥地转到设计位置：正确的转体设计；制作灵活可靠的转体装置，并布设牵引驱动系统。目前国内主要采用两种行之有效的转体装置：以四氟乙烯作为滑板的环道平面承重转体，以及以球面转轴支承辅以滚轮的轴心承重转体。

1. 转动体系的构造

如图 5-32 所示，转动体系主要由底盘、上盘、背墙、桥体上部构造、锚扣系统、拉杆（或拉索）组成。

1）底盘与上盘

底盘和上盘均为桥台基础的一部分，底盘固定，上转盘与转体形成整体，并可在底盘上旋转，从而实现拱体转动。

2）背墙

背墙一般是桥台的前墙，它不但是转动体系的平衡重，而且还是转体阶段桥体上部拉杆的锚碇反力墙。

3）桥体上部构造

拱体可以是半跨拱肋（箱），也可以是完成拱上立柱的半跨结构，对于桁架拱、刚构拱，则是半跨拱片。

4）锚扣系统

设置锚扣系统的目的是把支承在支架、环道或滚轮上的拱体与上转盘、背墙全部联结成一个转动体系，并脱离其周边支承，形成一个支承在转动轴心或铰上的悬空平衡体。

5）拉杆（或拉索）

拉杆一般是拱桥的上弦杆（桁架拱、刚架拱），或是临时设置的体外拉杆钢筋（或扣索钢丝绳）。拉杆是保证转体平衡的重要部件，其截面由扣力大小决定。

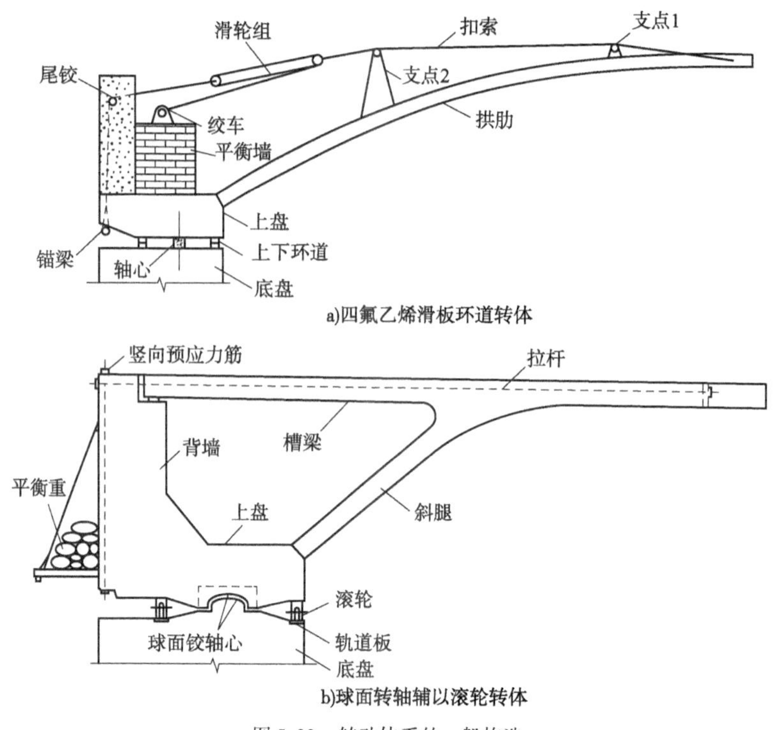

图 5-32　转动体系的一般构造

6)环道

(1)聚四氟乙烯滑板环道。这是一种平面承重转体装置,它由设在底盘和上转盘间的轴心和环形滑道组成,图 5-33 左边为环形滑道构造,右边为轴心构造,其间由扇形板连接。

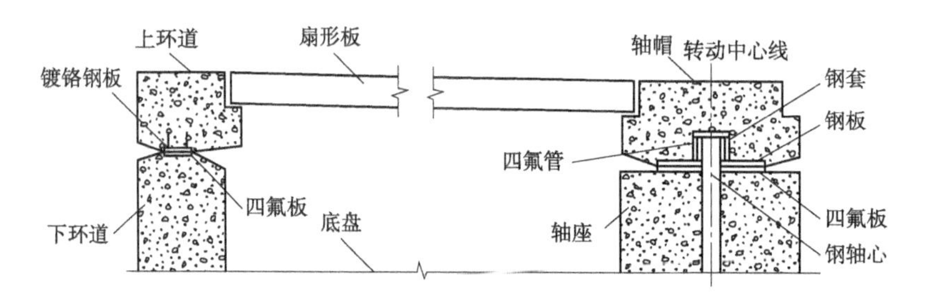

图 5-33　聚四氟乙烯滑板环道构造图

(2)球面铰辅以轨道板和钢滚轮(或移动千斤顶)。这是一种以铰为轴心承重的转动装置。其特点是整个转动体系的重心必须落在轴心铰上,球面铰既起定位作用,又承受全部转体重力,钢滚轮(或移动千斤顶)只起稳定保险作用。球面铰可分为半球形钢筋混凝土铰、球缺形钢筋混凝土铰、球缺形钢铰等。球面铰辅以轨道板和钢滚轮构造图如图 5-34 所示。

2. 拱体预制

应按设计桥型、两岸地形情况,设置适当的支架和模板(或土胎模)进行拱体预制,并应符合《公路桥涵施工技术规范》(JTG/F F50—2011)的有关规定。同时还应注意以下几点:

(1)充分利用地形,合理布置场地,使拱体转动角度小,支架或土胎用料少,易于设置转动装置。

(2)严格控制拱体各部分高程、尺寸,特别要控制好转盘施工精度。

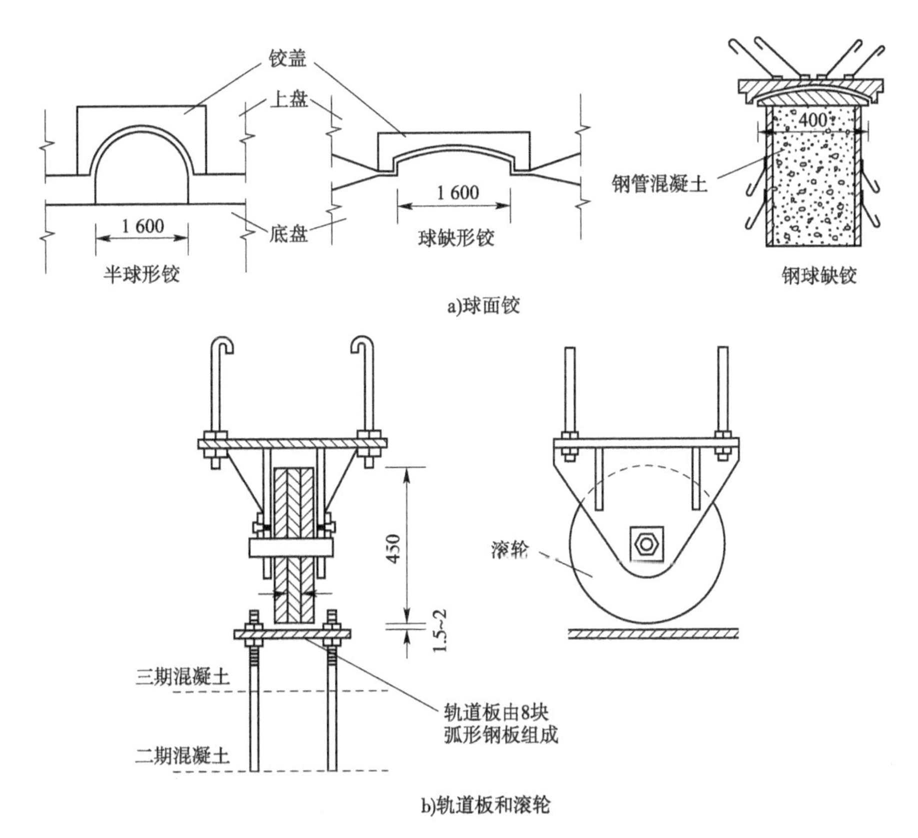

图5-34　球面铰辅以轨道板和钢滚轮构造图(尺寸单位:mm)

3. 拱桥转体施工

有平衡重平面转体拱桥的主要施工程序如下:制作底盘——→制作上转盘——→试转上转盘到预制轴线位置——→浇筑背墙——→浇筑主拱圈上部结构——→张拉拉杆,使上部结构脱离支架,并且和上转盘、背墙形成一个转动体系,通过配重基本把重心调到磨心处——→牵引转动体系,使半拱平面转动合龙——→封上下盘,夯填桥台背土,封拱顶,松拉杆,实现体系转换。

1)制作底盘(以钢球面铰为例)

底盘设有轴心(磨心)和环形轨道板,轴心起定位和承重作用。磨心顶面上的球面钢铰及上盖应加工精细,接触面应达到70%以上。

2)制作上转盘

将承重滚轮按设计位置放在轨道板上,滚轮下应垫有2~3mm厚的小薄铁片,此铁片当上盘一旦转动即可取出,这样可在滚轮与轨道板间形成一个2~3mm的间隙。该间隙是保证转动体系的重力压在磨心上而不压在滚轮上的一个重要措施。它还可以用来判断滚轮与轨道板接触的松紧程度,调整重心。滚轮通过小木盒保护定位后,可用砂模或木模作底模,在滚轮支架顶板面涂以黄油,在钢球铰上涂以二硫化钼作润滑剂,盖好上铰盖,并焊上锚筋,绑扎上盘钢筋,预留灌封盘混凝土的孔洞,然后浇上盘混凝土。

3)布置牵引系统的锚碇及滑轮、试转上盘

要求主牵引索基本在一个平面内。上转盘混凝土强度达到设计要求后,在上转盘前方或后方配临时平衡重,把上盘重心调到轴心处,最后将上转盘牵引到预制拼装上部构造的轴线位置。这是一次试转,一方面它可检查、试验整个转动牵引系统,另一方面也是正式开始预制拼装上部结构前的一道工序。

4）浇筑背墙

上转盘试转到上部构造预制轴线位置后，即可准备浇筑背墙。背墙通常是一个重量很大的实体，通常应有一个坚固的背墙模板支架，以使新浇筑背墙与原来的上转盘形成一个整体。为保证背墙上部截面的抗剪强度（主要指台帽处背墙的横截面），应尽量避免在此处留施工缝。如一定要留，也应使所留斜面往外倾斜。

5）浇筑主拱圈上部结构

可利用两岸地形作土模支架，也可采用扣件式钢管作为满堂支架，以节约木材。扣件式钢管能方便地形成所需要的拱底弧形，且不必截断钢管，可重复周转使用。为防止混凝土收缩和支架不均匀沉降产生裂缝，浇半跨主拱圈时应按规范留施工缝。

6）张拉脱架

主拱圈混凝土达到设计强度后，即可进行安装拉杆钢筋、张拉脱架等工序。为确保拉杆的安全可靠，要求每根拉杆钢筋都进行超荷载50%试拉。正式张拉前应先张拉背墙的竖向预应力筋，再张拉拉杆。实际操作中，应反复张拉2～3次，使各根钢筋受力均匀。为防止横向失稳，要求两台千斤顶的张拉合力应在拱桥轴线位置，不得有偏心。

通过张拉，可把支承在支架、滚轮、支墩上的上部结构与上转盘、背墙全部联结成一个转动体系，最后脱离其支承，形成一个支承在轴心铰上的悬空平衡体系。这是一个十分重要的工序，它将检验转体阶段的设计和施工质量。当拱圈全部脱离支架悬空后，上转盘背墙下的支承钢木楔也陆续松脱，根据楔子与滚轮的松紧程度加片石调整重心，或以千斤顶辅助拆除全部支承楔子，让转动体系悬空静置一天，观测各部位变形有无异常，并检查牵引体系等，均确认无误后，即可开始转体。

7）转体合龙

将第一次试转时的牵引绳按反方向重新穿索、收紧，即可开始正式转体。角速度应控制为0.5rad/min，以使其平稳转体。为防止转体超过轴线位置，拱肋快合龙时，应反向收紧绳索系统，徐徐就位。轴线对中后，应进行拱顶高程调整，使误差符合要求，把前后方向的滚轮先拆除，并在上下转盘四周用混凝土预制块或钢楔等瞬时合龙措施将其楔紧、楔稳，以保证轴线位置不再变化。

8）封上下盘、封拱顶、松拉杆

封盘混凝土的坍落度宜选用17～20cm，且各边应宽出20cm，灌注混凝土应从四周溢流，上下盘间密实。封盘后接着浇筑桥台后座，当后座达到设计强度后，即可选择夜间气温较低时浇封拱顶接头混凝土，待其达到设计强度后，分批、分级松扣，拆除扣、锚索，实现桥梁体系的转化，完成主拱圈的施工。主拱圈完成后，即是常规的拱上建筑施工和桥面铺装，不再赘述。

三、无平衡重的平面转体施工

采用有平衡重转体施工修建拱桥，转动体系中的平衡重一般选用桥台背墙，但随着桥梁跨径增大，需要的平衡重急剧增加，此时桥台却不需如此巨大圬工，且转体质量太大也增加了转体困难。与有平衡重转体相比，无平衡重转体施工把拱圈的拉力索扣锚固在两岸岩体中，从而节省了庞大的平衡重。锚碇拉力是由尾索预加应力传给引桥桥面板（或平撑、斜撑），并以压力的形式储备。桥面板的压力随拱箱转体角度的变化而变化，当转体到位时达到最小。这样一来，可使质量大为减轻，且设备简单，施工工艺也得到简化。施工时所需钢材虽略有增加，但全桥圬工数量却大为减少。由于无平衡重转体施工需要有一个强大牢固的锚碇，此方法宜在山区地质条件好或跨越深谷急流处建造大跨桥梁时选用。

1. 无平衡重转体一般构造

拱桥无平衡重转体施工法采用锚固体系代替平衡重进行平转施工,其平衡转体系统由锚固、转动、位控三大体系构成,其一般构造如图 5-35 所示。

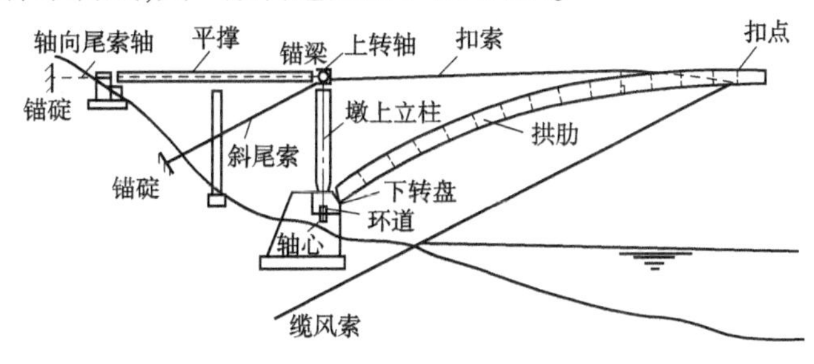

图 5-35　拱桥无平衡重转体一般构造图

1)锚固体系

锚固体系由锚碇、尾索、平撑、锚梁(或锚块)及立柱组成。锚碇设在引道边坡岩石中,锚梁(或锚块)支承于立柱上,两个方向的平撑及尾索形成三角形稳定体,以稳定锚块和立柱顶部的上转轴,使其成为一确定的固定点,而由锚固体系平衡拱体扣索力。双肋拱在采取对称同步平转施工时,可省去非桥轴向(斜向)支撑。

2)转动体系

转动体系由上转动构造、下转动构造、拱体及扣索组成。上转动构造由埋入锚梁(或锚块)中的轴套、转轴和环套组成,扣索一端与环套连接,另一端与拱体顶端连接。转轴在轴套与环套间均可转动。上转轴的一般构造示意图如图 5-36 所示。

下转动构造由下转盘、下环道与下转轴组成。通过拱座铰将拱体支承在转盘上,马蹄形的转盘中部卡套在下转轴上,并支承在下环道上,转盘下安装了许多聚四氟乙烯蘑菇头(千岛走板),转盘的走板可在下环道上沿下转轴作弧形滑动。下转盘的一般构造示意图如图 5-37 所示。

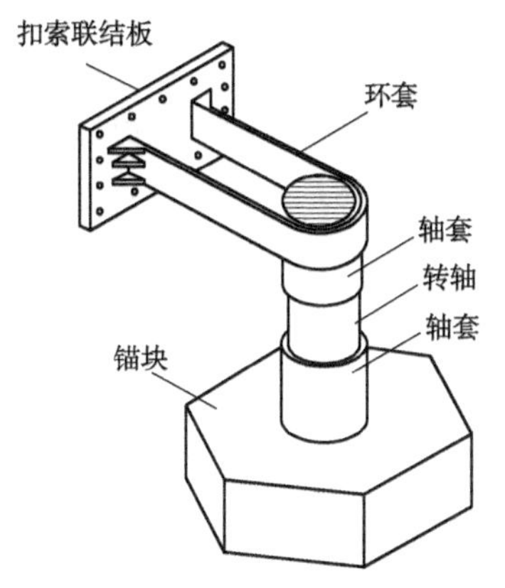

图 5-36　上转轴的一般构造示意图

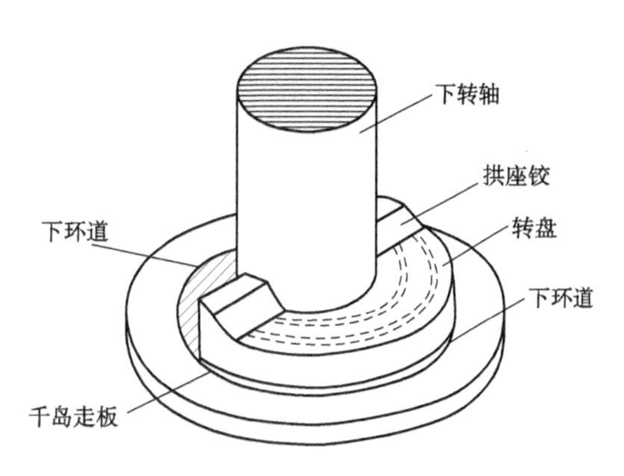

图 5-37　下转盘的一般构造示意图

3)位控体系

位控体系由系在拱体顶端扣点的缆风索和转盘牵引系统组成,以便控制转动过程中转动体的转动速度和位置。

2. 无平衡重转体施工

拱桥无平衡重转体施工的主要内容和工艺如下:

1)转动体系施工

(1)安装下转轴、转盘及浇筑下环道。

(2)浇筑转盘混凝土。

(3)安装拱脚铰、浇筑铰脚混凝土。

(4)拼装拱体。

(5)设置必要的支架、模板,设置立柱。

(6)安装扣索。

(7)安装锚梁、上转轴、轴套、环套。

这一部分的施工主要保证转轴、转盘、轴套、环套的制作安装精度,以及环道的水平高差精度。转轴与轴套应转动灵活,其配合误差应符合设计要求,环道上的滑道采用固定式,其平整度应控制在 ±1cm 以内,并做好安装完毕到转体前的防护工作。

2)锚碇系统施工

(1)制作桥轴线上的开口地锚。

(2)设置斜向洞锚。

(3)安装轴向、斜向平撑。

(4)尾索张拉。

(5)扣索张拉。

这一部分的施工应确保锚碇部分绝对可靠。尾索张拉在锚块端进行,扣索张拉在拱顶段拱箱内进行。张拉时,应按设计要求进行张拉力分级、对称、均衡加力,应密切注意锚碇和拱箱的变形、位移和裂缝,发现异常现象应仔细分析研究,处理后再转入下一工序,直至拱箱张拉脱架。

3)转体施工

正式转体前,应再次对桥体各部分进行系统、全面地检查,检查通过后方可转体。拱箱转体依靠上、下转轴事先预留的偏心值形成的转动力矩来实现。启动时放松外缆风索,转到距桥轴线约 60°时开始收紧内缆风索,索力逐渐增大,但应控制在 20kN 以下,转不动时,则应以千斤顶在桥台上顶推马蹄形下转盘。为使缆风索受力角度合理,可设置 2 个转向滑轮。

4)合龙卸扣施工

拱顶合龙后的高差,通过张紧扣索提升拱顶、放松扣索降低拱顶来调整到设计位置。宜在低温时进行封拱,先用 8 对钢楔楔紧拱顶,焊接主筋、预埋铁件,然后封桥台拱座混凝土,再浇封拱顶接头混凝土。待混凝土达到 70% 设计强度后,即可卸扣索,卸扣索应对称、均衡、分级进行。

四、拱桥竖向转体施工

桥位处无水或水较少时,可将拱肋在桥位处拼装成半跨,然后用扒杆起吊安装。桥位处水较深时,可在桥位附近拼装成半跨,浮运至桥轴线位置,再用扒杆起吊安装。

1. 钢管拱肋竖转扒杆吊装的计算

钢管拱肋竖转扒杆吊装的工作内容为:在地面胎架上将中拱分成的两个半拱焊接完成,对焊接质量、几何尺寸、拱轴线形等验收合格后,由竖在两个主墩顶部的两副扒杆分别将其拉起,在空中对接合龙。

扒杆吊装系统设计的主要工作为:起吊及平衡系统的计算(含卷扬机、起重索、滑轮、平衡梁、吊索、吊扣等),扒杆的计算,扒杆背索及主地锚的计算以及设置拱脚旋转装置等。

2. 钢管拱肋竖转吊装

1)转动体系

转动体系由转动铰、提升体系(动、定滑车组,牵引绳等)、锚固体系(锚索、锚碇等)等组成,竖转施工转动体系示意图如图 5-38 所示。

2)竖转吊装的工作顺序

拱肋胎架安装→拱脚旋转装置安装→地锚安装→扒杆及背索安装→钢管拱肋拼装→起吊及平衡系统安装→两侧半拱起吊→拱肋合龙→拱肋高程调整→合龙接头焊接→扒杆拆除→拱脚封固。

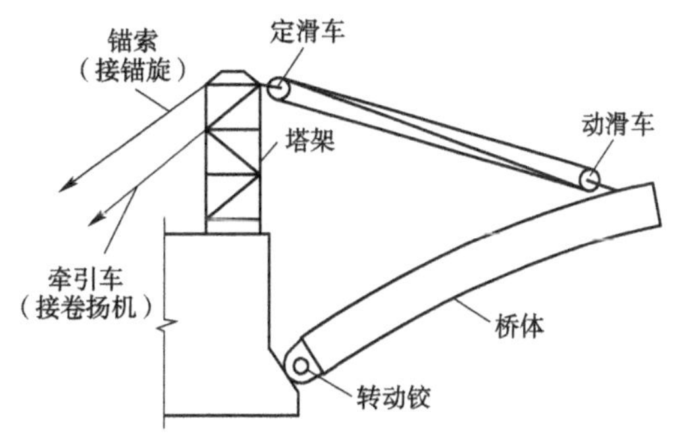

图 5-38 竖转施工转动体系示意图

3)扒杆安装

为便于安装,扒杆应分段接长,立柱钢管以 9m 左右为一节,两节之间用法兰连接。安装时先将两根立柱在地面拼装好,用吊车将其底部放置在墩顶扒杆底座上,并用临时轴销锁定,待另一端安装完扒杆顶部横梁后,由吊车抬起扒杆头至一定高度,再改用扒杆背索的卷扬机收紧钢丝绳将扒杆竖起。

4)拱肋吊装

起吊采用慢速卷扬机,待拱肋脱离胎架 10cm 左右,停机检查各部位运转是否正常,并根据对扒杆的受力与变形、钢丝绳的行走、卷扬机的电流变化等情况的观测结果,判断能否正常起吊。一切正常后,即可进行拱肋竖向转体吊装。拱肋吊装完成后,应进行拱肋轴线调整和跨中拱肋接头的焊接。

第五节　悬臂施工法

悬臂施工法是一种特大跨径拱桥的施工方法,国外在拱桥就地浇筑施工中,多采用悬臂浇筑法。悬臂浇筑法主要包括有塔架斜拉索法和斜吊式悬浇法两种施工方法。

一、塔架、斜拉索及挂篮浇筑拱圈

悬臂施工法是国外采用最早、最多的大跨径钢筋混凝土拱桥无支架施工方法。该方法的要点是:在拱脚墩、台处安装临时钢塔架或钢筋混凝土塔架,用斜拉索(或斜拉粗钢筋)将拱圈(或拱肋)用挂篮浇筑一段系吊一段,从拱脚开始,逐段向拱顶悬臂浇筑,直至拱顶合龙。塔架高度和受力应按拱的跨径、矢跨比等确定。斜拉索可采用预应力钢筋或钢束,其面积及长度由所系吊的拱段长度和位置确定。塔架斜拉索法,一般多采用悬浇施工,也可采用悬拼法施工,但后者使用较少。图 5-39 所示为塔架、斜拉索及挂篮浇筑拱圈施工示意图。

二、斜吊式悬臂浇筑拱圈

斜吊式悬臂浇筑拱圈是借助于专用挂篮,并结合斜吊钢筋将拱圈、拱上立柱和预应力混凝土桥面板等齐头并进地、边浇筑边构成桁架的悬臂浇筑方法。施工时,将预应力钢筋临时作为桁架的斜吊杆和桥面板的临时拉杆,把桁架锚固在后面的桥台(或桥墩)上。施工过程中,通过布置在桥面板上的临时拉杆将作用于斜吊杆的力传至岸边的地锚上(也可利用岸边桥墩作地锚)。采用该方法修建大跨径拱桥时,个别的施工误差对整体工程质量的影响较大,因此,必须对施工测量、材料规格和强度及混凝土的浇筑等进行严格检查和控制。斜吊式现浇法的主要施工步骤如图 5-40 所示。

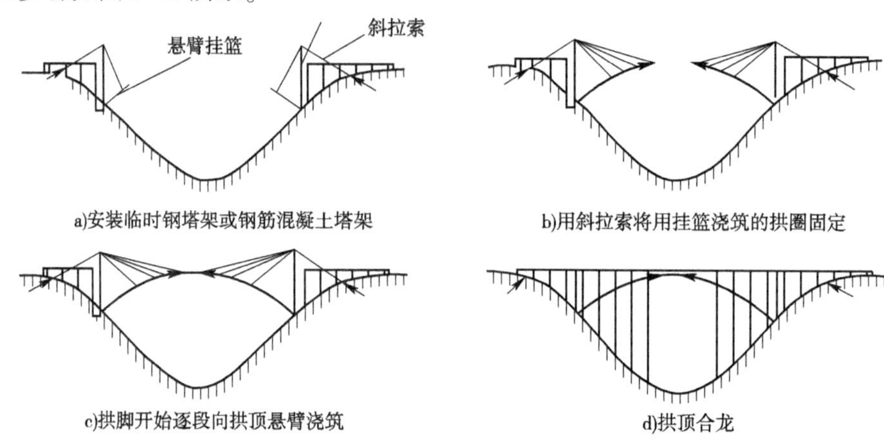

图 5-39　塔架、斜拉索及挂篮浇筑拱圈施工示意图

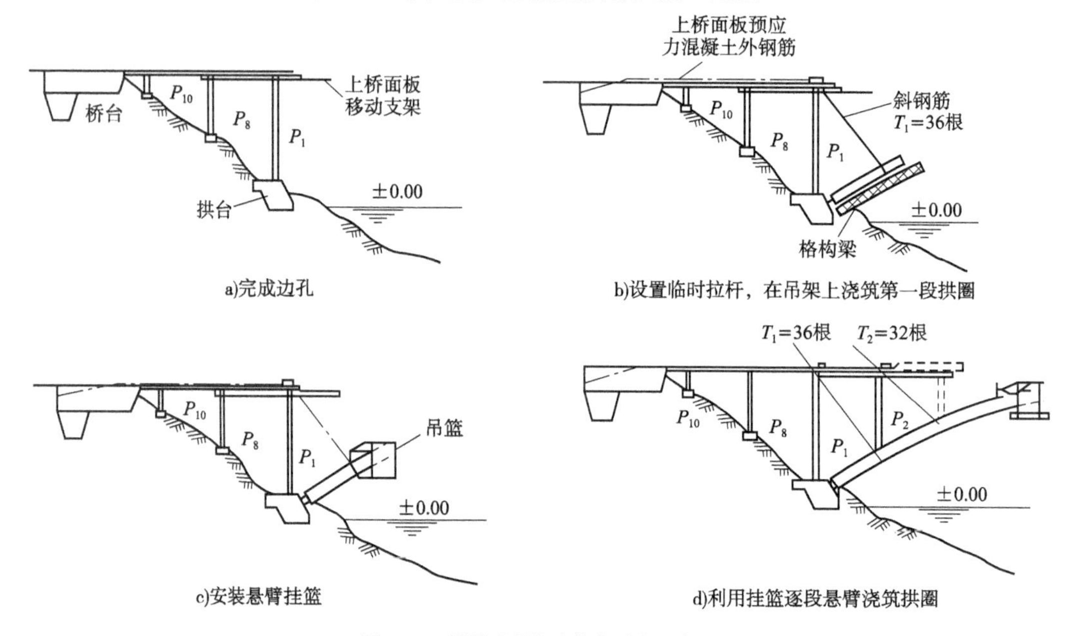

图 5-40　斜吊式现浇法的主要施工步骤

图 5-40a)、b)为在边孔完成后,在桥面板上设置临时拉杆,在吊架上浇筑第一段拱圈。待此段混凝土达到要求强度后,在其上设置临时预应力拉杆,并撤去吊架,直接系吊于斜吊杆上,然后在其前端安装悬臂挂篮。

图 5-40c)、d)为利用挂篮逐段悬臂浇筑拱圈。当挂篮通过拱上立柱 P_2 位置后,须立即浇筑立柱 P_2 及 P_1 至 P_2 间的桥面板,然后利用挂篮继续向前悬臂浇筑,直至通过下一个立柱后,再安装 P_1 至 P_2 间桥面板的临时拉杆及斜吊杆 T_2,并浇筑下一个立柱及之间的桥面板。每当挂篮前进一步,必须将桥面板拉杆收紧一次。这样,一面用斜吊钢筋构成桁架,一面向前悬臂浇筑,直至拱顶附近,撤去挂篮,再用吊架浇筑拱顶合龙段混凝土。

当拱圈为箱形截面时,每段拱圈施工应按箱形截面的施工程序进行浇筑。

为加快施工进度,拱上桥面板混凝土宜用活动支架逐孔浇筑。

第六章　桥面系施工

第一节　桥面系构造

桥面系构造直接与车辆、行人接触，它对桥梁的主要结构起保护作用，并且使桥梁能够正常使用。同时，桥面构造多属外露部位，其选择是否合理、布置是否恰当直接影响桥梁的使用功能、布局和美观。因此，必须要对桥面构造有足够的重视。

桥面系包括桥面铺装、排水和防水系统、伸缩缝、人行道(或安全带)、缘石、栏杆、灯柱等(图6-1)。

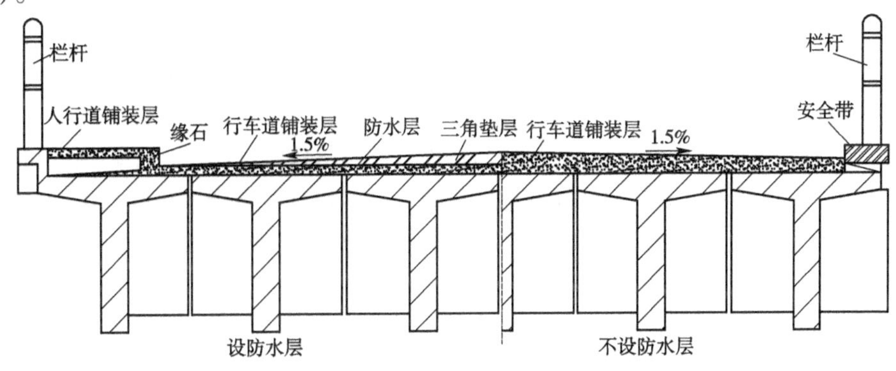

图6-1　桥面构造示意图

一、桥面铺装

桥面铺装也称行车道铺装或桥面保护层，其作用是保护属于主梁整体部分的行车道板不受车辆轮胎(或履带)的直接磨耗，防止主梁遭受雨水的侵蚀，并能对车辆轮重的集中荷载起一定的分布作用。因此，桥面铺装要求有一定强度，防止开裂，并保证耐磨。

二、桥面防水及排水设施

桥面铺装下应有完善的防水和排水系统。

1. 桥面防水层

桥面防水层是防止桥面雨水向主梁渗透的隔水设施。一般设在桥面铺装层和桥面板之间，它可以将透过铺装层渗下的雨水引至排水设施排出。

是否设防水层，应视当地的气温、雨量、桥梁结构和桥面铺装的形式等具体情况而定。

桥面防水层有三种类型：

(1)沥青涂胶下封层，即洒布薄层沥青或改性沥青，在其上布一层砂，经碾压形成沥青涂胶下封层。

(2)高分子聚合物涂胶,如聚氨酯胶泥、环氧树脂、阳离子乳化沥青、聚丁胶乳等。

(3)铺装沥青或改性沥青防水卷材以及浸渍沥青的无纺土工布等。

无防水层时,水泥混凝土铺装应采用防水混凝土。对沥青混凝土则应加强排水和养护。

2.桥面排水设施

桥面排水除采取在桥面上设置纵、横坡之外,常常还需要设置一定数量的泄水管。竖向泄水管、横向排水管和封闭式泄水管等形式。泄水管的材料一般为铸铁、钢、钢筋混凝土和塑料等,由于钢筋混凝土泄水管道制作麻烦,目前已很少采用。当纵坡大于2%且桥长超过50m时,宜在桥上每隔12~15m设置一个泄水管。当纵坡小于2%时,泄水管就需设置更密一些,一般每隔6~8m设置一个。泄水管的过水面积通常为每平方米桥面上不少于2~3cm^2。

通常当桥面纵坡大于2%而桥长小于50m时,雨水可沿桥面流至桥头从引道排出,桥上可以不设泄水管。为了防止雨水冲刷引道路基,应在桥头引道的两侧设置急流槽。

三、桥面伸缩装置与桥面连续

1.桥面伸缩装置

为了保证桥跨结构在气温变化、活载作用、混凝土收缩与徐变等影响下按静力图式自由地变形,就需要在桥面上的两梁端之间以及梁端与桥台背墙之间设置伸缩缝。

伸缩装置的构造有简有繁,视桥梁变形量的大小和活载轮重而异,其作用是保证梁能够自由变形,使车辆在设缝处能平顺地通过,防止雨水、垃圾泥土等渗入堵塞。伸缩装置的构造应使施工和安装方便,其本身要有足够的强度,还应与桥面铺装部分牢固连接。对于敞露式的伸缩装置要便于检查和清除缝下沟槽的污物。在伸缩缝附近的栏杆结构也要能相应的自由变形。

在我国桥梁上使用的伸缩缝种类繁多,按其传力方式及构造特点可以分为对接式、钢制支承式、橡胶组合剪切式、模数支承式和无缝式5大类伸缩装置。

1)对接式伸缩装置

(1)填塞对接型。以沥青、木板、麻絮、橡胶等材料填塞缝隙,用于伸缩量在40mm以下的桥梁,目前已不多见。

(2)嵌固对接型。利用不同形状的钢构件将不同形状的橡胶条(带)嵌牢固定,并以橡胶条(带)的拉压变形来吸收梁体的变形,应用于伸缩量在80mm及其以下的桥梁。嵌固对接型伸缩装置如图6-2所示。

a)

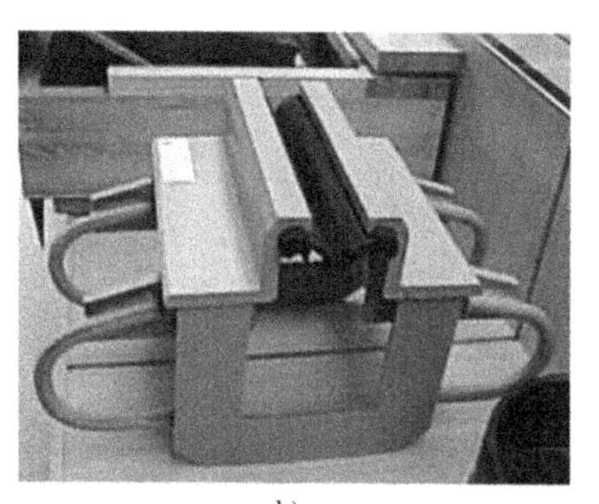
b)

图6-2　嵌固对接型伸缩装置

2)钢制支承式伸缩装置

用钢材装配制成,能直接承受车轮的荷载。构造相对复杂,常见的有单侧滑动的跨搭钢板式伸缩装置,当车辆驶过时往往由于梁端转动或挠曲变形而产生拍击作用,噪声大,而且容易使结构损坏。因此,需采用设有螺栓弹簧的装置来固定滑动钢板,以减少拍击和噪声,例如两侧可同时滑动的梳形齿式钢板伸缩装置(图6-3)。

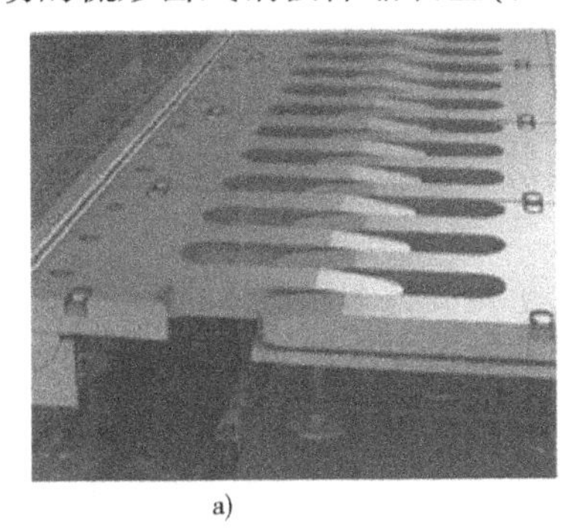
a)

b)

图6-3 梳形齿式钢板伸缩装置

3)橡胶组合剪切式(板式)伸缩装置

利用橡胶材料剪切模量低的原理,将橡胶材料与钢件组合,由橡胶的剪切变形吸收梁的伸缩变位,桥面板缝隙支承车轮荷载。橡胶组合剪切式(板式)伸缩装置(图6-4)伸缩量大,行车平稳,但一般伸缩摩阻力比较大。

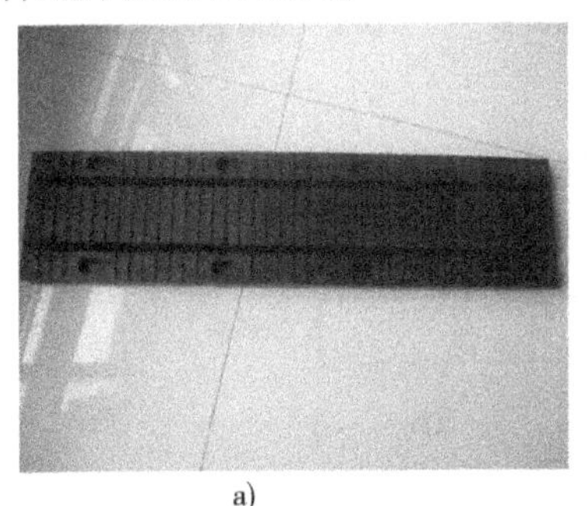
a)

b)

图6-4 橡胶组合剪切式(板式)伸缩装置

4)模数支承式伸缩装置

板式橡胶制品这一类伸缩装置,很难满足大位移量的要求,钢制型的伸缩装置,很难做到密封不透水,而且容易造成对车辆的冲击,影响车辆的行驶性。因此,出现了利用吸震缓冲性能好又容易做到密封的橡胶材料,它是与强度高性能好的异型钢材组合而成,在大位移量情况下能承受车辆荷载各类型模数的支承式(模数式)桥梁伸缩装置。它适用于伸缩量为80~1 200mm的桥梁工程,从80mm的单缝到1 200mm的多缝共分15级,可根据实际需要按照一定模数任意组拼。模数式伸缩装置如图6-5所示。

a)

b)

图6-5 模数式伸缩装置

5）无缝式伸缩装置

无缝式伸缩装置，是接缝构造不伸出桥面时，在桥梁端部的伸缩间隙中填入弹性材料并铺上防水材料，然后在桥面铺装层铺筑黏弹性复合材料，使伸缩接缝处的桥面铺装与其他铺装部分形成一连续体，以连接缝的沥青混凝土等材料的变形并承受伸缩的一种构造。

仅适用于较小的接缝部位，适用范围有所限制。

2. 桥面连续

桥面上的伸缩装置在使用过程中容易损坏，为了提高行车舒适性，减轻桥梁养护工作和提高桥梁使用寿命，应力求减少伸缩装置的数量。近年来对于多孔简支体系的桥梁，减少桥梁伸缩缝的做法主要是采用桥面连续。高速公路、一级公路上的多孔梁（板）桥宜采用连续桥面简支结构。桥面连续构造（图6-6）的实质是将伸缩缝处的桥面部分做成连续体，由于其刚度小，不致影响简支梁的基本受力性质，使主梁仍能满足简支体系的受力特征。

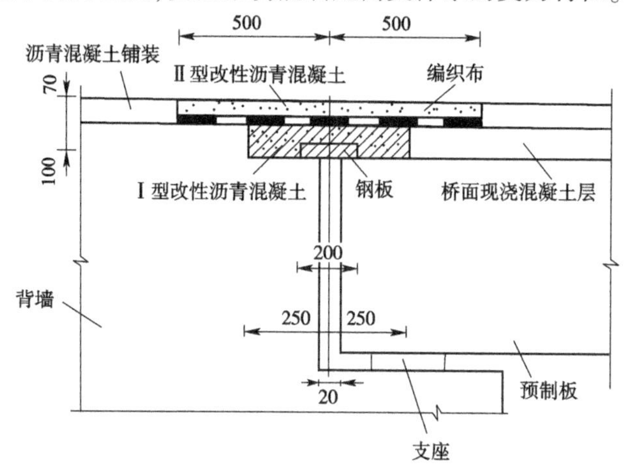

图6-6　桥面连续构造（尺寸单位：mm）

四、人行道、栏杆、护栏与灯柱

位于城镇和市郊等人口稠密地区的桥梁均应设置人行道、栏杆及灯柱，在城镇以外行人稀少地区的公路桥梁上，可以不设人行道和灯柱，但必须设置栏杆、安全带或护栏。这些设施虽然并不直接参与桥梁结构的受力，但它们对于行人和车辆的安全，以及桥梁的美观有着重要的作用。

1. 人行道

桥梁一般应设置人行道。在行人稀少地区，可改用宽度和高度均不小于0.25m的安全带，以保障行车安全。

如图6-7a）所示为只设安全带的构造，安全带是指为保证车辆在桥上靠边行驶时的安全而设置的带状构造物。安全带可以单独做成预制块件，也可与梁一起预制或与铺装层一起现浇。

如图6-7c）所示为附设在板上的人行道构造，人行道部分用填料垫高，上面敷设2～3cm的砂浆面层（或沥青砂）。在人行道内边缘设有缘石，以对人行道起安全保护作用。缘石可用石料或预制混凝土块砌筑，也可在板上现浇。

在跨径小而人行道宽的桥梁上，可用人行道承重板直接搁置在墩台的加高部分上，如图6-7b）所示。对于整体浇筑的钢筋混凝土梁桥，常将人行道设在桥面板挑出的悬臂上，如

图6-7d)所示。这样做能缩短墩台横桥向的长度,但施工不便。

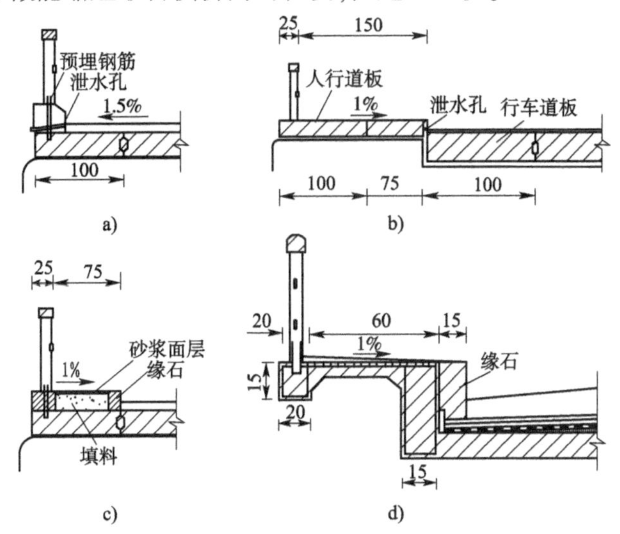

图6-7　人行道和安全带(尺寸单位:cm)

如图6-8所示为悬出的装配式人行道构造,人行道由人行道板、人行道梁、支撑梁及缘石组成。人行道梁搁在行车道的主梁上,一端悬臂挑出,另一端则通过预埋的钢板与主梁预留的锚固钢筋焊接。人行道梁端部设有凹槽安装栏杆柱。支撑梁位于人行道梁的下面,用以固定人行道梁的位置。人行道板则铺装在人行道梁上。这种人行道的构造,预制块件小而轻,但施工较繁琐。

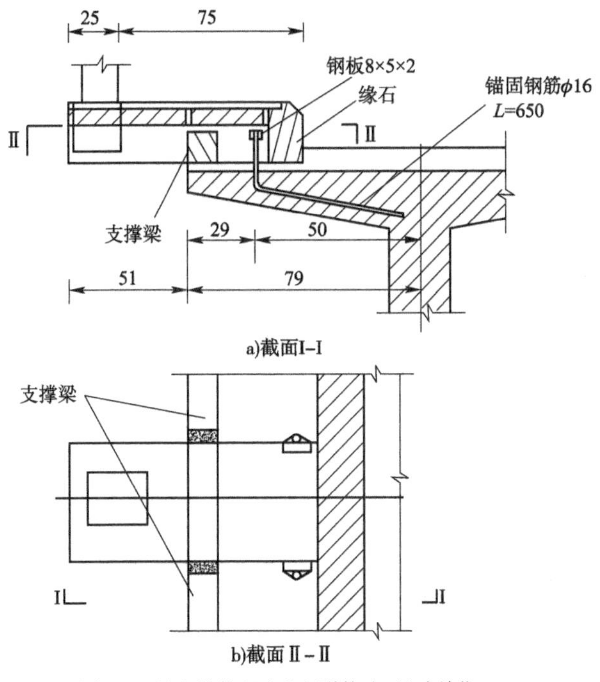

图6-8　悬出的装配式人行道构造(尺寸单位:cm)

2. 栏杆

栏杆是设置在桥面两侧以利车辆、行人安全过桥的防护设施。栏杆高度通常为80~120cm,间距为1.6~2.7m。常用混凝土、钢筋混凝土、钢、铸铁以及钢与混凝土的混合材料制作,在钢筋混凝土梁式桥上常采用钢筋混凝土栏杆。现代栏杆造型如图6-9所示。

a)

b)

图 6-9 现代栏杆造型

3.护栏

护栏又称护栅,是为使车辆与车辆或车辆与行人分道行驶,以及防止车辆驶离规定行车道位置而设置的安全防护设施。前者称防护栏[图 6-10a)],后者称防撞护栏[图 6-10b)]。高速公路上的桥梁均需设置防撞护栏,一般用钢筋混凝土预制或现浇,具有一定的抗撞能力,以保证行车安全。

a)防护栏

b)钢筋混凝土防撞护栏

图 6-10 桥梁护栏

4.灯柱

位于城镇和市郊人口稠密地区的桥梁,应当提供照明设施,因此需要设置照明灯柱。对于行车道和人行道均不宽的桥梁,灯柱可以设置在栏杆上。如果人行道较宽时,可将灯柱设置在靠近路缘石处,当桥面很宽并设有快车道和慢车道时,则可将灯柱设置在快、慢车道之间的分隔带处。具体应设置的位置,可根据桥梁横断面的具体情况来定。

灯柱的照明方式有栏杆照明、常规照明和高杆照明三种方式。

根据制作的材料,灯柱可分为混凝土灯柱和金属灯柱两大类。

第二节 桥面系施工

一、桥面铺装层施工

桥面铺装的作用是实现桥梁的整体化,使各片主梁共同受力,同时为行车提供平整舒适的行车道面。高等级公路及二、三级公路的桥面铺装层一般为两层,上层为 4 ~ 8cm 沥青混凝土,下层为 8 ~ 10cm 钢筋混凝土。钢筋混凝土增加桥梁的整体性,沥青混凝土提高行车的舒适性,同时能减轻车辆对桥梁的冲击和振动。四级公路或个别三级公路为减少工程造价,直接采用混凝土路面,也有三级公路在水泥混凝土桥面上铺设一层沥青碎石或沥青表面处治,所以其结构形式根据公路等级、交通量大小和荷载等级设计确定。现就水泥钢筋混凝土和沥青混凝土铺装层分别作以介绍。

1. 钢筋混凝土桥面铺装层施工

1)梁顶高程的测定和调整

预应力混凝土空心板或大梁在预制后存梁期间由于预应力的作用,往往会产生反拱,如果反拱过大就会影响到桥面铺装层的施工,因此设计中对存梁时间、存梁方法都做了一定要求。如果架梁前已经发现反拱过大,则应采取降低墩顶高程、减少垫石厚度等方法,保证铺装层厚度。

2)梁顶处理

为了使现浇混凝土铺装层与梁、板结合成整体,预制梁板时对其顶面进行拉毛处理,有些设计中要求梁顶每隔 50cm,设计一条 1 ~ 1.5m 深齿槽。浇筑前要将梁顶面浮浆凿除,露出集料形成新鲜而粗糙的混凝土表面,清扫杂物,然后用高压气泵吹除碎屑和表面尘土,后用高压水清洗梁表面。不能留有灰尘、油渍、污渍等,并使板顶充分湿润。

3)绑扎布设桥面钢筋网

按设计文件要求,下料制作钢筋网,钢筋网片制作完成后,用混凝垫块将钢筋网垫起。根据规范规定和设计文件要求设置满足钢筋设计位置及混凝土的净保护层混凝土,浇注前重新复查钢筋网垫起高度是否符合设计要求。桥面钢筋网因面积较大,加之在浇筑过程中人踩等现象很难避免,所以钢筋的位置及保护层的控制一定要采取有效措施。布设桥面钢筋如图 6-11 所示。

4)混凝土浇筑

对板顶处理情况、钢筋网布设进行检查,满足设计和规范要求后,即可浇筑混凝土,混凝土浇筑前,使梁顶面用水充分湿润但不可形成积水,避免混凝土失水过快。若设计为防水混凝土,其配合比及施工工艺应满足规范要求。

桥面混凝土施工方法有人工配合机具施工和机械施工两种,可根据具体情况酌情采用,一般以采用人工配合机具施工为主。混凝土可采用泵送或混凝土搅拌车运输,人工配合滚轴式振动梁摊铺整平(图 6-12),浇筑过程中要做到由桥一端向另一端推进连续浇筑,防止产生施工缝。

图 6-11 布设桥面钢筋

图 6-12 桥面混凝土浇筑

5)混凝土振捣

选择有经验的混凝土工,在边角处采用平板振捣器进行精细振捣,振捣的火候应恰到好处。防止漏捣、欠捣、过捣等现象。

刮平表面，用木砂板压抹，找好表面高程和平整度，然后刷毛。

6）混凝土养护

桥面铺装混凝土浇筑完成后，待表面收浆后尽快对混凝土进行养生，洒水养生应最少保持7d，预应力混凝土的养生应延长至施加预应力完成为止。桥面铺装不得有由于混凝土的收缩而引起的裂缝。如果桥面铺装施工完成后还未完全凝固而有大雨时，应对其进行覆盖，防止铺装混凝土表面受到雨水的冲刷。

养生期间，混凝土强度达到2.5MPa之前，不得使其承受行人、运输工具、模板、支架及脚手架等荷载。可在桥两端设置隔离设施，防止施工或地方车辆通行，影响混凝土强度。待混凝强度形成后，方能开放交通或铺筑上层沥青混凝土。

2. 沥青混凝土面层施工

桥面沥青混凝土与同等级公路沥青混凝土路面的材料、工艺、施工方法相同，一般与路面同时施工。沥青混凝土桥面铺装层的施工工艺为：制备、运输沥青混合料→摊铺沥青混合料→碾压沥青混合料→养生等。施工中必须注意控制好沥青混合料各阶段的温度，碾压的压实度，面层的平整度和抗滑性等关键技术指标。

沥青面层宜采用高温稳定性好的中粒式热拌热铺沥青混凝土铺筑。沥青混凝土铺装前应检查桥面是否平整、粗糙、干燥、整洁。桥面横坡应符合设计要求，不符合时应予以处理。摊铺前应洒布黏层沥青，摊铺时混合料各阶段温度注意控制在规范允许范围内。摊铺机摊铺宜从下坡向上坡进行，摊铺后要及时碾压。碾压分初压、复压、终压三阶段进行，压路机行驶速度要缓慢、均匀，在纵坡较大的地方不允许急转和紧急制动。碾压至面层无明显轮迹为止，注意铺装后桥面泄水孔的进水口应略低于桥面面层，保证排水顺畅，碾压成形后，必须待沥青温度降至50℃以下方可开放交通。

沥青混凝土桥面铺装施工如图6-13所示。

图6-13　沥青混凝土桥面铺装施工

二、桥面防水施工

1. 卷材防水层施工

防水层施工前应保持桥面板平整、干燥、清洁，并在桥面板上预先洒布黏层沥青或涂刷冷底子油，使桥面板与防水层紧密相连。

卷材铺贴前应保持干燥，并应将表面的云母、滑石粉等清除。铺贴沥青卷材时，应采用沥青胶将卷材与基面密贴，并用滚筒碾平压实。沥青胶厚度一般为 1.5 ~ 2.5mm，不得超过 3mm。应沿水流（桥面坡度）方向用上层卷材压住下层卷材，上下层的搭接缝应错开半幅，纵缝搭接长度应为 80 ~ 100mm，横缝搭接不应少于 100mm。

黏贴卷材应展平压实，卷材与基层和各层卷材间必须黏结紧密，并将多铺的沥青胶挤出。搭接缝必须封缝严密，防止出现水路。黏贴完最后一层卷材后，表面应再涂一层厚为 1 ~ 1.5mm 的热沥青胶结材料。

2. 涂料防水层施工

涂料防水层是涂刷各种高分子聚合物防水涂料而形成的防水层。

涂料防水层施工前的基层表面必须平整、密实、洁净。防水涂料的配合比应按照设计规定或涂料说明书确定，配制时应搅拌均匀。

防水涂料可用手工涂刷或喷涂，要求厚度应均匀一致。第一层涂料涂刷完毕，必须干燥结膜后方可涂刷下一层，一般涂刷 2 ~ 3 层。涂刷第一层时必须与混凝土密实结合，不得夹有空隙。如涂料防水层中夹有各类纤维布时，应在涂刷一遍涂料后，逐条紧贴纤维布，并要求使涂料吃透布料，不得出现起鼓、翘边、皱折现象。桥面聚合物沥青防水涂料施工见图 6-14。

图 6-14　桥面聚合物沥青防水涂料施工

喷涂结束后，养护 24 小时以上，经检查防水层实干后，方可进行桥面铺装的施工。

3. 泄水管施工

泄水管的施工应按设计要求执行，泄水管应伸出结构物底面 100 ~ 150mm。

立交桥及高速公路上的桥梁，泄水管不宜直接挂在板下，可将泄水管通过纵向及竖向排水管道直接引向地面，或按设计要求办，并且管道要有良好的固定装置，如锚锭轨及抱箍等预埋件。

三、桥面伸缩装置与桥面连续施工

1. 桥面伸缩装置施工

桥梁伸缩装置形式多样，具体要求千差万别，不能一一列举。在此，只介绍有共性的常规施工方法。

伸缩装置施工时一般采用后装法。即先进行桥面铺装层施工，然后开槽安装伸缩装置。安装伸缩装置的预留槽，由施工单位用砂或碎石填平，最好采用低强度等级混凝土浇筑，最后进行伸缩装置位置的桥面铺装施工，其平整度应与整体混凝土铺装层一致，并在相应位置作伸缩装置安装范围的标记。

1) 切缝开槽

根据伸缩装置施工图的要求进行放样，用切缝机开槽，为防止锯缝时产生的石粉污染路面，锯缝线以外的路面应用塑料布覆盖。

2) 清理槽口

切缝后槽内松动的沥青混凝土、水泥混凝土应清理凿除干净，然后用强力风机或高压水枪清除槽内的杂尘。然后清理施工基面，理顺和修复槽内预埋筋。

3) 调节伸缩装置定位尺寸

根据安装时的气温，调节出安装工程师确定的伸缩装置定位尺寸。调整好后，安装固定专用夹具。

4) 伸缩装置就位

将伸缩装置安放在槽内，使其纵向中心线与桥缝中心线相重合，先作临时的固定，即每隔2～3个锚固装置与槽内预埋钢筋焊接，注意应两侧对称焊接，然后将预埋钢筋和伸缩装置锚固件焊接牢固，再横穿水平钢筋，用铁丝扎紧或焊实，使之成为一体。

5) 设置梁端模板

用泡沫塑料板或薄铁皮嵌入梁端间隙内，其上部与伸缩装置钢梁内侧密合，并尽量达到密封，以防止浇筑混凝土时出现漏浆、空洞等现象。

6) 浇筑混凝土

采用C40环氧树脂混凝土、C50钢纤维混凝土或C50级以上混凝土(具体依照设计要求)进行浇筑，伸缩装置四周混凝土要充分振捣密实，在安装模数式伸缩装置时，更应注意支承箱下混凝土的振捣密实。

待混凝土凝固后即可进行路面铺装，铺装面应与伸缩装置顶面平齐。

图6-15为桥梁伸缩装置施工。

a)

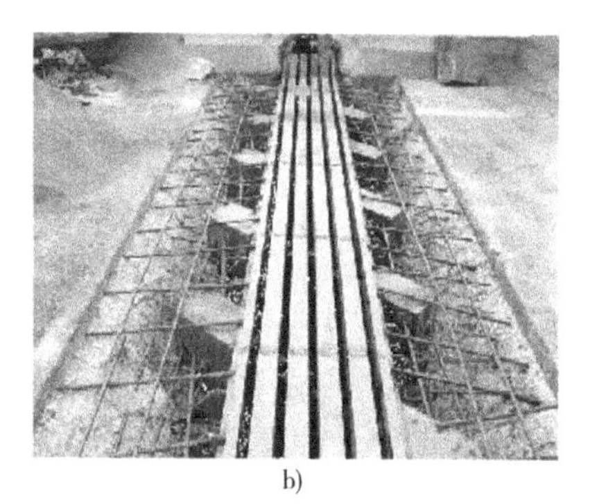

b)

图6-15 桥梁伸缩装置施工

2. 桥面连续施工

桥面连续与桥面铺装层混凝土同时施工，桥面铺装层钢筋网靠顶层布设，至混凝土顶面净保护层1.5cm。桥面连续处为保证梁体伸缩应力能通过连续部位传递，在桥面铺装层顶层部位增加一层纵向联结钢筋，一般选用ϕ8mm钢筋，间距5cm，在底层还要增设分布钢筋和连接钢筋，同样为ϕ8mm钢筋，间距5cm。浇筑混凝土之前用轻质包装板将梁端缝隙填塞密实，既保证上部现浇混凝土不致落下，又能使梁自由伸缩。混凝土强度形成后在连续顶部梁间接缝正中心位置锯以1.5cm深的假缝，用沥青玛蹄脂填实，保证桥面在温度下降时不产生不规则裂缝。

四、人行道、栏杆、护栏与灯柱施工

桥梁人行道、栏杆、护栏与灯柱形式多样，取材广泛，施工方法各异，具体方法可参照设计图样，按图施工。

1. 施工一般要求

(1)桥面安全带和路缘石、人行道梁、人行道板、栏杆、扶手、灯柱等，在修建安装完工后，其竖向线形或坡度、断缝或伸缩缝必须符合设计规定。

(2)钢筋混凝土墙式护栏的高度必须在纵坡变化点处调整，以便线形顺适、美观。

(3)钢筋混凝土柱式护栏、金属制护栏放样前应选择桥梁伸缩缝附近的端部立柱等作为控制点，当间距出现零数，可用分配办法使之符合规定的尺寸，立柱宜等距设置。

(4)轮廓标的安装高度宜尽量统一，其联结应牢固。

2. 安装人行道要点

(1)悬臂式人行道构件必须与主梁横向联结或拱上建筑完成后才可安装。

(2)人行道梁须安装人行道顶面设计的横向排水坡。

(3)人行道板必须在人行道梁锚固后才可铺设，对设计无锚固的人行道梁、人行道板的铺设应按照由里向外的次序。

(4)在安装有锚固的人行道梁时，应对焊缝认真检查，必须注意施工安全。

3. 其他事项

栏杆块件必须在人行道板铺设完毕后才可安装，安装栏杆柱时，必须全桥对直、校平(弯桥、坡桥要求平顺)，竖直后用水泥砂浆填缝固定。桥上灯柱应按设计位置安装，必须牢固、线条顺直、整齐美观。灯柱线路必须安全可靠。

第七章　桥梁工程的清单计量

第一节　工程量清单

一、工程量清单的概念

在公路建设中工程量计量、计价是一项至关重要而又十分复杂的工作。我国公路工程建设市场从上世纪八十年代末就开始采用工程量清单计价方法，它是一种国际通用综合报价的计价模式。

工程量清单是按照招标文件要求和施工设计图纸要求将拟建招标工程的全部项目和内容，依据统一的工程量计算规则、工程量清单项目编制规则要求，计算拟建招标工程的分部分项工程数量的明细清单。工程量清单主要包括工程量清单说明和工程量清单表两部分。

工程量清单计价方法相对于传统的定额计价方法是一种新的计价模式，它将定价权利交给市场，由建设产品的买方和卖方在建设市场上根据供求状况、信息状况进行自由竞价，从而最终签订工程合同价格。

二、工程量清单的作用

采用工程量清单计价，首先是要对所完成工程的数量进行测量、计算、核查和确认。工程量清单的计量和计价，可以实现工程量计算规则统一化、计算方法标准化、工程造价确定市场化，有以下几方面作用：

(1)工程量清单是编制标底和投标报价的依据。

(2)为建设单位的合同管理提供依据(单价调整和变更、中期支付等)。

(3)为项目的投资控制提供依据。

(4)为工程结算提供依据。

三、工程量清单的组成

工程量清单是招标文件的组成部分，主要由工程细目工程量清单、专项暂定金额清单和计日工清单组成，是编制标底和投标报价的依据。已标价、经算数性修正无误且施工单位已确认的最终工程量清单是签订合同、调整工程量和办理工程结算的基础。

工程量清单一般由有编制招标文件能力的招标人或受其委托具有相应资质的工程造价咨询机构、招标代理机构，依据有关计价方法、招标文件的要求、设计文件和施工现场实际情况进行编制。

工程细目工程量清单共分为八章，第 100 章总则，第 200 章路基工程，第 300 章路面工程，第 400 章桥梁涵洞工程，第 500 章隧道工程，第 600 章安全设施及预埋管线工程，第 700 章绿化及环境保护工程，第800章房建工程。

在《公路工程工程量清单计量规则》中，对工程量清单项目的设置作了明确的规定，项目号、项目名称、项目特征、计量单位、工程量计算规则和工程内容采用表格形式，一一对应，直观明了。

项目号的编写分别按项、目、节、细目表达，根据实际情况可按厚度、标号、规格等增列细目或子细目，细目以a、b……表示，细目下子细目以1、2……表示。工程量清单细目号对应方式示例如下：

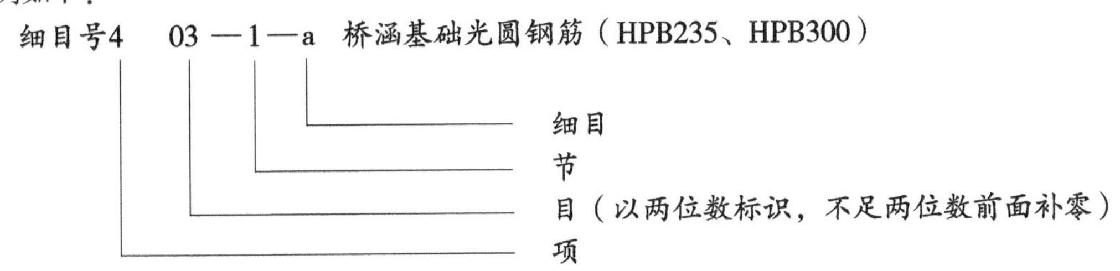

项目名称以工程和费用名称命名，如有缺项，招标人可按《公路工程工程量清单计量规则》的相应原则进行补充。

项目特征按不同的工程部位、施工工艺或材料品种、规格等对项目进行描述，是设置清单项目的依据。

计量单位采用基本单位，除各章另有特殊规定外，均按以下单位计量：

(1)以体积计算的项目——m^3。

(2)以面积计算的项目——m^2。

(3)以重量计算的项目——t，kg。

(4)以长度计算的项目——m。

(5)以自然体计算的项目——个、棵、根、台、套、块……

(6)没有具体数量的项目——总额。

工程量计算规则是对清单项目工程量的计算规定，除另有说明外，清单项目工程量均按照有合同约束力的图纸所标示尺寸的理论净量计算，材料及半成品采备和损耗、场内二次转运、常规的检测等均应包括在相应工程项目中，不另行计量。

工程内容为完成该项目的主要工作，凡工程内容中未列的其他工作，为该项目的附属工作，应按照各项目对应的招标文件范本技术规范章节的规定或设计图纸综合考虑在报价中。

施工现场交通组织、维护费，应综合考虑在各项目内，不另行计量。

四、工程量清单应用注意事项

(1)工程量清单中所列工程数量是估算的或设计的预计数量，仅作为投标报价的共同基础，不能作为最终结算与支付的依据。实际支付应按实际完成的工程量，由承包人按技术规范规定的计量方法，以监理人认可的尺寸、断面计量，按工程量清单的单价和总额价计算支付金额，或者根据具体情况，按合同相关条款的规定，由监理人确定单价或总额价计算支付金额。

(2)工程量清单中所列工程量的变动，丝毫不会降低或影响合同条款的效力，也不免除承包人按规定的标准进行施工和修复缺陷的责任。

(3)工程量清单中的每一子目须填入单价或价格，且只允许有一个报价。

(4)除非合同另有规定，工程量清单中有标价的单价和总额价均已包括了为实施和完成合同工程所需的劳务、材料、机械、质检(自检)、安装、缺陷修复、管理、保险、税费、利润等费用,以及合同明示或暗示的所有责任、义务和一般风险。

(5)工程量清单中投标人没有填入单价或价格的子目,其费用视为已分摊在工程量清单中其他相关子目的单价或价格之中。承包人必须按监理人指令完成工程量清单中未填入单价或价格的子目,但不能得到结算与支付。

(6)符合合同条款规定的全部费用应认为已被计入有标价的工程量清单所列各子目之中,未列子目不予计量的工作,其费用应视为已分摊在合同工程的有关子目的单价或总额价之中。

(7)承包人用于合同工程的各类装备的提供、运输、维护、拆卸、拼装等支付的费用,已包括在工程量清单的单价与总额价之中。

五、桥涵工程量清单

公路工程标准施工招标文件(2009年版)中第400章桥梁、涵洞工程量清单如表7-1所示:

桥涵工程量清单 表7-1

清单 第400章 桥梁、涵洞					
子目号	子 目 名 称	单位	数量	单价	合价
401-1	桥梁荷载试验(暂估价)	总额			
401-2	地质钻探及取样试验(暂定工程量)				
-a	ϕ70mm	m			
-b	ϕ110mm	m			
403-1	基础钢筋(包括灌注桩、承台、沉桩、沉井等)				
-a	光圆钢筋(HPB235、HPB300)	kg			
-b	带肋钢筋(HRB335、HRB400)	kg			
403-2	下部结构钢筋				
-a	光圆钢筋(HPB235、HPB300)	kg			
-b	带肋钢筋(HRB335、HRB400)	kg			
403-3	上部结构钢筋				
-a	光圆钢筋(HPB235、HPB300)	kg			
-b	带肋钢筋(HRB335、HRB400)	kg			
403-4	附属结构钢筋				
-a	光圆钢筋(HPB235、HPB300)	kg			
-b	带肋钢筋(HRB335、HRB400)	kg			
404-1	干处挖土方	m^3			
404-2	水下挖土方	m^3			
404-3	干处挖石方	m^3			
404-4	水下挖石方	m^3			
405-1	钻孔灌注桩(ϕ…mm)	m			
405-2	钻取混凝土芯样(ϕ70mm)(暂定工程量)	m			

清单 第400章 桥梁、涵洞					
子目号	子 目 名 称	单位	数量	单价	合价
405-3	破坏荷载试验用桩(φ…mm)(暂定工程量)	m			
406-1	钢筋混凝土沉桩(φ…mm)	m			
406-2	预应力混凝土沉桩(φ…mm)	m			
406-3	试桩(φ…mm)	m			
407-1	挖孔灌注桩(φ…mm)	m			
407-2	钻取混凝土芯样(φ70mm)(暂定工程量)	m			
407-3	破坏荷载试验用桩(φ…mm)(暂定工程量)	m			
408-1	桩的检验荷载试验(暂定工程量)(φ…mm)(kN)	每一试桩			
408-2	φ…mm 桩破坏荷载试验(φ…m)(暂定工程量)	每一试桩			
409-1	钢筋混凝土沉井				
-a	井壁混凝土(C…)	m^3			
-b	顶板混凝土(C…)	m^3			
-c	填芯混凝土(C…)	m^3			
-d	封底混凝土(C…)	m^3			
410-1	混凝土基础(包括支撑梁、桩基承台,但不包括桩基)	m^3			
410-2	混凝土下部结构	m^3			
410-3	现浇混凝土上部结构	m^3			
410-4	预制混凝土上部结构	m^3			
410-5	上部结构现浇整体化混凝土	m^3			
410-6	现浇混凝土附属结构	m^3			
410-7	预制混凝土附属结构	m^3			
411-1	先张法预应力钢丝	kg			
411-2	先张法预应力钢绞线	kg			
411-3	先张法预应力钢筋	kg			
411-4	后张法预应力钢丝	kg			
411-5	后张法预应力钢绞线	kg			
411-6	后张法预应力钢筋	kg			
411-7	现浇预应力混凝土上部结构	m^3			
411-8	预制预应力混凝土上部结构	m^3			
413-1	浆砌片石				
-a	M…	m^3			
413-2	浆砌块石				
-a	M…	m^3			
413-3	浆砌料石				
-a	M…	m^3			

续上表

清单 第400章 桥梁、涵洞					
子目号	子 目 名 称	单位	数量	单价	合价
413-4	浆砌预制混凝土块				
-a	M···	m^3			
415-1	沥青混凝土桥面铺装(厚···mm)	m^2			
415-2	水泥混凝土桥面铺装(C···,厚···mm)	m^2			
415-3	防水层(厚···mm)	m^2			
416-1	矩形板式橡胶支座	个			
416-2	圆形板式橡胶支座	个			
416-3	球冠圆板式橡胶支座	个			
416-4	盆式支座	个			
416-5	球形支座	个			
417-1	橡胶伸缩装置	m			
417-2	模数式伸缩装置	m			
417-3	梳齿板式伸缩装置	m			
417-4	填充式材料伸缩装置	m			
419-1	单孔钢筋混凝土圆管涵(φ···m)	m			
419-2	双孔钢筋混凝土圆管涵(φ···m)	m			
419-3	钢筋混凝土圆管倒虹吸管(φ···m)	m			
420-1	钢筋混凝土盖板涵(···m×···m)	m			
420-2	钢筋混凝土箱涵(···m×···m)	m			
421-1	拱涵(···m×···m)	m			
421-2	拱形通道涵(···m×···m)	m			
清单400章合计 人民币______					

第二节 桥梁工程清单计量与支付

工程量清单是招标文件的组成部分，由招标人根据公路工程标准施工招标文件(2009年版)、招标项目具体特点和实际需要编制，并与“投标人须知”、“通用合同条款”、“公路工程专用合同条款”、“项目专用合同条款”、“技术规范”、“图纸”相衔接。工程量清单具体表格内容可根据《公路工程工程量清单计量规则》有关规定作相应的调整和补充。

下面根据《公路工程工程量清单计量规则》和公路工程标准施工招标文件(2009年版)技术规范的要求，对第400章桥梁、涵洞工程量清单的计量与支付进行介绍。需要说明的是，实际公路工程建设中，各项目的专用合同条款、技术规范、工程量清单会略有不同，以项目专用本为准。

一、通则

1. 计量

(1)荷载试验费用由发包人估定，以暂估价的形式按总额计入工程总价内。

(2)地质钻探及取样试验按实际完成并经监理人验收后，分不同钻径以米计量。

2. 支付

按上述规定计量，经监理人验收列入了工程量清单的地质钻探及取样试验支付子目，其每一计量单位以合同单价支付。该支付包括为完成钻探取样所需的全部材料、劳力、设备、试验及成果分析的全部费用，是对完成钻探及取样试验的全部偿付。

二、模板、拱架和支架

现浇和预制混凝土、钢筋混凝土、预应力混凝土，石料及混凝土预制块砌体所用的模板、拱架和支架的设计制作、安装、拆卸施工等有关作业为各相关工程的附属工作，不作计量与支付。

三、钢筋

1. 计量

(1)根据图纸所示及钢筋表(不包括固定、定位架立钢筋)所列，按实际安设并经监理人验收的钢筋以千克计量。其内容包括钢筋混凝土中的钢筋，预应力混凝土中的非预应力钢筋及混凝土桥面铺装中的钢筋。

(2)除图纸所示或监理人另有认可外，因搭接而增加的钢筋不予计入。

(3)钢筋及钢筋骨架用的铁丝、钢板、套筒(连接套)、焊接、钢筋垫块或其他固定、定位架立钢筋的材料，以及钢筋的防锈、截取、套丝、弯曲、场内运输、安装等，作为钢筋工程的附属工作，已含在相关子目的报价中，不另行计量。

2. 支付

按上述规定计量，经监理人验收的列入了工程量清单的支付子目的工程量，其每一计量单位以合同单价支付。该支付包括材料、劳力、设备、检验、运输及其他为完成钢筋工程所必需的费用，是对完成工程的全部偿付。

四、基础挖方及回填

1. 计量

(1)基础挖方应按下述规定，取用底、顶面间平均高度的棱柱体体积，分别按干处、水下及土、石,以立方米计量。干处挖方与水下挖方是以经监理人认可的施工期间实测的地下水位为界线。在地下水位以上开挖的为干处挖方,在地下水位以下开挖的为水下挖方。基础底面、顶面及侧面的确定应符合下列规定:

①基础挖方底面。按图纸所示或监理人批准的基础(包括地基处理部分)的基底高程线计算。

②基础挖方顶面。按监理人批准的横断面上所标示的原地面线计算。

③基础挖方侧面。按顶面到底面,以超出基底周边0.5m的竖直面为界。

(2)当承包人遇到特殊或非常规情况时,应及时通知监理人,由监理人定出特殊的基础挖方界线。凡未取得监理人批准,承包人以特殊情况为理由而完成的任何挖方将不予计量,其基坑超深开挖,应由承包人用砂砾或监理人批准的回填材料予以回填压实。

(3)为完成基础挖方所做的地面排水及围堰、基坑支撑及抽水、基坑回填与压实、错台开挖及斜坡开挖等,作为挖基工程的附属工作,不另行计量。

(4)台后路基填筑及锥坡填土在工程量清单第200章路基工程第204节内计量与支付。

(5)基坑土的运输作为挖基工程的附属工作,不另行计量与支付。

2. 支付

按上述规定计量,经监理人验收的列入了工程量清单的支付子目的工程量,其每一计量单位以合同单价支付。该支付包括材料、劳力、设备、运输等及其他为完成挖基及回填工程所必需的费用,是对完成工程的全部偿付。

五、钻孔灌注桩

1. 计量

(1)钻孔灌注桩以实际完成并经监理人验收后的数量,按不同桩径的桩长以米计量,计量应自图纸所示或监理人批准的桩底高程至承台底或系梁底。对于与桩连为一体的柱式墩台,如无承台或系梁时,则以桩位处地面线为分界线,地面线以下部分为灌注桩桩长,若图纸有标识的,按图纸标识为准。未经监理人批准,由于超钻而深于所需的桩长部分,将不予计量。

(2)开挖、钻孔、清孔、钻孔泥浆、护筒、混凝土、破桩头,以及必要时在水中填土筑岛、搭设工作台架及浮箱平台、栈桥等其他为完成工程的子目,作为钻孔灌注桩的附属工作,不另行计量。混凝土桩无破损检测及所预埋的钢管等材料,均作为混凝土桩的附属工作,不另行计量。

(3)钢筋在清单第400章第403节内计量,列人403-1子目内。

(4)监理人要求钻取的芯样,经检验,如混凝土质量合格,钻取的芯样应予计量,否则不予计量。混凝土取芯按取回的混凝土芯样的长度以米计量。

2. 支付

按上述规定计量,经监理人验收的列入了工程量清单的支付子目的工程量,其每一计量单位以合同单价支付。该支付包括材料、劳力、设备、运输等及其他为完成钻孔灌注桩工程所必需的费用,是对完成工程的全部偿付。

六、沉桩

1. 计量

(1)钢筋混凝土或预应力混凝土沉桩以实际完成并经监理人验收后的数量,按不同桩径的桩身长度以米计量。桩身长度的计量应自图纸所示或监理人批准的桩尖高程至承台底或盖梁底。未经监理人批准，沉入深度超过图纸规定的桩长部分，将不予计量与支付。

(2)为完成沉桩工程而进行的钢筋混凝土桩浇筑预制、养生、移运、沉入、桩头处理等一切有关作业，均为沉桩工程所包括的工作内容，不另计量与支付。

(3)试桩如系工程用桩，则该试桩按不同桩径分别列入支付子目中的钢筋混凝土沉桩子目内。如果试桩不作为工程用桩，则应按不同桩径以米为单位计量，列入支付子目中的试桩子目内。

(4)沉桩的无破损检验作为沉桩工程的附属工作，不另行计量。

(5)钢筋混凝土或预应力混凝土沉桩(包括试桩)所用钢筋在清单第400章第403节内计量，列入403-1子目内，其余钢板及材料加工等均含在钢筋混凝土沉桩工程子目中，不另行计量与支付。

(6)制造预应力混凝土沉桩用预应力钢材在清单第400章第411节内计量。制造预应力混凝土沉桩用法兰盘及其他钢材，除按上述规定在第403节、第411节计量外的所有钢材均含入预应力沉桩工程子目中，不另行计量与支付。

(7)试桩的试验机具其提供、运输、安装、拆卸以及试验数据的分析和提供试验报告等，均系该试桩的附属工作，不另行计量与支付。

2. 支付

按上述规定计量，经监理人验收的列入了工程量清单的支付子目的工程量，其每一计量单位以合同单价支付。该支付包括材料、劳力、设备、运输等及其他为完成沉桩工程(包括试桩)所必须的费用，是对完成工程的全部偿付。

七、挖孔灌注桩

1. 计量

(1)挖孔灌注桩以实际完成并经监理人验收后的数量，按不同桩径的桩长以米计量。计量应按图纸所示或监理人批准的从桩底高程至承台底或系梁底，如无承台或系梁时，则从桩底至图纸所示的桩顶，当图纸未示出桩顶位置，或示有桩顶位置但桩位处预先有夯填土时，由监理人根据情况确定。未经监理人批准，由于超挖而深于所需的桩长部分，将不予计量。

(2)设置支撑和护壁、挖孔、清孔、通风、钎探、排水、混凝土、每桩的无破损检验以及其他为完成此项工程的项目，均为挖孔灌注桩的附属工作，不另行计量。

(3)钢筋在清单第400章第403节内计量，列入403-1子目内。

(4)监理人要求钻取的混凝土芯样检验，经钻取检验后，如混凝土质量合格，钻取的芯样应予计量，否则不予计量。钻取芯样长度按取回的芯样以米计量。

2. 支付

按上述规定计量，经监理人验收列入了工程量清单的支付子目的工程量，其每一计量单位以合同单价支付，该支付包括材料、劳力、设备、运输等及其他为完成挖孔灌注桩工程所必需的费用，是对完成工程的全部偿付。

八、桩的垂直静荷载试验

1. 计量

(1)试桩不论是检验荷载或破坏荷载，均以经监理人验收或认可的单根试桩计量。计量包括压载、沉降观测、卸载、回弹观测、数据分析，以及为完成此项试验的其他工作子目。

(2)检验荷载试验桩(应在括号内注明试桩检验荷载重量)如试验后作为工程结构的一部分,其工程量在清单第400章第405节及第407节有关支付子目内计量与支付。破坏荷载试验用的试桩(应在括号内注明试桩长度),将来不作为工程结构的一部分,其工程量在第405节的支付子目405-3及第407节的支付子目407-3内计量与支付。

2. 支付

按上述规定计量,经监理人验收或认可的列入了工程量清单的支付子目的工程量,其每一计量单位以合同单价支付。该支付包括材料、劳力、设备、试验、运输、成果分析等及其他为完成试桩工程所必需的费用,是对完成工程的全部偿付。

九、沉井

1. 计量

(1)沉井制作完成,符合图纸规定要求,经监理人验收后,混凝土及钢筋按以下规定计量:

①沉井的混凝土,按就位后沉井顶面以下各不同部位(井壁、顶板、封底、填芯)和不同混凝土级别的体积以立方米为单位计量。

②沉井所用钢筋,列入清单第400章第403节基础钢筋支付子目内计量。

(2)沉井制作及下沉奠基,其中包括场地准备,围堰筑岛,模板、支撑的制作安装与拆除,沉井浇筑、接高,沉井下沉,空气幕助沉,井内挖土,基底处理等工作,均应视为完成沉井工程所必需的工作,不另行计量。

(3)沉井刃脚所用钢材,视作沉井的附属工程材料,不另行计量。

2. 支付

按上述规定计量,经监理人验收列入了工程量清单的支付子目的工程量,其每一计量单位以合同单价支付。该支付包括材料、劳力、设备、运输等及其他为完成沉井基础工程所必需的费用,是对完成工程的全部偿付。

十、结构混凝土工程

1. 计量

(1)以图纸所示或监理人指示为依据,按现场已完工并经验收的混凝土,分别以不同结构类型及混凝土等级,以立方米计量。混凝土附属结构包括缘石、人行道、防撞墙、栏杆、护栏、桥头搭板、枕梁、抗震挡块、支座垫块等,按其种类及混凝土等级分列子项。

(2)直径小于200mm的管子、钢筋、锚固件、管道、泄水孔或桩所占混凝土体积不予扣除。作为砌体砂浆的小石子混凝土,不另行计量。

(3)桥面铺装混凝土在清单第400章第415节内计量与支付,结构钢筋在第403节内计量。

(4)为完成结构物所用的施工缝连接钢筋、预制构件的预埋钢板、防护角钢或钢板、脚手架或支架及模板、排水设施、防水处理、基础底碎石垫层、混凝土养生、混凝土表面修整及为完成结构物的其他杂项子目,以及混凝土预制构件的安装架设设备拼装、移运、拆除和为安装所需的临时性或永久性的固定扣件、钢板、焊接、螺栓等,均作为各项相应混凝土工程的附属工作,不另行计量。

2. 支付

按上述规定计量,经监理人验收的列入了工程量清单的支付子目的工程量,其每一计量单位以合同单价支付。该支付包括材料、劳力、设备、试验、运输、安装及其他为完成混凝土工程所必要的费用，是对完成工程的全部偿付。

十一、预应力混凝土工程

1. 计量

(1)预应力混凝土结构物(包括现浇和预制预应力混凝土)按图纸尺寸或监理人指示为依据，按已完工并经验收合格的结构体积，以立方米计量。计量中包括悬臂浇筑、支架浇筑及预制安装预应力混凝土梁、板的一切作业。

(2)完工并经验收的预应力混凝土结构的预应力钢材，按图纸所示和本条款规定相应长度计算，预应力钢材数量以千克计量。后张法预应力钢材的长度按两端锚具间的理论长度计算，先张法预应力钢材的长度按构件的长度计算。除上述计算长度以外的锚固长度及工作长度的预应力钢材含入相应预应力钢材报价之中，不另行计量。

(3)预应力混凝土结构的非预应力钢筋，在清单第400章第403节计量与支付。

(4)预应力钢材的加工、锚具、管道、锚板及联结钢板、焊接、张拉、压浆等，作为预应力钢材的附属工作，不另行计量。预应力锚具包括锚圈、夹片、连接器、螺栓、垫板、喇叭管、螺旋钢筋等整套部件。

(5)后张法预应力混凝土梁封锚及端部加厚混凝土，计入相应梁段混凝土之中，不单独计量。

(6)预制板、梁的整体化现浇混凝土及其按图纸设置的钢筋，分别在第410节及第403节计量。

(7)桥面铺装混凝土在第415节计量。

2. 支付

按上述规定计量，经监理人验收的列入了工程量清单的支付子目的工程量，其每一计量单位以合同单价支付。该支付包括材料、劳力、设备、试验、运输等及其他为完成预应力混凝土工程所必需的费用，是对完成工程的全部偿付。

十二、预制构件的安装

经验收的不同形式预制构件的安装，包括构件安装所需的临时性或永久性的固定扣件、钢板、焊接、螺栓等，其工作量包含在清单第400章第410节及第411节相应预制混凝土构件或预应力混凝土构件的工程子目中，不另行计量与支付。

十三、砌石工程

1. 计量

(1)以图纸所示或监理人指示为依据，按工地完成的并经验收的各种石砌体或预制混凝土块砌体，根据不同砂浆等级以立方米计量。

(2)计算体积时，所用尺寸应由图纸标明或监理人书面规定的计价线或计价体积定之。相邻不同石砌体计量中，应各包括不同石砌体间灰缝体积的一半。镶面石突出部分超过外廓线者不予计量。泄水孔、排水管或其他面积小于0.02m^2的孔眼不予扣除，削角或其他装饰的切削，其数量为所在石料5%或少于5%者，不予扣除。

(3)砂浆或作为砂浆的小石子混凝土，作为砌体工程的附属工作，不另计量。

（4）砌体垫铺材料的提供和设置，拱架、支架及砌体的勾缝，作为砌体工程的附属工作，不另计量。

2. 支付

按上述规定计量，经监理人验收的列入了工程量清单的支付子目的工程量，其每一计量单位以合同单价支付。该支付包括材料、劳力、运输、安砌等及其他为完成砌体工程所必需的费用，是对完成工程的全部偿付。

十四、小型钢构件

桥梁及其他公路构造物的钢构件，作为有关子目内的附属工作，不另计量与支付。

十五、桥面铺装

1. 计量

（1）桥面铺装应按图纸所示的尺寸，或按实际完成并经监理人验收的数量，分别按不同材料、级别、厚度，以平方米计量。由于施工原因而超铺的桥面铺装，不予计量。

（2）桥面防水层按图纸要求施工，并经监理人验收的实际数量，以平方米计量。

（3）桥面泄水管及混凝土桥面铺装接缝等作为桥面铺装的附属工作，不另行计量。

（4）桥面铺装钢筋在清单第400章第403节有关工程子目中计量。

2. 支付

按上述规定计量，经监理人验收的列入了工程量清单的支付子目的工程量，其每一计量单位以合同单价支付。该支付包括材料、劳力、设备及其他为完成桥面铺装工程所必需的费用，是对规定的全部工程的偿付。

十六、桥梁支座

1. 计量

支座按图纸所示不同的类型、规格、材料，包括支座的提供和安装，以个计量。支座的质量检查、清洗、运输、起吊及安装支座所需的扣件、钢板、焊接、螺栓、黏结以及质量检测等作为支座安装的附属工作，不另行计量。

2. 支付

按上述规定计量，经监理人验收的列入了工程量清单的支付子目的工程量，其每一计量单位以合同单价支付。该支付包括材料、劳力、设备及其他为完成支座工程必需的费用，是对完成工程的全部偿付。

十七、桥梁接缝和伸缩装置

1. 计量

桥面伸缩装置按图纸要求安装并经监理人验收的数量，分不同结构形式以米计量。其内容包括伸缩装置的提供和安装等作业。

除伸缩装置外的其他接缝，如橡胶止水片、沥青类等接缝填料，作为有关工程的附属工作，不另行计量。

安装时切割和清除伸缩装置范围内沥青混凝土铺装或安装伸缩装置所需的部分水泥混凝土及临时或永久性的扣件、钢板、钢筋、焊接、螺栓、黏结等，作为伸缩装置安装的附属工作，不另行计量。

2. 支付

按上述规定计量，经监理人验收的列入了工程量清单的支付子目的工程量，其每一计量单位以合同单价支付。该支付包括材料、劳力、运输、工具、安装等及其他为完成伸缩装置工程所必需的费用，是对完成工程的全部偿付。

十八、防水处理

沥青或油毛毡防水层，作为与其有关子目内的附属工作，不另计量与支付。

十九、圆管涵及倒虹吸管涵

1. 计量

(1)钢筋混凝土圆管涵或倒虹吸管涵，以图纸规定的洞身长度或监理人同意的现场沿涵洞中心线量测的进出洞口之间的洞身长度，分不同孔径及孔数，经监理人检查验收后以米计量。管节所用钢筋，不另计量。

(2)图纸中标明的基底垫层和基座，圆管的接缝材料、沉降缝的填缝与防水材料等，洞口建筑，包括八字墙、一字墙、帽石、锥坡、铺砌、跌水井以及基础挖方及运输、地基处理与回填等，均作为承包人应做的附属工作，不另计量与支付。

(3)洞口(包括倒虹吸管涵)建筑以外涵洞上下游沟渠的改沟铺砌、加固以及急流槽消力坎的建造等均列入清单第200章第207节相应子目内计量。

(4)建在软土、沼泽地区的圆管涵(含倒虹吸管涵)，按图纸要求特殊处理的基础工程量(如塑料排水板、袋装砂井、各种桩基、喷粉桩等)在第205节相关子目中计量与支付。

2. 支付

按上述规定计量，经监理人验收的列入了工程量清单的支付子目的工程量，其每一计量单位以合同单价支付，该支付包括材料、劳力、设备、运输等及其他为完成工程所必需的费用，是对完成工程的全部偿付。

在支付方式上，当完成管涵(含倒虹吸管)基础的浇筑或砌筑，经监理人检查认可后，可支付管涵(含倒虹吸管)工程费用的30%，管涵(含倒虹吸管)工程全部完成后，再支付工程费用的余下部分。

二十、盖板涵、箱涵

1. 计量

(1)钢筋混凝土盖板涵(含梯坎涵、通道)、钢筋混凝土箱涵(含通道)应以图纸规定的洞身长度或经监理人同意的现场沿涵洞中心线测量的进出口之间的洞身长度，经验收合格后按不同孔径及孔数以米计量，盖板涵、箱涵所用钢筋不另计量。

(2)所有垫层和基座，沉降缝的填缝与防水材料，洞口建筑，包括八字墙、一字墙、帽石、锥坡(含土方)、跌水井、洞口及洞身铺砌以及基础挖方、地基处理与回填土等作为承包人应做的附属工作，均不单独计量。

(3)洞口建筑以外涵洞上下游沟渠的改沟铺砌、加固以及急流槽等均列入清单第200章第207节有关子目计量。

(4)通道涵按下列原则进行计量与支付：

①通道涵洞身及洞口计量应符合上述第(1)款和第(2)款的规定。

②通道范围(进出口之间距离)以内的土石方及边沟、排水沟等均含入洞身报价之中不另行计量。

③通道范围以外的改路土石方及边沟、排水沟等在清单第200章相关章节中计量与支付。

④通道路面(含通道范围内)分不同结构类型在清单第300章相关章节中计量与支付。

(5)建在软土、沼泽地区的盖板涵、箱涵(含通道),按图纸要求特殊处理的基础工程量(如塑料排水板、袋装砂井、各种桩基、喷粉桩等)在清单第200章第205节相关子目中计量与支付。

2.支付

按上述规定计量,经监理人验收的列入工程量清单的支付子目的工程量,其每一计量单位以合同单价支付,该支付包括材料、劳力、设备、运输等及其他为完成工程所必需的费用,是对完成工程的全部偿付。

在支付方式上,当完成涵洞工程基础部分的浇筑或砌筑,可支付涵洞工程费用的20%,完成涵洞墙身的浇筑或砌筑,再支付涵洞工程费用的30%,涵洞工程全部完成后,再支付涵洞工程费用的余下部分。每一阶段完成的工程,均须得到监理人检查认可。

二十一、拱涵

1.计量

(1)石砌和混凝土拱涵(含梯坎涵、通道)应以图纸规定的洞身长度或经监理人同意的现场沿涵洞中心线测量的进出口之间的洞身长度,经验收合格后按不同孔径以米计量,钢筋不另计量。

(2)所有垫层和基础,沉降缝的填缝与防水材料,洞口建筑,包括八字墙、一字墙、帽石、锥坡(含土方)、跌水井、洞口及洞身铺砌以及基础挖方、地基处理与回填土等作为承包人应做的附属工作,均不单独计量。

(3)洞口建筑以外涵洞上下游沟渠的改沟、铺砌、加固以及急流槽等均列入清单第200章第207节有关子目中计量。

(4)通道涵按下列原则进行计量与支付:

①通道涵洞身及洞口计量应符合上述第(1)款和第(2)款的规定。

②通道范围(进出口之间距离)以内的土石方及边沟、排水沟等均含入洞身报价之中不另行计量。

③通道范围以外的改路土石方及边沟、排水沟等,在清单第200章相关章节中计量与支付。

④通道路面(含通道范围内)分不同结构类型在清单第300章相关章节中计量与支付。

(5)建在软土、沼泽地区的拱涵,按图纸要求特殊处理的基础工程量(如塑料排水板、袋装砂井、各种桩基、喷粉桩等)在清单第200章第205节相关子目中计量与支付。

2.支付

按上述规定计量,经监理人验收的列入工程量清单的支付子目的工程量,其每一计量单位以合同单价支付,该支付包括材料、劳力、设备、运输等及其他为完成工程所必需的费用,是对完成工程的全部偿付。

在支付方式上,当完成涵洞工程基础部分的浇筑或砌筑,可支付涵洞工程费用的20%,完成涵洞墙身的浇筑或砌筑，再支付涵洞工程费用的30%，涵洞工程全部完成后，再支付涵洞工程费用的余下部分。每一阶段完成的工程，均须得到监理人检查认可。

第三节　工程案例

本节现以湖北某高速公路一期土建实际工程建设为背景，简要介绍桥梁工程的清单计量与支付的程序和方法。

一、计量支付实施细则摘录

1. 一般原则及要求

(1)工程计量项目必须是工程量清单中的项目、合同文件中规定的项目和经批准的工程变更项目，是质量达到合同规范标准要求和验收手续齐全的项目。

(2)所有计量工程项目必须按计量单元计量，从开工到完成其过程签证手续必须完整齐全，验收合格的应及时确认并签发《中间交工证书》。

(3)所有计量必须符合招标文件、合同条款及技术规范的基本规定，计量单位、单价应与工程量清单相同，数量来源应以设计细部图纸为基础，工程量计算应以设计尺寸及招标文件技术规范规定的计算方法为依据。

(4)计量支付每月(上月25日至下月25日)进行一次，每次计量金额在扣除质保金、开工预付款、材料预付款后应不小于200万元(人民币)。

(5)计量支付于当月至25日开始，至下月15日前完成支付。不按时申报计量支付资料的承包人，本期不予受理。

2. 工程计量文件

(1)计量支付资料共分两册：第一册(包括第一分册和第二分册)和第二册，每册必须附有封面及目录，标注相应页码。

(2)第一册第一分册内容：

支表1　工程进度表；

支表2　中期支付证书；

支表3　清单支付报表；

支表4　计日工支付报表；

支表5　工程变更一览表；

支表6　单价调整汇总表；

支表7　价格调整表；

支表8　单价变更一览表；

支表9　扣回材料设备预付款一览表；

支表10　扣回动员预付款一览表；

支表12　中间计量支付汇总表；

其他附件如工程变更令、材料预付款资料、单价批复文件等。

(3)第一册第二分册内容为：支表11　中间计量单；附件(包括图纸、工程变更设计图、数量计算表、签证资料及相关批复文件等)。

(4)第二册内容为本期计量工程项目的质量资料(包括证明工程质量合格的试验、检测及施工原始记录等)。

(5)所有计量支付资料必须用A4版面,并使用专用装订机进行装订,第二册质量资料以每份中间计量单为单元,采用彩页纸分隔开。

3. 计量支付程序

(1)计量支付使用指挥部指定的专用软件进行,并同时上报书面文本和电子版本。

(2)计量支付流程大致分为三个阶段:申请阶段、审核阶段、支付阶段。

(3)申请阶段。承包人将已完工且经监理人检验合格的工程项目进行汇总,及时在计量支付系统内填报、生成第一册计量资料,同时将书面计量资料第一册、第二册及相关电子文档在当月25日前上报驻地办。

(4)审核阶段。驻地办在收到承包人上报的计量资料后,应及时审核,并将签认的计量数据连同资料、内审单一并上报指挥部(第一册送计划合同部,第二册送质量管理部)。

质量管理部在收到质量资料后,应结合巡检情况及时进行质量资料审核并签字确认,并以质量台账内审单方式转送计划合同部。

计划合同部对收到驻地办报送的计量资料结合质量管理部转送的质量台账内审单进行审核,将最终审定的计量数据返给承包人,承包人根据终审数据打印计量资料,并逐级签字盖章,完成正式中期计量支付资料。

(5)支付阶段。承包人将审定的当期计量支付证书按财务管理的规定,携带有效票据于次月15日前到省指挥部财务部办理支付手续。

4. 计量支付审核

(1)驻地办在收到承包人申报的计量申请后,应赴工地现场进行核实,确保计量项目施工完成,且签证齐全,交工验收合格。全面审核承包人上报资料的真实性和完整性,并对申报数据进行符合性审查。

(2)质量管理部审查计量支付资料第二册,审核主要内容为:申请计量项目的质量合格性、各类质量表格填报的规范性和完整性。

(3)计划合同部根据质量管理部对计量资料第二册的审查意见,对第一册计量项目进行审核,确保支付号的正确使用、计量数据准确、计量方法满足合同条款和技术规范要求。

5. 桥梁工程计量单元划分及计量规则

(1)401-1、401-3经业主批准全部或部分使用或根本不予动用。

(2)401-2根据总监办指示由承包人完成此项工作时,据实计量支付。

(3)403-1、403-2、403-4计量单元不小于分项工程划分。

(4)403-3、411-5、411-8梁板工程在预制完成后计量70%,吊装完成后计量剩余30%;其他上构钢筋计量单元不小于分项工程划分。

(5)404-1单个基坑完成后一次性计量。

(6)405-2根据总监办指示由承包人完成此项工作后,方可计量支付。

(7)405-1、410-1、410-2、410-6单个构造(基础、桥台、附属结构、灌注桩等)完成后一次性计量,超过40m高墩可分2次计量,每次计量50%。

(8)410-3、410-5、411-7计量单元不小于分项工程划分。

(9)416-1、416-2、416-3最小计量单元为单个墩台支座工程量。

(10)420-1、420-2、420-3、420-4、421-1、421-2每道涵洞划分为3个单元,按基础、墙身、盖板(或拱圈及拱上构造)及附属工程完成后分别计量三分之一。

(11)420-5 以处计量。

(12)单个构造的各分项工作内容应在同一期计量，例如：梁板的钢筋、混凝土、钢铰线等，桩基的钢筋及混凝土等。

6. 合同计量

1)动员预付款支付与扣回

动员预付款为签约合同价(不含暂定金、暂估价、计日工)的 10%。

承包人签订了合同协议并提交了履约保函和动员预付款保函支付动员预付款的 70%。

承包人完成驻地、拌和站建设和设备进场并经监理人验收，具备开工条件后支付动员预付款的 30%。

当中期计量的累计金额超过合同价(不含暂定金、暂估价、计日工)30% 时，在下一期中期支付证书中开始扣回动员预付款，每计量合同价的 1%(不含暂定金、暂估价、计日工)，扣回动员预付款总金额的 2%，直到扣完为止。

2)材料预付款的支付与扣回

支付预付款的主要材料为水泥、钢筋、钢铰线、锚具、支座、伸缩缝。材料预付款申报最小额度不得小于 200 万元，按发票面额总值的 60% 预付。材料预付款隔期在期中支付证书中扣回。当承包人累计期中支付金额达到合同金额的 70% 以后，不再支付材料预付款。

3)价格调整

按《招标文件》合同专用条款第 16.1.1.1 条规定向承包人支付工程计量款时，仅对规定的劳务、钢材、水泥、燃油料、地材引起的价格波动进行价格调整。价格调整计算公式按专用条款第 16.1.1.1 条执行。

工程开工后 1 年内不进行调价，此后每 6 个月按上述公式进行一次调价。

4)计日工

当总监办指令承包人采用高于招标文件质量、安全标准或当总监办指令承包人缩短正常施工工期且同意支付或总监办指令完成额外工作时，承包人可申请计日工。

承包人将已完成的计日工项目于每月底汇总整理，连同支付原始凭证交监理人签字认可，于下月进行计量支付。

5)合同违约的计量

当承包人放弃或未履行合同规定的义务时，业主将终止合同，并雇佣他人完成工程施工。在终止合同的同时，业主仅向承包人支付根据合同已由其完成的合格工程，并扣除其缺陷修复费用。如果扣回款额超过承包人已完工但未计量的款额，将此部分款额为承包人欠业主的债务，由承包人支付给业主。

承包人在施工过程中违反监理程序、不履行技术规范的要求等将被视为违约行为，并在中期计量中按合同相应违约条款计列违约罚金。违约罚金凭违约罚单直接由指挥部从当期支付中扣回，违约罚单必须填写具体内容、日期和编号。

7. 计量基本要求

(1)工程量的确认。当实际工程量与计量系统录入工程量不一致时，应以监理人核定的工程量为准，其工程量计算方法应与清单工程量计算方法一致，且应符合招标文件和设计图纸的相关要求。

(2)隐蔽工程计量要严格遵守据实计量的原则，计量前，承包人应报请驻地办或总监办现场联合验收，留下影像资料或照片，形成会议纪要，承包人、驻地办、总监办三方在会议纪要上签字确认,形成“工程数量现场核实签认表”。对未验收且已覆盖的隐蔽工程业主将不予认可。承包人可依据验收结果上报数量变更,数量变更批复后方可计量。

(3)中间计量单的附件及支撑资料要详尽充分、清晰明了,内容包括设计图纸、变更批复文件、变更图纸;对隐蔽工程还应附三方联合签署的会议纪要及“工程数量现场核实签认表”、工程数量计算表和施工照片。

(4)对于新增变更项目,承包人要事先在计量系统中增设新增工程计量细目路径,待办完数量变更手续后方可计量。

(5)各合同段要以系统划分的分项工程细目为基础,建立详细、明了的计量台帐,台帐内容包括支付号、细目名称、起止桩号或部位、工程总量、已计工程数量、剩余工程数量等,对错计、漏计、补计、未批、变更等计量细目要做好详细记录并加以批注和说明。

其他未尽事宜,按合同条款及技术规范等有关文件规定执行。

二、背景材料

1. 概况

湖北某高速公路一期土建工程第×合同段由中铁×局集团第×工程有限公司承建,与业主签订的合同协议书中第400章合同工程量清单节选如表7-2所示。

合同工程量清单节选　　表7-2

标段:第×合同段　　承包人:中铁×局集团第×工程有限公司

清单编号	项　目　名　称	单位	合同数量	合同单价	合同金额
400	桥梁、涵洞				
403-1	基础钢筋				
403-1-a	光圆钢筋(HPB235、HPB300)	kg	221 506.760	5.81	1 286 929
403-1-b	带肋钢筋(HRB335、HRB400)	kg	1 795 034.720	5.79	10 393 210
403-2	下部结构钢筋				
403-2-a	光圆钢筋(HPB235、HPB300)	kg	62 103.260	5.83	362 058
403-2-b	带肋钢筋(HRB335、HRB400)	kg	2 881 248.970	5.79	16 682 395
403-3	上部结构钢筋				
403-3-a	光圆钢筋(HPB235、HPB300)	kg	1 195 764.670	6.00	7 174 599
403-3-b	带肋钢筋(HRB335、HRB400)	kg	3 583 687.700	5.97	21 394 595
404	基础挖方及回填				
404-1	基坑挖土石方	m^3	42 587.000	24.98	1 063 824
405-1	灌注桩				
405-1-d	直径ϕ1.5m	m	128.000	2 227.19	285 080
405-1-e	直径ϕ1.8m	m	6 654.000	2 509.91	16 700 937
410-1	现浇混凝土基础(包括支撑梁、承台、基础系梁,但不包括桩基)				
410-1-b	C25	m^3	1 172.210	305.52	358 134
410-1-c	C30	m^3	4 961.100	375.27	1 861 746
410-2	现浇混凝土下部结构(含墩台帽、耳背墙、盖梁)				

清单编号	项 目 名 称	单位	合同数量	合同单价	合同金额
410-2-c	U形桥台				
410-2-c-1	C25	m^3	826.100	596.83	493 041
410-2-c-2	C30	m^3	30.800	612.52	18 867
410-2-d	墩台帽				
410-2-d-1	C30	m^3	1 757.450	667.61	1 173 287
410-2-d-2	C40	m^3	2 384.900	692.81	1 652 291
410-2-h	矩形实体墩				
410-2-h-3	C40	m^3	12 369.900	660.97	8 176 130
410-2-k	柱式墩				
410-2-k-1	C30	m^3	3 235.500	671.85	2 173 771
411-5	后张法预应力钢绞线	kg	763 012.630	12.11	9 240 122
411-8	预制预应力混凝土上部结构				
411-8-a-4	C50	m^3	18 507.910	977.73	18 095 734
416-1	板式橡胶支座				
416-1-a	普通板式橡胶支座	dm^3	3 349.555	91.88	307 759
416-1-b	四氟滑板橡胶支座	dm^3	2 886.970	186.48	538 363
420	盖板涵、箱涵				
420-1	钢筋混凝土盖板涵(孔数 - 孔径 × 台身高)				
420-1-e	1 - 2.0 × 2.0m	m	35.750	4 023.08	143 825
420-1-m	1 - 3.0 × 3.0m	m	45.250	8 805.72	398 459
420-1-q	1 - 4 × 3.0m	m	39.560	12 235.70	484 044
420-1-s	1 - 4 × 4m	m	55.000	12 860.90	707 349
420-3	钢筋混凝土盖板通道涵(孔数 - 孔径 × 台身高)				
420-3-h	2 - 4 × 4.0m	m	46.790	20 082.03	939 638
420-3-m	1 - 6 × 4.5m	m	45.920	23 150.97	1 063 092

6月份承包人申报一期计量，经项目部统计6月完成并经验收签证的××大桥和涵洞实体工程量如下：

(1)左幅0号桥台、11号桥台基坑开挖，设计数量为510m^3，实测开挖量为600m^3。

(2)左幅3号墩ϕ1.8m桩基4根，桩长26m，光圆钢筋810.8kg，带肋钢筋5 106.8kg。实际桩长26.3m，光圆钢筋821.5kg，带肋钢筋5 137.2kg。

(3)左幅4号墩ϕ1.8m桩基4根，桩长26m，光圆钢筋810.8kg，带肋钢筋5 106.8kg。桩基钻孔到达设计高程后发现实际地质情况与设计图纸不符，经业主同意对该桩基进行了变更设计，费用变更已经批复，实际桩长28m，光圆钢筋875.5kg，带肋钢筋5 500.6kg。

(4)左幅3号墩承台钢筋绑扎，带肋钢筋16 770.1kg，承台C30混凝土即将浇筑。

(5)左幅1号墩桩基系梁，C30混凝土9.5m^3，光圆钢筋144.4kg，带肋钢筋648.1kg。1-1号立柱C30混凝土4.2m^3，光圆钢筋150.6kg，带肋钢筋900.8kg。1-2号立柱C30混凝土8.5m^3，光圆钢筋249.3kg，带肋钢筋1 342.8kg。

(6)左幅6号墩矩形墩身浇筑24m，C40混凝土295.9m^3，带肋钢筋40 094.2kg，该墩设计高40.5m，C40混凝土499.4m^3，带肋钢筋67 658.9kg。

(7)左幅1号墩帽梁C30混凝土31.3m^3，带肋钢筋5 113.2kg，“中间交工证书”未签。

(8)右幅第1跨30m T梁预制及安装,C50混凝土144.86m³,光圆钢筋7 462.8kg,带肋钢筋26 717.2kg,后张法预应力钢绞线4 634.72kg,第2、3跨30m T梁预制,C50混凝土145.9m³,光圆钢筋7 451.5kg,带肋钢筋29 173.6kg,后张法预应力钢绞线4 235.72kg。

(9)YK164+9591-4×4m钢筋混凝土盖板涵墙身浇筑,涵长62.67m,涵洞基础在5月份已经计量。

(10)YK163+4641-2×2m钢筋混凝土盖板涵盖板安装及附属工程,该涵洞前期未计量,设计涵长49.92m,实际涵长49m。

2.问题

承包人计量工程师根据以上统计按实际完成工程量在计量支付系统上进行了6月份计量申报,详细申报数据见下面的支表11中间计量单(表7-3-1~表7-3-10)请予以审核。

3.解析

(1)左幅0号桥台、11号桥台基坑开挖,按设计数量510m³计量。基坑开挖一般按设计图纸总量包干,除非遇到特殊或非常规情况时,可进行变更开挖工程量,凡未取得监理人批准,承包人完成的任何额外挖方将不予计量。

(2)左幅3号墩ϕ1.8m桩基4根按桩长26m,光圆钢筋810.8kg,带肋钢筋5 106.8kg计量。钻孔灌注桩以实际完成并经监理人验收后的数量,按不同桩径的桩长以米计量,未经监理人批准,由于超钻而深于所需的桩长部分,将不予计量。

(3)左幅4号墩ϕ1.8m桩基4根按桩长28m,光圆钢筋875.5kg,带肋钢筋5 500.6kg计量。钻孔灌注桩以实际完成并经监理人验收后的数量,按不同桩径的桩长以米计量,该桩基已经业主同意进行了变更设计,费用变更已经批复,应据实计量。

(4)计量支付实施细则规定单个构造的各分项工作内容应在同一期计量,不能拆分,因左幅3号墩承台只完成了钢筋绑扎,承台混凝土未浇筑,故本期承台钢筋不予单独计量。

(5)符合计量规定要求,可以计量。

(6)计量支付实施细则规定单个构造(基础、桥台、附属结构、灌注桩等)完成后一次性计量,超过40m高墩可分2次计量,每次计量50%。左幅6号矩形墩属于高墩,实际施工已超过设计墩身高度的一半,可以按该墩设计工程量的50%计量。

(7)工程计量项目必须是质量达到合同规范标准要求和验收手续齐全的项目。由于左幅1号墩帽梁"中间交工证书"未签,其质量是否合格尚无定论,因此本期不予计量。

(8)计量支付实施细则规定梁板工程在预制完成后计量70%,吊装完成后计量剩余30%。由于右幅第1跨30m T梁已经完成预制及安装,故可以计量100%,第2、3跨30m T梁只完成了预制,故可以计量70%。

(9)计量支付实施细则规定每道涵洞划分为3个单元,按基础、墙身、盖板(或拱圈及拱上构造)及附属工程完成后分别计量三分之一。YK164+9591-4×4m钢筋混凝土盖板涵完成了墙身浇筑,本期可以计量三分之一。

(10)YK163+4641-2×2m钢筋混凝土盖板涵已经全部施工完成,该涵洞前期未计量,本期可以计量100%,经验收实际涵长49.0m,根据据实计量原则应按实际涵长49.0m计量。

根据以上审查结果,详细审核数据见支表11中间计量单。

如今计量支付全国都已走向办公自动化,一般使用指挥部指定的专用软件进行,每次计量申报和审核的主要工作量都集中在支表11中间计量单上,其他支表大部分都由计量软件自动统计汇总,限于篇幅本案例未列出其他支表的申报与审核数据。

支表 11　中间计量单　　表 7-3-1

项目名称：湖北××高速公路　施工单位：中铁×局集团第×工程有限公司　编制日期：201×-06-23
合 同 号：TJ-××合同段　监理单位：××公路工程咨询监理有限公司　编　　号：ZF-011-TJ×-06-001
桩　　号：ZK161+840　部　　位：左幅基坑开挖　图　　号：D. S4-3-1-5

分　项	清单编号	项目名称	单位	申报数量	确认数量	中间交工证书号	变更/修正号
桥梁、涵洞工程/大桥工程/××大桥/左幅/基础/基础（含扩大基础及承台、系梁）/基坑开挖	404-1	基坑挖土石方	m^3	600.000	510.000	ZK-020-E26-020010001-001	

计算简图、算式、说明等

左幅 0 号桥台、11 号桥台基坑开挖设计数量为 510m^3，实测开挖量为 600m^3

计算公式	见工程量计算表

承包人：　　驻地办：　　总监办：
日　期：　　日　期：　　日　期：

支表 11　中间计量单　　表 7-3-2

项目名称:湖北××高速公路　施工单位:中铁×局集团第×工程有限公司　编制日期:201×-06-23

合 同 号:TJ-××合同段　监理单位:××公路工程咨询监理有限公司　编　　号:ZF-011-TJ×-06-002

桩　　号:ZK161+840　部　　位:左幅 3 号墩桩基　图　　号:D. S4-3-1-5

分　项	清单编号	项目名称	单位	申报数量	确认数量	中间交工证书号	变更/修正号
桥梁、涵洞工程/大桥工程/××大桥/左幅/基础/桩基/3 号墩/3-0 号	403-1-a	光圆钢筋(HPB235、HPB300)	kg	821.500	810.800	ZK-020-E26-020040001-001	
桥梁、涵洞工程/大桥工程/××大桥/左幅/基础/桩基/3 号墩/3-0 号	403-1-b	带肋钢筋(HRB335、HRB400)	kg	5 137.200	5 106.800	ZK-020-E26-020040001-001	
桥梁、涵洞工程/大桥工程/××大桥/左幅/基础/桩基/3 号墩/3-0 号	405-1-e	直径 ϕ1.8m	m	26.300	26.000	ZK-020-E26-020040001-001	
桥梁、涵洞工程/大桥工程/××大桥/左幅/基础/桩基/3 号墩/3-1 号	403-1-a	光圆钢筋(HPB235、HPB300)	kg	821.500	810.800	ZK-020-E26-020040003-001	
桥梁、涵洞工程/大桥工程/××大桥/左幅/基础/桩基/3 号墩/3-1 号	403-1-b	带肋钢筋(HRB335、HRB400)	kg	5 137.200	5 106.800	ZK-020-E26-020040003-001	
桥梁、涵洞工程/大桥工程/××大桥/左幅/基础/桩基/3 号墩/3-1 号	405-1-e	直径 ϕ1.8m	m	26.300	26.000	ZK-020-E26-020040003-001	
桥梁、涵洞工程/大桥工程/××大桥/左幅/基础/桩基/3 号墩/3-2 号	403-1-a	光圆钢筋(HPB235、HPB300)	kg	821.500	810.800	ZK-020-E26-020040005-001	
桥梁、涵洞工程/大桥工程/××大桥/左幅/基础/桩基/3 号墩/3-2 号	403-1-b	带肋钢筋(HRB335、HRB400)	kg	5 137.200	5 106.800	ZK-020-E26-020040005-001	

续上表

分　项	清单编号	项目名称	单位	申报数量	确认数量	中间交工证书号	变更/修正号
桥梁、涵洞工程/大桥工程/××大桥/左幅/基础/桩基/3号墩/3-2号	405-1-e	直径 ϕ1.8m	m	26.300	26.000	ZK-020-E26-020040005-001	
桥梁、涵洞工程/大桥工程/××大桥/左幅/基础/桩基/3号墩/3-3号	403-1-a	光圆钢筋（HPB235、HPB300）	kg	821.500	810.800	ZK-020-E26-020040007-001	
桥梁、涵洞工程/大桥工程/××大桥/左幅/基础/桩基/3号墩/3-3号	403-1-b	带肋钢筋（HRB335、HRB400）	kg	5 137.200	5 106.800	ZK-020-E26-020040007-001	
桥梁、涵洞工程/大桥工程/××大桥/左幅/基础/桩基/3号墩/3-3号	405-1-e	直　径 ϕ1.8m	m	26.300	26.000	ZK-020-E26-020040007-001	

计算简图、算式、说明等

3-0、3-1、3-2、3-3 桩基：

Ⅰ级钢筋：51.1 + 759.7 = 810.8kg；

Ⅱ级钢筋：2 747.5 + 2 098.3 + 212.3 + 48.7 = 5 106.8kg；

ϕ1.8m 桩长：26m。

实际桩长 26.3m，光圆钢筋 821.5kg，带肋钢筋 5 137.2kg

计算公式	

承包人：　　　　　　驻地办：　　　　　　总监办：

日　期：　　　　　　日　期：　　　　　　日　期：

支表11　中间计量单　　表7-3-3

项目名称:湖北××高速公路　施工单位:中铁×局集团第×工程有限公司　编制日期:201×-06-23

合 同 号:TJ-××合同段　监理单位:××公路工程咨询监理有限公司　编　号:ZF-011-TJ×-06-003

桩　号:ZK161+840　部　位:左幅4号墩桩基　图　号:D.S4-3-1-5

分　项	清单编号	项目名称	单位	申报数量	确认数量	中间交工证书号	变更/修正号
桥梁、涵洞工程/大桥工程/××大桥/左幅/基础/桩基/4号墩/4-0号	403-1-a	光圆钢筋(HPB235、HPB300)	kg	875.500	875.500	ZK-020-E26-020050002-001	ZK-017-TJ××-0006
桥梁、涵洞工程/大桥工程/××大桥/左幅/基础/桩基/4号墩/4-0号	403-1-b	带肋钢筋(HRB335、HRB400)	kg	5 500.600	5 500.600	ZK-020-E26-020050002-001	ZK-017-TJ××-0006
桥梁、涵洞工程/大桥工程/××大桥/左幅/基础/桩基/4号墩/4-0号	405-1-e	直径φ1.8m	m	28.000	28.000	ZK-020-E26-020050002-001	ZK-017-TJ××-0006
桥梁、涵洞工程/大桥工程/××大桥/左幅/基础/桩基/4号墩/4-1号	403-1-a	光圆钢筋(HPB235、HPB300)	kg	875.500	875.500	ZK-020-E26-020050004-001	ZK-017-TJ××-0006
桥梁、涵洞工程/大桥工程/××大桥/左幅/基础/桩基/4号墩/4-1号	403-1-b	带肋钢筋(HRB335、HRB400)	kg	5 500.600	5 500.600	ZK-020-E26-020050004-001	ZK-017-TJ××-0006
桥梁、涵洞工程/大桥工程/××大桥/左幅/基础/桩基/4号墩/4-1号	405-1-e	直径φ1.8m	m	28.000	28.000	ZK-020-E26-020050004-001	ZK-017-TJ××-0006
桥梁、涵洞工程/大桥工程/××大桥/左幅/基础/桩基/4号墩/4-2号	403-1-a	光圆钢筋(HPB235、HPB300)	kg	875.500	875.500	ZK-020-E26-020050006-001	ZK-017-TJ××-0006
桥梁、涵洞工程/大桥工程/××大桥/左幅/基础/桩基/4号墩/4-2号	403-1-b	带肋钢筋(HRB335、HRB400)	kg	5 500.600	5 500.600	ZK-020-E26-020050006-001	ZK-017-TJ××-0006

续上表

分　项	清单编号	项目名称	单位	申报数量	确认数量	中间交工证书号	变更/修正号
桥梁、涵洞工程/大桥工程/××大桥/左幅/基础/桩基/4号墩/4-2号	405-1-e	直径 φ1.8m	m	28.000	28.000	ZK-020-E26-020050006-001	ZK-017-TJ××-0006
桥梁、涵洞工程/大桥工程/××大桥/左幅/基础/桩基/4号墩/4-3号	403-1-a	光圆钢筋(HPB235、HPB300)	kg	875.500	875.500	ZK-020-E26-020050008-001	ZK-017-TJ××-0006
桥梁、涵洞工程/大桥工程/××大桥/左幅/基础/桩基/4号墩/4-3号	403-1-b	带肋钢筋(HRB335、HRB400)	kg	5 500.600	5 500.600	ZK-020-E26-020050008-001	ZK-017-TJ××-0006
桥梁、涵洞工程/大桥工程/××大桥/左幅/基础/桩基/4号墩/4-3号	405-1-e	直径 φ1.8m	m	28.000	28.000	ZK-020-E26-020050008-001	ZK-017-TJ××-0006

计算简图、算式、说明等

4-0、4-1、4-2、4-3 桩基：

Ⅰ级钢筋：58.8 + 816.7 = 875.5kg；

Ⅱ级钢筋：2 915.5 + 2 300.3 + 232.3 + 52.5 = 5 500.6kg；

φ1.8m 桩长：28m

计算公式	

承包人：　　　　驻地办：　　　　总监办：

日　期：　　　　日　期：　　　　日　期：

支表 11　中间计量单　表 7-3-4

项目名称:湖北××高速公路　施工单位:中铁×局集团第×工程有限公司　编制日期:201×-06-23
合 同 号:TJ-××合同段　监理单位:××公路工程咨询监理有限公司　编　　号:ZF-011-TJ×-06-004
桩　　号:ZK161+840　部　　位:左幅 3 号墩承台　图　　号:D. S4-3-1-5

分　项	清单编号	项目名称	单位	申报数量	确认数量	中间交工证书号	变更/修正号
桥梁、涵洞工程/大桥工程/××大桥/左幅/基础/基础(含扩大基础及承台、系梁)/承台、系梁/3 号墩承台	403-1-b	带肋钢筋(HRB335、HRB400)	kg	16 770.100	0	ZK-020-E26-020040010-001	
桥梁、涵洞工程/大桥工程/××大桥/左幅/基础/基础(含扩大基础及承台、系梁)/承台、系梁/3 号墩承台	410-1-c	C30	m^3	0	0		

计算简图、算式、说明等

左幅 3 号墩承台:

Ⅱ级钢筋:3 574.5+1 708.8+2 144.7+2 823.9+2 156.2+2 156.2+633.8+514.6+1 057.4=16 770.1kg;

C30 混凝土:144.4m^3。

承台 C30 混凝土即将浇筑,本次未申报

计算公式	

承包人:　驻地办:　总监办:
日　期:　日　期:　日　期:

支表11　中间计量单　　表7-3-5

项目名称:湖北××高速公路　施工单位:中铁×局集团第×工程有限公司　编制日期:201×-06-23

合 同 号:TJ-××合同段　监理单位:××公路工程咨询监理有限公司　编　号:ZF-011-TJ×-06-005

桩　号:ZK161+840　部　位:左幅1号墩桩基系梁、立柱　图　号:D. S4-3-1-5

分　项	清单编号	项目名称	单位	申报数量	确认数量	中间交工证书号	变更/修正号
桥梁、涵洞工程/大桥工程/××大桥/左幅/基础/基础(含扩大基础及承台、系梁)/系梁/1号墩桩系梁	403-1-a	光圆钢筋(HPB235、HPB300)	kg	144.400	144.400	ZK-020-E26-020020004-001	
桥梁、涵洞工程/大桥工程/××大桥/左幅/基础/基础(含扩大基础及承台、系梁)/系梁/1号墩桩系梁	403-1-b	带肋钢筋(HRB335、HRB400)	kg	648.100	648.100	ZK-020-E26-020020004-001	
桥梁、涵洞工程/大桥工程/××大桥/左幅/基础/基础(含扩大基础及承台、系梁)/系梁/1号墩桩系梁	410-1-c	C30	m^3	9.500	9.500	ZK-020-E26-020020004-001	
桥梁、涵洞工程/大桥工程/××大桥/左幅/下部结构/墩身/1号墩/1-1号	403-2-a	光圆钢筋(HPB235、HPB300)	kg	150.600	150.600	ZK-020-E26-020020006-001	
桥梁、涵洞工程/大桥工程/××大桥/左幅/下部结构/墩身/1号墩/1-1号	403-2-b	带肋钢筋(HRB335、HRB400)	kg	900.800	900.800	ZK-020-E26-020020006-001	
桥梁、涵洞工程/大桥工程/××大桥/左幅/下部结构/墩身/1号墩/1-1号	410-2-k-1	C30	m^3	4.200	4.200	ZK-020-E26-020020006-001	
桥梁、涵洞工程/大桥工程/××大桥/左幅/下部结构/墩身/1号墩/1-2号	403-2-a	光圆钢筋(HPB235、HPB300)	kg	249.300	249.300	ZK-020-E26-020020008-001	
桥梁、涵洞工程/大桥工程/××大桥/左幅/下部结构/墩身/1号墩/1-2号	403-2-b	带肋钢筋(HRB335、HRB400)	kg	1 342.800	1 342.800	ZK-020-E26-020020008-001	

续上表

分　项	清单编号	项目名称	单位	申报数量	确认数量	中间交工证书号	变更/修正号
桥梁、涵洞工程/大桥工程/××大桥/左幅/下部结构/墩身/1 号墩/1-2 号	410-2-k-1	C30	m^3	8.500	8.500	ZK-020-E26-020020008-001	

计算简图、算式、说明等

左幅 1 号墩桩基系梁：

Ⅰ级钢筋：144.4kg；

Ⅱ级钢筋：314.6 + 333.5 = 648.1kg；C30 混凝土：9.5m^3。

左幅 1-1 墩柱：

Ⅰ级钢筋：42.1 + 108.5 = 150.6kg；

Ⅱ级钢筋：875.0 + 25.8 = 900.8kg；C30 混凝土：4.2m^3。

左幅 1-2 墩柱：

Ⅰ级钢筋：42.1 + 207.2 = 249.3kg；

Ⅱ级钢筋：1304.1 + 38.7 = 1342.8kg；C30 混凝土：8.5m^3

计算公式	

承包人：　　　　驻地办：　　　　总监办：

日　期：　　　　日　期：　　　　日　期：

支表11　中间计量单

表7-3-6

项目名称：湖北××高速公路　施工单位：中铁×局集团第×工程有限公司　编制日期：201×-06-23
合 同 号：TJ-××合同段　监理单位：××公路工程咨询监理有限公司　编　　号：ZF-011-TJ×-06-006
桩　　号：ZK161+840　部　　位：左幅6号矩形墩　图　　号：D. S4-3-1-5

分　项	清单编号	项目名称	单位	申报数量	确认数量	中间交工证书号	变更/修正号
桥梁、涵洞工程/大桥工程/××大桥/左幅/下部结构/墩（台）身/6号墩	403-2-b	带肋钢筋（HRB335、HRB400）	kg	40 094.200	33 829.450	ZK-020-E26-020070012-001	
桥梁、涵洞工程/大桥工程/××大桥/左幅/下部结构/墩（台）身/6号墩	410-2-h-3	C40	m^3	295.900	249.700	ZK-020-E26-020070012-001	

计算简图、算式、说明等

4号矩形墩：

Ⅱ级钢筋：67 658.9/40.5×24=40 094.2kg；

C40混凝土：499.4/40.5×24=295.9m^3

计算公式	

承包人：　　驻地办：　　总监办：
日　期：　　日　期：　　日　期：

支表 11　中间计量单　　表 7-3-7

项目名称:湖北××高速公路　施工单位:中铁×局集团第×工程有限公司　编制日期:201×-06-23
合 同 号:TJ-××合同段　监理单位:××公路工程咨询监理有限公司　编　　号:ZF-011-TJ×-06-007
桩　　号:ZK161+840　部　　位:左幅1号墩帽梁　图　　号:D. S4-3-1-5

分　项	清单编号	项目名称	单位	申报数量	确认数量	中间交工证书号	变更/修正号
桥梁、涵洞工程/大桥工程/××大桥/左幅/下部结构/墩(台)帽/1号墩	403-2-b	带肋钢筋(HRB335、HRB400)	kg	5 113.200	0		
桥梁、涵洞工程/大桥工程/××大桥/左幅/下部结构/墩(台)帽/1号墩	410-2-d-1	C30	m^3	31.300	0		

计算简图、算式、说明等

左幅1号墩帽(连续墩):

Ⅱ级钢筋:3 635.4+1 477.8=5 113.20kg;

C30 混凝土:31.30m^3

计算公式	

承包人:　　驻地办:　　总监办:

日　期:　　日　期:　　日　期:

支表 11　中间计量单　　表 7-3-8

项目名称：湖北××高速公路　施工单位：中铁×局集团第×工程有限公司　编制日期：201×-06-23

合 同 号：TJ-××合同段　监理单位：××公路工程咨询监理有限公司　编　　号：ZF-011-TJ×-06-008

桩　　号：YK161+840　部　　位：右幅第 1 跨 T 梁预制及安装　图　　号：D. S4-3-1-5

分　项	清单编号	项目名称	单位	申报数量	确认数量	中间交工证书号	变更/修正号
桥梁、涵洞工程/大桥工程/××大桥/右幅/上部结构/梁（板）/第一联T梁/第1跨	403-3-a	光圆钢筋（HPB235、HPB300）	kg	7 462.800	7 462.800	ZK-020-E26-020350002-001	
桥梁、涵洞工程/大桥工程/××大桥/右幅/上部结构/梁（板）/第一联T梁/第1跨	403-3-b	带肋钢筋（HRB335、HRB400）	kg	26 717.210	26 717.210	ZK-020-E26-020350002-001	
桥梁、涵洞工程/大桥工程/××大桥/右幅/上部结构/梁（板）/第一联T梁/第1跨	411-5	后张法预应力钢绞线	kg	4 634.720	4 634.720	ZK-020-E26-020350002-001	
桥梁、涵洞工程/大桥工程/××大桥/右幅/上部结构/梁（板）/第一联T梁/第1跨	411-8-a-4	C50	m^3	144.860	144.860	ZK-020-E26-020350002-001	

计算简图、算式、说明等

右幅第 1 跨 T 梁预制及安装，该跨一端 D80 伸缩缝（0 号台），一端连续（1 号墩）：

Ⅰ级钢筋：74 62.8g；

Ⅱ级钢筋：26 717.21kg；

后张法预应力钢绞线：4 634.72kg；

C50 混凝土：144.86m^3

计算公式	

承包人：　　驻地办：　　总监办：

日　期：　　日　期：　　日　期：

支表11　中间计量单　　表7-3-9

项目名称:湖北××高速公路　施工单位:中铁×局集团第×工程有限公司　编制日期:201×-06-23

合 同 号:TJ-××合同段　监理单位:××公路工程咨询监理有限公司　编　号:ZF-011-TJ×-06-009

桩　号:YK161+840　部　位:右幅第2、3跨T梁预制　图　号:D. S4-3-1-5

分　项	清单编号	项目名称	单位	申报数量	确认数量	中间交工证书号	变更/修正号
桥梁、涵洞工程/大桥工程/××大桥/右幅/上部结构/梁(板)/第一联T梁/第2跨	403-3-a	光圆钢筋(HPB235、HPB300)	kg	5 216.050	5 216.050	ZK-020-E26-020250006-001	
桥梁、涵洞工程/大桥工程/××大桥/右幅/上部结构/梁(板)/第一联T梁/第2跨	403-3-b	带肋钢筋(HRB335、HRB400)	kg	20 421.52	20 421.52	ZK-020-E26-020250006-001	
桥梁、涵洞工程/大桥工程/××大桥/右幅/上部结构/梁(板)/第一联T梁/第2跨	411-5	后张法预应力钢绞线	kg	2 965.000	2 965.000	ZK-020-E26-020250006-001	
桥梁、涵洞工程/大桥工程/××大桥/右幅/上部结构/梁(板)/第一联T梁/第2跨	411-8-a-4	C50	m^3	102.130	102.130	ZK-020-E26-020250006-001	
桥梁、涵洞工程/大桥工程/××大桥/右幅/上部结构/梁(板)/第一联T梁/第3跨	403-3-a	光圆钢筋(HPB235、HPB300)	kg	5 216.050	5 216.050	ZK-020-E26-020380005-001	
桥梁、涵洞工程/大桥工程/××大桥/右幅/上部结构/梁(板)/第一联T梁/第3跨	403-3-b	带肋钢筋(HRB335、HRB400)	kg	20 421.52	20 421.52	ZK-020-E26-020380005-001	
桥梁、涵洞工程/大桥工程/××大桥/右幅/上部结构/梁(板)/第一联T梁/第3跨	411-5	后张法预应力钢绞线	kg	2 965.000	2 965.000	ZK-020-E26-020380005-001	

续上表

分　项	清单编号	项目名称	单位	申报数量	确认数量	中间交工证书号	变更/修正号
桥梁、涵洞工程/大桥工程/××大桥/右幅/上部结构/梁(板)/第一联T梁/第3跨	411-8-a-4	C50	m^3	102.130	102.130	ZK-020-E26-020380005-001	

计算简图、算式、说明等

右幅第2、3跨T梁预制,该跨两端连续,预制完成后根据计量规则计量70%:

Ⅰ级钢筋:7 451.5×70% =5 216.05kg;

Ⅱ级钢筋:29 173.6×70% =20 421.52kg;

后张法预应力钢绞线:4 235.72×70% =2 965.00kg;

C50混凝土:145.9×70% =102.13m^3

计算公式	

承包人:　　　　驻地办:　　　　总监办:

日　期:　　　　日　期:　　　　日　期:

支表 11　中间计量单　表 7-3-10

项目名称:湖北××高速公路　施工单位:中铁×局集团第×工程有限公司　编制日期:201×-06-23

合 同 号:TJ-××合同段　监理单位:××公路工程咨询监理有限公司　编　　号:ZF-011-TJ×-06-0010

桩　　号:YK164+959、YK163+464　部　　位:盖板涵　图　　号:D. S4-3-1-5

分　项	清单编号	项目名称	单位	申报数量	确认数量	中间交工证书号	变更/修正号
桥梁、涵洞工程/涵洞工程/盖板涵/1-4×4m/YK164+959	420-1-s	1-4×4m	m	20.890	20.890		
桥梁、涵洞工程/涵洞工程/盖板涵/1-2.0×2.0m/YK163+464	420-1-e	1-2.0×2.0m	m	49.920	49.000	ZK-020-E26-020380005-001	

计算简图、算式、说明等

YK164+959 钢筋混凝土盖板涵完成了墙身浇筑,根据计量规则本期可以计量三分之一:62.67m/3=20.89m;

YK163+464 钢筋混凝土盖板涵盖板全部完成,根据计量规则本期可以计量 100%:49.92m

计算公式	

承包人:　驻地办:　总监办:

日　期:　日　期:　日　期:

第八章　隧道洞口施工

随着国家基础设施建设的加快,公路、铁路建设中出现了较多的山区隧道。根据施工经验,山区隧道地质条件大都复杂多变,特别是洞口段围岩一般地质条件较差,开挖边坡、仰坡又破坏了山体原有平衡,因此洞口往往是地质条件极为复杂的地段。采取有效的施工方法实现顺利进洞,对于确保隧道施工和运营安全具有至关重要的作用。

在山岭隧道中,隧道洞口覆盖层变薄,且地表水汇集,围岩稳定能力降低,成拱作用不足,施工较为困难。因此,隧道洞口段施工,要结合洞外场地和相邻工程的情况,全面考虑、妥善安排、及早施工,为隧道洞身施工创造条件。一般情况下,应首先做好洞口边坡、仰坡防护,以及防排水系统,洞口初期支护,保证进洞安全和洞身施工顺利,然后在适当的时候完成洞门施工。

第一节　洞门构造及形式

一、洞门的作用

1. 洞门的作用

隧道两端洞口处的结构部分称为“洞门”。洞门的主要作用是保持洞口仰坡和路堑边坡的稳定,汇集和排除地面水流,便于进行建筑艺术处理。具体有以下几个方面:

(1)减少洞口土石方开挖量。洞口外范围内的路堑是根据边坡岩体的稳定性按一定的坡度开挖的。设置隧道洞门,既可以起到挡土墙的作用,又可以减少路堑土石方开挖量。

(2)稳定边坡、仰坡。由于边坡上的岩体不断受到风化,坡面松石极易脱落滚下。边坡太高,难于自身稳定,仰坡上的石块也会沿着坡面向下滚落。有时会堵塞洞口,甚至砸坏线路轨道,对行车造成威胁。建立了洞门就可以减小引线路堑的边坡高度,缩小正面仰坡的坡面长度,从而使边坡及仰坡得以稳定。

(3)引离地面流水。地表流水往往汇集在洞口,如排除不及时,将会浸害线路,妨碍行车安全。修建洞门,可以把流水有组织地引入侧沟,保证洞口处于干燥状态。

(4)装饰洞口。洞口是隧道唯一的外露部分,是隧道正面的外观。修建洞门也可以算是一种装饰。在城市附近的隧道,尤其应当配合城市景观要求,予以美化处理。

2. 洞门的设计原则

洞门有洞口环框式洞门、端墙式洞门、翼墙式洞门三种基本形式。实际应用中应遵循“早进晚出”的设计原则,根据洞口范围地表原始形态和环境保护要求等具体情况,选择适当的洞门形式。值得注意的是,洞门的结构和构造形式出现多样化的趋势。如浙江某高速公路灵溪隧道用假石将洞口装饰成天然洞口,景观效果很好。

由于洞口段地质条件是千差万别的,使得洞门结构的受力状态尤其复杂。洞口段衬砌和洞门结构除了受竖向和侧向压力以外,还受仰坡纵向推力。所以,隧道施工规范规定:洞口段

5m 范围内应比中段衬砌有所加强,并宜与洞身衬砌整体砌筑。

3. 洞门建筑材料

隧道洞门建筑材料的强度等级不应低于表 8-1 的规定。

洞门建筑材料 表 8-1

工程部位 \ 材料种类	混凝土或钢筋混凝土	片石混凝土	砌体
端墙	C15	C15	M10 水泥砂浆砌片石、块石镶面或混凝土预制块镶面
顶帽	C15	—	M10 水泥砂浆砌粗料石
翼墙和洞口挡土墙	C15	C15	M7.5 水泥砂浆砌片石(严寒地区用 M10 水泥砂浆砌片石)
侧沟、截水沟、护坡等	—	—	M5 水泥砂浆砌片石(严寒地区用 M7.5 水泥砂浆砌片石)

二、常见洞门形式

1. 端墙式洞门

端墙式洞门是只在隧道口正面设置一面能抵抗山体纵向推力的端墙。端墙的作用相当于挡土墙的作用,主要抵抗洞口正面上的仰坡土压力,此外还将从仰坡流下来的地面水汇集到排水沟中去。端墙式洞门实例(雁列山隧道、青藏铁路拉萨柳梧隧道)如图 8-1 所示。

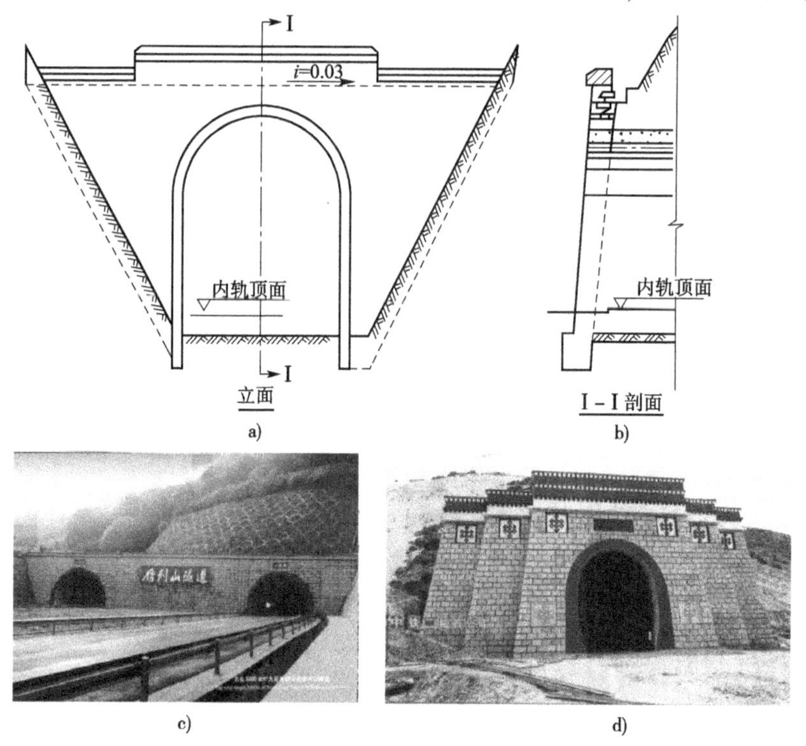

图 8-1 端墙式洞门实例(雁列山隧道、青藏铁路拉萨柳梧隧道)

端墙的构造一般是采用等厚的直墙。直墙圬工体积比其他形式都较小,而且施工方便。墙身微向后倾斜,斜度约为 1:10,这样可以受到较竖直墙为小的土石压力,而且对端墙的倾覆稳定有好处。

端墙构造要求如下:

(1)端墙的高度应使洞身衬砌的上方尚有 1m 以上的回填层,以减缓山坡滚石对衬砌的冲击。洞顶水沟深度应不小于0.4m,为保证仰坡滚石不致跳跃超过洞门落到线路上去,端墙应适当上延形成挡渣防护墙,其高度从仰坡坡脚算起,应不小于0.5m,在水平方向不宜小于1.5m。端墙基础应设置在稳固的地基上,其深度应根据地质条件和冻害程度确定,一般应在0.6~1.0m。按照上述要求,端墙的高度约在11m左右。

(2)端墙厚度应按挡土墙的方法计算,但不应小于:

浆砌片石——0.4m;

现浇片石混凝土——0.35m;

预制混凝土砌块——0.3m;

现浇钢筋混凝土——0.2m。

(3)端墙宽度与路堑横断面相适应。下底宽度应为路堑底宽加上两侧水沟及马道的宽度。上方则依边坡坡度按高度比例增宽。端墙两侧还要嵌入边坡以内约30cm,以增加洞门的稳定。

2.削竹式洞门

削竹式洞门是在环框式洞门的基础上变化而成的,它是直接将洞身衬砌接长,伸出洞外,并斜截成削竹形式,同时取消端墙,因形似削竹而得名。削竹式洞门是联系洞内衬砌与洞口外路堑的支护结构,保证洞门附近边仰坡的稳定。削竹式洞门在景观上能起到修饰周围景观的作用,真正做到洞门与周围生态环境有机结合。削竹式洞门常见于公路隧道,我国高速铁路隧道洞口在此基础上将洞口断面加大,形成喇叭口削竹式洞门,主要是为了缓和高速列车进洞时的气动冲击力。削竹式洞门实例及喇叭口式洞门模拟图如图8-2所示。

a)

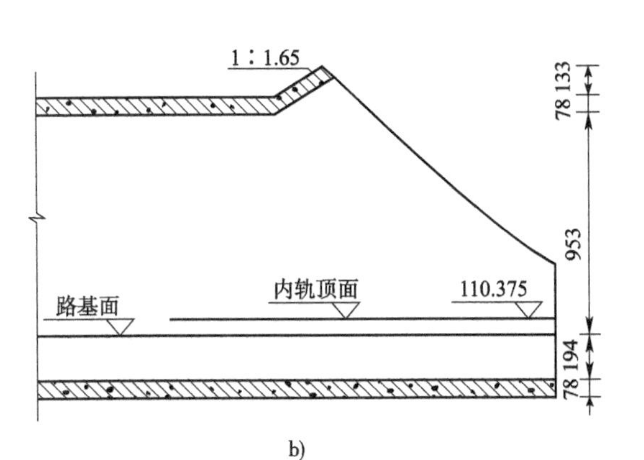

b)

c)

图8-2 削竹式洞门实例及喇叭口式洞门模拟图(尺寸单位:cm)

3. 柱式洞门

当洞口仰坡较陡,岩体稳定性较差,山体纵向推力较大,仰坡有下滑的可能性,但受地形条件限制,不能设置翼墙时,可以在端墙中部设置两个断面较大的柱墩,以增加端墙的稳定性,如图 8-3 所示。这种洞门墙面有凸出线条,较为美观,适宜在城市附近或风景区内采用。

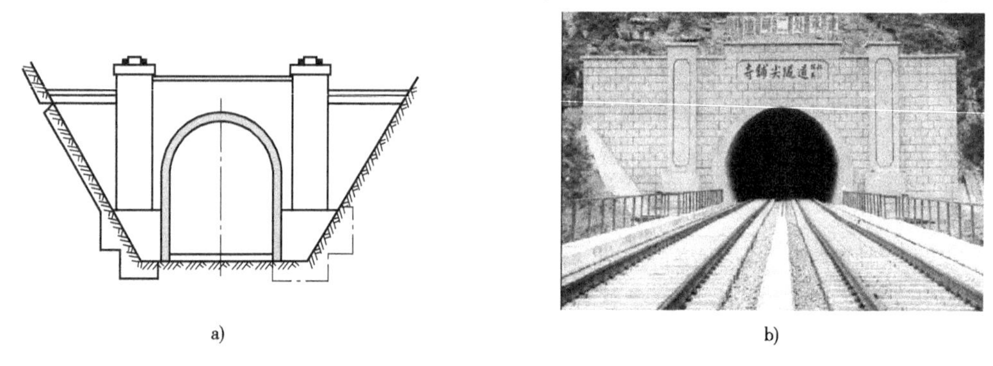

图 8-3 柱式洞门实例(寺铺尖隧道)

4. 翼墙式洞门

当洞口边仰坡稳定性较差,山体纵向推力较大时,可以在端墙式洞门以外,增加单侧或双侧的翼墙,称为翼墙式洞门。翼墙与端墙共同抵抗仰坡纵向推力,增加洞门的抗滑走和抗倾覆的能力,如图 8-4 所示。

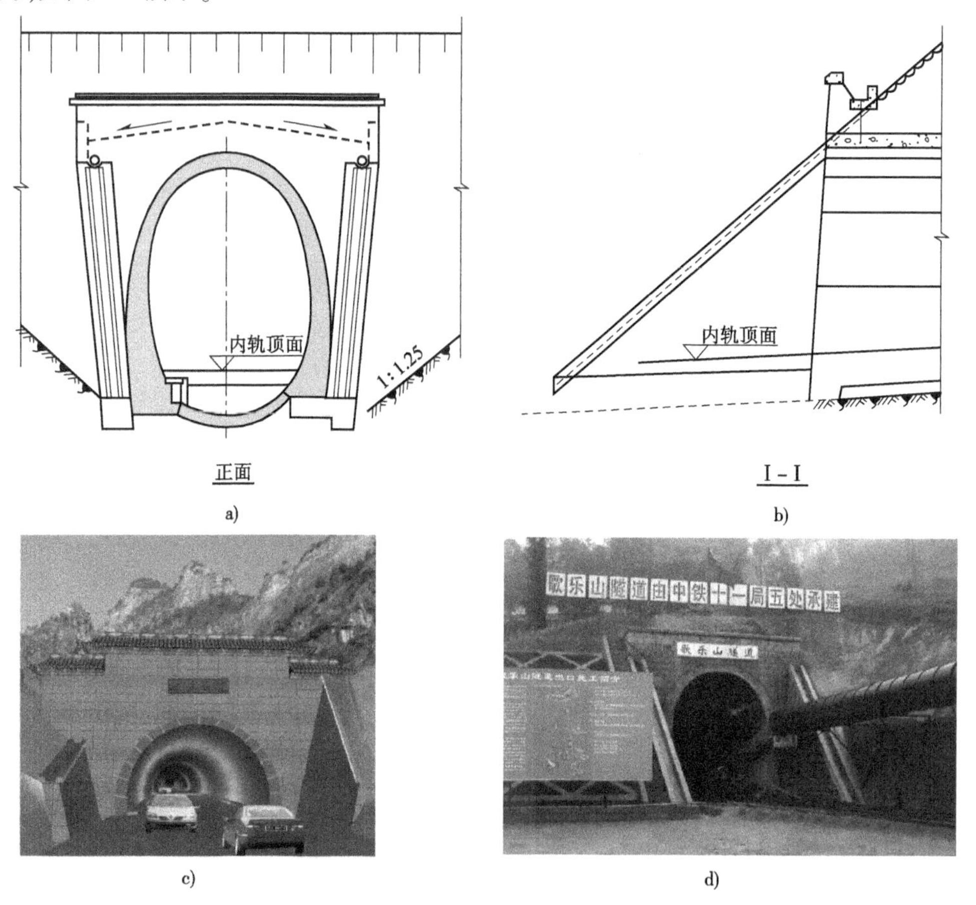

图 8-4 翼墙式洞门实例(青海九里隧道、重庆歌乐山隧道)

正面端墙一般采用等厚的直墙,微向后方倾斜,斜度为1:10。翼墙前面与端墙垂直,顶面斜度与仰坡坡度一致。墙顶上设流水凹槽,将洞顶上的水从凹槽引至路堑边沟内。翼墙基础应设在稳固的地基上,其埋深与端墙基础相同。

洞门顶上,端墙与仰坡坡脚之间的排水沟一般采用60cm宽、40cm深的槽形,沟底应有不小于3%的排水坡。排水沟的排水方向视洞口的地形和洞门构造形式而定。较多使用的是单向顺坡排水,把水引到洞门一侧以外的低洼山体处,或引到路堑侧沟中。当地形不允许向一侧排水时,则可采用双向排水,把水引到端墙两侧,水从端墙后面沿预留的泄水孔(称为“龙咀”)流出墙外后。进入翼墙顶上的凹槽(称为“吊沟”)流入路堑边沟。若洞口外路堑较深较长,翼墙常变为挡土墙,并沿挡土墙设置泄水沟。

5. 其他形式洞门

1)台阶式洞门

当洞门处于傍山侧坡地区,洞门一侧边坡较高时,可以与地形条件相适应,将端墙一侧顶部做成逐步升级的台阶形式,以减小仰坡高度及外露坡长,减少仰坡土石开挖量,如图8-5所示。

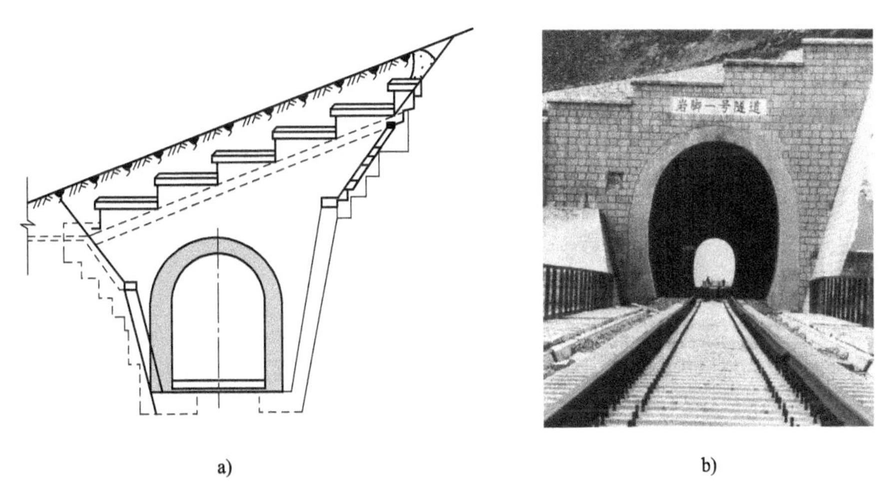

a)　　b)

图8-5　台阶式洞门实例(内昆铁路岩脚一号隧道)

2)调光洞门

公路隧道为降低“黑洞现象”和“黑框现象”给驾乘人员带来的不良影响,结合结构稳定要求将洞门设计成逐步减光的半封闭形式,也具有较好的建筑装饰作用,如图8-6所示。

a)

b)

图8-6　调光洞门实例(厦门仙岳山市政隧道、深圳罗沙公路梧桐山隧道)

3)洞口环框

当洞口石质坚硬、地形陡峻、坡面稳定又无排水要求时,可以将洞口段衬砌加厚,形成洞口环框。洞口环框主要对洞口段衬砌起加固作用，同时也可以减少雨水对洞口段的侵蚀作用。环框微向后倾，其倾斜度与顶上的仰坡一致。环框的宽度与洞口外观相匹配，一般不小于70cm，突出仰坡坡面不少于30cm，使仰坡上流下的水不致从洞口正面淌下，如图8-7所示。但其安全保障不足，现在使用较少。

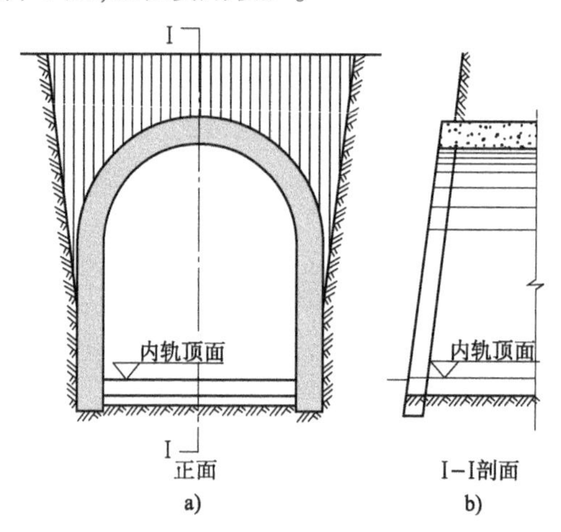

世界铁路第一高隧——风火山隧道地处海拔4 905m，分别比秘鲁铁路的海拔制高点4 817m和阿根廷铁路海拔制高点4 475m高88m和430m。

c)

图8-7 环框式洞口实例(风火山隧道)

第二节 洞口施工

一、洞口段范围

洞口段范围的确定与隧道的埋深有很大关系，一般根据隧道上方覆盖岩体厚度的不同，并考虑隧道横断面跨度的影响，将隧道分为浅埋隧道与深埋隧道。一座隧道，可能其部分区段浅埋，也可能全部是浅埋。一般而言，山岭隧道的洞口段多数是浅埋，当隧道横穿山谷或垭口时，其中间部分也可能出现浅埋，城市地铁绝大多数为浅埋。

划分深埋或浅埋隧道的定性分界线是坑道开挖引起的应力重分布是否波及地表，定量分界线可用经验公式(h_p)来确定。

$$h_p=(2.0\sim2.5)h_a \quad (8-1)$$

$$h_a=(0.225+0.045B)\times2^{6-J} \quad (8-2)$$

式中：h_p——划分隧道深埋或浅埋的界限埋置深度(上方覆盖层厚度)，m；

h_a——深埋隧道垂直荷载计算高度，m，适用于坑道跨度$B\geqslant5$m；

B——坑道宽度，m；

J——围岩级别，如Ⅳ级围岩时，$J=4_j$。

当隧道覆盖厚度$h<h_p$时，为浅埋隧道；$h>h_p$时，为深埋隧道。

计算h_p时，Ⅳ～Ⅵ级围岩取高值，当有不利于山体稳定的地质构造时，应适当加大h_p值，采用非爆破法开挖及采用锚喷支护时，h_p可适当减小，隧道开挖宽度大时采用高值。

对于软弱围岩地段，为了较准确地判别隧道埋深的性质，可以通过试验段进行荷载实测，应用实测压力(p)与垂直土柱重(γh)之比来确定隧道处于何种埋深。其判别标准可参考如下经验值：

当$p/\gamma h\leqslant0.4$时，为深埋隧道；$p/\gamma h>0.4$时，为浅埋隧道。

有时,还进一步将 $p/\gamma h > 0.6$ 者,称为超浅埋隧道。

但由于每座隧道的地形、地质及线路位置不同,很难明确规定洞口段的长度。“洞口段”的长度范围应根据所处的围岩条件,以及由于隧道开挖对洞顶地表是否造成显著影响来确定,一般可参照图 8-8 确定。

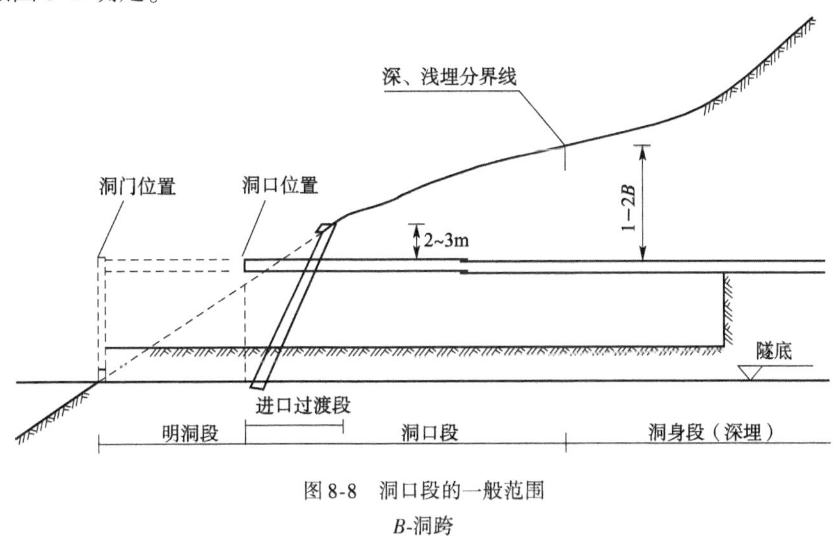

图 8-8 洞口段的一般范围

B-洞跨

二、洞口施工

在山岭隧道中,隧道洞口覆盖层变薄,且地表水汇集,围岩稳定能力降低,成拱作用不足,施工较为困难。因此,隧道洞口段施工,要结合洞外场地和相邻工程的情况,全面考虑、妥善安排、及早施工,为隧道洞身施工创造条件。一般情况下,应首先做好洞口边坡、仰坡防护,以及防排水系统、洞口初期支护,保证进洞安全和洞身施工顺利,然后在适当的时候完成洞门施工。

洞口工程是隧道工程的一个重要分项工程,洞口工程主要包括边、仰坡土石方,边、仰坡防护,端墙、翼墙等洞门圬工,洞口排水系统,洞口检查设备安装,洞口段洞身衬砌。

1. 进洞施工方法

根据不同的地层情况,可分为以下几种施工方法:

(1)洞口段围岩为Ⅲ级以上,地层条件良好时,一般可采用全断面法直接开挖进洞,初始 10 ~ 20m 区段的开挖,爆破进尺应控制在 2 ~ 3m。施工支护,于拱部可施做局部锚杆,墙、拱采用素喷混凝土支护。洞口 3 ~ 5m 区段可以挂网喷混凝土及设钢拱架予以加强。

(2)洞口段围岩为Ⅳ ~ Ⅲ级,地层条件较好时,宜采用正台阶法进洞(不短于 20m 区段)。爆破进尺控制在 1.5 ~ 2.5m。施工支护采用拱、墙系统锚杆和钢筋网喷射混凝土。必要时设钢拱架加强施工支护。

(3)洞口段围岩为Ⅴ ~ Ⅳ级,地层条件较差时,宜采用上半断面长台阶法进洞施工。上半断面先进 50m 左右后,拉中槽落底,在保证岩体稳定的条件下,再进行边墙扩大及底部开挖。上部开挖进尺一般控制在 1.5m 以下,并严格控制爆破药量。施工支护采用超前锚杆与系统锚杆相结合,挂网喷射混凝土。拱部安设间距为 0.5 ~ 1.0m 的钢拱架支护,及早施作混凝土衬砌,确保稳定和安全。

(4)洞口段围岩为Ⅴ级以下,地层条件差时,可采用分部开挖法和其他特殊方法进洞施工。具体方法有:预留核心土环形开挖法,插板法或管棚法,侧壁导坑法,下导坑先进再上挑扩大,由里向外施工法,预切槽法等。目前管棚法使用较广泛。

2. 洞口施工注意事项

洞口段施工,最关键的是在进洞前就要做好边、仰坡的防护和加固,做好排水系统,做好洞口初期支护。并注意以下几个事项:

(1)“先护后挖”是洞口施工的基本准则。

(2)在场地清理做施工准备时,应先清理洞口上方及侧方有可能滑塌的表土、灌木及山坡危石等。平整洞顶地表,排除积水,整理隧道周围流水沟渠。之后施作洞口边、仰坡顶处的天沟。

(3)洞口施工应避开雨季和融雪期。洞口土石方开挖,应按设计要求进行边、仰坡放线,自上而下逐段开挖,不得掏底开挖或上下重叠开挖。若需爆破开挖,应进行爆破设计,严格控制装药量,严禁采用深眼大爆破或集中药包爆破,以免影响边、仰坡的稳定。

(4)洞口圬工基础必须置于稳固的地基上。须将虚渣杂物、泥化软层和积水清除干净。对于地基强度不够时,可结合具体条件采取扩大基础、桩基、压浆加固地基等措施。

(5)洞门拱墙应与洞内相邻的拱墙衬砌同时施工连接成整体,确保拱墙连接良好。洞门端墙的砌筑与回填应两侧同时进行,防止对衬砌产生偏压。

(6)洞口段洞身施工时,应根据地质条件,地表沉陷控制以及保障施工安全等因素选择开挖方法和支护方式。

洞口段开挖进尺控制在1m以下,宜采用人工开挖,必要时才采用弱爆破。开挖前应对围岩进行预加固措施,如采用超前预注浆锚杆或采用管棚注浆法加固岩层后,用钢架紧贴洞口开挖面进行支护,再进行开挖作业。在洞身开挖中,支撑应紧跟开挖工序,随挖随支。施工支护采用网喷混凝土、系统锚杆支护,架立钢拱架间距为0.5m,必要时可在开挖底面施作临时仰拱。

开挖完毕后及早施作混凝土内层衬砌。洞口段洞身衬砌应根据工程地质、水文地质及地形条件,设置长度不小于5m的模筑混凝土加强段,以提高圬工的整体性。

(7)洞门完成后,洞门以上仰坡脚受破坏处,应及时处理。如仰坡地层松软破碎,宜用浆砌片石或铺种草皮防护。

三、洞口开挖

当隧道埋置较浅时,隧道洞口开挖将上覆一定范围内的岩体及隧道内的岩体逐层分块挖除,并逐次分段施作隧道衬砌结构,然后回填上覆土。这种施工方法称为浅埋“明挖法”,施作的衬砌结构段称为明洞段。

根据对边坡维护方式的不同,浅埋明挖法可分为放坡明挖法和围护结构明挖法。

1. 放坡明挖法

图8-9 放坡明挖

隧道洞口段埋深较浅,可采用放坡,开挖基坑开挖。只要坡率适当,即可保持边坡、仰坡土体的稳定,施工对周围环境影响较小。此法虽然开挖方量大,但机械化程度高,施工速度快,质量也易得到保证。受地下水影响时,可采用井点降水法提高边坡的稳定性,改善基坑内施工环境。

如果没有地表、地下环境的限制,挖方数量也不太大时,放坡明挖法是隧道洞口施工的首选方案,如图8-9所示。

2. 围护结构明挖法

当洞口位置比较特殊，地质条件较差，由于环境及空间的限制，放坡明挖无法施作时，常采用围护结构以维持洞口稳定。主要有以下方法：

1)斜支撑

当基坑横向宽度较大或形状不规则，不便使用水平支撑时，可采用斜支撑，斜支撑立面图如图8-10所示。

斜支撑的施工常采用中心挖槽法开挖基坑内土体至斜支撑基础底高程，浇筑基础，及时安装斜支撑，使支撑一端支承在围护结构上，另一端支承在已浇筑的基础上，并施加预应力，然后开挖其余土体。设有两道或多道斜支撑时，先安装外侧的长支撑，后安装内侧的支撑，并把所有斜支撑基础连为整体，形成结构底板。最后依次浇筑下层侧墙一中板一上层侧墙一顶板，并按要求的时序拆除支撑，完成结构体系转换。

采用斜支撑时，围护结构上部水平位移比较大，易引起基坑外地面及附近建筑下沉，对沉降要求严格的地段应十分慎重，因此基坑开挖深度也受到一定限制。并且斜支撑基础及结构底板需分批施工，工序交错复杂，施工难度大。

2)锚杆支护

锚杆是一种设在基坑外边坡土体内的支护，锚杆立面图见图8-11。一般由锚头、拉杆和锚固体三个基本部分组成。

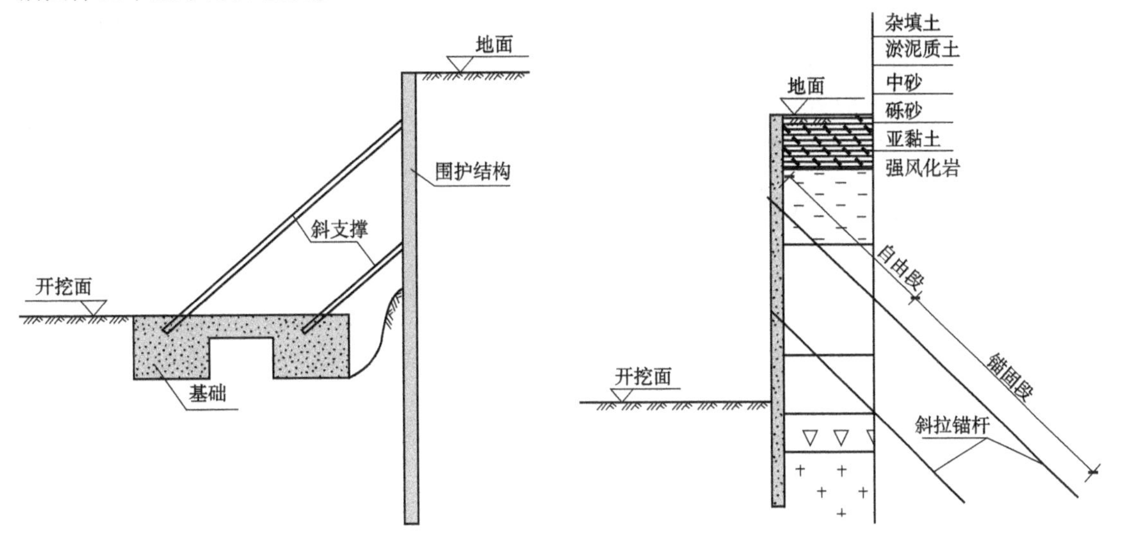

图8-10 斜支撑立面图　　图8-11 锚杆立面图

锚头锚固在围护结构上。锚固体在岩石中的为岩石锚杆，在土层中的为土层锚杆。基坑开挖时，作用在围护结构上的侧应力可由锚杆与岩土之间产生的作用力来平衡。锚杆是受拉杆件，可采用高强钢索，充分发挥其抗拉性能。由于锚杆设置在基坑外，可提供宽敞的施工空间，有利于机械开挖坑内土体及组织结构主体施工。锚杆易于施加预应力，更好的控制围护结构的水平位移，减小地面及建筑物的沉降量，并能适用于各种形状的围护结构。锚杆可设成单层或多层，开挖深度不受限制，在大面积的基坑中，应用锚杆的经济效益更为显著。

其缺点是工艺复杂，锚杆不易回收，造价较高。当围护结构四周建筑物有密集的深基础时，不宜采用。锚杆的蠕变会降低其承载力。在流砂地层中，若锚头预留孔口与锚杆套筒之间的空隙过大时，易发生涌水涌砂，引起坑外地面和建筑物沉降。

第三节 暗挖法施工

一、洞口浅埋暗挖法的技术要点

1. 严格控制围岩变形

浅埋隧道暗挖法施工对围岩的影响必然波及地表。因此需要采用多种辅助措施，严格控制地中及地表的沉陷变形，避免对地面建筑物及地层内埋设的线路管网等的破坏，保护地面自然景观，克服对地上交通的影响，更好的适应周围环境的要求。

2. 刚性支护或注浆加固

与深埋隧道可以给支护以适量变形不同，浅埋暗挖法施工时，其支护时间要尽可能提前，支护的刚度也应适当加大，以便抑制地中及地表的变形沉陷。除必须选用适当的开挖方法、支护方式及施工艺外，还经常采用对前方围岩条件进行改良及超前支护等，作为控制地层沉降变形的基本措施。

3. 试验指导及时调整

由于周围环境及隧道所处地段地质的复杂性，往往需要选取地质条件和结构情况有代表性的一段工程作为试验段。在做出包括结构设计、施工方案、试验及量测计划的设计后，先期开工。对施工过程中引起地中及地表沉陷变形情况、支护结构及围岩应力状态、对地面环境的影响程度等情况进行观察、量测、分析和研究。

试验段施工中所取得的数据，可以用反分析方法获得更符合实际的围岩力学参数，并在此基础上进行力学分析计算，优化设计及施工方案，调整支护参数和施工措施。

二、开挖及支护方式

1. 开挖方法的选择

浅埋隧道暗挖法施工隧道工程时，应根据工程特点、围岩情况、环境要求以及施工单位的自身条件等，选择适宜的开挖方法及掘进方式。必要时，应通过试验段进行验证。

浅埋隧道可采用短台阶开挖法或微台阶开挖法，台阶不宜太长，要及时落底，使初期支护尽早封闭。施工中应尽量减少对围岩的扰动，优先采用掘进机或人工开挖。采用爆破开挖时，应采用短进尺、弱爆破，必要时要对爆破震动进行监控。

2. 支护方式

浅埋隧道暗挖法施工的隧道多采用复合式衬砌。支护设计时可分为三种情况：初期支护承受全部荷载，二次支护（内层衬砌）仅作为安全储备；初期支护与二次支护共同承担荷载；初期支护仅作为施工期间的临时支护，二次支护作为主要承载结构。设计时应将结构设计、施工方法及支护方式、辅助施工方法等进行综合研究，并经试验段进行验证。在施工过程中根据量测数据不断进行改善。

一般地质条件下，初期支护类型由喷、锚、网、钢架或格构架四种方式而组成不同的结构形式。对于浅埋软弱地层，锚杆的作用明显降低，其顶部锚杆由于作用不大而常被取消，应采用刚度较大的初期支护。可采用喷射钢纤维混凝土代替网喷混凝土，以加快支护速度及提高支护质量。

浅埋隧道开挖后要及时施作初期支护。大断面软弱地层施工中采用分部开挖，其初期支护常与临时支护(临时仰拱、中隔墙)结合,使每块分部开挖后都及时得以封闭。为了强化初期支护,有时在做内层衬砌前才进行拆除。

对于地下水丰富的浅埋隧道,应采用洞内井点降水和周边围岩注浆等措施来改善施工条件。在地表允许的情况下,也可结合深井降水和地面预注浆堵水等措施进行水的综合治理,以减少水的危害,确保施工的安全和围岩的稳定。

3. 特殊支护措施

遇有特殊地质条件,可按下列次序依次选用特殊支护措施:

(1)上半断面留核心土环形开挖。

(2)喷射混凝土封闭开挖工作面。

(3)超前锚杆或超前小导管支护。

(4)超前小导管周边注浆。

(5)设置临时仰拱。

(6)深孔注浆加固及堵水。

(7)长管棚超前支护或注浆。

三、浅埋暗挖变形监控量测

在浅埋暗挖法施工中将现场监控量测作为一道工序来进行。应使施工现场每时每刻均处于监控之中,以确保工程安全及控制沉陷变形。

现场量测数据应及时绘制成位移 – 时间曲线(或散点图)。曲线的时间横坐标下注明施工工序和开挖工作面距量测断面的距离。当曲线趋于平缓时,应进行数据处理或回归分析,以推算基本稳定时间、最终位移值,掌握位移变化规律。根据量测管理基准及隧道施工各阶段沉陷变形控制标准进行施工管理。

当量测值超过标准时,应研究超标原因。必要时对已作支护体系进行补强及改进施工工艺。当曲线出现反弯点,即位移数据出现反常的急剧增长现象时,表明围岩与支护已呈不稳定状态,应加强监测和立即对支护体系补强,必要时应立即停止向前开挖并采取稳定工作面的措施以确保施工安全。经妥善处理后,才能继续向前施工。

第九章　隧道开挖与出渣

第一节　开 挖 方 法

在隧道的施工过程中,每一次的开挖,不仅仅是挖除了一定体积大小和形状的岩体,同时开拓出了一定的地下空间,也使这个空间周围岩体暴露(部分约束被解除)。简单地说就是挖除了岩体、获得了空间、暴露了围岩。

将隧道范围内的岩体挖除以后,围岩要仍然处于稳定状态,主要地取决于围岩本身的自稳能力,但同时,开挖对围岩的稳定状态有着直接而重要的影响。因此隧道施工首先关注的三个问题是坑道内岩体好不好挖?开挖后围岩稳不稳定?怎样开挖才能又快又不严重影响围岩的稳定?这就必须对隧道开挖方法和掘进方式进行深入细致的研究。

开挖方法的研究是在围岩本身有一定的空间效应,能够形成一定跨度的自然拱,并在一定的时间内保持不坍塌的条件下进行的。在绝大多数比较坚硬完整的围岩条件下,是可以按照"先开挖后支护"的作业顺序进行施工的。如果围岩极其软弱破碎以至于不能提供这种时间和空间条件,就不能采取先挖后护作业顺序,而必须采取先支护后开挖的作业顺序,即采取特殊稳定措施对围岩进行预先支护或加固处理,以提供基本作业条件(即时间和空间条件),并进行开挖和进一步的支护作业。

一、预留变形量与开挖轮廓线的确定

1. 预留变形量

要确定开挖轮廓线,就必须要考虑开挖坑道后,围岩因失去部分约束而产生向坑道方向的收缩变形,保证围岩变形完成后,坑道断面大小仍能满足设计要求的开挖尺寸,以保证衬砌厚度。施工开挖轮廓线应在设计开挖轮廓线的基础上适当加大,这部分加大的开挖量称为预留变形量。

显然,预留变形量的大小主要取决于围岩本身的工程性质的好坏和开挖断面的大小。根据对围岩变形特性的分析和实际观测可知:围岩的流变性越强,开挖坑道后其变形量越大,围岩的流变性越弱,开挖坑道后其变形量越小。开挖坑道后围岩的变形量同时还受工程结构条件和工程施工条件如隧道断面大小、埋置深度、围岩级别、支护类型、开挖方法、掘进方式、围岩暴露时间等因素的影响。

一般地,预留变形量的大小可采用工程类比法确定,当无类比资料时可参照表 9-1 采用。设计单位在设计文件中根据围岩级别及断面大小给出一个估计的预留变形量值,施工单位可根据实际施工过程中对围岩变形进行量测所获得的数据,分析确定并予以适当调整。

2. 开挖轮廓线尺寸的确定

开挖轮廓线尺寸 = 衬砌内轮廓线(半径尺寸) + 施工误差(包含测量误差、定位误差、模板

变形,一般为 5cm 左右)+设计内层衬砌厚度+设计的喷射混泥土厚度+预留变形量(可根据实际变形量调整)。

新奥法施工开挖预留变形量(单位:cm)　　表 9-1

公路隧道					铁路隧道						
围岩级别 跨度(m)	Ⅱ	Ⅲ	Ⅳ	Ⅴ	围岩级别 隧道类别	Ⅰ	Ⅱ	Ⅲ	Ⅳ	Ⅴ	Ⅵ
9~10	5~7	7~12	12~17	特殊设计	普通双线隧道	—	1~3	3~5	5~7	7~10	特殊设计
7~9	3~5	5~7	7~10	10~15	普通单线隧道	—	—	1~3	3~5	5~7	7~10
					高速双线隧道	—	3~5	5~8	8~10	10~15	现场量测测定
					高速单线隧道	—	—	2~5	5~8	8~12	

注:1. 深埋、软岩隧道取大值,硬岩隧道取小值。
2. 有明显流变、原岩应力较大和膨胀性围岩应根据量测数据反馈分析确定。

二、开挖面的支承作用和围岩的相对稳定性

1. 成拱作用与开挖面的支承作用

成拱作用——在地层中开挖一定量的岩体后,围岩仍能保持不坍塌,形成相对稳定的穹隆形空间,称为岩体的成拱作用或空间效应。

隧道开挖作业区最前端的横断面称为开挖面或掌子面。开挖面前方将被挖除而尚未挖除的岩体,对已开挖区段的围岩起着一定的约束作用,这种约束作用称为开挖面的支承作用或纵向成拱作用,见图 9-1b)。理论分析和实测结果表明,对一般岩体而言,开挖面的支承作用在隧道纵向上大致可以达到洞径的 1~3 倍的长度范围,超出这个长度范围,其支承作用就可以忽略不计了。而且显然坚硬完整的岩体,其支承作用越强,影响范围也越大,软弱破碎的岩体,其支承作用越弱,影响范围也越小。开挖面的支承作用的影响范围示意见图 9-1a)。

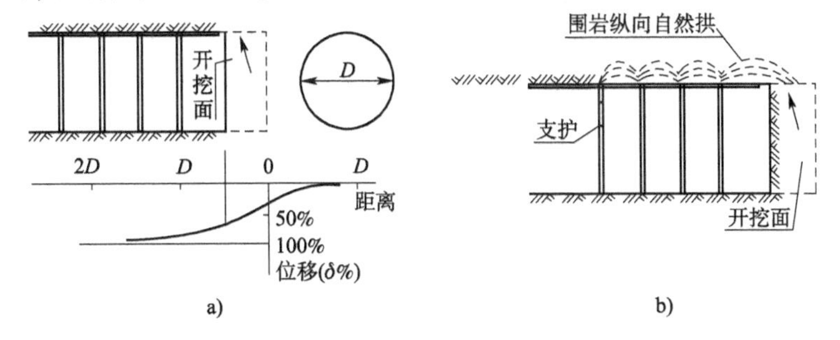

图 9-1　开挖面的支承作用及其影响范围与围岩的纵向成拱作用示意图

随着对隧道的开挖(即对岩体的挖除),开挖面的支承作用逐渐减弱,此后,围岩的稳定则依赖其自稳能力的发挥及初期支护的帮助。因此,开挖面的支承作用具有暂时性。

在隧道施工过程中,开挖面的支承作用是可以且应当加以利用的。对稳定能力一般的围岩,应当利用开挖面的支承作用,使之在消失之前,与已开挖区段的围岩共同维持空间的暂时稳定,并在此期间做好本区段已暴露围岩的初期支护,获得围岩更好的稳定。

因此在隧道施工中,要注意根据围岩稳定能力的好坏,选择适当的掘进进尺,控制好围岩暴露区段和暴露时间。

一般地,只有在围岩稳定能力较好,成拱作用较好,开挖面的支承作用较强时才可以采用

较深的掘进进尺,即允许有较长的围岩暴露区段和较长的暴露时间,初期支护可以稍滞后一段时间。而在围岩稳定能力较差,成拱作用较差,开挖面的支承作用较弱时,应采用较短的掘进进尺,并及时予以支护,即不允许围岩有较长区段和较长时间的暴露,以避免围岩变形过度或坍塌。

若岩体极度软弱破碎,围岩基本上没有自稳能力,则开挖面也基本上没有支承作用。在这种条件下,应考虑采用辅助稳定措施,如超前支护或预先进行注浆加固后方可进行开挖。

2. 围岩的相对稳定性

隧道工程实践经验表明:在同级围岩条件下,开挖面越大(即一次挖的宽度、深度和高度比较大),越容易出现围岩坍塌等问题,反之则较好。说明在同级围岩条件下,采用的开挖面大小不同,围岩表现出来的稳定能力则不同。围岩相对于开挖面大小表现出来的稳定性,称为相对稳定性。

三、开挖方法的种类及选择原则

1. 开挖方法的种类

从隧道的横断面来看,可以将隧道全断面一次开挖成形,也可以分成若干块逐次开挖,从隧道的纵向来看,不论横断面的分部情形如何,都是将坑道范围内的岩体分成若干段顺序挖除的。即每次挖除的是有一定体积的岩体,亦即每次开挖后就形成具有一定体积的地下空间,并最终形成地下通道空间。

按照对隧道横断面的分部情形,开挖方法可以分为以下多种方法,如图 9-2 所示。

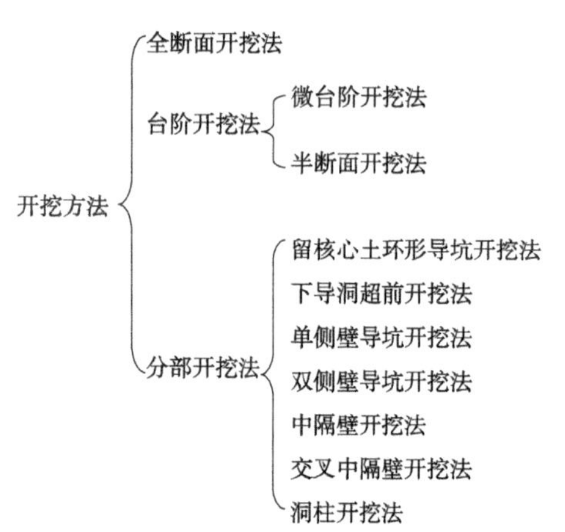

图 9-2 开挖方法分类

2. 隧道开挖方法的选择原则

隧道开挖方法的选择就是要确定横向分部开挖面的大小和纵向分段挖进的深度,及其动态调整措施。不同级别的围岩其稳定能力不同,不同的开挖方法对围岩的扰动程度不同,不同的开挖方法其作业面之间的相互干扰也是不同的。

因此,隧道开挖方法的选择原则是:主要考虑围岩的稳定性、隧道设计断面大小和形状、开挖对围岩的扰动、施工过程中岩体应力重分布和结构体系转换等因素的影响,同时兼顾考虑作业空间大小、支护条件和作业能力、工期要求、工区长度、经济性等因素的影响,进行综合分析,选用既有利于围岩稳定,又满足作业空间等要求的开挖方法。

现代隧道工程围岩承载理论的施工原则强调,不论隧道设计断面大小,只要围岩条件许可,一般均应尽可能采用大断面开挖,同时主要通过调整掘进进尺来适应围岩稳定能力的变化。

就横断面而言,采用大断面开挖,可以减少分部开挖的次数,从而减少对围岩的扰动次数。而且大断面开挖还可以提供较大的作业空间,便于各项作业,同一工区的作业面不至于太多,可以减少作业面之间的相互干扰,便于施工管理。

就纵断面而言,当围岩稳定性较差时,缩短掘进进尺开挖,既可以获得较好的空间成拱作用,又可以保持大断面开挖的便利。当然,由于围岩稳定性较差,采用大断面和短进尺开挖,应严格控制爆破扰动，及时支护和加强支护。

四、全断面开挖法

1. 全断面开挖法定义

全断面开挖法是将设计坑道断面内、一定深度的岩体在一个作业循环时间内予以挖除的方法。即一次开挖成型一定深度的毛洞，并在此后再进行支护等其他各项作业，全断面开挖法如图9-3所示。全断面开挖法主要适用于围岩稳定性很好和隧道断面不太大的条件下。

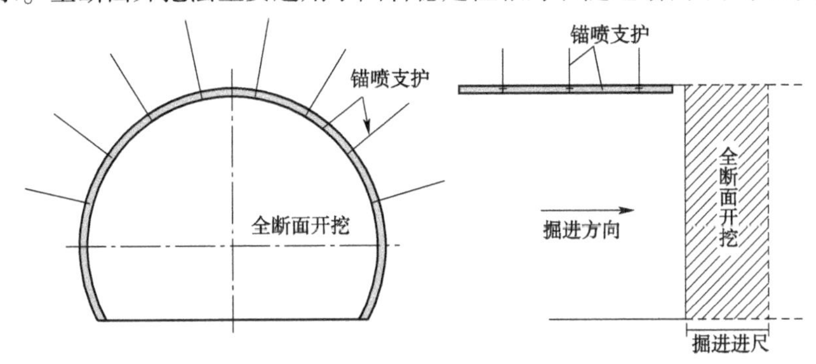

图9-3　全断面开挖法

2. 全断面开挖法的优、缺点

（1）全断面开挖在同一个工区是单工作面、单循环作业，便于施工组织和管理。但单循环作业对各工序的作业能力的利用率不高。

（2）全断面开挖有较大的断面进尺比（即开挖断面面积与掘进进尺之比 $=S/L$），既便于机械破岩作业和钻眼爆破作业，又可以获得较好的破岩效果。

（3）全断面开挖减少了分块开挖次数，从而减少对围岩的扰动次数。但在爆炸破岩时，每次爆破震动的强度较大。因此要求进行严格的控制爆破设计，尤其是对于稳定性较差的围岩。

（4）全断面开挖时围岩应力重分布的次数少，有利于保持围岩的自稳能力，且便于初期支护作业，便于及时形成力学意义上的封闭的承载环，从而获得基本稳定的洞室。

（5）全断面开挖可以争取较大的作业空间和使用大型配套施工机械，施工速度也较快。但开挖面大，围岩相对稳定性降低，且每循环工作量相对较大，因此要求具有较强的开挖能力、出渣能力和相应的支护能力。

3. 全断面开挖法的技术要点

（1）一般情况下，是将开挖和初期支护划归一个作业面，将仰拱、回填（或底板）和边墙划归一个作业面，将防水层和内层衬砌划归一个作业面。使几个作业面之间相隔适当的距离，使之既可以同时施工（平行作业），又可以避免相互干扰，加快施工速度。在工期要求紧的长大隧道中，可借助横洞、斜井、平行导坑或并行双洞的横通道开辟多个作业面，实现长隧短打。当然，增加辅助坑道应作工期-投资比较。

（2）全断面开挖，在同一个工区采用单循环作业，开挖、出渣、初期支护几项主要作业进入一个作业循环。如果各工序的作业能力不平衡，就会显著延长循环时间，施工速度也就较慢。要提高施工速度，就必须增强作业能力，缩短循环时间。

（3）缩短循环时间就必然要求各工序之间在时间、空间、人员、机械设备、材料供应、后勤保障等方面完整配套、合理组织、协调一致、动态调整。以保证各作业面（工区）有较高的施工速度，并进而保证或缩短施工工期。

(4)全断面开挖法一次开挖面比较大,如果遇到地质条件的突然恶化(如断层破碎带、地下水、溶洞、瓦斯地层等),极易发生突发性工程安全事故(如坍方、突水、突泥、瓦斯突出等),且其规模也会比较大。因此,应严格进行超前地质探测,以预报开挖面前方的地质情况,并准备好应急措施,改变开挖方法,以确保施工安全。

五、台阶开挖法

1. 台阶开挖法

台阶开挖法是将设计坑道断面内的岩体分为上半断面、下半断面两部分,在一个作业循环内同时挖除,并始终保持上半断面超前于下半断面,形成一个台阶的开挖方法。台阶开挖法的台阶长度一般为 3 ~ 5m,如图 9-4 所示。若台阶长度设置太长,则会形成上下半断面之间的相互干扰。这种开挖方法主要适用于围岩稳定性较好,但隧道断面较大的条件下,或者隧道断面不太大,但围岩稳定性较差的条件下。

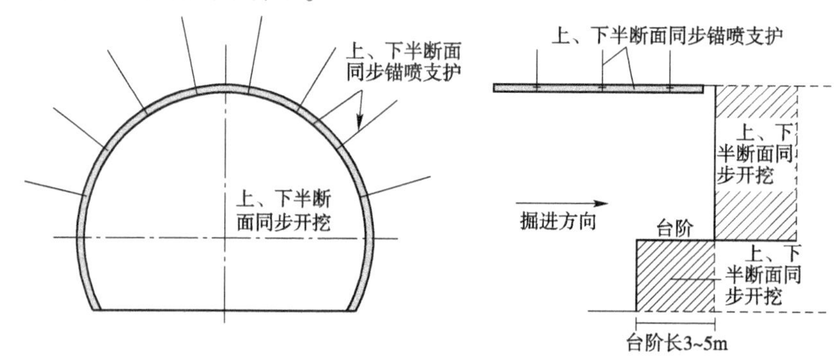

图 9-4　台阶开挖法

2. 台阶开挖的优、缺点

(1)将上、下半断面合为一个作业面同步开挖,与全断面开挖法基本相同,可以有足够的工作空间和较快的施工速度。若将上、下半断面分两次开挖,则两个工作面之间相互干扰较大,实际工程中较少采用。

(2)台阶开挖法将隧道下半断面滞后开挖,掌子面始终保留一个微台阶,既有利于开挖面的稳定和围岩的稳定,也给上部提供了一个工作平台,便于上部进行各项作业。尤其是上部开挖并施作初期支护后,下部作业就较为安全,但应注意下部开挖作业对上部已作支护的影响。

(3)台阶开挖法既可以采用大型施工机械,也可以采用中小型施工机械,其出渣、进料运输方面也与全断面开挖法基本相同。

(4)台阶开挖法在遇到前方围岩地质条件的突变(如突变为软弱破碎、突水、泥石流或溶洞)时,其防御性要好一些,相对于全断面开挖法而言,可以避免造成较大的损失,并且可以比较方便地转换为留核心土环形开挖法或其他分部开挖法。

3. 台阶开挖法的技术要点

(1)台阶长度要适当。既要考虑围岩稳定性的好坏,又要考虑掘进进尺的大小,既要考虑施工机械的配套能力,又要考虑作业空间的大小等要求。

(2)解决好上、下半断面作业的相互干扰问题。微台阶基本上是合为一个工作面进行同步掘进,与全断面开挖法基本相同。对于较短的隧道,采用半断面开挖法,即先打通上半断面,然后在开挖下半断面,可以最大限度地避免干扰。

(3)下部开挖时,不仅要注意控制对围岩的扰动强度,更要注意防止对上部已作支护的破坏。

(4)随着施工进展,在地质条件发生改变时应及时做好开挖方法的转换工作。

(5)当围岩自稳能力不足,设计断面又较大时,为了缩短围岩暴露时间,可以在台阶上暂留核心土,而先行挖出上部弧形导坑,待施作上部初期支护后,再挖除核心土,并进行下部开挖和支护的施作。留核心土的目的是:降低开挖面临空高度,减缓开挖面的坡面角度,抵抗开挖面的下滑,缩短开挖后围岩的暴露时间,保证围岩稳定。下半断面则可以考虑分左右两部分开挖,并分别施作下部支护。

(6)在围岩软弱破碎或断面较大的隧道施工中,采用台阶开挖法时,开挖面的稳定或暂时稳定,成为制约施工进展的重要问题。为维护开挖面的稳定或暂时稳定,使得有条件能够进行其他作业,既要从开挖方法方面考虑,又要从支护手段方面考虑解决。在开挖下半断面岩体前,应该注意上部初期支护的临时封闭,这种临时封闭对于上部初期支护和围岩的稳定是非常必要的。

六、分部开挖法

1. 分部开挖法

分部开挖法是将设计坑道断面内的岩体分为几个部分,并按一定深度在不同的作业循环时间内先行挖除某一部分并施作初期支护,继而顺序挖除其余各个部分并分别施作初期支护的开挖方法。分部开挖法主要适用于隧道断面较大或围岩稳定性较差的条件下。

分部开挖法需要进行多次开挖才能完成隧道断面的成型,且要求始终保持某一部分超前于其他部分。先行开挖形成的坑道称为导坑。导坑一般要比其余部分的开挖超前一定的深度,故分部开挖法也称为导坑超前开挖法。导坑的作用主要是超前探察前方岩体的工程地质条件。

常用的分部开挖法有留核心土环形导坑开挖法、下导洞超前开挖法、单侧壁导坑开挖法、双侧壁导坑开挖法、中洞开挖法(洞柱法)、中隔壁开挖法(CD 法)、交叉中隔壁开挖法(CRD 法),见表 9-2。

分部开挖法(图中序号仅表示开挖顺序,均省略了初期支护)　　表 9-2

开挖方法	横断面图	侧面图
留核心土环形导坑开挖法		
下导洞超前开挖法		

续上表

开挖方法	横断面图	侧面图
单侧壁导坑开挖法	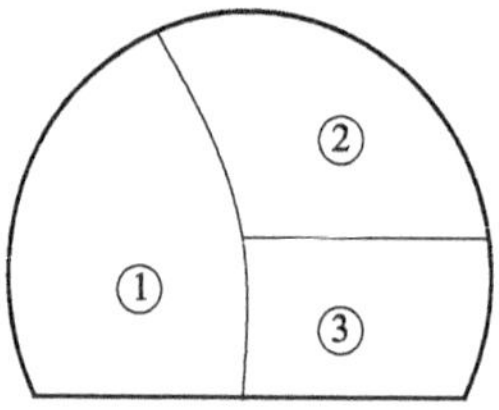 ① ② ③	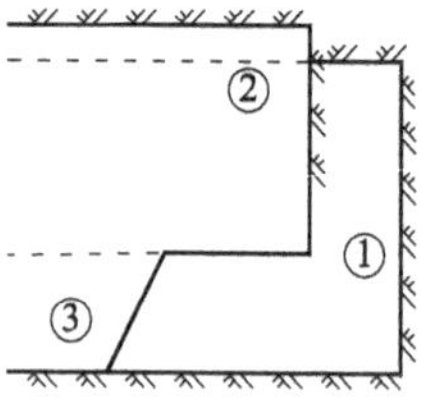 ② ① ③
双侧壁导坑开挖法	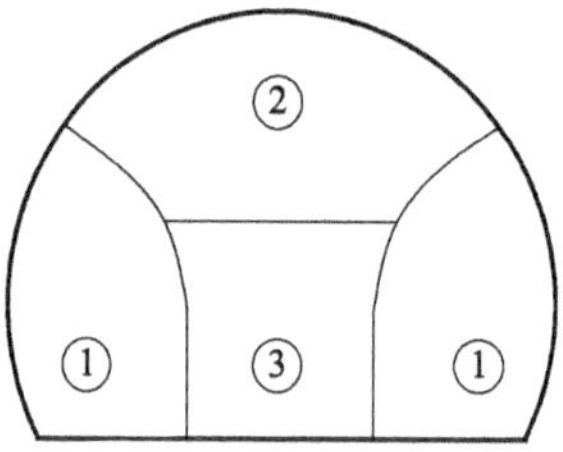 ② ① ③ ①	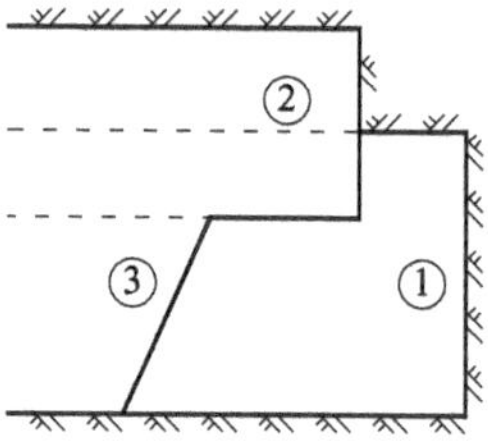 ② ③ ①
中隔壁开挖法(CD 法)	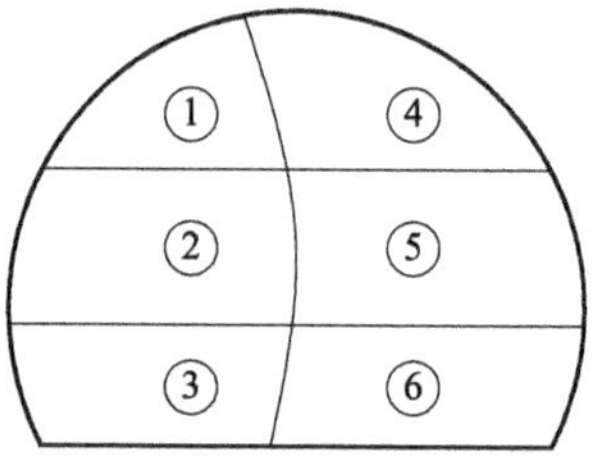 ① ④ ② ⑤ ③ ⑥	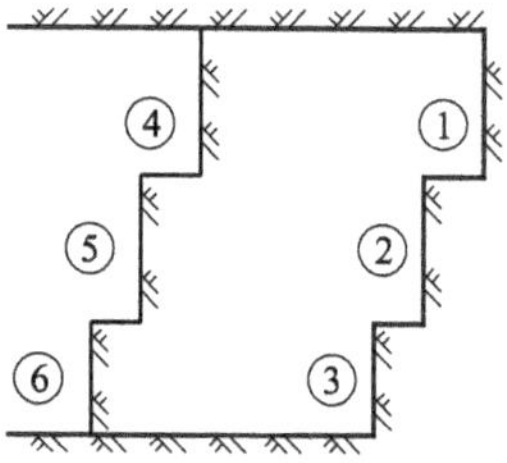 ④ ① ⑤ ② ⑥ ③
交叉中隔壁开挖法(CRD 法)	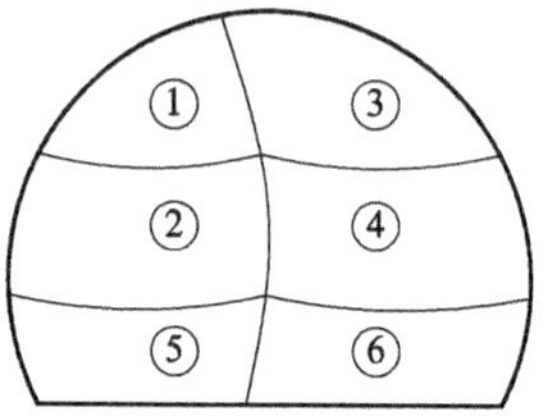 ① ③ ② ④ ⑤ ⑥	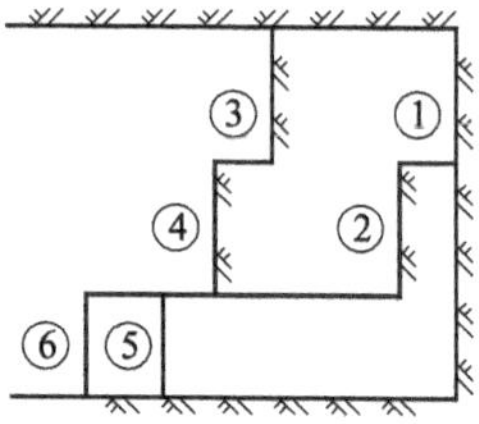 ③ ① ④ ② ⑥ ⑤
洞柱开挖法	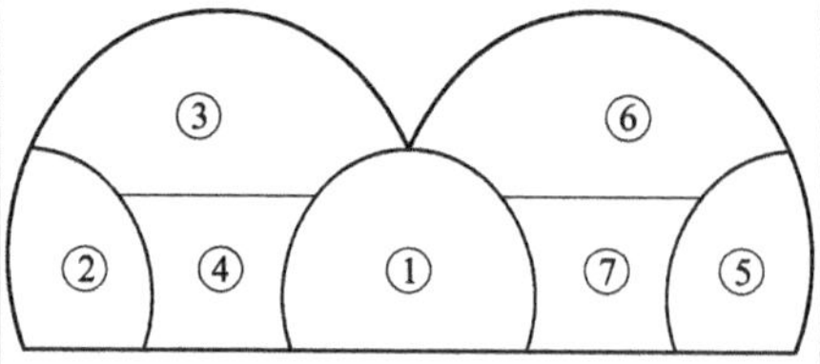 ③ ⑥ ② ④ ① ⑦ ⑤	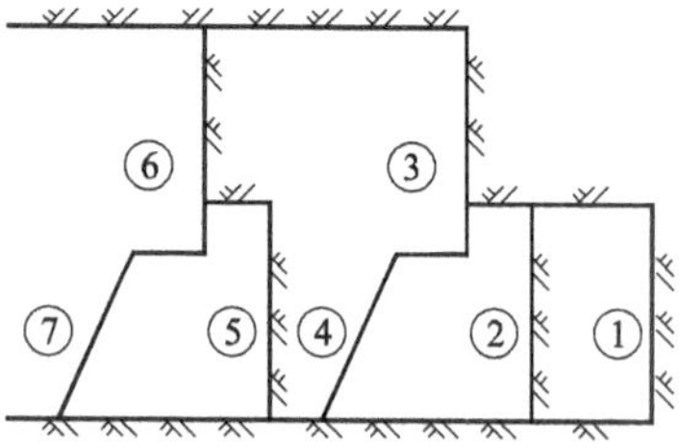 ⑥ ③ ⑦ ⑤ ④ ② ①

2. 分部开挖法的优、缺点

(1)分部开挖将隧道断面分为几个小断面逐次开挖,使每个小断面坑道的开挖跨度较小,小断面坑道围岩的相对稳定性显著增强,且坑道断面较小时更便于进行围岩局部支护。因此分部开挖法主要适用于设计断面较大或围岩软弱、破碎严重、稳定性较差的隧道中。

(2)分部开挖法作业面较多,各工序相互干扰较大,且增加了对围岩的扰动次数,若采用钻爆掘进,则更不利于围岩的稳定,施工组织和管理的难度亦较大。

(3)导坑超前开挖,有利于提前探明地质情况,并予以及时处理。但若采用的导坑断面过小,则施工速度就较慢。

3. 分部开挖法的技术要点

(1)因工作面较多,相互干扰大,应注意组织协调,实行统一指挥。

(2)应特别注意加强对爆破开挖的控制,并避免后续开挖对已作支护的破坏,减少对围岩的扰动。

(3)各部分的开挖和支护顺序不同,对围岩干扰和对支护的影响就不同。因此采用分部开挖法时应充分考虑各部分的开挖与支护之间、相邻作业面之间的相互影响关系,安排好开挖和支护的顺序。

(4)按照新奥法"应尽可能采用大断面开挖"的基本原则,应尽量创造条件,减少分部开挖次数,尽可能争取用大断面开挖,使隧道具备较大的洞内作业空间,便于采用大中型机械施工和提高施工速度。

第二节 施 工 方 法

隧道及地下工程的施工方法是开挖和支护等工序的组合。或者定义为:为达到规定的使用目的、设计要求、技术标准,选用一定的人员、资金、机械、材料,运用一定的技术措施和管理措施,遵循一定的作业程序,修建隧道及地下洞室建筑物的方法。

按照开挖成形方法、破岩掘进方式、支护结构施作方式或空间维护方式的不同,以及隧道穿越地层的不同,目前一般可以将隧道施工方法分类如图 9-5 所示。

施工方法
- 矿山法
- 新奥法,我国称为"锚喷构筑法"
- 明挖法
- 盖挖法
- 盾构法
- 掘进机法
- 沉埋法,又称为沉管法

图 9-5 隧道施工方法分类

一、隧道施工方法的选择原则

(1)围岩工程地质条件,即隧道所处的地下建筑环境条件,主要表现为围岩的自稳能力和抗扰动能力、被挖除岩体的抗破坏能力、地下水储藏条件、地应力大小、地温、易燃易爆有害物质以及这些条件的变化情况。隧道工程结构条件主要表现为隧道长度、隧道断面大小、形状、洞室的组合形式以及支护结构类型等情况。隧道工程施工条件主要表现为施工对围岩的扰动、支护对围岩提供帮助或限制的有效性、施工作业对空间的要求、提高施工速度的要求、控制施工成本的要求、保证工程质量的要求、保证施工安全的要求、减少环境污染的要求、施工队伍技术水平、施工人员素质、施工队伍的管理水平。

从工程技术的角度来看,隧道围岩工程地质和水文地质条件是影响施工方法选择的最关键因素。针对具体的隧道工程,采用何种施工方法不仅取决于围岩工程地质和水文地质条件,也必然受到隧道工程结构条件和工程施工条件的影响。

(2)隧道施工方法的选择原则是:根据实际隧道工程上述三个方面的条件,尤其是围岩工程地质条件,充分研究、综合考虑,选择适当的施工方法,并根据各方面条件的变化及时调整和改变施工方法。

所选施工方法必须与围岩的自稳能力和被挖除岩体的坚硬程度相适应,并尽量减少对围岩的扰动、尽量保持围岩的自稳能力不显著降低、尽量利用围岩自稳能力保证围岩稳定。所选施工方法必须与工程地质条件的变化相适应。所选施工方法必须与隧道断面大小、形状以及洞室的组合情况相适应。所选施工方法必须与施工技术水平相适应,并能够满足施工安全、作业空间、施工速度、施工成本控制、工程质量、环境保护、施工组织和管理方面的要求。

(3)应当指出的是,隧道工程施工是在应力岩体中开拓地下空间。由于地质条件的复杂性和多变性,以及地质勘探、施工技术和人们对工程问题认识的局限性,使得人们在隧道施工过程中不可避免的会遇到预料之外的地质条件的突然变化,甚至发生如流变、坍方、流沙、突泥、涌水、岩爆等工程事故。所以,隧道施工人员,一方面应当根据隧道工程各方面的具体条件加以综合考虑、反复比较,选择最经济、最合理的施工方法,一般是多种方法、多种技术的综合应用,另一方面应密切关注施工过程中的各种因素变化,及时根据实际情况调整施工方案、施工方法、施工技术和施工进度等各项计划。这是一个受多种因素影响的动态的择优过程。

(4)在长大山岭隧道工程中,采用小直径掘进机(TBM,直径 3 ~4m),先行完成导坑开挖,然后再采用钻爆法扩大为正洞,已成为推荐的组合型施工方法。

二、矿山法

矿山法因其最早应用于坑道采矿而得名。因其采用钻眼爆破方式破岩,故隧道工程中也称之为钻爆法。它是采用纵向分段、横向全断面或分部开挖,每一部分开挖成形后即对暴露围岩加以适当的支撑或支护,继而提供必要的永久性人工结构以保持隧道长期稳定的施工方法。矿山法的支撑或支护结构和材料会有不同,人们习惯上将采用钢、木构件作为临时支撑的施工方法称为传统矿山法。

早期的传统矿山法主要采用木构件作为临时支撑,施作后的木构支撑只是作为维护围岩稳定的临时措施,待隧道开挖成形后,再逐步地将其拆除,并代之以砌石或混凝土衬砌。由于木构支撑的耐久性差和对坑道形状的适应性差,尤其是支撑撤换工作既麻烦又不安全,且对围岩有进一步扰动,已很少采用。

后来,由于材料的进步和钢材产量的增加,传统矿山法已发展为主要采用钢构件承受早期围岩压力,以维护围岩的临时稳定,然后在此基础上再施作内层衬砌以承受后期围岩压力并提供安全储备。钢构件支撑具有较好的耐久性和对坑道形状的适应性等优点,施作后的钢构件支撑不予拆除和撤换,也更为安全。至今这种方法仍在沿用。

1. 矿山法施工的基本程序

矿山法是采用木构件或钢构件作为临时支撑,抵抗围岩变形,承受围岩压力,获得坑道的临时稳定,待隧道开挖成形后,再逐步地将临时支撑撤换下来,而代之以永久性单层衬砌的施工方法。它是人们在长期的施工实践中逐步自然发展起来的一种传统施工方法。矿山法施工的基本程序可用框图表示,见图 9-6。

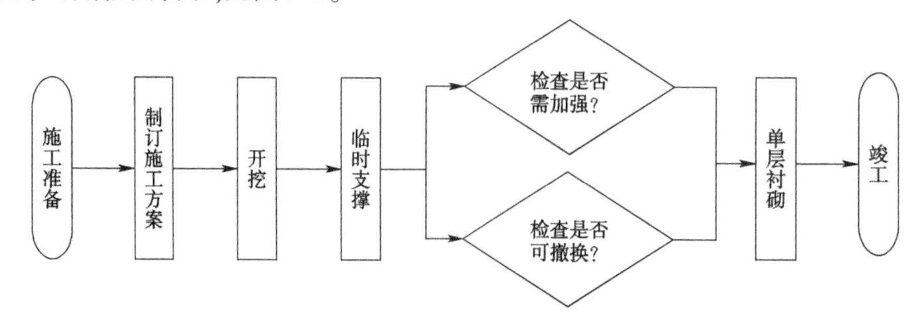

图 9-6　传统矿山法施工程序

2. 矿山法的优缺点

矿山法将围岩与单层衬砌之间的关系等同于地上工程的荷载(围岩)—结构(衬砌)力学体系。它作为一种维持坑道稳定的措施,是很直观和奏效的,也容易被施工人员理解和掌握。

因此直至现在,这种方法常被应用于不便采用锚喷支护的隧道中,或处理坍方等。传统矿山法的一些施工原则也得以继承和发展。曾经使用过的插板法和现在经常使用的超前管棚法及顶管法,可以说是传统矿山法改进和松弛荷载理论发展的极致。

但由于衬砌的实际工作状态很难与设计工作状态达成一致,以及存在的临时支撑难以撤换等一些问题,在一定程度上限制了它的发展和应用。

3. *矿山法施工的基本原则*

矿山法施工的基本原则可以归纳为少扰动、早支撑、慎撤换、快衬砌。

少扰动,是指在进行隧道开挖时,要尽量减少对围岩的扰动次数、扰动强度、扰动范围和扰动持续时间,这与新奥法施工的要求是一致的。采用钢支撑,可以增大一次开挖断面跨度,减少分部次数,从而减少对围岩的扰动次数。

早支撑,是指开挖后应及时施作临时构件支撑,使围岩不致因变形松弛过度而产生坍塌失稳,并承受围岩松弛变形产生的压力即早期松弛荷载。定期检查支撑的工作状况,若发现变形严重或出现损坏征兆,应及时增设支撑予以加强。作用在临时支撑上的早期松弛荷载大小可比照设计永久衬砌的计算围岩压力大小来确定。临时支撑的结构设计亦采用类似于永久衬砌的设计方法,即结构力学方法。

慎撤换,是指拆除临时支撑而代之以永久性模筑混凝土衬砌时要慎重,即要防止撤换过程中围岩坍塌失稳。每次撤换的范围、顺序和时间要视围岩稳定性及支撑的受力状况而定。若预计到不能拆除,则应在确定开挖断面大小及选择支撑材料时就予以研究解决。使用钢支撑作为临时支撑,则可以避免拆除支撑的麻烦和危险。

快衬砌,是指拆除临时支撑后要及时修筑永久性混凝土衬砌,并使之尽早承载参与工作。若采用的是钢支撑又不必拆除,或无临时支撑时,亦应尽早施作永久性混凝土衬砌。

三、新奥法

新奥法是奥地利隧道学家腊布希维兹教授在总结锚喷支护技术的基础上首先提出的,简称为 NATM(New Austrian Tunnelling Method)。它是采用锚杆和喷射砼作为初期支护,达成围岩的基本稳定,待隧道开挖成形后,再逐步地施作内层衬砌作为安全储备,以保持隧道长期稳定的施工方法。我国隧道施工技术规范称为锚喷构筑法。

新奥法主要采用锚杆和喷射砼作为维护围岩稳定的初期支护,以帮助围岩获得初步稳定,施作后的锚喷支护即成为永久性承载结构的一部分而不予拆除,然后在此基础上再施作内层衬砌作为安全储备,称为二次衬砌。初期支护、二次衬砌与围岩三者共同构成了永久的隧道结构体系。

新奥法施工的基本程序可用框图表示,见图 9-7。

值得注意的是:虽然新奥法和传统矿山法都是采用钻研爆破方式掘进,但二者支护方式有着显著的不同,二者的施工原则和理论解释也不同。这种差异,反映了人们对隧道及地下工程问题认识的进步和工程理论的发展。新奥法是目前我国山岭隧道工程中广泛使用的施工方法,从隧道工程的发展趋势来看,新奥法仍将是今后隧道工程最常用的施工方法。

锚杆、喷射混凝土和钢拱架等初期支护直接参与围岩共同工作,不受隧道断面尺寸和形状的限制,可以适用于大多数的地质条件,对某些特殊地质条件在辅助工法的支持下仍然适用。从而使隧道施工的安全性和隧道结构的可靠度均大大增加。

由于锚喷支护技术的应用和发展,也使隧道及地下工程的设计和施工更符合地下工程实际，即实现了隧道及地下洞室建筑结构体系的设计理论、施工方法、工作状态三者在原则、程序和效果方面的基本协调一致和贯穿统一。因此，新奥法作为一种施工方法，已在世界范围内得到了广泛的应用。更为重要的是，它引发了人们对锚喷支护的作用机理的广泛研究，从而促成了隧道及地下工程理论迈入到现代隧道及地下工程理论的新时代。

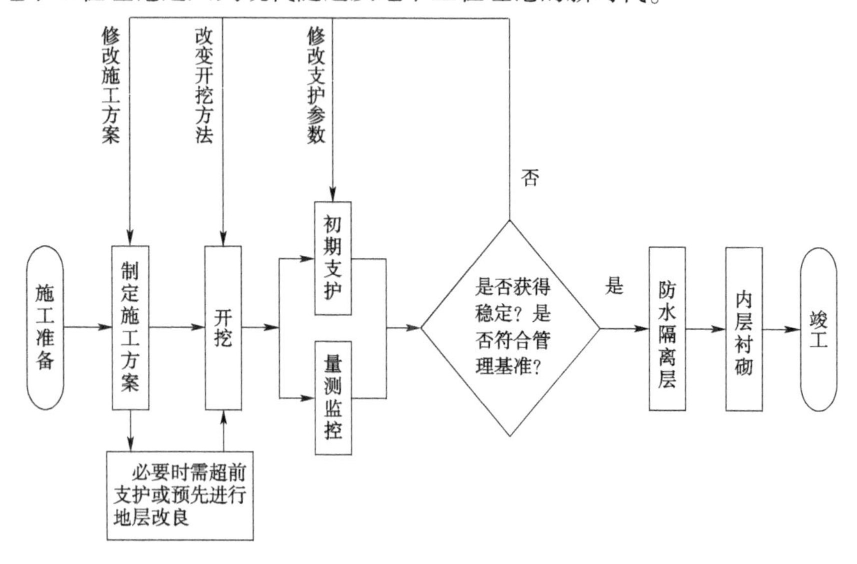

图 9-7　新奥法施工的基本程序

1. 新奥法施工的基本原则

根据对隧道及地下工程基本问题—开挖与支护的关系的认识，对围岩的三位一体特性的认识，对支护的加固和维护作用的认识，现代围岩承载理论认为围岩是工程加固的对象，是不可替代的，支护是加固的手段，是可以选择的。

围岩承载理论在新奥法的成功应用的基础上，运用岩体力学分析方法，充分考虑围岩在施工过程中的动态变化，逐步形成了以维护和利用围岩的自承能力为基本出发点、锚杆和喷射混凝土为主要支护措施、对围岩和支护的变形和应力进行量测为监视控制手段，来指导隧道和地下工程设计、施工的基本思路。并进一步总结出提供支护帮助的基本原则，即围岩不稳，支护帮助，遇强则弱，遇弱则强，按需提供，先柔后刚，量测监控，动态调整。

根据以上解决问题的基本思路和支护设计的基本原则，作为一种施工方法，新奥法施工的基本原则可以归纳为少扰动、早锚喷、勤量测、紧封闭。这四项基本原则的具体含义解释如下：

(1)少扰动，是指在进行隧道开挖时，要尽量减少对围岩的扰动次数、扰动强度、扰动范围和扰动持续时间。因此，隧道施工应根据围岩级别选择合理的开挖方法、掘进进尺和作业循环。

具体措施是：能用机械开挖的就不用钻爆法开挖；采用钻爆法开挖时，要严格地进行控制爆破；尽量采用大断面开挖，以减少对围岩的扰动次数；对自稳性差的围岩，宜采用分部开挖小循环作业，并且掘进进尺应短一些；最好采用机械开挖，必要时可采用松动爆破；支护要尽量紧跟开挖面，以缩短围岩应力松弛时间。

(2)早锚喷，是指开挖后及时施作初期锚喷支护，使围岩的变形进入受控制状态。这样做一方面是为了使围岩不致因变形过度而产生坍塌失稳，另一方面是使围岩变形适度发展，以充分发挥围岩的自承能力。必要时，可采取超前预支护甚至注浆加固(地层改良)措施。

具体措施是：根据围岩级别采用喷射混凝土、锚杆、钢拱架和模筑混凝土衬砌等不同组合形式的初期支护，并及时调整支护时机、支护参数，以求达到最佳支护效果。

(3)勤量测，是指以直观、可靠的量测方法获得量测数据来判断围岩(或围岩+支护)的稳定状态及动态发展趋势，评价支护的作用和效果，以便及时调整支护时机、支护参数、开挖方法、施工速度，确保施工安全和顺利进行。

具体措施是：在隧道施工中对围岩进行地质素描、拱顶下沉观测、水平收敛观测、仰拱隆起观测及锚杆抗拔力测试等。量测是掌握围岩动态变化过程的手段和修改支护参数、调整施工措施的依据，也是现代隧道及地下工程理论的重要标志之一。

(4)紧封闭，一方面是指采取喷射混凝土等防护措施，避免围岩因长时间暴露而致强度和稳定性衰减，尤其是对于易风化的软弱围岩。另一方面更为重要的是指要适时对围岩施作封闭形支护，使之形成力学意义上的封闭的承载环，即围岩+支护=无薄弱部位且整体稳定的环状(筒状)结构物。这样做不仅可以及时阻止围岩的过度变形，保证隧道的稳定，而且可以使支护和围岩能进入良好的共同工作状态，从而有效地发挥支护体系的作用。

具体措施是：在一般破碎围岩地段的施工中，及时加固薄弱部位，而在软弱破碎围岩地段的施工中，采用短台阶或超短台阶法开挖，及时修筑仰拱，使初期支护尽早形成封闭的承载环。

值得注意的是，在一般围岩条件下，模筑混凝土内层衬砌，原则上是在初期支护与围岩共同工作并已达成基本稳定(变形收敛)的条件下修筑的。因而，内层衬砌的作用是承受围岩后期压力和提供安全储备。但在围岩自稳能力很弱并具有较强流变特性时，及时采用刚度较大的强支护措施就显得非常必要。

2. 新奥法的优缺点

(1)各工序的组合和调整的灵活性很大，尤其是当地质条件发生变化时，它依然表现出很强的适应性。长期的实践已使人们积累了丰富宝贵的施工经验，已形成了较为科学合理、完整成熟的施工方案，这些是普遍认同的优势。

(2)与传统矿山法的钢木构件临时支撑相比较，新奥法的锚喷初期支护具有灵活性、及时性、密贴性、深入性、柔韧性、封闭性等工程特点。

(3)施工机械和设备的配套比较灵活，且多数是常规设备，其组装简单、转移方便，重复利用率高。

(4)现代隧道工程使用的钢拱架和内层衬砌是力学意义上的承载环，其设计计算方法仍沿用并改进了传统松弛荷载理论的设计计算方法。

(5)但值得注意的是，就功效而言，钢拱架、超前管棚、混凝土或钢筋混凝土等刚性构件，其作用简明直观、行之有效，且具有较好的耐久性。而锚喷初期支护的支护能力和功效虽然并不亚于刚性构件，但其理论需要专门的培训，对其实施准则的认识和掌握还需要在实践中加以总结和积累。就耐久性而言，因为锚喷支护毕竟是一种松散结构，其耐久性并非是最理想的，而且在不同的围岩条件下，其功效大小也不尽相同，还需要用时间来检验。

3. 需要采用超前支护或预先进行注浆加固、冷冻固结的情形

遵循现代隧道工程围岩承载理论的基本思想，以及现代隧道支护设计的基本原则和新奥法施工的基本原则。当隧道围岩坚硬完整时，或者围岩虽然比较软弱破碎，但地应力不很大，埋置深度较大时，隧道上覆岩体的自然成拱作用较好，工作面稳定，既不易受地面条件的影响，围岩松弛变形也不致于波及地表，采取常规支护，并按“先开挖后支护”的顺作程序进行施工，就可以获得围岩的稳定和安全。

但当隧道围岩软弱破碎，而地应力也很大时，无论是浅埋还是深埋，围岩都表现为较强的

流变性，随时会发生坍塌，有时甚至不挖自坍，工作面不稳定，难以形成自然拱。此时，若仍然采用常规支护措施和顺作程序，不能有效地控制围岩的变形，也不能阻止坍塌，而且围岩的松弛变形还会进一步向围岩深层发展，造成更大范围的围岩松弛，改变地层状态和地下水环境，严重时还会波及地表，改变地面形态，危及地面建筑物的稳定和安全。

针对软弱破碎围岩条件下的工作面稳定问题，可以采用的特殊稳定措施有超前支护、注浆加固和冷冻固结三大类。由于有这些特殊稳定措施的支持，使得在软弱破碎地层中进行隧道施工变得更及时、有效、快速，也更安全，更具有可预防性。

超前支护又分为超前锚杆加固前方围岩、超前管棚支护前方围岩，它主要是适用于松散破碎的石质围岩条件。注浆加固又分为超前小导管注浆、超前深孔围幕注浆，它主要是适用于松散未胶结的砂性地层条件。注浆不仅可以加固围岩，也可以起到堵水作用。冷冻固结主要是针对饱和软黏土地层条件，利用水作为介质，通过冷冻结冰，将围岩固化，形成稳定性较好的冻土，再在冻土层中完成隧道施工的一种特殊施工技术。

以上措施可视情况依次选用，即优先选用简便方法。并应视围岩工程地质条件、地下水情况、施工方法、建筑环境要求等具体情况，尽量与常规稳定措施相结合，进行充分的技术经济比较，选择最为适宜的特殊稳定措施。

总之，在软弱破碎围岩条件下，采用特殊稳定措施进行隧道施工的基本原则是先护后挖，逆序施作。具体说来就是先支护(先加固)、后开挖，逆序施作；短进尺、慎开挖，万勿冒进；强支护、快衬砌，及时封闭；重观察、勤量测，莫等坍方。

四、明挖法

当隧道埋置较浅时，可将上覆一定范围内的岩体及隧道内的岩体逐层分块挖除，并逐次分段施作隧道衬砌结构，然后回填上覆土。这种施工方法称为浅埋明挖法。采用明挖法修建的隧道(或区段)称为明洞。

明挖法的优点是施工程序简单、明确，容易理解、便于掌握，主体结构受力条件较好，在没有地面交通和环境等限制时，应是首选方法。

按照对边坡维护方式的不同，浅埋明挖法可分为放坡明挖法、悬臂支护明挖法、围护结构加支撑明挖法。应当注意的是，当采用悬臂支护明挖法或围护结构加支撑明挖法时，工程的重点和难点就转化为深基坑的围护问题。

1. 放坡明挖法

放坡明挖法是指根据隧道侧向土体边坡的稳定能力，由上向下分层放坡开挖隧道所在位置及其上方的土体至设计隧道基底高程后，再由下向上顺作隧道衬砌结构和防水层，最后施作结构外回填土并恢复地表状态的施工方法。放坡明挖法施工的隧道亦称为明洞，其施工顺序与地上工程相似，故不再赘述。

放坡明挖法主要适用于埋置特浅，边坡土体稳定性较好，且地表没有过多的限制性条件的隧道工程中。放坡明挖法虽然开挖土方量较大，且易受地表和地下水的影响，但可以使用大型土方机械、施工速度快、质量也易得到保证、作业场所环境条件好、施工安全度较高。放坡明挖法是浅埋隧道的首选施工方法。边坡局部稳定性较差时，可采用喷射砼进行坡面防护或采用锚杆加固边坡土体。

2. 悬臂支护明挖法

悬臂支护明挖法是将基坑围护结构插入基底高程以下一定深度，然后在围护结构的保护下开挖基坑内的土体至设计隧道基底高程后,再由下向上顺作隧道主体结构和防水层,最后施作结构外回填土并恢复地表状态的施工方法。

悬臂支护明挖法常用的围护结构有打入木桩、钢桩、钢筋混凝土预制桩、就地挖孔或钻孔灌注钢筋混凝土桩、钻孔灌注钢筋混凝土连续墙等。以上各种措施也可联合采用。悬臂支护明挖法主要适用于埋置较浅,边坡土体稳定性较差,且地表有一定的限制性要求的隧道工程中。

悬臂围护结构处于悬臂受力状态,靠围护结构插入基底以下一定深度部分的抗倾覆能力和围护结构的抗弯刚度来平衡其基底以上部分所受外侧土压力。其优点是,由于有围护结构的保护,开挖土方量小,且基坑内无支撑,便于基坑内土体开挖和主体结构施工的机械化作业,也易保证工程质量。缺点是围护结构施工较复杂,工程造价有所增加。

3. 围护结构加支撑明挖法

围护结构加支撑明挖法是当基坑深度较大,围护结构的悬臂较长时,在不增加围护结构的刚度和插入深度的条件下,在围护结构的悬臂范围内架设水平支撑以加强围护结构,共同抵抗较大的外侧土压力,在主体结构由下向上顺作的过程中按要求的时序逐层分段拆除水平支撑,完成结构体系转换,最后施作结构外回填土并恢复地表状态的施工方法。

围护结构加支撑明挖法主要适用于埋置不太浅,边坡土体稳定性较差,外侧土压力较大且地表有一定的限制性要求的隧道工程中。

水平支撑的强度、刚度、间距、层数及层位等技术参数,应根据对水平支撑与围护结构的共同工作状态、结构体系转换过程和施工工艺的要求进行力学分析计算确定。施工中必须经常检查支撑状态,必要时对其应力进行量测和监控。采用水平支撑的优点是墙体水平位移小,安全可靠,开挖深度不受限制。

水平支撑常用的形式有横撑、角撑和环梁支撑。平面矩形围护结构的基坑拐角或断面变化处用角撑,短边方向一般用横撑,平面环形围护结构也可采用环梁支撑。开挖基坑宽度较大,水平支撑刚度不足时,还可考虑加设中间支柱来保持其稳定性。水平支撑结构以钢管、型钢及型钢组合构件为好,因其拆装方便,占据空间较小,回收利用率高,故在实际工程中应用较多。

五、盖挖法

盖挖法是在隧道浅埋时,由地面向下开挖至一定深度后,施作结构顶板,并恢复地面原状,其余的绝大部分土体的挖除和主体结构的施作在封闭的顶板掩盖下完成的施工方法。

1. 盖挖法的种类和施作顺序

按照盖板下土体挖除和主体结构施作的顺序,浅埋盖挖法可以分为盖挖顺作法和盖挖逆作法。

盖挖顺作法是在盖板的保护下由上至下逐层分块挖除并逐次分段施作隧道衬砌结构。

盖挖逆作法是在盖板的保护下,逐层分块挖除并逐次分段施作隧道衬砌结构。

顺作法需要采用大量的大直径钢管作为临时水平支撑,但结构主体是由下而上顺序施作,墙柱混凝土施工缝易于处理,且质量容易保证。逆作法无需占用大量水平支撑,但结构主体是由上而下逆序施作,墙柱混凝土施工缝处理工艺复杂,质量不易保证,且结构受力状态不好。

2. 盖挖法的优点

由于优先安排盖板施作,可以快速恢复地面原状,从而最大限度地减少施工对地面交通和生活的干扰,又由于有盖板的保护,从而使得地下施工更为安全。

3.盖挖法的适用条件

盖挖法主要适用于城市地铁特浅埋隧道及地下工程中,尤其适用于地铁车站等地下洞室建筑物的施工。其中盖挖顺作法主要适用于单层地铁车站施工,盖挖逆作法主要适用于多层地铁车站施工。但应当注意的是,采用盖挖逆作法施工时,应特别注意结构体系受力状态的转换,以保证结构受力状态良好。

六、盾构法

盾构法是以盾构(Shield)这种施工机械在地面以下暗挖隧道的施工方法。盾构是一种集推进、挖土、衬砌等多种作业于一体的大型暗挖隧道施工机械。目前在软弱地质条件下的浅埋隧道工程中,盾构法已经得到很普遍的应用。

盾构施工首先要修建预备竖井,在竖井内安装盾构,然后边推进边挖土边衬砌。盾构推进的反力开始是由竖井后背墙提供,进入正洞后则由已拼装好的衬砌环提供。盾构挖掘出的土体由竖井通道送出洞外,挤压式盾构不出土。盾构每推进一环距离,就在盾尾支护下拼装一环衬砌。

盾构机的前端设置一个环行的活动钢筒结构,其作用是承受地层压力和提供地下作业空间。钢筒内的前端设置有支撑和挖掘土体的装置,中段安装有顶推千斤顶,使钢筒可以在地层中推进,尾部设置一个直径略小于前端钢筒直径的钢套筒,前筒推进后,由盾尾套筒(护盾)临时支护围岩。盾尾套筒向前收缩时是否注浆,及其与拼装衬砌的工艺配合,则视地层条件和盾构类型(有水无水、有压无压)不同而不同。有压、有水须边推进边压注水泥浆,无压、无水且围岩可暂时自稳时则可在衬砌后压注豆砾石、水泥浆。压注水泥浆,可使衬砌与围岩保持紧密接触,既阻止地面沉陷,又可起到防水作用。

1.盾构法的优缺点

由于有盾构的保护,挖掘和衬砌等工作比较安全,这是盾构法的最大特点。其安全性不仅表现为工作人员安全,更表现为能够有效避免围岩坍塌和涌水、流砂等工程事故。盾构的推进、出土、拼装衬砌等全过程可实现机械化、自动化作业,施工速度快,工人劳动强度低。穿越城市地层时,施工噪声和振动很小,对地面环境影响较小,穿越水下地层时不影响河道航运。施工本身基本上不受季节、风雨等气候条件影响。因此,在松软含水地层中修建长隧道时,盾构法具有技术和经济方面的优势。

但盾构法也存在一些不足,如在隧道曲线半径过小时,盾构转向控制比较困难,地层软硬不均匀时,盾构姿态控制较困难,洞顶覆盖土层太薄且为有压含水松软土层时,需要采取一些辅助技术措施防止地表沉陷。完全防止地表沉陷还比较困难,拼装式衬砌的整体防水性能较差,要采用较多的辅助防水措施才能达到防水要求。当采用全气压盾构法施工时,工人在高气压条件下作业,须采取特别的劳动保护措施。这些缺点还有待于在今后实践中进一步研究解决。

2.盾构的种类及适用的地层条件

盾构的类型很多,可按盾构的断面形状、挖掘方式、盾构前部构造和排水与稳定开挖面方式进行分类。

按盾构断面形状可分为圆形、拱形、矩形、马蹄形和复圆形等。圆形因其抵抗地层中的土压力和水压力较好,衬砌拼装简便,可采用通用构件,易于更换,因而应用较广泛。

按挖掘方式可将分为手工挖掘式、半机械挖掘式和机械挖掘式三种。

按盾构前部构造可将分为敞胸式和闭胸式两种。

按排除地下水与稳定开挖面的方式可分为人工井点降水、泥水加压、土压平衡式的无气压盾构,局部气压盾构,全气压盾构等。

随着隧道与地下工程的发展,盾构机械的种类越来越多,适用性也越加广泛。一般而言,盾构法主要适用于软弱地质条件下进行暗挖法施工,最适于在松软含水地层中修建隧道,如在江河中修建水底隧道,在城市中修建地下铁道及各种市政设施。有资料显示,盾构法一般适宜于长隧道施工,对于短于750m的隧道被认为是不经济的。常用盾构的性能和适用的地层条件见表9-3。

常用盾构的性能和适用的地层条件 表9-3

构造类型	挖掘方式	盾构名称	出上措施及开挖而稳定措施	适用的地层条件	附注
敞胸式盾构	手工挖掘	普通盾构	临时挡板支撑千斤顶	稳定性尚可的松散地层	根据需要加以气压、人工井点降水及其他地层加固等辅助措施
		棚式盾构	将开挖面分成几层,利用砂的安息角和棚的摩擦阻力使开挖面稳定	无压水砂性土地层	
		网格式盾构	利用土和钢制网状格栅的摩擦阻力使开挖面稳定	硬塑性黏土、淤泥	
	半机械挖掘	反铲式盾构	手掘式盾构装上反铲式挖土机出土	稳定性较好的硬土地层	
		旋转式盾构	手掘式盾构装上软岩掘进机出土	石质软岩	
		旋转刀盘式盾构	面板加单刀盘或多刀盘破岩	较稳定的软岩、硬土地层	
		插刀式盾构	千斤顶顶推插板,机械或人工挖土	稳定性尚可的硬土地层	
闭胸式盾构	手工挖掘	半挤压盾构	胸板局部开孔,依靠千斤顶推力使土砂从开孔中挤出或自然流出	软塑性黏土、淤泥	需要时可增加辅助措施
		全挤压盾构	盾构胸板无孔,不进土,完全挤入淤泥地层中	流塑性软土、淤泥	
	半机械挖掘	局部气压盾构	面板与隔板间加气压	有压水松软地层	不再加设其他辅助措施
		泥水加压盾构	面板与隔板间加有压泥水	有压水冲积层、洪积层	
		土压平衡盾构	面板隔板间充满土砂,产生的压力和开挖处的地层压力保持平衡	软塑性淤泥、淤泥夹砂	需要时可增加辅助措施
		网格式挤压盾构	胸板为网格,土体通过网格孔挤入盾构	软塑性~流塑性淤泥	

3. 盾构法发展及现状

(1)用盾构法施工的构思是由法国工程师布鲁诺(Brunel)于1818年在船板上蛀虫钻孔的启示下提出的。1825年到1843年布鲁诺首次在伦敦泰晤士河下采用6.8m×11.4m的矩形断面盾构修建了全长458m的世界上第一条盾构法施工的隧道。1869年英国人巴劳(Barlow)首次采用圆形盾构在泰晤士河底建成外径为2.21m的隧道。

英国人格雷特海德(Greathead)综合了以往盾构施工和气压法的技术特点,较完整地提出了气压盾构法的施工工艺,首创了在盾尾后的衬砌外围空隙中压浆的施工方法,为盾构施工法的发展起了重大推动作用,并于1874年在伦敦地下铁道南线的黏土和含水砂砾地层中成功的应用气压盾构法建造了内径为3.12m的隧道。1880年到1890年,在美国和加拿大之间的圣克莱河下用盾构法建成一条直径6.4m,长1 800余米的水底铁路隧道。

20世纪初盾构施工法已在美、英、德、法等国推广,30年代到40年代这些国家已成功地使用盾构建成直径3~9.5m的多条地下铁道及过河公路隧道。仅在纽约就采用气压盾构法建成了19条重要的水底隧道,其用途有道路、地下铁道、煤气和上下水道等。20世纪60年代起,盾构施工法在日本得到迅速发展,除大量用在城市地下铁道施工外,在城市下水道等市政工程中也得以广泛应用。并为此研制了大量新型盾构,如局部气压式、泥水加压式和土压平衡式盾构等,以适应在各种地层中施工。据统计,日本现有2 000多个盾构,其中90%用于修建以地下水道为主的各种市政公用设施。同时与盾构施工的配套设施与管理技术也获得了发展。

(2)我国在第一个五年计划期间,东北阜新煤矿采用直径2.6m盾构修建疏水巷道。1957年在北京下水道工程中也用过直径为2m和2.6m的盾构。

1963年上海开始在第四纪软弱含水层中进行直径为4.2m盾构隧道工程试验,盾构为手掘式,有16个千斤顶,总推力为1.96×10^4kN,并备有正面支撑千斤顶,隧道衬砌为单层防水钢筋混凝土肋型管片,并采用沥青环氧树脂为接缝防水材料,试验中曾采用降水法和气压法疏干地层的辅助措施。1965年又采用2个直径5.8m,总推力为3.724×10^4kN的网格式盾构,在覆土约12m厚的淤泥质黏土层中进行试验,采用气压式推进(气压值为8.82×10^4Pa到11.76×10^4Pa)建成2个试验隧道。1967~1969年,采用10.2m直径盾构及单层钢筋混凝土管片建成上海第一条黄浦江打浦路越江道路隧道,盾构穿越地面以下深度为17~30m的淤泥质黏土层和粉砂层,在两岸不同地段采用降水法全出土,全闭胸挤压,气压全出土以及局部挤压方法施工,在河中段还采用了无气压全闭胸挤压法施工。

1984年上海又制造了直径11.32m的盾构成功的建成了黄浦江延安东路水底道路隧道。20世纪70年代以来上海、北京、江苏、浙江、福建等地采用不同类型盾构修建了各种不同用途的隧道,仅上海就用盾构施工法在长江边及海边建成六条外径4.3m的排水及引水隧道。此外,上海、广州等地采用盾构修建地铁和地下通道,上海地铁一号线14.81km长的区间隧道采用七台盾构进行施工,广州地铁一号线也采用三台盾构进行六个区间的隧道施工。随着我国经济建设的发展,特别是城市建设的发展,盾构施工法的应用具有广阔的前景。

2008年3月,武汉长江穿江隧道(市政公路)左右洞全部贯通,该隧道分为上下行两个双车道隧道,长度2×2 550m,单洞净空断面直径10m。均采用复合刀盘泥水加压式盾构。它标志着“万里长江第一隧”工程的成功。

自1818年布鲁诺首次提出盾构施工法至今已有近200年,世界各国已制成数千个盾构,盾构法已广泛用于城市中修建上下水道,电力、电缆沟隧道,地下铁道,水底隧道等地下工程。各国用盾构法施工的隧道中,大约70%是用于修建上下水道,15%用于地下铁道和水底隧道。目前,各国采用盾构施工法建造的水底公路隧道已有20多条,随着交通事业的发展,用大直径盾构建造的水底公路隧道将会日益增多。

七、掘进机法

掘进机法(TBM—Full Face Tunnel Boring Machine)是在20世纪30年代开始应用于隧道工程的。它是用特制的破岩机在一个步距内连续破岩进行隧道掘进,多个循环完成隧道掘进的施工方法。

破岩机的工作原理是:利用立足于洞壁上的支撑提供顶推反力,在顶推压力条件下旋转刀盘,带动盘刀在岩面上滚动,并以静压方式切削破岩,并在循环掘进过程中同步完成对已暴露围岩的初期支护。

1.全断面掘进机法的优缺点

虽然钻爆法仍是当前山岭隧道施工的最普遍的方法,而且是掘进机法不能取代的。但随着掘进机技术的发展和机械性能的改进,掘进机法也表现出钻爆法不可比拟的优点。与矿山法等其他施工方法相比,掘进机法的特点是其掘进、出渣、初期支护、管片衬砌可以同步进行,施工过程是连续的,具有"工厂化"的特点。因此掘进机法具有施工速度快、机械化程度高、工序简化紧凑、对地层扰动小、超欠挖量最小、洞内作业环境条件好、施工安全度高、工人劳动强度较小等优点。

但掘进机法受地质条件的限制较大,它主要适用于岩体完整性较好的地层中;隧道断面形状限制为圆形;一次性设备投资大;一台掘进机能够开挖的断面尺寸(直径)固定,不可改变;整套机械的使用寿命有限;需要在现场组装、拆卸,转移不便;需要有熟练的技术工人,对管理水平的要求也更高。

2.掘进机的种类及适用的地层条件

山岭隧道全断面掘进机(简称TBM)按护盾形式分为开敞式、单护盾和双护盾三种。目前使用较多的的主要是开敞式和单护盾全断面掘进机,且主要应用于硬岩地层的隧道掘进。

开敞式掘进机主要适用于围岩稳定性较好的坚硬完整石质岩体地层的隧道中。开敞式掘进机只在机械前端设置刀盘定位支撑系统,不设护盾,在掘进中依靠撑于岩壁上的支撑提供反力,使盘刀获得破岩推力和扭矩,开挖后的坑道周边只需作必要的局部锚喷支护。

单护盾掘进机主要适用于围岩稳定性不太好的一般破碎的软岩地层或硬土地层的隧道中。单护盾掘进机在机械前端设置护盾对围岩起临时防护作用和对前端主机部分起保护作用,在掘进中是利用安装在其尾部的顶推系统(千斤顶)顶推已安装好的衬砌管片,使刀盘获得破岩推力和扭矩,开挖过程中在护盾长度的范围内的围岩不暴露,在护盾与管片之间的围岩短时间暴露,并在此期间施作喷射混凝土或钢筋网喷射混凝土初期支护。

双护盾掘进机在硬岩及软岩中都可以使用,尤其在围岩稳定性较差的破碎的软岩地层或硬土地层的隧道中,其优越性更突出。它是在单护盾掘进机的基础上增加了一个后护盾。在软岩中施工时,也可以利用尾部的顶推系统顶推已安装好的衬砌管片,提供支撑反力,使盘刀获得破岩推力和扭矩。衬砌管片安装可与破岩掘进循环进行,因此双护盾掘进机施工速度仍然较高。

总之,开敞式全断面掘进机法主要适用于中硬以上石质地层条件,尤其要求岩体具有较好的完整性,已被许多长大隧道工程作为主要施工方案进行比选。但双护盾式全断面掘进机在适应性方面则有待改进。

3.掘进机法发展及现状

由于具有以上优点,掘进机法在工程建设中得到了广泛的应用。据不完全统计,全世界用掘进机法施工的隧道已有1 000余座，总长度在4 000km左右。特别是在欧美国家，由于劳动力昂贵，掘进机施工已成为进行施工方案比选时必需考虑的一种方案。

近年来，用掘进机完成的大型隧道，如英法两国用3年多的时间，于1991年联合建成的英吉利海峡加来－多佛的海底铁路隧道，其2座铁路单线隧道、1座服务隧道共3座平行的隧道，各长约50km，使用了11台掘进机。又如瑞士于1997年建成的长度19km的费尔艾那隧道，其中有约9.5km用掘进机施工。瑞士拟议建设的穿越阿尔卑斯山的新圣哥达(Gotthard)铁路隧道，长约57km，也将采用掘进机施工。美国芝加哥的一项庞大的污水排放和引水地下工程——TARP工程，有排水隧道大约40km，全部采用掘进机施工。

我国于20世纪80年代，首先在甘肃引大入秦工程中，引入日商承包建设30A号水工隧道，采用了一台直径5.5m的双护盾掘进机，完成了11.6km的掘进，最高月掘进速度突破了1 000m。又在山西万家寨引水工程中，引入了外商意大利CMC公司，采用掘进机法施工，承包建设引水隧道获得成功。

1997年底，我国原铁道部首次引入德国维尔特(WIRTH)公司TB880E型掘进机(TBM)两台套，进行西安至安康铁路工程秦岭Ⅰ线隧道施工。该铁路隧道长18.5km，开挖直径8.8m，已于2000年贯通。可以预言，随着掘进机技术性能的不断完善，今后在特长隧道中采用掘进机法施工的案例会越来越多。

八、沉埋法

沉埋法又称沉管法(Immersed Tube Tunnelling)，是修筑水底隧道的主要方法。采用沉管法施工的水底隧道又叫沉管隧道。

沉埋法是先在隧址附近修建的临时干坞内或利用船厂的船台预制管段，预制的管段用临时隔墙封闭起来，同时在设计的隧道位置挖好水底基槽，然后将管段浮运到隧道位置的上方，定位并向管段内灌水压载，使其下沉到水底基槽内，将相邻管段在水下连接起来并作防水处理，最后进行基础处理并回填覆土，打通临时隔墙即成为水底隧道。

1.沉埋法发展及现状

采用沉埋法修筑水底隧道，最早是英国人于1810年在伦敦进行了施工试验，该试验隧道的两个孔道由砖石圬工砌成，外径3.4m，沉于泰晤士河河底，但由于未能解决好管段防水问题使这一试验未能成功。

自从美国波士顿于1894年建成一条城市水底污水隧道，宣告了一种新的隧道建筑形式——沉埋法的成功诞生，底特律于1904年又建成水底铁路隧道。1959年加拿大迪斯(Deas)隧道工程中，成功的采用水力压接法进行管段水下连接，使得沉埋施工技术变得更加成熟，并很快被世界各国推广采用。

我国应用沉埋法修筑水底隧道起步较晚，最早是台湾省于1984年建成的高雄海底沉管隧道，1984年广州和宁波也开始进行沉埋法修建珠江和甬江水底隧道的论证，并对沉埋法的各项关键技术进行了大量的基础理论研究及关键工序的施工工艺研究。1993年在广州珠江建成我国第一条沉管隧道(地铁、公路市政管道共用，长1.23km)，1995年又在宁波甬江建成我国第二条沉管隧道。这两座沉管隧道的建成为我国进一步在长江、黄河、海峡修建沉管隧道积累了丰富的经验。我国香港特别行政区穿越维多利亚海湾连接九龙半岛与香港岛的通道中，已建成5座沉管隧道，而没有修建一座桥梁。这样既解决了交通问题，又不影响海湾船舶通航，同时，也很好地保持了海湾的自然景观的美感。

2. 沉埋法的适用条件及优点

(1)沉管法施工条件好。沉管隧道施工时,除接缝防水处理需要少数潜水工进行水下作业外,管段预制在岸上或船坞上作业,其余基槽开挖、管段浮运、管段沉放、基础处理、覆土回填等主要工序都属于水上或水中作业,也无需气压作业,因此施工条件好,施工较为安全,从而避免了在水下地层中进行坑道开挖和支护作业及其各项困难,这一点是其他施工方法不可比拟的。

(2)沉管隧道可浅埋,与两岸道路衔接容易。由于沉管隧道可浅埋,与埋深较大的盾构法施工的隧道相比,沉管隧道路面高程可抬高,这样,与岸上道路很容易衔接,无需做较长的引道,纵断面线型较好,线路条件也好。

(3)对河床地质条件、水文条件适应能力强。由于沉管受到水浮力,作用于地基的荷载较小,因而对各种地质条件适应能力较强。因此沉埋法施工的隧道所需的基槽深度较浅,相应的基槽开挖和基础处理的施工技术比较简单。可以在深水中进行基槽开挖、管段浮运、沉放和基础处理作业,并能保证隧道的结构稳定,对于潮差和流速的影响也不难解决,如美国旧金山海湾地铁隧道的水面至管段基底深达40.5m,比利时安特卫普斯尔德隧道处水流速度达3m/s,依然能成功修建沉埋隧道。

(4)沉管隧道可做成大断面多车道结构。由于采用先预制后浮运沉放的施工方法,故可将隧道横向尺寸做大,一个公路隧道横断面可同时容纳4~8个车道,而盾构隧道施工时受盾构尺寸的影响不可能将隧道横断面做得很大,一般为公路双车道隧道或铁路单线隧道。

(5)沉管隧道防水性能好。由于每节预制管段很长,一般为100m左右(而盾构隧道预制管片每一环长度仅为1m左右),管段接缝数量很少,漏水的机会与盾构管片相比成百倍的减少。而且沉管接头采用水力压接法后,可达到滴水不漏的程度,这一特点对水底隧道的营运至关重要。

(6)沉埋隧道施工工期短。由于岸上管段预制和水下基槽开挖可同时进行,而且每节预制管段很长,管段数量少,一条沉管隧道只用几节预制管段(广州珠江隧道只用5节预制管段,每节长22~120m不等),管段浮运沉放也较快,对水上航运的干扰较小,这就使沉管隧道的施工工期与其他施工方法相比要短得多。特别是在水上航运繁忙的河道上建设水底隧道,而管段预制地点又离隧道位置较远时,仍具有优势。

(7)沉管隧道造价低,由于沉管隧道水底挖基槽的土方数量少,而且比地下挖土单价低;管段预制整体制作与盾构隧道管片预制相比所需费用也低,管段接缝少,接缝处理费用就低。因此沉管隧道与盾构隧道相比,每延米综合单价就低。而且由于沉管隧道埋置较浅,隧道总长比深埋地下的隧道要短得多,这样工程总造价可大幅度降低,运营费用也降低。

3. 沉埋隧道管段的结构外形

沉埋隧道横断面的形状,即管段的结构外形分为圆形和矩形两大类。

(1)圆形管段。圆形管段横断面的内轮廓为圆形,外轮廓有圆形、八角形和花篮形。在造船厂船台上制造的管段一般为圆形管段,因而圆形管段又称船台型管段。这种管段制造时先在船台上预制钢壳,制成后沿船台滑道滑行下水成为浮体,在漂浮状态下灌筑钢筋混凝土管段。这种圆形管段内只能设二个车道,在建造四车道时就需制作二管并列的管段。这种制作方式在早期沉管隧道中用得较多。

(2)矩形管段。钢筋混凝土矩形管段一般在临时的干坞中制作,制成后在干坞内灌水使之浮起拖运至隧址沉放。一个矩形断面可以同时容纳4~8个车道。

第三节 掘进方式

掘进方式是指对坑道范围内岩体的挖除方式(破岩方式)。按照破岩方式来分,掘进方式有钻眼爆破掘进、全断面掘进机掘进、自由断面挖掘机掘进、人工掘进四种。

1. 钻眼爆破掘进

钻眼爆破掘进是在被爆破岩体的各个部位钻孔后,将炸药分散安装于各个钻孔中并引发炸药爆炸,从而爆破坑道范围内的岩体。

爆炸破岩对围岩的扰动较大,导致围岩稳定能力降低,有时由于爆破震动致使围岩产生坍塌,故一般只适用于围岩稳定性较好的石质岩体隧道中。但随着控制爆破技术的发展,爆破法的应用范围也逐渐加大,如用于软石及硬土的松动爆破。钻眼爆破掘进是一般山岭隧道工程中最常用的掘进方式。钻眼爆破需要专用的钻眼设备及消耗大量炸药等爆破材料,并只能分段循环掘进。

2. 全断面掘进机掘进

全断面掘进机是采用装在掘进机前端的圆形刀盘中的切削刀来破碎岩体的,它可以一次完成隧道圆形断面掘进。全断面挖掘机避免了爆破震动对围岩的破坏,掘进时对围岩的扰动破坏较小,自身的破岩能力较强,故一般适用于围岩完整性和稳定性较好的硬岩地层中。机械化、集成化程度很高,施工速度快。

3. 自由断面挖掘机掘进

自由断面挖掘机掘进是采用装在可移动式机械臂上的切削头来破碎岩体,并逐步完成隧道断面成型的,见图9-8。自由断面挖掘机避免爆破震动对围岩的破坏,掘进时对围岩的扰动破坏小,但自身的破岩能力较小,故一般适用于围岩稳定性较差的软岩隧道及土质隧道中,尤其适用于配合敞胸式盾构施工。

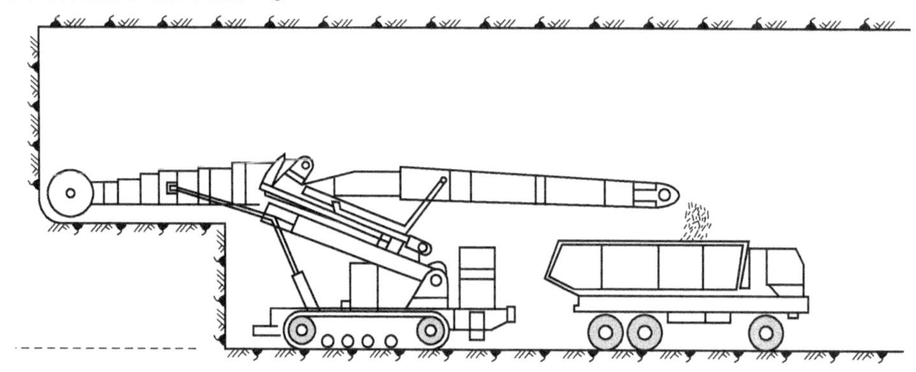

图9-8 自由断面挖掘机掘进

自由断面挖掘机的适应能力较强,可以挖掘任意形状和大小的隧道,也可以连续掘进。自由断面挖掘机多随机配备连续拾渣转载机构,常用的拾渣机构有蟹爪式、立爪式、铲斗式和挖斗式四种,常用的转载机构有刮板式和链板式两种。自由断面挖掘机多采用履带式走行机构,以适应洞内临时道路承载能力较低甚至泥泞的条件,当道路泥泞和采用轨道运输时,可选用带有轨道走行机构的自由断面挖掘机。

常用的自由断面挖掘机又分为铣盘切削式采矿机、挖斗式挖掘机和铲斗式装渣机三种。

其中铣盘切削式采矿机是将带有柱齿状或圆锥状切削刃的切削头安装在液压伸缩臂上,

切削头可以在水平方向和垂直方向旋转。这种铣盘切削式采矿机可以挖掘各种含水率较低的土及中等硬度以下岩石,但不适用于泥质土的挖掘。

另外,挖斗式挖掘机或铲斗式装渣机用于隧道掘进时,可以将挖掘和装渣同机完成。但其破岩能力有限,一般只适用于挖掘硬土和软塑泥质土,且须配以人工修凿周边。

4. 人工掘进

人工掘进是采用十字镐、风镐等简易工具来挖除岩体。人工掘进对围岩的扰动破坏小,有利于保持围岩原有的稳定能力,但人工掘进速度较慢,劳动强度较大,安全性差,故一般适用于围岩稳定性较差的土质隧道或软岩隧道中。

只在特殊地质条件或特小断面的隧道工程中偶有采用。如在不能采用爆破掘进的软弱破碎围岩和土质隧道中,若隧道工程量不大,工期要求不太紧,又无机械或不宜采用机械掘进时,则可以采用人工掘进。人工采用铁锹、斗箕装渣。人工掘进时,尤其应采取安全防护措施,并安排专人负责工作面的安全观察。

5. 掘进方式的选择原则

原本充塞在隧道所在位置的岩体,其软硬程度和破碎程度各不相同,要破碎并挖除这些岩体的难易程度不尽相同。反之,不同的掘进方式对围岩的扰动程度是不同的。掘进方式是影响围岩稳定的又一重要因素,不同的岩体和围岩,适宜采用的破岩方式也不尽相同。

隧道掘进方式的选择就是要确定每一部分岩体的破岩挖除方式,以及破岩时对围岩扰动的控制措施。在实际隧道工程中,掘进方式的选择原则是:主要考虑坑道范围内被挖除岩体的坚固性,掘进方式对围岩的扰动程度、围岩的抗扰动能力(即其稳定性),其次要考虑开挖方法、作业空间大小、机械配备能力、工期要求、工区长度、经济性等因素的影响,进行综合分析,选用既经济、快速,又不严重影响围岩稳定的掘进方式。

综前所述,钻爆掘进虽然较经济,但对围岩扰动太大,尤其对软弱破碎围岩的稳定不利;机械掘进虽然对围岩扰动小,速度也快,但机械投资较大;人工掘进对围岩扰动小,但掘进速度太慢,劳动强度太大。目前在山岭隧道中,主要是石质岩体时,多数仍采用钻眼爆破方式掘进。值得注意的是,在采用钻眼爆破方式掘进时,尤其应当严格实施爆破控制,以减少爆破震动对围岩的扰动破坏和对已作支护的影响。

第四节　钻爆法施工

钻爆法就是采用钻眼爆破进行隧道开挖的方法。钻爆法是传统的隧道施工方法,通过在岩体上钻凿出一定孔径和深度的炮眼,并装上炸药进行爆破,从而达到开挖的目的。

隧道工程中常用的凿岩机有风动凿岩机和液压凿岩机,另有电动凿岩机和内燃凿岩机,但较少采用。其工作原理都是利用镶嵌在钻头体前端的凿刃反复冲击、转动,破碎岩石而成孔。有的可通过调节冲击功大小和转动速度以适应不同硬度的石质,达到最佳成孔效果。

钻眼速度受以下几个因素的影响:冲击频率、冲击功、钻头的凿刃形式、钻眼直径、钻眼深度及岩体抗钻性等。另外,钻头与钻杆、钻杆与机头的套装紧密程度和钻杆的质量、粗细都会影响冲击功的传递。若套装不紧密,钻杆轴线与机头轴线重合不好或钻杆硬度小,钻杆较粗,都会损耗冲击功而降低钻眼速度。

1. 钻头和钻杆

钻头前端镶嵌硬质高强耐磨合金钢凿刃,钻头直接连接在钻杆前端(整体式)或套装在钻杆前端(组合式),钻杆尾则套装在凿岩机的机头上。常用钻头的钻孔直径有38mm、40mm、42mm、45mm、48mm等,用于钻中空孔眼的钻头直径可达102mm,甚至更大。钻头和钻杆均有射水孔,压力水即通过此孔清洗岩粉。

凿刃起着直接破碎岩石的作用,它的形状、结构、材质、加工工艺是否合理,都直接影响凿岩效率和其本身的耐磨性能。凿刃的种类按其形状可分为片状连续刃及柱齿刃(不连续)两类。片状连续刃又有一字形、十字形等几种布置形式,柱齿刃又有球齿、锥形齿、楔形齿等形状之分。

一字形片状连续刃钻头的制造和修磨简单,对岩性的适应能力较强,适用于功率较小的风动凿岩机在中硬以下岩石中钻眼,但钻眼速度较慢,且在节理裂隙发育的岩石中容易卡钻。

十字形片状连续刃钻头和柱齿刃钻头的制造和修磨较复杂,主要与功率较大和冲击频率较高的重型风动或液压凿岩机配套,适用于在各种岩石中钻眼,尤其在高硬度岩石中或节理裂隙发育的岩石中钻眼效果良好,速度也快。钻头形式见图9-9。

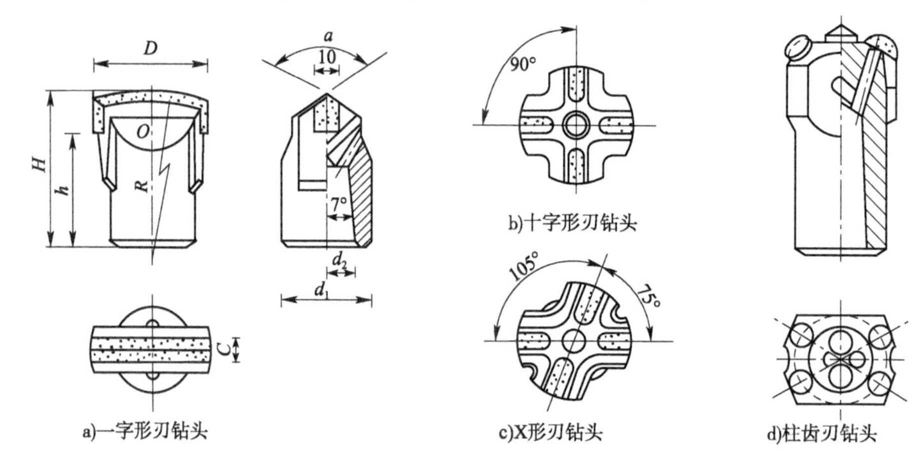

图9-9 钻头形式(尺寸单位:cm)

2. 风动凿岩机

风动凿岩机俗称风钻,它是以压缩空气为驱动力。它的优点是具有结构简单,制造维修简便,操作方便,使用安全,其缺点是能耗高,钻眼速度慢。目前工程中最常用的是YT-28型手持气腿式风动凿岩机,其纯钻进速度在50~470mm/min之间,见图9-10。

图9-10 风动凿岩机

但压缩空气的供应和输送设备比较复杂,机械效率低,能耗大,噪声大,凿岩速度比液压凿岩机低。目前在我国劳动力价格低廉的条件下,较多的隧道工程中仍广泛使用风动凿岩机。

3. 液压凿岩机

液压凿岩机是以电力带动高压油泵,利用换向阀改变高压油路方向,驱动活塞(冲击锤)往复运动,实现冲击作用。

液压凿岩机与风动凿岩机比较,具有以下主要优点:

(1)液压凿岩机的液压系统设计配套合理,对能量的利用率高,可达30%~40%,而风动凿岩机对能量的利用率仅有15%。且机械润滑条件好,各主要机械零件使用寿命较长。

(2)液压凿岩机集机、电、液一体化,构造复杂,重量较大,多需安装在专用的台车上使用。液压凿岩机的工作噪声比风动凿岩机低10~15dB,也没有像风钻那样的排气,工作面没有雾气,空气较清晰,工作环境较好。

(3)液压凿岩机能自动调节冲击频率、扭矩、转速和推力等参数,以适应不同性质的岩石,提高凿岩功效。液压凿岩机比风动凿岩机的钻眼速度快50%~150%,在花岗岩中纯钻进速度可达170~200cm/min。

4. 凿岩台车

将多台凿岩机安装在一个专用的移动控制设备上,实现多机同时作业和集中控制,称为凿岩台车。现代的凿岩台车其能量传递和动作传递方式多采用全液压系统来实现。尤其是采用了液压控制的机械臂进行方向控制,可以方便地实现向上打眼,解决了人工操纵向上打眼的困难。

由于液压凿岩机的国产化技术水平不高,机械购置费和机械使用费较高,加之一些承包人对液压凿岩的管理水平不高,机时利用率较低,致使液压凿岩台车在隧道工程中的使用率呈下降的趋势,也使得大角度向上打眼安装锚杆成为施工中的一大困难。

凿岩台车按其走行方式可分为轨道走行、轮胎走行式及履带走行式,按其结构形式可分为实腹式、门架式两种。图9-11是工程中应用较多的实腹结构轮胎走行的全液压凿岩台车。

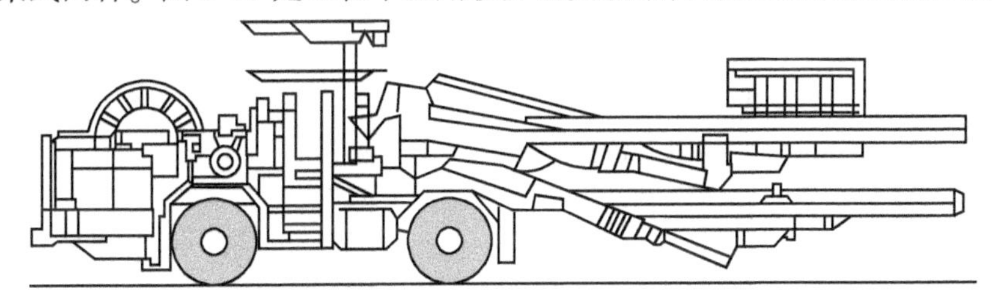

图9-11 全液压凿岩台车(实腹、轮行)

目前我国隧道工程中使用较多的是轮胎走行实腹式凿岩台车,它通常可以安装1~4台凿岩机及一支工作平台臂。占用坑道空间较大,需与出渣运输车辆交会避让,占用循环时间,尤其是在隧道断面不大时,机械避让的非工作时间就更长。轮胎走行的实腹式凿岩台车,其立定工作范围可以达到宽10~15m,高7~12m,且因为轮胎走行使得移位方便灵活,可适用于各种断面形状和不同尺寸大小的隧道中,尤其多应用于较大断面的隧道中。

门架式凿岩台车采用了轨道走行门架式结构,其腹部可以通行进料、出渣等运输车辆,可以大幅度缩短不同作业机械的交会避让时间。轨道走行的门架式凿岩台车,通常安装2~3台凿岩机及一支工作平台臂,多用于中等断面(20~80m^2)的隧道开挖,且因其采用轨道走行,需要铺设轨道,移动换位不便,故在一次开挖断面较大时不宜采用。

第五节 爆破材料及爆破方法

一、爆破材料

1. 炸药的性能

炸药爆炸是一种高速化学反应过程。在这个过程中炸药物质成分发生改变,生成大量的气体物质并释放大量的热能,表现为对周围介质的冲击、压缩、破坏和抛掷作用,称为爆破。炸药的爆破性能主要取决于其所含化学成分的爆炸性能。掌握炸药等爆破材料的性能，对正确使用、储存、运输爆破材料，确保安全和提高爆破效果，具有重要意义。炸药的主要性能如下：

1)感度

炸药的感度，是指炸药在外界起爆能作用下发生爆炸反应的难易程度，也就是炸药爆炸对外能的需要程度。根据外能形式的不同，炸药感度表现为：

(1)热敏感度，是指炸药对热的敏感程度。亦称为爆发点，常用能使炸药爆炸的最低温度来表示。

(2)火焰感度，是指炸药对火焰(明火星)的敏感程度。有些炸药虽然对温度比较钝感，但对火焰却很敏感，如黑火药一接触明火星便易爆炸。

(3)机械感度，是指炸药对撞击、摩擦等机械能作用的敏感程度。一般地，对于撞击比较敏感的炸药，对摩擦也比较敏感。

(4)爆轰感度，是指炸药对爆炸能作用的敏感程度。通常在起爆作用下，炸药的爆炸是由冲击波、爆炸产生的物流或高速运动的介质颗粒的作用而激发的。不同的炸药所需的起爆能大小也不同。爆轰感度常用极限起爆药量表示。

2)爆速

炸药爆炸时的化学反应速度称为爆速。一般地，密度越大的炸药其爆速也越高。同一种成分的炸药其爆速还受装填密实程度、药量多少、含水量大小和包装材料等因素的影响。工程中几种常用炸药的爆速见表9-4。

几种炸药的爆速、威力、猛度值 表9-4

主要性能 \ 炸药名称	2号铵梯岩石炸药	EL系列乳化炸药	RJ系列乳化炸药	硝化甘油	梯恩梯	特屈儿	黑索金	太安
密度(g/cm^3)	1.4	—	—	1.6	1.6	1.59	1.76	1.72
爆速(m/s)	5 200	—	—	7 450	6 850	7 334	8 660	8 083
主要性能 \ 炸药名称	2号铵梯岩石炸药	EL系列乳化炸药	RJ系列乳化炸药	硝化甘油	梯恩梯	特屈儿	黑索金	太安
密度(g/cm^3)	1~1.1	—	—	1.6	1.5	1.6	1.7	—
威力(cm^3)	320	—	—	600	285	300	600	580
主要性能 \ 炸药名称	2号铵梯岩石炸药	EL系列乳化炸药	RJ系列乳化炸药	硝化甘油	梯恩梯	特屈儿	黑索金	太安
密度(g/cm^3)	0.9~1	1.1~1.2	1.1~1.25	—	1	1.6	1.7	—
猛度(mm)	12~14	16~19	15~19	22.5~23.5	16~17	21~22	25	23~25

3)威力

炸药爆炸时对周围介质做功的能力称为威力。炸药的威力越大，其破坏能力越强(即破坏的范围越大、程度也越严重)。一般地，爆炸产生的气体物质越多，或爆温越高，则其威力越大。炸药的威力通常用铅柱扩孔实验法测定。铅柱扩孔容积等于280cm^3时的威力称为标准威力。工程中几种常用炸药的威力见表9-4。

4)猛度

炸药爆炸时对与之接触的固体介质的局部破坏能力称为猛度。这种局部破坏表现为固体介质的粉碎性破坏程度和范围大小。一般地，炸药的爆速越高，则其猛度也越大。炸药的猛度通常用铅柱压缩法测定，以铅柱被爆炸压缩的数值表示，工程中几种常用炸药的猛度见表9-4。

5）爆炸稳定性

隧道及土石方工程中，常采用在钻孔中装入炸药（即柱状装药）来爆破岩体。应当使装入钻孔中的炸药完全爆炸，才能达到设计的爆破效果。因此，应深入研究炸药是否能够完全爆炸即爆炸的稳定性问题，以保证获得良好的爆破效果。

炸药爆炸稳定性是指炸药经起爆后，能否连续、完全爆炸的能力。它主要受炸药的化学性质、爆轰感度、起爆能量以及装药密度、药卷直径、药卷间距等因素的影响。

6）最佳密度

炸药稳定爆炸且爆速最大时的装药密度称为最佳密度。如硝铵类炸药的最佳密度为0.9～1.19g/cm^3，乳化炸药的最佳密度为1.05～1.30g/cm^3。对于单质猛炸药，其装药密度越大，则爆速越大，爆炸越稳定。对于工程用混合炸药，在一定密度范围内，也有以上关系。但超过该密度范围爆速又随着密度的增加而下降，直至某一密度时，爆炸不稳定，甚至拒爆，这时炸药的密度称为临界密度。工程爆破中，为保证装药能稳定爆炸而不发生断爆或拒爆，在施工现场加工药卷时应注意使药卷密度保持在最佳密度范围内。

7）临界直径

临界直径是在柱状装药时被动药卷能发生殉爆的最小直径ϕ_{min}。工程中常用药卷的临界直径来表示炸药的爆炸稳定性。临界直径越小，则其爆炸稳定性越好。如铵梯炸药的爆炸稳定性较好，其临界直径为15mm。浆状炸药的爆炸稳定性较差，其临界直径为100mm，但加入敏化剂后其临界直径降为32mm，也能稳定爆炸。

工程爆破中，为保证装药能稳定爆炸而不发生断爆，在选择药卷直径时应注意以下两点：因装药直径越大，其爆炸越稳定，故选用的药卷直径应不小于炸药的临界直径（但研究表明当药卷直径超过某个极限直径后，爆炸稳定性即不随药卷直径增大而变化）。若因需减少炸药用量而缩小药卷直径时，则应相应选用爆轰感度较高的炸药，或加入敏化剂，以减小其临界直径从而保证装药稳定爆炸。

8）殉爆距离

在钻孔柱状装药中，常在某个药卷中装入起爆雷管（称为主动药卷）。主动药卷爆炸后，能引起与它邻近的药卷（称为被动药卷）爆炸，这种现象称为被动药卷的“殉爆”。发生殉爆的原因是主动药卷爆炸产生冲击波和高速物流，使邻近药卷在其作用下而爆炸。是否会发生殉爆，则主要取决于主动药卷的致爆能力（药量和威力）、被动药卷的爆轰感度、主动与被动药卷之间的距离和介质性质。当主动、被动药卷采用同性质炸药的等直径药卷时，则用被动药卷能发生殉爆的最大距离来表示被动药卷的殉爆能力，称为殉爆距离，当然它也反映了主动药卷的致爆能力。

工程爆破中，为了减少炸药用量和调整装药集中度，常将主动药卷与被动药卷之间拉开一定的距离形成间隔（不连续）装药。采用柱状间隔装药时，应注意使药卷间距不大于殉爆距离。实际殉爆距离应在施工现场经试验确定。

9）管道效应

钻孔柱状装药时，若药卷直径较钻孔直径小，则在药卷与孔壁之间有一个径向空气间隙。药卷起爆后，爆轰波使间隙中的空气产生强烈的空气冲击波。这股空气冲击波速度比炸药的爆炸速度更高，未爆炸药被压缩到临界密度以上，导致断爆，这种现象称为管道效应。

工程爆破中，为避免管道效应的发生，应在保证装药分散度的条件下，尽量减小炮眼与药卷之间的间隙。可用不偶合系数λ值来控制，不偶合系数(λ) = 炮眼直径(D)/药卷直径(ϕ)。当装药量很小以致不偶合系数过大时,可选用高感度、高爆速的炸药,或采用特殊装药结构。

10)安定性

炸药的安定性是指其物理、化学性质的稳定性。主要表现为吸湿、结块、挥发、渗油、老化、冻结和化学分解等。炸药物理、化学性质的改变会导致其爆炸性能的改变。如硝铵炸药吸湿性很强,也容易结块,因此须人工解潮和辗碎后再使用。胶质炸药易老化和冻结,老化的胶质炸药敏感度和爆速降低,威力减小,冻结的胶质炸药机械感度增高,遇撞击或摩擦易发生爆炸,必须解冻后才允许使用。硝铵炸药易分解,其化学安定性较差,运输存放中,应通风避光,不宜堆放过高。

2.起爆材料

设置传爆起爆系统的目的是在离装药一定距离之外不受爆炸损伤的安全之处,通过发爆(点火、通电或发爆)和传递,使安在药卷中的雷管起爆,并引发药卷爆炸,从而爆破岩体。这是一个能量发生、传递并逐级放大的过程。

工程中常用的起爆系统有导火索与火雷管、导电线与电雷管、导爆索与继爆管三种形式。

1)导火索与火雷管

(1)导火索是用来传递火焰给火雷管,并使火雷管在火焰作用下爆炸的传爆材料。导火索的燃烧速度取决于索芯黑火药的成分和配比,一般在110~130s/m范围内,缓燃导火索则为180~210s/m或240~350s/m。导火索具有一定的防潮耐水能力,在1m深常温静水中浸2h后,其燃烧速度和燃烧性能不变。普通导火索不能在有瓦斯或有矿尘爆炸危险的场所使用。

(2)火雷管是最简单的一种雷管,见图9-12。火雷管成本低,使用比较简单灵活,不受杂散电流的影响,应用广泛,但受撞击、摩擦和火花等作用时能引起爆炸。火雷管全部是一点火就爆炸,又称为即发雷管。

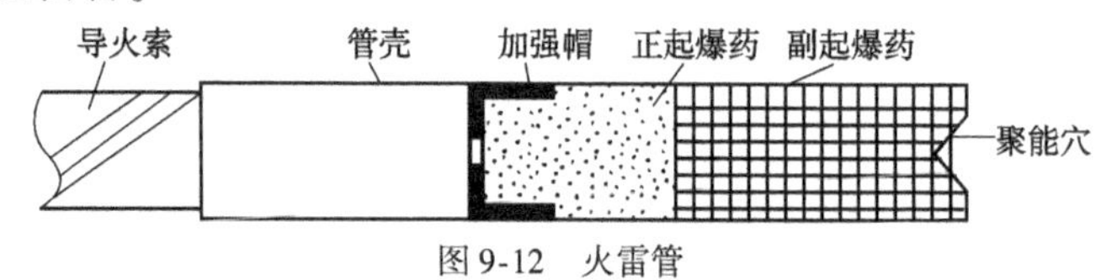

图9-12　火雷管

(3)雷管按其起爆能量的大小分为十个等级,称为雷管号数。其他类型的雷管号数亦同此划分。雷管号数愈大,起爆能力愈强,装药较多时应选用大号数雷管。隧道工程中常用的是8号和6号雷管。

2)导电线与电雷管

(1)电雷管是在火雷管中加设电发火装置而成的。它是用导电线传输电流使装在雷管中的电阻丝发热而引起雷管爆炸的。电雷管可分为即发电雷管和迟发电雷管。即发电雷管和迟发电雷管的构造见图9-13和图9-14。

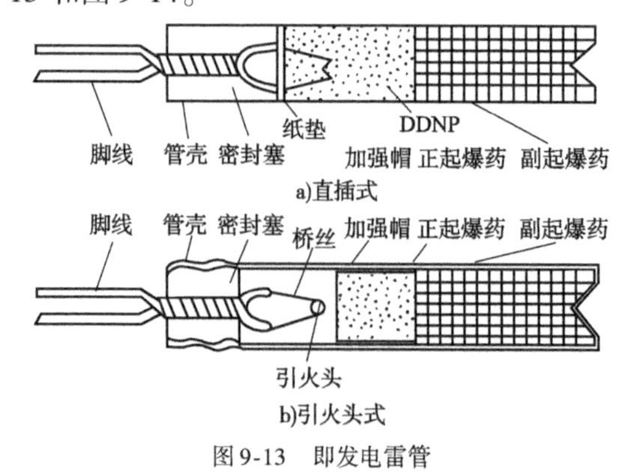

图9-13　即发电雷管

(2)为实现延期起爆,迟发电雷管的延期时间是在即发雷管中加装延期药来实现的。延期时间的长短均用雷管段数来表示。雷管段数越大,延期时间越长。

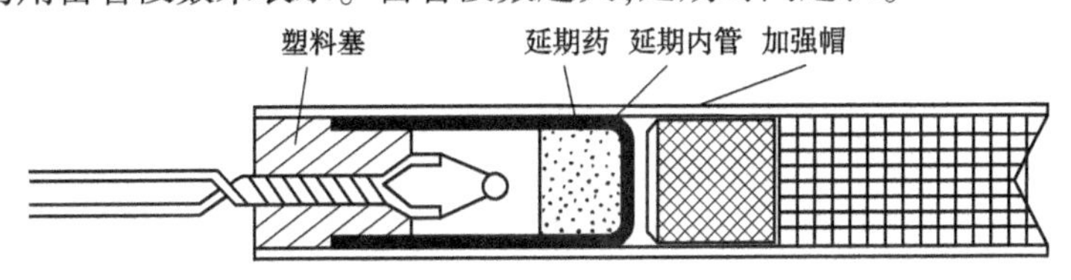

图9-14　迟发电雷管

3)导爆索与继爆管

(1)导爆索是以单质猛炸药黑索金或太安作为索芯的传爆材料,其结构与导火索相似。它经雷管起爆后,可以直接引爆其他炸药,其本身也有一定的爆破能力。根据适用条件不同,导爆索分为普通导爆索和安全导爆索两种。

普通导爆索是目前生产和使用较多的一种,它具有一定的防水性能和耐热性能,爆速不小于6 500m/s。但在爆轰传播过程中火焰强烈,所以只能用于露天爆破和没有瓦斯的地下爆破作业。安全导爆索是在普通导爆索的药芯或外壳内加了适量的消焰剂,使爆轰过程中产生的火焰小,温度低,不会引爆瓦斯或矿尘,专供有瓦斯或矿尘爆炸危险的地下爆破使用,其爆速不小于6 500m/s。

因导爆索能直接引爆炸药,故在隧道工程爆破中,若采用小直径药卷间隔装药时,常用导爆索将各被动药卷与主动药卷相连接,以使被动药卷均能连续爆炸,从而减少雷管用量和简化装药结构,实现减少装药量,达到有控制地弱爆破目的。在装药量计算时,应将导爆索的威力计入炸药用量中。

(2)继爆管是一种专门与导爆索配合使用的,具有毫秒延期作用的起爆材料。导爆索与继爆管构造及连接形式见图9-15。

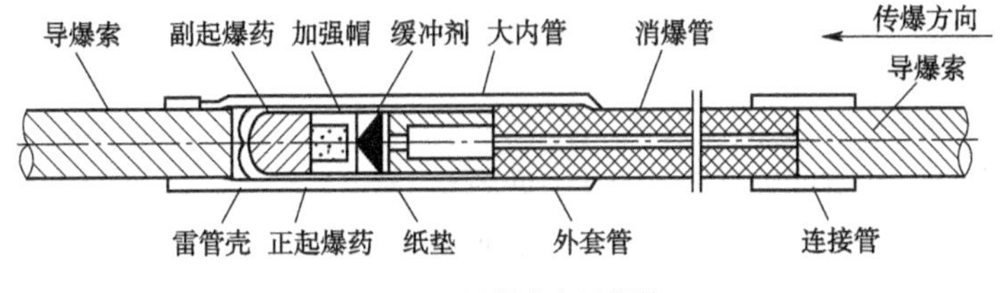

图9-15　导爆索与继爆管

(3)导爆索与继爆管具有抵抗杂散电流和静电引起爆炸危害的能力。装药时可不停电,增加了纯作业时间,所以导爆索—继爆管起爆系统在隧道和地下工程及矿山爆破中得到了广泛应用。缺点是网络中的导爆索不能交叉,成本比较高,且在有瓦斯环境中危险性高。

3. 隧道工程常用的炸药

隧道工程爆破用的炸药应是使用安全、性能稳定、威力适当、产生有毒有害气体少的炸药。因此一般以某种或几种单质炸药为主要成分(氧化剂),另加一些外加剂混合而成。目前在隧道施工爆破中使用最广的是硝铵类炸药。硝铵类炸药品种极多,但其主要成分是硝酸铵,占60%以上,其次是梯恩梯或硝酸钠(钾),占10%~15%。

1)铵梯炸药

铵梯炸药又称为岩石炸药。其主要成分是硝酸铵与梯恩梯的混合物。其中2号岩石炸药是最常用的一种,它主要用在无瓦斯的岩石地层坑道爆破中。在有瓦斯的煤矿地层坑道中,则需要在岩石炸药的基础上外加一定比例的食盐作为消焰剂,以保证爆炸时不产生火焰,避免因爆破引发瓦斯爆炸，这种炸药称为煤矿炸药。

2）浆状炸药和水胶炸药

浆状炸药是以硝酸铵等炸药的水溶液为主要成分，加入敏化剂和胶凝剂等外加剂混合而成的浆状混合炸药。水胶炸药是在浆状炸药的基础上，应用交联技术，使之形成塑性凝胶状态的混合炸药，它进一步改善了浆状炸药的安定性、抗水性和爆炸稳定性。这类炸药是近十年发展起来的新型安全炸药，具有含水量较大、抗水性强、密度较高、爆温较低、爆炸威力较大、原料来源广、生产成本低和安全度高等优点，主要适用于露天或水下深孔爆破。

3）乳化炸药

乳化炸药是以硝酸铵、硝酸钠水溶液与碳质燃料通过乳化作用，形成的乳脂状混合炸药，亦称为乳胶炸药。其外观随制作工艺不同而呈白色、淡黄色、浅褐色或银灰色。

乳化炸药具有抗水性强、原料来源广、生产成本低、安全度高、环境污染小、爆炸稳定性好、爆破效率比浆状及水胶炸药更高等优点。

有研究资料表明：在地下爆破中，在保持钻孔参数、起爆网络相同的条件下，乳化炸药的平均炮眼利用率稳定在90%以上，比2号岩石炸药的炮眼利用率要高，平均炸药单耗量较2号岩石炸药下降1.35%。在露天爆破中，乳化炸药的平均单耗量比含浆状炸药70%～80%和铵油炸药20%～30%的混合炸药的平均单耗量降低23.1%，延米炮眼爆破量增加18.2%，石渣大块率下降0.6%～0.7%。故乳化炸药尤其适用于硬岩爆破。

4）硝化甘油炸药

硝化甘油炸药又称胶质炸药，是一种高猛度炸药。它的主要成分是硝化甘油（或硝化甘油与二硝化乙二醇的混合物）。硝化甘油炸药具有抗水性强、密度高、爆炸威力大等优点，适用于有水和坚硬岩体的爆破。但它具有机械感度高、安全性差、价格昂贵、保存期短、容易老化而性能降低甚至失去爆炸性能等缺点，因此，胶质炸药一般只在水下爆破中使用。

二、爆破方法

1. 爆炸破岩原理

爆炸破岩原理，可以用爆破漏斗来解释，见图9-16。

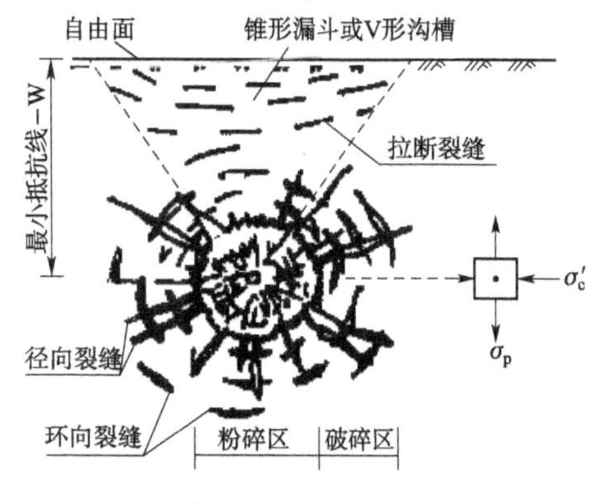

图9-16　爆炸破岩机理

注：点状装药爆破形成锥形漏斗，单孔柱状装药爆破形成V形沟槽。

其原理是：当只有一个临空面时，在岩体中距临空面一定距离（W—最小抵抗线）处集中装入一定量（点状装药、足够量）的炸药，然后引发炸药爆炸，在爆炸冲击波及爆炸生成物的高速动载作用下，一定范围内的岩体产生不同程度的破坏，并形成一个锥形漏斗。当有两个临空面时，在岩体中距一个临空面一定距离（W）且平行于该临空面钻孔，并在钻孔中装入一定量（柱状装药、足够量）的炸药，然后引发炸药爆炸，在爆炸冲击波及爆炸生成物的高速动载作用下，一定范围内的岩体产生不同程度的破坏，并形成一个V形沟槽。

2. 影响爆破效果的因素

试验和观察发现，形成的锥形漏斗或V形沟槽的大小和形状（锥形角 α）受岩体的抗爆破性、炸药性能、装药量 q、最小抵抗线 W、装药结构等因素的影响。

进一步的试验和观察发现:在钻孔中装入足够量的炸药并起爆后,炮眼周围一定范围内的岩体被破坏的状态可以划分为粉碎区、破碎区和裂纹区三个区域。其中粉碎区的岩体被炸成岩粉并被抛掷出去,破碎区的岩体只有在靠近临空面方向的部分(即锥形漏斗或V形沟槽以内的岩体)被抛掷出去,其余部分未被抛掷出去,裂纹区的岩体则尚未达到工程爆破的程度。由此可知:

(1)爆破难度与岩体内聚力的关系是:岩体的内聚力越强,被爆破越困难,岩体的内聚力越弱,被爆破越容易。或者用岩体的阻抗来表示,要使岩体达到一定程度的破坏,就必须要有克服岩体阻抗做功的能力。

(2)爆破难度与临空面/约束面的关系是:岩体的临空面越少/约束面越多,被爆破越困难,反之,被爆破越容易。隧道工程爆破实践表明:在掏槽爆破中,槽口部分的岩体爆破难度最大,但它为其余部分的岩体开辟出了较多的临空面,因此后续爆破就变得比较容易。同理在分部开挖法中,超前导坑部分的爆破比较困难,其余部分的爆破就变得比较容易。

(3)爆破难度与断面进尺比的关系是:在一定的围岩条件下,分部开挖断面越大或单循环掘进进尺越小,则断面进尺比越大,围岩对被挖除岩体的挟持作用越小,爆破效率越高,效果越好。分部开挖断面越小或单循环掘进进尺越大,则断面进尺比越小,围岩对被挖除岩体的挟持作用越大,爆破效率越低,效果越差。

因此,在选择开挖方法和掘进进尺时,不仅应当注意一次开挖岩体的体积大小对围岩稳定性的影响,还应当注意断面进尺比对钻眼爆破效率和效果的影响。

3. 坑道爆破方法——掏槽爆破

基于对以上规律的认识,隧道工程爆破一般是采用掏槽爆破方法。就是在一个较小范围内钻孔并装入足够量的炸药(相对集中),先炸出一个小型槽口,为此后的爆破开辟出较多的临空面,然后逐层将槽口扩大至设计的断面大小和形状,这种爆破方法称为掏槽爆破。

工程中常将先行爆破出槽口的做法称为掏槽,实现掏槽的炮眼称为掏槽眼,实现槽口扩大的炮眼称为扩大眼,扩大眼最外一圈炮眼称为内圈眼,开挖轮廓最外一圈炮眼称为周边眼,隧道底部的周边眼也称为底板眼。这几种炮眼的作用是各有侧重的。内圈眼与周边眼之间的岩体称为内圈岩体。

4. 爆破设计应研究解决的问题

为满足隧道工程爆破的基本要求,掏槽爆破应研究解决的问题是:应用爆炸破岩原理,研究岩体的抗爆破性及抗钻性、围岩的稳定性及抗扰动能力、支护的结构形式及抗震动能力、掏槽方式及临空面的情况、爆破施工的作业能力等,并选择确定炸药品种、炸药用量、炮眼密度、炮眼布置、装药结构、装药分散度、起爆顺序和网络连接等参数。实际应用时,应在现场试验的基础上,进行爆破设计,并根据爆破效果和岩体条件、施工条件的变化,对爆破参数予以及时调整。

第六节 出渣运输

出渣运输是隧道施工的基本工序之一。出渣运输作业时间一般要占掘进循环时间的40%~60%。因此出渣运输工序能力的强弱,决定了它在整个掘进循环中所占的时间比率,并进而对掘进速度产生很大的影响。因此,出渣运输工序必须满足掘进循环时间的总体安排,并保证在规定的时间内完成。

出渣运输工序可以分解为:装渣、运输、卸渣三项作业(主要是装渣和运输)。

为保证在规定的时间内完成出渣运输任务,首先应选择恰当的运输方式,再者要注意装、运机械作业方式的配套并适宜于隧道内作业,其三要注意装、运机械单机工作能力和数量的配套,并合理地组织运输车辆的运转。

一、装渣方式、运输方式及其选择原则

1. 装渣方式

隧道施工的装渣方式有机械装渣和人力装渣两种。机械装渣速度快,可缩短作业时间,目前隧道施工中主要采用机械装渣。人力装渣,劳动强度大,速度慢,仅在短隧道、缺乏机械或隧道断面小而无法使用机械装渣时,以及其他特殊条件下,才考虑采用。

2. 运输方式

隧道施工出渣、进料的运输方式有无轨运输和轨道运输两种。

无轨运输是采用各种轮胎走行的运输车出渣和进料。无轨运输的优点是不需要铺设复杂的运输轨道,洞内改道方便,对其他工序的干扰较小,尤其是可借助仰拱栈桥同时安排仰拱施工,更符合现代隧道工程理论的基本准则和新奥法施工的基本原则。车辆走行灵活、调头方便、运输速度快、配套设备少、不需太多的辅助设施,组织和管理工作简单,能适用于弃渣场离洞口较远和道路坡度较大的场合,是一种适应性较强的并且较为经济的运输方式。缺点是运输车多采用燃油发动机,运输车在走行时,内燃机排放大量废气,而且是边走边排放,对洞内空气污染较为严重,故一般适用于大断面开挖和中等长度以下的隧道中。在长大隧道中使用时,应充分考虑洞内空气污染问题,加装必要的尾气净化装置,并采取有效的通风措施。

轨道运输是铺设小型临时铁路轨道,用轨道式运输车出渣和进料。轨道式运输车有斗车或梭式矿车两种,牵引车也有电瓶车或内燃机车两种,串联成小火车。轨道运输的优点是:铺设专用的运输轨道,运输效率较高,采用电瓶车牵引时,可以避免内燃机车的沿程尾气污染,降低通风费用支出,尤其适用于长度在 3 000m 以上的小断面隧道。缺点是:需要铺设专用的运输轨道,轨道改移和调车作业较复杂,且对其他工序的干扰较大,还需配置充电房等辅助设施,当弃渣场离洞口较远,或洞外道路坡度较大不便铺设轨道时,还需要进行二次倒运。

3. 出渣运输方式的选择原则

出渣运输方式的选择,应根据洞内作业条件,包括作业空间(断面)的大小、一次开挖石渣体积、石渣块度、土体的松散或泥质黏性、洞内临时道路等条件,充分考虑装、运、卸三项作业中机械的配套问题、出渣运输能力与运量需求的适应问题、出渣运输与开挖、支护等工序的协调统一问题、出渣运输成本与工期要求的关系问题、洞内空气污染及作业安全问题等因素的影响,并建立和实施适宜的出渣运输组织和管理方式,以尽量缩短出渣运输在整个作业循环中所占的时间比率,提高施工速度。必要时应作技术经济合理性分析,以求方案最佳。

二、渣量计算

钻爆开挖一个单循环产生的石渣量应为爆破后的虚渣体积,可按下式计算:

$$Z = R \cdot \Delta \cdot L \cdot S \tag{9-1}$$

式中:Z——单循环爆破后石渣量,m^3;

R——岩体松胀系数,即岩体松方体积与其实方体积的比值。岩体被爆破后的松胀系数 R 值的大小与岩体的密度有关,隧道工程中常按围岩级别确定 R 值,见表 9-5;

Δ——超挖系数，根据爆破对超挖的控制情况而定，一般可取1.15～1.25；

L——设计循环掘进进尺，m；

S——开挖断面面积，m^2。

岩体松胀系数 R 值 表9-5

岩体级别	Ⅰ	Ⅱ	Ⅲ	Ⅳ	Ⅴ		Ⅵ	
土石名称	石质	石质	石质	石质	硬黏土	砂夹卵石	黏性土	砂砾
松胀系数 R	1.7	1.8	1.6	1.6	1.35	1.30	1.25	1.15

三、装渣机械

装渣机械的类型很多，按其拾渣形式可分为挖斗式、蟹爪式、立爪式、铲斗式四种。铲斗式装渣机为间歇性装渣机，有翻斗前卸和侧卸两种卸渣方式。隧道用蟹爪式、立爪式和挖斗式装渣机均配备有刮板或链板式转载后卸机构，是连续装渣机。

1. 铲斗式装渣机

铲斗式装渣机多采用轮胎走行。轮胎走行的铲斗式装渣机多采用铰接车身，液压控制系统和燃油发动机驱动，见图9-17。

图9-17 轮胎走行铲斗式装渣机

轮胎走行铲斗式装渣机转弯半径小，移动灵活，铲取力强，铲斗容量大，达0.76～3.8m^3，工作能力强，尤其是对石渣块度大小没有特别要求，即使石块较大也能铲起，可侧卸也可前卸，卸渣准确，常用于较大断面的隧道装渣作业。但其燃油发动机排出的废气，会污染洞内空气，进而降低机械效率和影响作业人员身体健康，应要求配备尾气净化器，并加强隧道通风。

2. 挖斗式装渣机

这种装渣机是近几年才应用于隧道工程中的新型装渣机。其拾渣机构为自由臂式挖斗，由于自由臂采用了电力驱动全液压控制系统，灵活且工作臂较长，如ITC312H4型的立定工作宽度可达3.5m，工作长度可达轨道前方7.11m，且可以下挖2.8m和兼作高8.34m范围内工作面的清理及找顶工作，生产能力为250m^3/h。挖斗式装渣机配备有轨道走行和履带走行两套走行机构，见图9-18。

挖斗式装渣机采用刮板式或链板式输送机将岩渣装入机后的运输车内，因此对石渣块度大小有特别的要求，即要求爆破下来的石渣块度大小均在输送机的工作尺寸范围以内。

3. 立爪式、蟹爪式装渣机

隧道工程中曾经使用过立爪式装渣机，这种装渣机多采用轨道走行。装渣机前方装有一对扒渣立爪，可以将前方或左右两侧一定范围内的石渣扒入受料盘，并由刮板式输送机将岩渣装入机后的运输车内。立爪式装渣机工作能力一般在100～180m^3/h之间，但因其能耗较大，已逐步被挖斗式装渣机所替代。

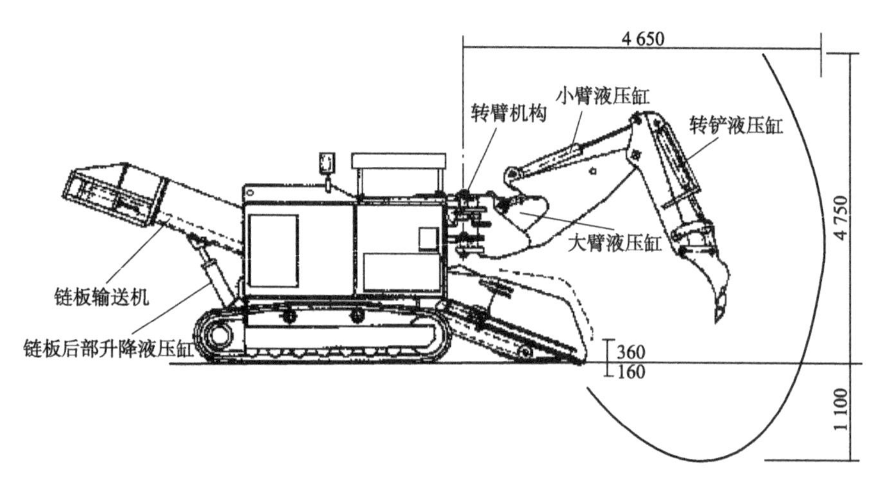

图 9-18 Schaeff ITC112 型双走行系统挖斗式装渣机(尺寸单位:cm)

蟹爪式装渣机多采用履带走行,电力驱动,工作能力一般在60~80m^3/h 之间。它是一种连续装渣机,其前方倾斜的受料盘上装有一对由曲轴带动的拨渣蟹爪。装渣时,受料盘插入岩堆,同时两个蟹爪交替将岩渣拨入受料盘,并由刮板输送机将岩渣装入机后的运输车内。因受蟹爪拨渣能力的限制,岩渣块度较大时,其工作效率显著降低,故主要用于块度较小的岩渣及土的装渣作业。

四、无轨运输

1. 运输车辆

可供隧道施工用的无轨运输车品种很多,多为燃油(柴油)式动力、轮胎走行的自卸卡车,载质量为 2~25t 不等,见图 9-19。为适应在隧道内运输,有的还采用了铰接车身或双向驾驶的坑道专用车辆。随着大型装载机械及重载自卸汽车的研制和生产,近年来无轨运输在隧道掘进中得到了越来越广泛的应用。

图 9-19 自卸汽车

2. 运输车辆选择和配套原则

隧道内空间狭小,汽车调头困难。隧道工程出渣运输要求选用的运输车和装渣机体形小、载重大、自重轻,轴距短、转弯半径小、机动灵活,车体坚固、能自卸,尤其应当注意是否配有尾气净化装置,以及尾气净化装置的工作效能和维护要求,尽量减少对洞内空气的污染。

无轨运输车的选择应注意与装渣机匹配,尤其是能力配套,以充分发挥各自的工作效率,提高整体工作效率。能力配套,一方面是指装渣机械的工作能力与运输车辆的工作能力的配套,另一方面是指装、运机械的总的工作能力(工序能力)应满足隧道施工循环作业的总体要求,并保证在规定的时间内完成出渣运输工作。

在一定的装渣工作能力条件下,运输车辆的数量和单车运载能力的选择是可变的,需要根据运输距离的变化加以动态调整。若配备的单车运载能力较大,则可减少车辆的数量,这种配置可减少装车趟数和调车次数,缩短装运作业时间。若配备的单车运载能力较小,则需要的车辆数量较多,这种配置增加了装车趟数和调车次数,延长了装运作业时间。因此,目前隧道工程中多数尽量采用前一种配置,并且运距较短时应采用前一种配置,运距较长时应采用后一种配置。

3. 运输道路

采用无轨运输时,为方便车辆转向、会车作业,缩短时间和保证安全,应根据隧道开挖断面大小和洞内运输距离的长短,合理选择洞内调车方式。常用的洞内调车方式有以下几种:

(1)在单车道公路或单线铁路隧道中,因隧道断面较小,不够并行两辆汽车,应布置成单车通道。当洞内运输距离较短时,可不设置转向或会车场地,汽车倒行进洞,装渣后正向开行出洞。当洞内运行距离较长时,可在洞内每隔100~300m设置一处会车点。会车点可以局部扩大洞径,车辆可在会车点转向或会车。必要时还可以在洞内作业面附近设置机械式转向盘。

(2)在双车道公路或双线铁路隧道中,因隧道断面较大,足够并行两辆汽车,应布置成双车通道。进出车辆各行其道,并在装渣点附近转向,可缩短洞内调车时间,以提高出渣运输速度。若为侧壁导坑开挖,可考虑在适当位置将导洞向侧壁扩挖加宽构成转向或会车场地。在设置有辅助坑道的长大隧道中,应考虑构成循环运输通路,并制定单向循环行使制度和相应的管理措施。

4. 运输组织

运输组织就是根据(进料、出渣)运输量的多少、运输距离的长短以及机械配备情况,确定投入洞内作业的装、运机械的数量,编制运输作业运行图,并根据实际情况动态调整,使之最优化。

无轨运输和轨道运输的组织原则基本相同。不论采用何种运输方式,也不论采用何种形式的装渣机械和运输车辆的配置,都应特别注意提高运输效率,缩短车辆在洞内等待时间(无效工作时间),使各项运输作业相对集中,以减少工序之间的相互干扰,减少洞内空气污染的频次和缩短污染持续时间,降低通风能耗和费用。如在长大隧道工程中,当洞内运输距离较长时,应配备足够数量的运输车辆,以便能够在同一个时段内将一个掘进循环爆破出来的石渣全部运完。

5. 卸渣

卸渣工作主要是考虑石渣如何处理,卸渣场地或转运场地的布置,以及弃渣场地的选择。从隧道内挖出的石渣多数可以作为填料用于填筑路基及洞外工作场地。有些符合混凝土粗集料质量标准要求的岩块石渣,则可以加工成碎石,用作衬砌混凝土的粗集料。对多余的石渣,则应弃置于合适的山谷、凹地。但弃渣场地的选择,应考虑运输、卸渣方便,不占良田,不堵塞河道,不污染环境,并加以综合利用,如造田复耕和填筑场地。

五、轨道运输

1. 运输车辆

常用的轨道运输车辆有斗车、梭式矿车。

(1)斗车。斗车结构简单,使用方便,可适用于多种条件下各种物料的装载运输。斗车容量大小可分为小型斗车和大型斗车。

小型斗车容量小于 $3m^3$,轻便灵活,满载率高,调车方便,可采用机械牵引,也可以采用人力牵引,人力操纵翻斗卸渣也很方便,它主要用作小断面坑道,如斜井平行导坑的运输车辆。大型斗车单车容量较大,较大的可达 $20m^3$,须用动力机车牵引,并采用专用的翻车机构卸渣,以及配套使用大型装渣机械装渣,才能保证快速装运。采用大型斗车,可以减少装渣调车作业次数,缩短装渣运输作业时间,但对轨道线路条件要求较高。

(2)梭式矿车。梭式矿车采用整体式车体,下设两个转向架,车箱底部设有刮板式或链式转载机构,便于将整体车箱装满和转载或向后卸渣。它对装渣机械的配套条件要求不高,能保证快速运输,但车体结构和机械系统较复杂,机械购置费和使用费较高。

梭式矿车的单车容量为 $6 \sim 18m^3$。可以单车使用,也可以 2~3 辆车搭接使用,以减少调车作业次数。其刮板式自动卸渣机构,可以向后(轨道端头)卸渣,也可以使前后转向架分别置于相邻的两股道上,实现向轨道侧面卸渣,扩大弃渣的范围。要求侧向卸渣时,轨道间距应为 2~2.5m,车体与轨道的交角可达 35°~40°。

2. 牵引机车

常用的轨道运输牵引机车有电瓶车、内燃机车,主要用于坡度不大的隧道运输牵引。当采用小型斗车和坡度较缓的短隧道施工时,还可以采用人力推送。

电瓶车牵引无废气污染,但电瓶储蓄电能数量有限,一次充电后的工作时间不长,补充电时间较长,充电液须定期更换,需要建设专用的充电车间。因此,实际应用中,必要配备足够数量的电瓶车,以保证牵引能力和行车速度。

内燃机车牵引能力较大,可以随时加油不占时间,但运行时排放尾气,造成洞内空气污染和噪声污染。而且在洞内空气含氧量不足时,油料燃烧不充分,牵引能力明显降低,污染会进一步加剧。实际使用中,必须配备尾气净化装置,定期保养和维修,并加强通风。

3. 单线运输

单线轨道通过能力较低,常用于长度较长而断面较小的隧道工程中。

采用单线轨道运输时,为调车方便和提高运输能力,在整个路线上应合理布设会车道。相邻会车道的间距应根据装渣作业时间和行车速度计算确定,一般条件下应每隔 300m 设一个会车道。并编制和优化列车运行图,制定有效的行车作业制度,以减少避让等待时间。会车道的站线长度应能够容纳整列车,并保证正线车辆安全通过。单线运输轨道布置示意图见图 9-20。

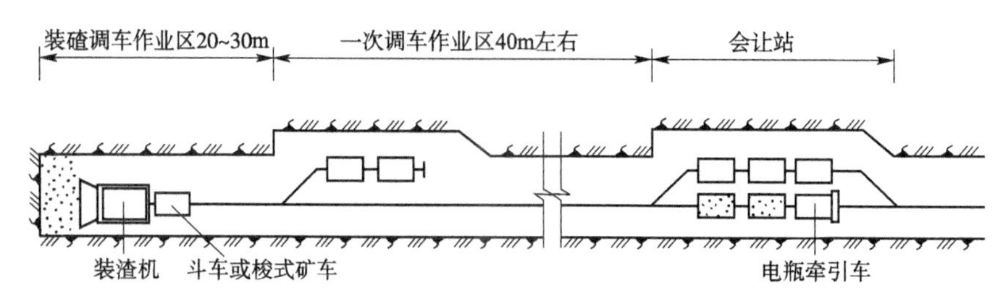

图 9-20　单线运输轨道布置示意图

4. 双线运输

双线轨道的进、出车分道行驶,无须避让等待,故通过能力较单线轨道有显著提高,常用于长度较长而断面较大的隧道工程中。

为了调车方便,应在两线间合理布设渡线。渡线间距应根据工序安排及运输调车需要来确定,一般间距为 100~1 000m 或更长,并每隔 2~3 组渡线设置一组反向渡线。双线运输轨道布置示意图见图9-21。

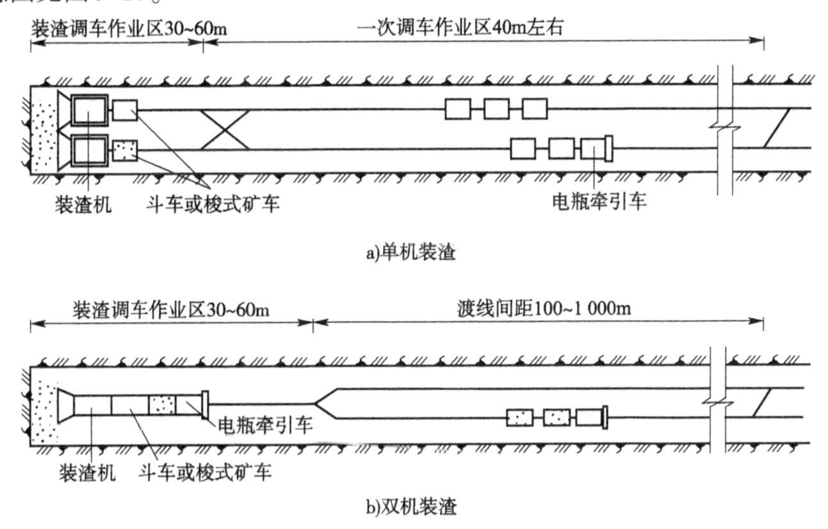

图9-21 双线运输轨道布置示意图

5. 工作面轨道延伸及调车措施

随着开挖进展,掌子面就向前推进,工作面的轨道应及时延伸跟进到掌子面,以满足钻眼、装渣、运输机械的走行和作业要求。延伸的方法可以采用接短轨,或浮放"卧轨"、"爬道"。轨道走行车辆轴重较大时宜采用接短轨延伸轨道,待开挖面向前推进后,将连接的几根短轨换成长轨。轨道走行车辆轴重较小时可采用浮放卧轨或爬道延伸轨道。

工作面附近的调车设施,应根据机械走行要求和转道类型来合理选择确定,并尽量使之离开挖面近一些,以缩短调车作业时间。

单线运输时,首先应利用就近的会车道调车,当开挖面距离会车道较远时,则可以设置临时岔线、浮放调车盘或平移调车器来调车,并逐步前移和接续轨道。

双线运输时,应尽量利用就近的渡线来调车,当开挖面距渡线较远时,则可以设置浮放调车盘,并逐步前移和接续轨道。

6. 洞口轨道布置

洞口外轨道布置包括卸渣线、上料线、修理线、机车整备线以及调车线等。

卸渣线应设置卸渣码头。可利用弃渣填筑和延伸。若需二次倒运,则应在临时存渣场边缘设置固定卸渣码头。固定卸渣码头应采用浆砌片石挡墙或搭设方木垛来稳定边坡。洞口轨道布置示意图见图9-22。

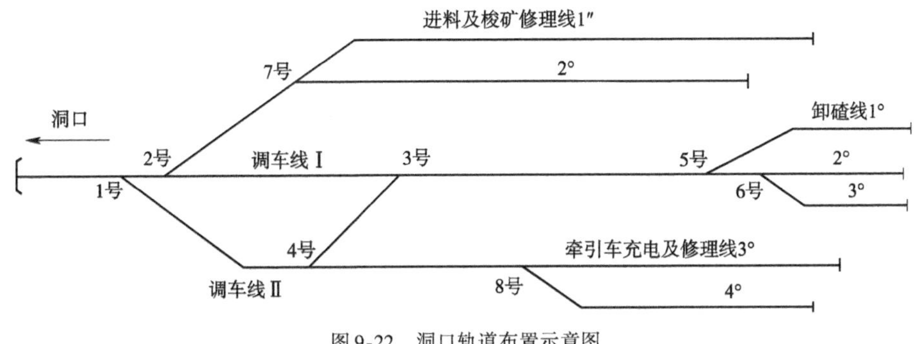

图9-22 洞口轨道布置示意图

7. 轨道铺设要求

(1)轨距常用的有900mm、762mm、600mm三种。双线线间净距不小于20cm,单线会车道线间净间距不小于40cm。车辆距坑道壁式支撑净间距不小于20cm,双线可不另设人行道,单线必须设人行道,人行道净宽不小于70cm。

(2)轨道线路平面应尽量使用较大的曲线半径,道岔应不小于6号道岔,并安装转辙器。一般条件下最小曲线半径,在洞内应不小于机车车辆轴距的7倍,洞外不小于10倍,使用有转向架的梭式矿车时,最小曲线半径不小于12m。

(3)洞内轨道纵坡按隧道坡度设置。洞外卸渣线的重车方向应设置一段1% ~3%的上坡,并在轨端加设车挡,以防止卸渣车溜出码头。其他各线均应满足使用要求和安全要求,并在轨道终端加设车挡。

(4)隧道施工常用钢轨重量有38kg/m、43kg/m两种,轨枕截面(厚×宽)有10cm×12cm、10cm×15cm、12cm×15cm、14cm×17cm几种。钢轨和枕木的选择,应根据各种机械的最大轴重来确定,轴重较大时应选用较重的钢轨和较粗的枕木,枕木间距一般不大于35~70cm。

(5)轨道铺设可利用开挖下来的碎石渣作为道渣,道床厚度不小于20cm,并铺设平整、顺直、稳固。若有变形和位移,应及时养护和维修,保证线路处于良好的工作状态。

8. 运输组织

运输组织就是根据(进料、出渣)运输量的多少、运输距离的长短、运输列车的数量,编制列车运行图,并根据实际情况动态调整,使之最优化。具体的措施有:合理布置会让站,缩短会车等待时间;配备能力足够的装渣机械,缩短装渣等待工作时间;及时养护维修轨道,保持合理安全的走行速度;空车提前进洞,缩短空车走行时间(虚功时间,缩短关键线路)等。

第十章　超前支护及初期支护

按照现代隧道工程理论，围岩是隧道的天然结构部分，不可替代，同时也是隧道结构的主体。支护是在隧道开挖工程中，为了帮助围岩获得稳定而施作的人工结构部分，也是辅助部分。

第一节　支护的构造及分类

隧道支护结构的构造与围岩的地质条件、隧道结构条件和隧道施工条件密切相关。隧道工程中常将人工修筑的隧道支护结构称为衬砌。不同条件下，衬砌的构造也不尽相同。一般将人工支护结构分为单层衬砌、复合衬砌和拼装衬砌三种结构类型。

一、单层衬砌

单层衬砌是在隧道内架立模板架和模板，然后浇灌混凝土而成。它是作为永久性支护结构，从外部支撑围岩的。单层衬砌结构层次单一、直观、易于理解和施作。

由于单层衬砌主要是通过调整衬砌断面形状（弧度）和厚度来适应不同的围岩级别和围岩压力分布情况的，因此，单层衬砌的形状（弧度）和厚度变化较多。就形状而言，单层衬砌常分为直墙式衬砌和曲墙式衬砌两种形式。

1. 直墙式衬砌

在地质条件比较好的Ⅱ、Ⅲ级围岩情况下，岩体坚硬完整，围岩压力以竖向为主，水平侧向压力较小时，可采用直墙式衬砌。从横断面上来看，直墙式衬砌由上部拱圈、两侧直边墙和下部底板（公路习惯称为调平层）三部分组合而成，如图 10-1 所示。整个结构在下部是敞口的，并不闭合。仅在底部以素混凝土铺底形成底板（调平层），以便铺设轨道或路面。

上部拱圈以大小不等的半径分别作成三段圆形弧线，正中约 90°范围内用较小的半径，两边用较大的半径，总体看来其矢跨比较大。早年为了施工方便，上部拱圈多采用半圆形。但有不少拱圈出现内缘开裂现象，为改善结构受力状况，后改为尖拱。

拱圈是等厚的，所以外弧的半径是各自增加了一个拱圈厚度的尺寸。由于它们是同心圆弧，所以内外半径的圆心是重合的。两侧边墙是与拱圈等厚的竖直墙，与拱圈平齐衔接。因洞内一侧设有排水沟，所以有水沟一侧的边墙要深一些。

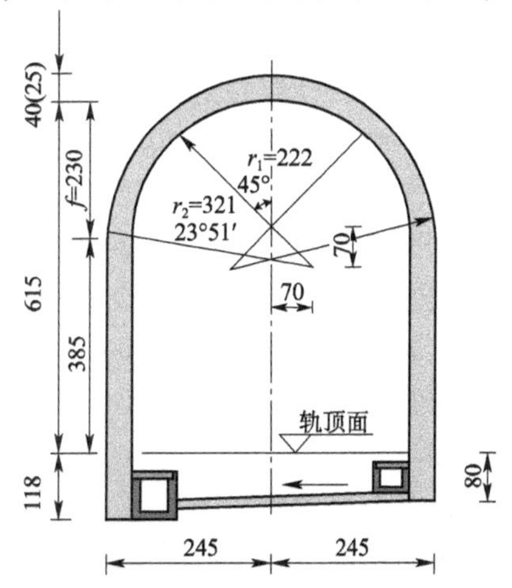

图 10-1　直墙式衬砌（铁路单线，尺寸单位：cm）

在地质条件较好，侧压力不大，但又不宜采用半衬砌时，为了节省边墙圬工，可以简化边墙。简化的方法有两种，一种是降低边墙建筑材料的等级，如将混凝土边墙改为石砌边墙。另一种是采用柱式边墙或连拱式边墙,统称为花边墙。柱式边墙是作成一排均匀间隔的立柱形式,其间是孔洞,立柱的高度一般不宜小于3m,柱间间隔不宜大于3m。连拱墙作成带支墩的连拱形式,支墩的纵向尺寸不小于2m,墙上拱形孔洞的纵向跨度不宜大于5m,墙拱顶至拱圈起拱线的高度距离不宜小于100cm。

在地质条件更好,岩层坚硬完整也没有地下水侵入的情况下,边墙部位围岩水平侧压力很小,可省去两侧边墙衬砌,只设上部拱圈衬砌,称之为半衬砌。此时,为了保证洞壁岩体有足够能力来支承拱圈衬砌传来的压力,在洞壁顶上应留有15~20cm的平台。如不设边墙,则应把两侧岩壁表面喷浆敷面,以保护岩面不受风化作用的剥蚀,也可以阻止少量地下水的渗透。

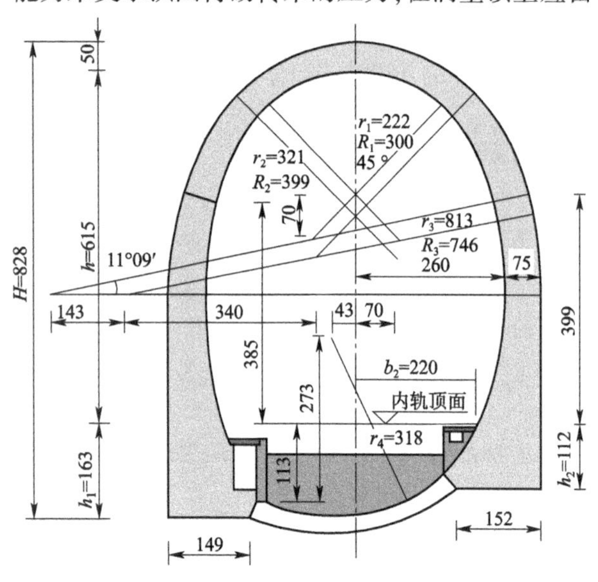

图10-2　曲墙式衬砌(铁路单线,尺寸单位:cm)

2. 曲墙式衬砌

如图10-2所示,在地质比较差的Ⅲ~Ⅴ级围岩情况下,岩体松散破碎,围岩压力比较大,又有地下水,可采用曲墙式衬砌。

曲墙式衬砌由上部拱圈、两侧曲边墙和下部仰拱(或底板)组合而成。上部拱圈的内轮廓与直边墙衬砌的一样,但拱圈截面厚度是变化的,拱顶处薄而拱脚处厚。因而不但拱部的外弧与内弧的半径不同,而且它们各自的圆心位置也是相互不重合的。侧墙内轮廓也是一段圆弧,半径较大,侧墙外轮廓上段也是一个圆弧,但半径更大,其下段变为直线形,稍稍向内偏斜。

二、复合衬砌

复合衬砌是由初期支护和内层衬砌组成。因此,复合衬砌对不同地层条件的适应性很强,而且其形状(弧度)简单,内层衬砌厚度变化较少(多为等厚,30~50cm),在20世纪90年代以后已在各类隧道工程中广泛使用。

初期支护是现代隧道工程中帮助围岩获得稳定的基本手段。由于复合衬砌主要是采用喷射混泥土和锚杆作为基本组合形式,并通过调整初期支护参数来适应围岩级别以及围岩松弛范围和松弛程度变化,所以,初期支护层次较多,变化较多,施作工艺比较复杂。

内层衬砌主要作为安全储备,用于承受后期围岩压力。考虑到隧道投入使用后的服务年限很长久,要满足承受后期围岩压力、降低洞内空气阻力的要求,满足洞内功能性构造要求和美观要求,并要保证隧道在服务过程中的稳定、耐久,因此现代隧道工程中一般均设计有内层衬砌。内层衬砌有多种材料和构造形式,但以就地模筑混凝土或钢筋混凝土为主,也有采用拼装式钢筋混凝土作为内层衬砌的,内层衬砌多采用等厚度截面,变化较少,构造较简单。

1. 复合衬砌的构造

复合衬砌不同于单层衬砌,它是把支护结构分成多层,在不同的时间先后施作的。目前一般将其分为初期支护和二次衬砌两部分。如图10-3和图10-4所示。

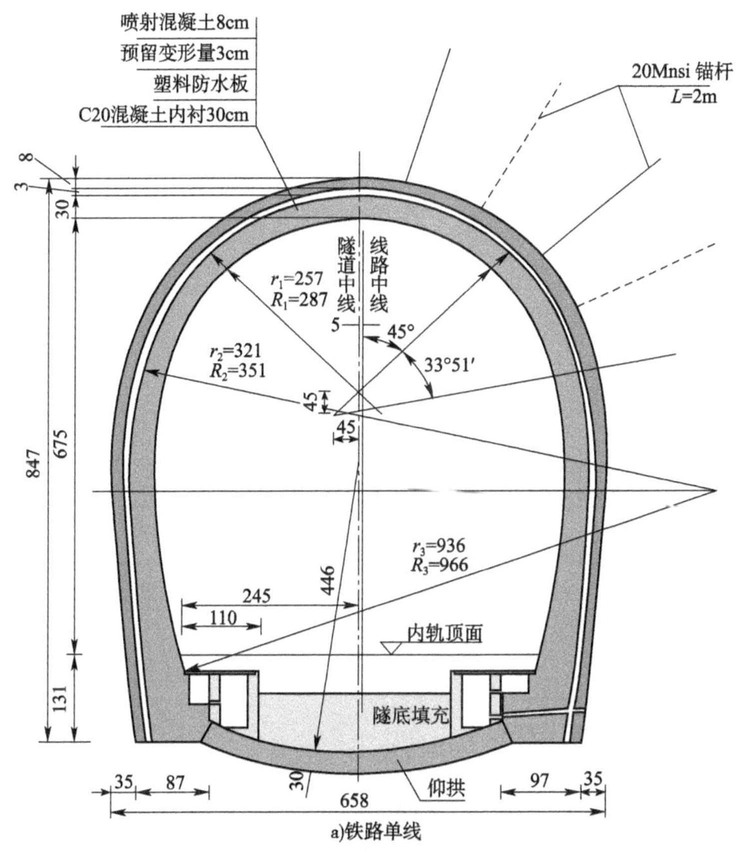

a)铁路单线

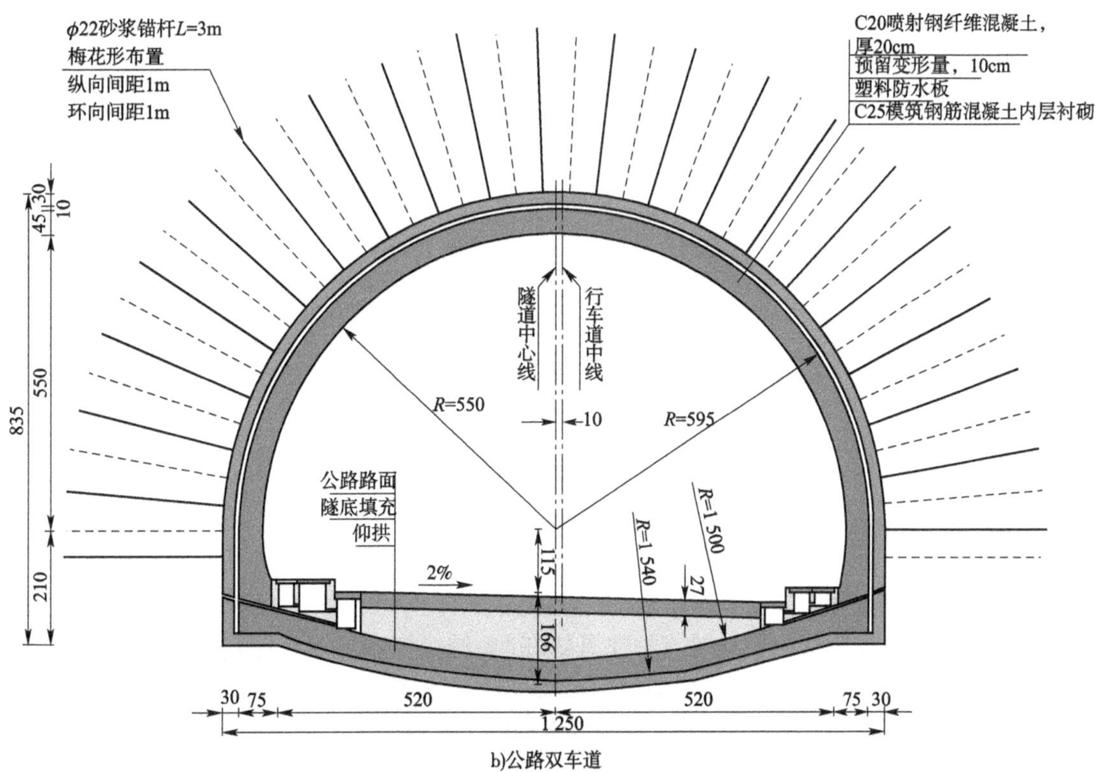

b)公路双车道

图 10-3　复合衬砌(尺寸单位:cm)

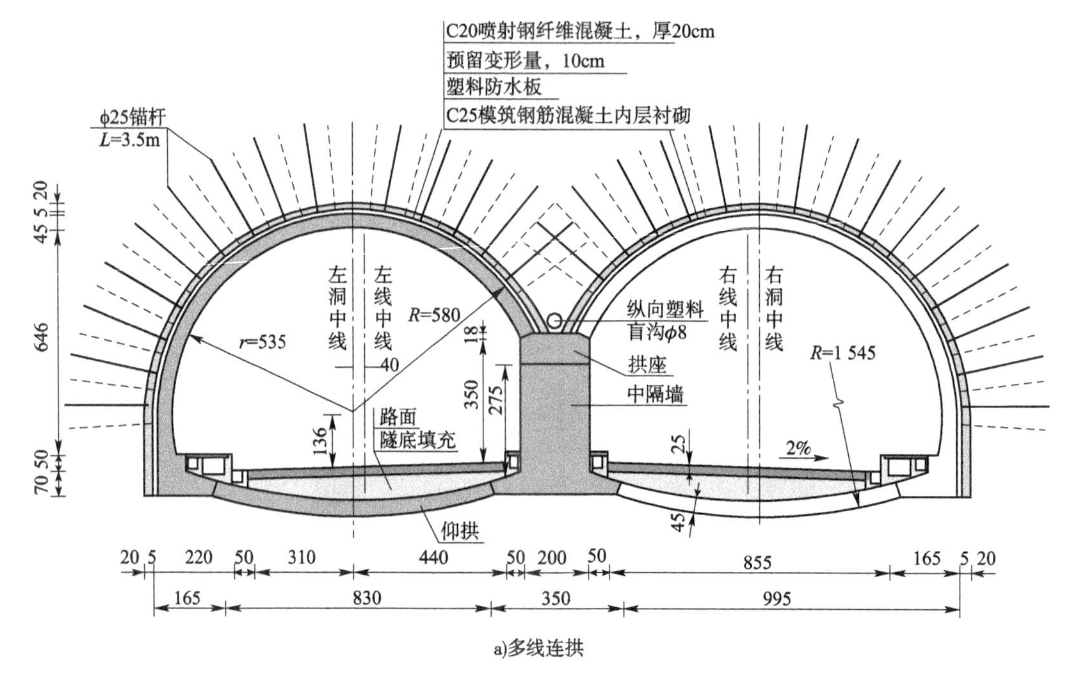

a)多线连拱

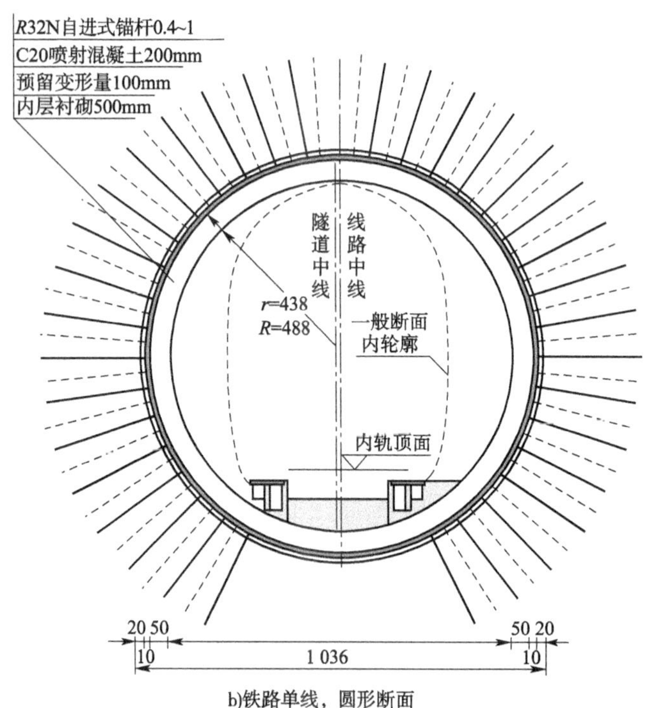

b)铁路单线，圆形断面

图10-4　复合衬砌(尺寸单位:cm)

初期支护是帮助围岩获得初步稳定,并保证隧道施工期间的安全,以便挖除坑道内岩体的一系列支护结构和工程措施。锚喷支护就是锚杆(系统锚杆和局部锚杆)、加喷射混凝土(素喷、网喷或钢纤维喷射混凝土)、有时加设钢拱架(型钢拱架或格栅钢架)的组合。锚喷支护是初期支护最基本的结构形式,也是在常规条件下的隧道工程中使用最多的工程措施。因此,人们也常将锚喷支护称为常规支护。

初期支护也可以泛指包括锚喷支护(锚杆、喷混凝土、钢拱架)等常规支护,以及超前支护

(超前锚杆、超前管棚)、注浆加固(超前小导管预注浆及超前深孔围幕注浆)等特殊的支护的一系列支护结构和工程措施。这些支护形式和工程措施可以单独使用,也可以组合使用。组合使用时,各部分的比例也可以根据实际需要选择和调整。

内层衬砌主要是承受后期围岩压力并提供安全储备,保证隧道的长期稳定和行车安全。内层衬砌一般多采用就地模筑混凝土或钢筋混凝土,也可以采用喷射混凝土或喷射钢纤维混凝土,还可以采用拼装衬砌。

2. 复合衬砌的优点

根据铁道科学研究院和隧道工程局共同进行的模型试验和有限元分析,以及多年应用和研究结果表明,复合衬砌是比较合理的结构型式。具体表现在以下几个方面:

(1)复合衬砌的总体形状比较简单,内层衬砌厚度变化不大(多数在30~40cm之间),且多为等厚度内衬,施工方便。

(2)复合衬砌是将整个人工支护结构分解为初期支护和内层衬砌两大部分,各部分分别起到不同的作用,两部分分别参与并与围岩共同工作,但其支护作用又各有侧重。因而,复合衬砌比较符合隧道——地下工程结构体系的力学变化过程和变化规律。

(3)复合衬砌主要靠初期支护来维护围岩稳定和安全,并通过调整初期支护参数来适应地质条件的变化,即适应不同的围岩级别以及围岩松弛范围和松弛程度的变化。这种适应性既能充分调动围岩自我承载、自我稳定的能力,又可以充分发挥支护结构的承载能力和支护材料的力学性能。

(4)复合衬砌中的内层衬砌主要作为安全储备而设置,一般要求在施作初期支护并趋于稳定后,再施作内层衬砌,并借用防水层作为结构隔离层,使得内层衬砌的受力状态得以改善。但在必要时,还可以提前施作内层衬砌,以调用其承载能力,保障安全。

(5)与传统的同等厚度的模筑混凝土单层衬砌相比,复合衬砌的受力状态更好,承载能力更高。

三、拼装衬砌

1. 拼装衬砌的优缺点

虽然就地模筑的混凝土衬砌在我国应用已很广泛。但是,它在灌注以后不能立即承受荷载,必须经过一个养生的时期,因而施工进度受到一定的限制。随着社会不断地向着工业化和机械化发展,隧道施工也提出向工业化和机械化改进,于是出现了拼装式的隧道衬砌,称为拼装衬砌。这种衬砌由若干在工厂或现场预先制备的构件,运入坑道内,用机械拼装而成,组成形式为一环接着一环。

国外早在19世纪就已开始试用。我国在宝兰铁路线上曾试用过拱部半圆形的拼装衬砌,在黔桂铁路线上试用过“T”字形镶嵌式拼装衬砌,目前在地下铁道工程中采用较多。随着其技术的不断改进和完善,拼装衬砌将是一个有前途的衬砌形式。

拼装衬砌具有下列优缺点:

(1)一经拼装成环,不需养生时间,即可承受围岩压力。

(2)预制的构件可以在工厂成批生产,在洞内可以机械化拼装,从而改善了劳动条件。

(3)拼装时,不需要临时支撑如拱架、模板等,从而节省大量的支撑材料及劳力。

(4)拼装速度因机械化而提高,缩短了工期,还有可能降低造价。

(5)拼装衬砌既可以按传统隧道工程理论作为单层衬砌设计和使用,也可以按现代隧道工程理论作为内层衬砌设计和使用。

(6)拼装衬砌的整体性较差,受力状态不太好,尤其是接缝多,防水性能较差,必须单独加设有效的防水层,在富水地层中应用时需要有较多的支持措施。

2. 拼装衬砌的构造要求

(1)组装后必须具有良好的整体性,能立即承受荷载,并具有足够的强度和耐久性。

(2)管片形状简单,尺寸统一,便于工厂预制。

(3)管片类型少、规格少、配件少,大小和重量合适,便于机械拼装。

(4)必须加设有效的防水层及排水设施。

第二节 超前支护

一、超前锚杆

1. 超前锚杆的组成及作用

超前锚杆是沿开挖轮廓线,以稍大的外插角,向开挖面前方一定范围内安装的斜向锚杆。超前锚杆可以形成对前方围岩的预锚固,在提前形成的围岩锚固圈的保护下进行开挖等作业。这是一种先加固后开挖的逆序作业,即锚杆安装先于岩体开挖,故称为超前锚杆,超前锚杆加固前方围岩见图10-5。

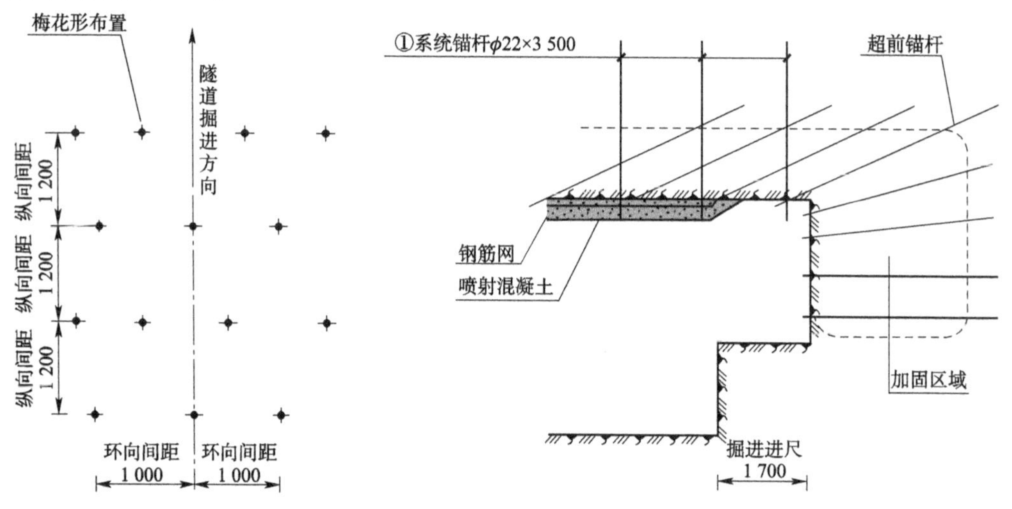

图10-5 超前锚杆加固前方围岩(尺寸单位:mm)

2. 超前锚杆性能特点及适用条件

超前锚杆可以与系统锚杆焊接以增强其整体加固作用,但由于超前锚杆的柔性较大而整体刚度较小,因此其对前方围岩的整体加固效果一般,而且加固范围也有限,因此超前锚杆主要适用于应力不太大、地下水也很少的一般软弱破碎围岩的隧道工程中。如土砂质地层、弱膨胀性地层、流变性较小的地层、裂隙发育的岩体、断层破碎带等围岩条件,以及浅埋无显著偏压的隧道。且一般应与系统锚杆同时使用,形成联合支护。应力较大的严重软弱破碎围岩中,超前锚杆的后期支护刚度就有些不足,不宜使用。

3. 超前锚杆设计、施工要点

(1)超前锚杆的超前加固范围,即锚杆加固的超前长度、加固圈厚度,应视围岩工程地质条件、坑道断面大小、掘进循环进尺和施工条件而定。可根据要求的超前加固范围确定相应的超前量、外插角、环向间距、锚杆直径、锚固方式等参数。一般地，超前长度宜为循环进尺的3～5倍，采用3～5m长，外插角宜为10°～30°，搭接长度宜为超前长度的40%～60%左右，即大致形成双层锚杆。

(2)同一层超前锚杆的环向间距宜为0.3～1m，相邻两层锚杆应环向错列，以便于与梅花形布置的系统锚杆相协调和连接。

(3)超前锚杆材料可用不小于$\phi22$的螺纹钢筋，宜用早强水泥砂浆全长黏结式锚固。

(4)超前锚杆的安装误差，一般要求孔位偏差不超过10cm，外插角偏差不超过1°～2°，实际锚固长度不小于设计锚固长度的96%。

(5)开挖时应注意保持开挖面落后于超前锚杆加固的超前量，即保证开挖面前方留有一定长度的锚固区。以使前方尚未加固的围岩在开挖面岩体的覆压作用下不出现坍塌，且使超前锚杆的前端有一个临时支点。若开挖面出现滑坍现象，则应及时喷射混凝土封闭开挖面，并尽快打入下一排超前锚杆，然后才能继续开挖。下一循环的开挖应考虑适当缩短掘进循环进尺。

(6)开挖后应及时且尽可能多地将超前锚杆的尾端与系统锚杆及钢筋网焊接。并尽快施作喷射混凝土，以充分发挥它们的联合支护效应和封闭支护作用。

(7)施工过程中应密切注意观察锚杆变形及喷射混凝土层的开裂、起鼓等情况，以掌握围岩动态，及时调整开挖及支护参数。施工过程中如遇少量地下水出露，一般可钻孔引排。但应密切注意地下水是否变浑及流量增减情况。必要时应在洞内钻孔进行超前地质探察，以便针对突然出现的不良地质情况，制定相应的预备施工方案和紧急处理措施。

二、超前管棚

1.超前管棚构造组成及作用

超前管棚是利用沿开挖轮廓线、以较小的外插角、向开挖面前方打入钢管与钢拱架构成的一种钢结构棚架，简称超前管棚。超前管棚可以预先支护开挖面前方的围岩，然后在其保护下进行开挖等作业。这是一种先支护后开挖的逆序作业，即管棚安装先于岩体开挖，故称为超前管棚，见图10-6。

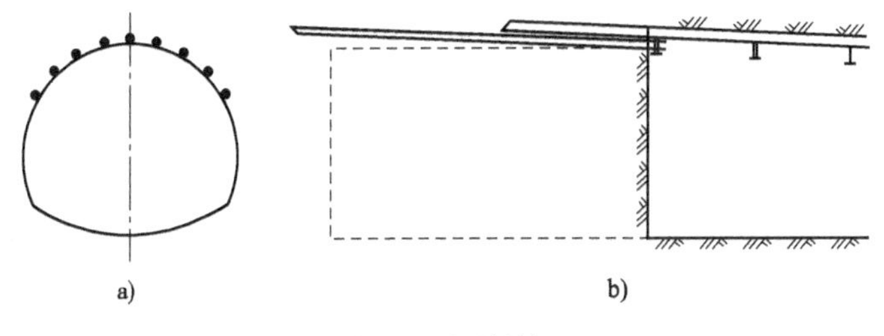

图10-6　超前管棚

2.管棚性能特点及适用条件

管棚因采用先行插入前方围岩内的钢管作纵向支撑，又采用钢拱架作环向支撑，并采用锚杆、钢筋网和喷射混凝土作为连接和整合介质，使得其整体刚度较大，限制围岩变形的能力较强，且能提前承受早期围岩压力。因此管棚主要适用于早期围岩压力来得快、来得大的软弱破碎围岩，且对围岩变形及地表下沉有较严格限制要求的隧道工程中。如土砂质地层、强膨胀性地层、强流变性地层、裂隙发育的地层、断层破碎带等围岩条件，以及浅埋有显著偏压的隧道。

在这些地层中，若还存有地下水，则需要同时考虑水的危害程度和类型，采取有效措施进行治理。若水量不大、水压力不大，补给源又很有限，则一般不会造成大规模的水土流失或围岩坍塌，此种情况应考虑按照"以排为主，排堵结合；先排后堵，分开实施"的原则进行治理。即主要将注浆工序从开挖和初期支护作业循环中分离出来，主要靠初期支护和超前小导管形成的"小管棚"来维护工作面的稳定和施工安全，待小管棚形成并与掌子面有一定距离后，再择机实施注浆，实现堵水和加固围岩的目的(此时可能需要适当加密管棚，即减小钢管环向间距，减小钢拱架纵向间距)。若水量较大、水压力较大，补给源又很丰富，则应按照"以堵为主，坚决封堵；先堵后挖，防突防涌"的原则进行治理。即将管棚与注浆相结合，形成超前小导管注浆或超前深孔帷幕注浆，封堵地下水，减少水土流失，避免大规模围岩坍塌，防止涌水突泥。

3. 管棚设计、施工要点

(1)超前管棚支护结构一般按松弛荷载理论进行设计。采用长度小于10m、较小直径钢管的称为"短管棚"或"超前小导管"，采用长度为10～45m、较大直径钢管的称为"长管棚"或"超前大管棚"。板棚采用的钢插板长度一般不超过10m。

(2)管棚的结构形式及各项技术参数要视围岩工程地质条件和施工技术条件而定。长管棚长度不宜小于10m，管径为70～180mm，孔径比管径大20～30mm，环向间距为0.2～0.8m，外插角为1°～2°，两组管棚间的纵向搭接长度不小于1.5m，钢拱架常采用工字钢拱架或格栅钢架。

(3)短管棚一次超前量少，基本上与开挖作业交替进行，占用循环时间较多，但因钢管较短，其钻孔安装或打入安装均较容易。长管棚因钢管较长，一般均需采用专用机械进行钻孔安装。虽然单次钻孔安装长钢管的作业时间较长，但安装钢管的次数减少了。安装一次长钢管，就可以在其有效的超前区段内进行多次岩土挖除—安装钢拱架的循环作业。减少了长钢管的钻孔安装作业与岩土挖除作业之间的干扰，也更适于采用大中型机械进行洞内岩土的快速挖除。

(4)钢拱架应安装稳固，其垂直度允许误差为±2°，中线及高程允许误差为±5cm。钢管应从工字钢腹板圆孔穿过，或穿过花钢拱架的腹筋。为保证钢管不侵入开挖轮廓线以内且不至于外插角过大，钻孔方向应用测斜仪检查控制。孔口在开挖面上的位置误差不得大于15cm，角度误差不得大于0.5°。

(5)长钢管应用4～6m的管节逐段接长，第一节钢管前端要加工成尖锥状，以利导向插入。打入一节，再接续后一节，连接头应采用厚壁管箍，上满丝扣，丝扣长度不应小于15cm。为保证管棚受力的均匀性，钢管接头应纵向错开。

(6)当需增加管棚刚度时，可在安装好的钢管内注入水泥砂浆。一般在第一节管的前段管壁交错钻10～15mm孔若干，以利排气和出浆，或在管内安装排气导管，浆注满后方可停止压注。水泥砂浆应用牛角泵或其他能满足要求的设备灌注。砂浆强度等级可用M20～M30，并适当加大灰砂比。

(7)钻孔时如出现卡钻或坍孔，应注浆后再钻，有些土质地层则可直接将钢管顶入。

三、超前小导管

1. 超前小导管构造组成及作用

超前小导管是隧道施工常见的超前支护手段，一般需辅以注浆施工。在开挖前，先用喷射混凝土将开挖面和一定范围内的坑道周边岩面封闭，然后沿坑道周边轮廓向前方围岩内打入带孔小导管,并通过小导管向围岩内压注起胶结作用的浆液,待浆液硬化后,坑道周围岩体就可形成一定厚度的加固圈。在此加固圈的保护下即可安全地进行开挖等作业,超前小导管注浆加固前方围岩见图 10-7。

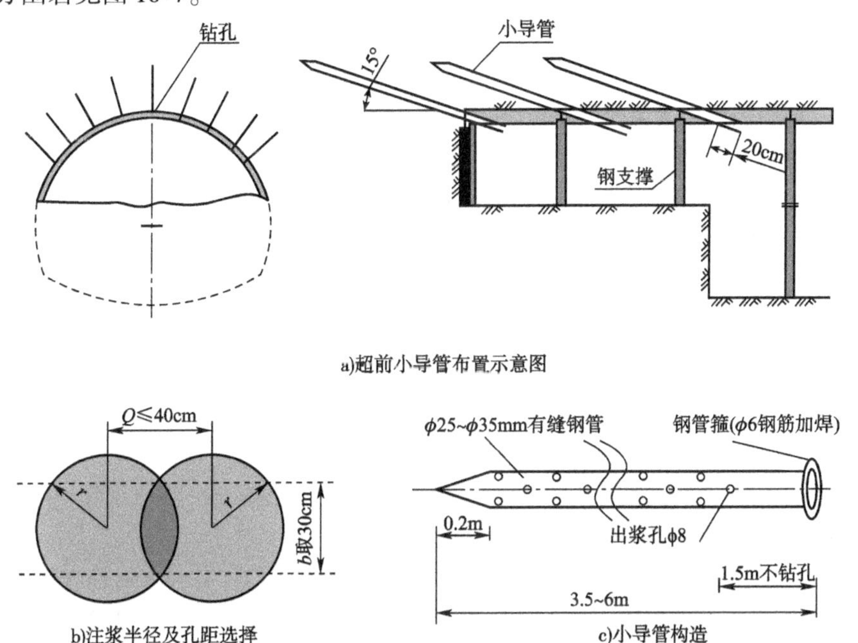

图 10-7　超前小导管注浆加固前方围岩

2. 超前小导管的适用条件

超前小导管主要适用于渗透系数较大的无地下水或水量和压力较小的一般软弱破碎岩体的地层条件。若用于渗透性差的地层,则注浆功效十分有限。由于超前小导管的施工较管棚方便,因此在隧道内开挖小范围的不良地质段的过渡施工,常采用小导管注浆支护的方法,此方法性价比较高。

3. 超前小导管注浆的优缺点

作为软弱破碎围岩条件下隧道施工的一项特殊措施,超前小导管作业一般只在隧道内进行,即小导管安装和注浆作业都要进入洞内掌子面作业循环,因而占用较多的洞内作业循环时间,不利于提高施工速度。如果不封闭掌子面就注浆,则浆液极容易从掌子面上的裂隙流失,形成“跑浆”;如果采用喷射混凝土封闭掌子面,仍然有部分浆液渗入到坑道内的岩体中,并和封闭混凝土一起在下一次掘进中与岩体一同被挖除,从而造成较大的浪费。因此,有条件时,应考虑将超前小导管注浆工序与开挖和初期支护两道工序分开实施,既可以减少施工干扰,提高施工速度,又可以减少材料浪费。

第三节　初期支护原则

1. 预防为主原则

隧道工程主要依靠初期支护保证施工期间的稳定和安全,因此各种结构类型的初期支护,各种施工方法、开挖方法、掘进方式以及各种施工技术措施,都是前人实践经验的总结,它们本身就带有预防性。应该说在一般情况下,这些方法、方式、结构形式及其组合是能够适应绝大多数的围岩地质条件和工程结构条件的。如果是严格按设计要求和施工规范施工,是能够保证施工期间的稳定和安全的。

然而,在隧道施工过程中,由于地质条件的多样性和多变性,加之对工程地质条件判断不准或情况不明,选择的支护类型与实际工程地质条件不适应,施工方法、支护时机不恰当,或(由于偷工减料等原因)支护质量达不到设计要求等原因,不可避免地会遇到一些预料之外的情况,如坍方、突泥、流砂、大变形等工程事故。

为了防止发生重大事故,确保稳定和安全,除了严格按设计要求和施工规范施工以外,还应该认真做好超前地质预报,尽可能详细地调查隧道位置的区域工程地质、水文地质情况,做到心中有数,制订相应的紧急预备方案,施工过程中要特别注意密切观察、缜密分析,发现异常现象及时采取紧急处理措施,阻止事态进一步扩大。这就是预防为主的原则。

2. 先护后挖原则

遵循现代隧道工程围岩承载理论的基本思想,以及现代隧道支护设计的基本原则和新奥法施工的基本原则。当隧道围岩坚硬完整时,或者围岩虽然比较软弱破碎,但地应力不很大,埋置深度较大时,隧道上覆岩体的自然成拱作用较好,工作面稳定,既不易受地面条件的影响,围岩松弛变形也不致于波及地表。采取常规支护,并按"先挖后护,顺序施作"的原则,就可以保证隧道施工安全和结构稳定。

在软弱破碎围岩条件下,采用特殊稳定措施进行隧道施工的基本原则是先护后挖,逆序施作,具体说来就是"先支护(先加固)、后开挖,逆序施作;短进尺、慎开挖,万勿冒进;强支护、快衬砌,及时封闭;重观察、勤量测,莫等坍方"。

3. 联合效应原则

在隧道工程中,为适应地质条件和结构条件的变化,常将各种单一支护材料和结构,进行恰当组合,共同构成人工复合支护结构体系,称为联合支护。这些联合支护的施工应当注意的是宜联不宜散,彼此要直接并尽可能多地牢固相连,以充分发挥支护的联合效应。具体地,联合支护的施工应满足以下技术要求:

(1)钢筋网及钢拱架要尽可能多地与锚杆头焊连,因此锚杆要有适量的露头。

(2)钢筋网要被喷射混凝土所包裹、覆盖密实,钢拱架一般要求被喷射混凝土所包裹、覆盖密实。只有在作为研究项目考察钢拱架的有效性和经济性,并且当量测数据显示围岩已经达成稳定时,才可以不必用喷射混凝土将钢拱架完全覆盖,但在施作内层衬砌之前,仍然应该喷满覆盖。

(3)分次施作的联合支护,应尽快将各部分相联,如超前锚杆与系统锚杆及钢拱架的联结等。

(4)分次施作的联合支护,要在量测指导下进行,检验其有效性,必要时应作适当调整。以做到及时、有效、经济地控制围岩变形,保证围岩稳定。

第四节 锚　　杆

一、锚杆的作用和种类

1. 锚杆的作用

锚杆是用金属或其他高抗拉性能的材料制作的一种杆状构件,它是使用某些机械装置或黏结介质,通过一定的施工操作,将其安设在隧道及地下工程的围岩中,利用锚杆的灌浆黏结作用和拉结作用，增强围岩的强度和抗变形能力，从而提高围岩的自稳能力，实现加固围岩的工程措施，锚喷支护见图10-8。

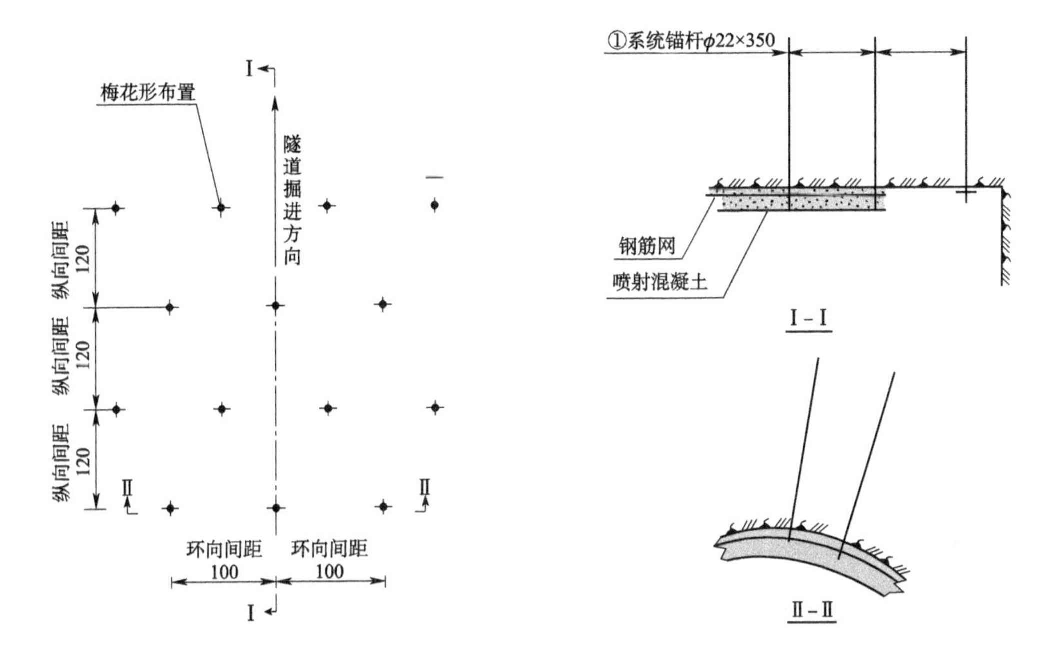

图10-8　锚喷支护（系统锚杆＋钢筋网＋喷射混凝土，尺寸单位：cm）

锚杆支护作为一种常规的支护手段，它在技术、经济方面的优越性和对多种不同地质条件的适应性，使其在建筑领域尤其是在地下工程中得到广泛应用和迅速发展。以下介绍隧道工程中常用的几种锚杆。

2. 锚杆的种类

(1)按其对围岩加固的区域来分，可分为：系统锚杆、局部锚杆和超前锚杆三种。

①系统锚杆。系统锚杆强调的是联合作用，即群锚效应。

②局部锚杆。局部锚杆强调的是对围岩的局部加固作用。

③超前锚杆。超前锚杆强调的是支护的超前性。

(2)按其在岩体中的锚固形式来分，可分为以下三种：

①全长黏结式锚杆。全长黏结式锚杆采用水泥砂浆或树脂等胶结材料作为锚固剂。全长黏结式锚杆不仅有助于锚杆的抗剪和抗拉以及防腐蚀作用，而且具有较强的长期锚固能力，能更有效地约束围岩松弛变形，且安装简便，在无特殊要求的各类地下工程中，可大量用于初期支护和永久支护。在隧道工程中，全长黏结式锚杆常作为系统锚杆和超前锚杆使用。

②端头锚固式锚杆。主要利用内、外锚头的锚固来限制围岩变形松动。端头锚固式锚杆安装容易，工艺简单，安装后即可以起到支护作用，并能对围岩施加预应力。但杆体易腐蚀，锚头易松动，影响长期锚固力，一般用于硬岩地下工程中的临时加固。隧道工程中，端头锚固式锚杆一般只用作局部加固锚杆。另有摩擦式锚杆，因其锚固作用的耐久性不好，故不适于作为永久支护，而只作为临时支护使用，隧道工程中很少采用。

③混合式锚固锚杆。混合式锚固锚杆是端头锚固方式与全长黏结锚固方式的结合使用，它既具有全长黏结锚杆的优点，又可以施加预应力，以增强对岩体变形的约束能力。但安装施工较复杂，一般只用于对大型地下洞室围岩、大坝坝体、高边坡土体等大体积、大范围工程结构

物的加固。国外有采用大型射钉锚杆的,主要用于土体边坡的加固。

二、水泥砂浆锚杆

1. 构造组成

普通水泥砂浆锚杆,是以普通水泥砂浆作为黏结剂的全长黏结式锚杆,其构造如图10-9所示。其安装工艺简单,锚固效果好,安装质量易于保证,是隧道工程中最常用的一种锚杆。

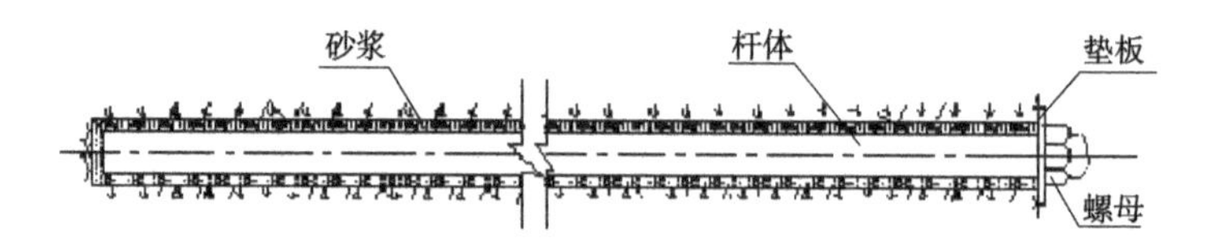

图10-9 普通水泥砂浆全长黏结式锚杆构造

一般设计要求:Ⅲ级以上围岩锚杆抗拔力≥80kN,Ⅳ、Ⅴ级围岩锚杆抗拔力≥100kN。

2. 设计、施工要点

(1)杆体材料宜用20MnSi钢筋,较少采用A_3钢筋,直径14~22mm为宜,长度2~3.5m,为增加锚固力,杆体内端可劈口叉开。

(2)水泥一般选用普通硅酸盐水泥,砂子粒径不大于3mm,并过筛。

(3)砂浆强度等级不低于M20,配合比一般为水泥:砂:水=1:(1~1.5):(0.45~0.5)。

(4)钻孔应符合下列要求。孔径应与杆径配合好。一般孔径比杆径大15mm(采用先插杆体后注浆施工时,孔径应比先注浆后插杆体施工的孔径要大一些),这主要考虑注浆管和排气管占用空间。孔位允许偏差为±(15~50)mm;孔深允许误差为±50mm。钻孔方向宜适当调整使之尽量与岩层主要结构面垂直。孔钻好后用高压水将孔眼冲洗干净(若是向下钻孔还须用高压风吹净水),并用塞子塞紧孔口,防止石渣掉入。

(5)锚杆及黏结剂材料应符合设计要求,锚杆应按设计要求的尺寸截取,并整直、除锈和除油,外端不用垫板的锚杆应先弯制弯头。

(6)黏结砂浆应拌和均匀,并调整其和易性,随拌随用,一次拌和的砂浆应在初凝前用完。

(7)先注浆后插杆体时,注浆管应先插到钻孔底,开始注浆后,徐徐均匀地将注浆管往外抽出,并始终保持注浆管口埋在砂浆内,以免浆中出现空洞。

(8)注浆体积应略多于需要体积,将注浆管全部抽出后,应立即迅速插入杆体,可用锤击或通过套筒用风钻冲击,使杆体强行插入钻孔。

(9)杆体插入孔内的长度不得短于设计长度的95%,实际黏结长度亦不应短于设计长度的95%。注浆是否饱满,可根据孔口是否有砂浆挤出来判断。

(10)杆体到位后要用木楔在孔口卡住,防止杆体滑出。砂浆未达到设计强度的70%时,不得随意碰撞,一般规定3d内不得悬挂重物。

三、中空注浆锚杆

1. 构造组成

中空注浆锚杆是将实心锚杆改为螺旋无缝钢管,主要由锚头、杆体、止浆塞、垫板和螺母五部分组成,其安装工艺与锚杆略有区别:先插入锚管,再将水泥砂浆或水泥净浆从钢管中注入,使之充满钢管和钢管与钻孔之间的空隙,获得锚固作用,见图10-10。还可以在此基础上改进为预应力中空注浆锚杆,以进一步增强锚杆的加固作用,隧道工程中广泛使用。

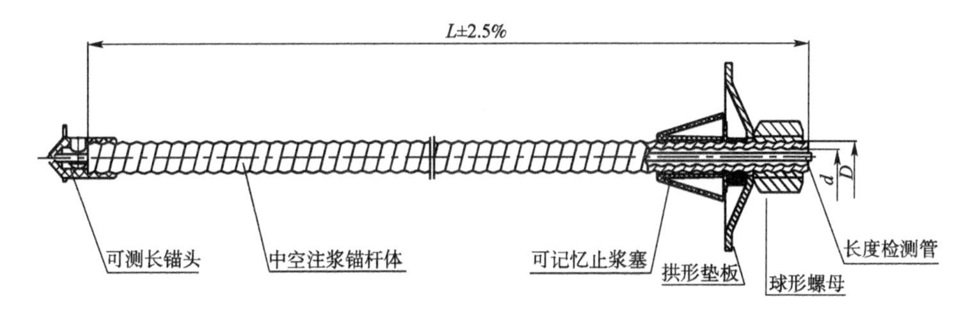

图10-10　中空注浆锚杆构造

2. 施工要点

(1)中空注浆锚杆的孔径应符合实际要求,在施作之前要确保杆体平直、无损伤,表面无裂纹、油污、颗粒状或片状锈蚀,注浆孔通畅。

(2)锚杆插入孔内的长度不得小于设计长度的95%。

(3)锚杆的钻孔方向应与围岩或围岩的主要结构面垂直。

(4)严格控制注浆压力和注浆量,止浆塞有良好的止浆效果,施工完成后不漏浆,不渗浆。

(5)垫板与岩面密贴,上紧螺母。

第五节　喷射混凝土

喷射混凝土既是一种工程材料,又是一种施工工艺。它无需模板而是使用喷射机,将细石混凝土集料和速凝剂,按一定的配合比混合并喷敷到岩壁表面上,并迅速固结成混凝土结构层,从而对围岩起到支护作用。

一、喷射工艺种类

喷射混凝土的工艺流程有干喷、潮喷、湿喷和混合喷四种。它们的主要区别是各工艺的投料程序不同,尤其是加水和速凝剂的时机不同。

1. 干喷与潮喷

(1)干喷是将骨料、水泥和速凝剂按一定比例干拌均匀,然后装入喷射机,用压缩空气使干集料在软管内呈悬浮状态压送到喷枪,再在喷嘴处与高压水混合,以较高速度喷射到岩面上。干喷的缺点是产生的粉尘量大,回弹量大,加水是由喷嘴处的阀门控制的,水灰比的控制程度与喷射手操作的熟练程度有关,干喷混凝土强度和密实度均较低。但使用的机械较简单,机械清洗和故障处理容易。

(2)潮喷是为降低喷射时的粉尘和回弹,将细石、砂预加少量水,使之呈潮湿状态,再加水泥拌和成潮集料,再按干喷工艺将大部分水在喷头处加入和喷出。潮喷产生的粉尘量、回弹量均较干喷有一定程度的降低,潮喷混凝土的强度和密实度也有所改善。事实上除旱季和干旱地区以外,露天堆放的砂石料本身就有一定的含水率,施工现场使用的实际上是潮喷。两者的工艺流程相同,见图10-11。

2. 湿喷

湿喷是将骨料、水泥和水按设计比例拌和均匀,用湿式喷射机压送到喷头处,再在喷头上添加速凝剂后喷出,其工艺流程见图 10-12。

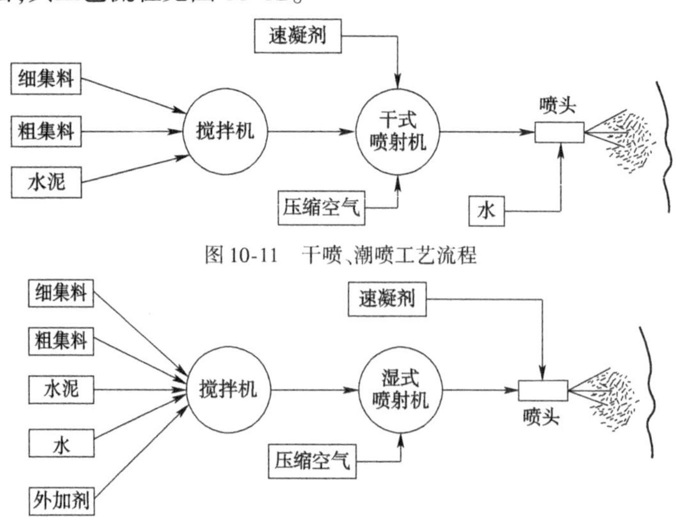

图 10-11　干喷、潮喷工艺流程

图 10-12　湿喷工艺流程

湿喷混凝土在喷射过程中产生的粉尘和回弹量很少,湿喷混凝土质量容易控制,其强度和密实度均较好,是应当发展和推广应用的喷射工艺。湿喷工艺对喷射机的机械性能要求较高,发生堵管等机械故障时,清洗和处理较麻烦。

3. 混合喷射

混合喷射又称分次投料混合喷射法,混合喷射工艺的关键是水泥裹砂(或砂、石)造壳技术。它是将一部分砂加第一次水拌湿,再投入全部水泥强制搅拌造壳,然后加第二次水和减水剂拌和成 SEC 砂浆,将另一部分砂和石、速凝剂强制搅拌均匀,再分别用砂浆泵和干式喷射机压送到混合管混合后喷出。其工艺流程见图 10-13。

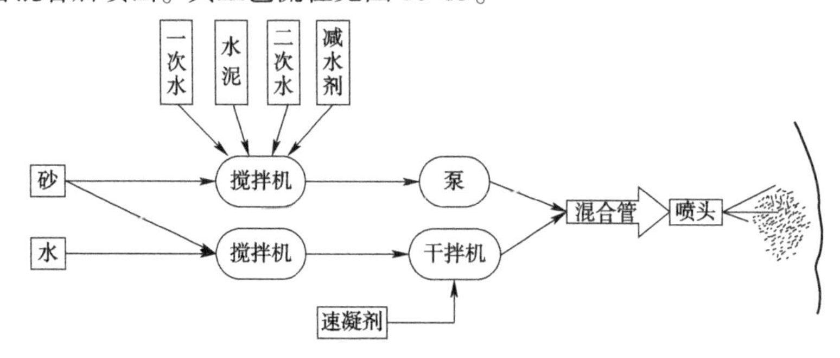

图 10-13　混合喷射工艺流程

混合喷射是分次投料搅拌工艺与喷射工艺的结合,混合喷射工艺使用的主要机械设备与干喷工艺大致相同,只是增加了砂浆泵用于输送 SEC 砂浆,但具有两者的优点。

混合喷射混凝土的质量较干喷混凝土质量好,且粉尘和回弹率有大幅度降低。但使用机械数量较多,工艺稍复杂,机械配合及故障处理较麻烦。因此混合喷射工艺一般只用在喷射混凝土量大的大断面隧道工程中。

二、喷射混凝土

1. 性能特点

(1)喷射混凝土尤其是湿喷混凝土和混合喷射混凝土具有强度增长快、黏结力强、密度大、抗渗性好的特点。它能较好地填充岩块间的裂隙的凹穴,增加围岩的整体性,防止自由面的风化和松动,并与围岩共同工作。喷射混凝土还能很好地与钢筋网、钢拱架及锚杆等支护材料相融合(包容性),使它们发挥出联合支护效应。但素喷混凝土的脆性较强而韧性较差。

(2)与普通模筑混凝土相比,喷射混凝土施工将输送、浇注、捣固几道工序合而为一,更不需模板,因而施工快速、简捷。

(3)喷射混凝土能及早发挥支护作用。喷射混凝土的终凝时间在10min左右,一般2h后即具有一定强度,8h后可达2MPa,16h后可达5MPa,1d后可达7~8MPa,4d可达到28d强度的70%左右。

(4)喷射混凝土与模筑混凝土相比,其物理力学性能多有所改善,尤其是湿式喷射和水泥裹砂喷射混凝土的抗压强度、抗弯曲疲劳强度、早期强度和抗渗性能提高最为显著。

2.施工要点

(1)喷射时应分段(不超过6m)、分部(先下后上)、分块(2m×2m),严格按先墙后拱,先下后上的顺序进行,以减少混凝土因重力作用而引起的滑动或脱落现象的发生。

(2)喷射时喷射移动可以采用S形往返移动前进,也可以采用螺旋形移动前进,混泥土施喷程序见图10-14。

(3)喷射时喷嘴要垂直于受喷面,倾斜角度不大于10°,距离为0.8~1.2m。

(4)对于岩面凹陷处应先喷、多喷,凸出处应后喷、少喷。

(5)一次喷射厚度不得太薄或太厚,它主要与混凝土的黏结力和受喷部位及回弹情况等有关。

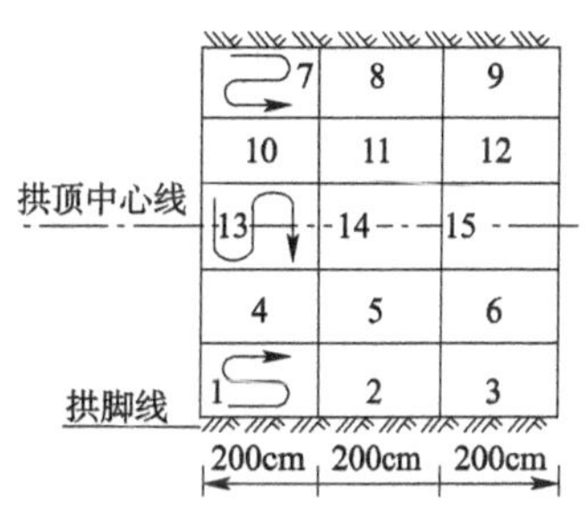

图10-14　混凝土施喷程序

(6)若设计的喷射混凝土较厚,可分层喷射,一般分2~3层喷射,分层喷射的间隔时间不得太短,一般要在初喷混凝土终凝以后,再进行复喷,喷射混凝土的终凝时间受水泥品种、施工温度、速凝剂类型及掺量等因素影响。当间隔时间较长时,复喷应将初喷混凝土表面清洗干净,复喷应将凹陷处进一步找平。

(7)当洞内较干燥时,应在喷射混凝土终凝1~2h后洒水养护,养护时间一般不少于7d。

(8)冬季施工时喷射混凝土作业区的气温不得低于5℃,若气温低于5℃,不得洒水,混凝土强度未达到设计强度的50%时,若气温降低到5℃以下,则应注意采取保温防冻措施。

(9)回弹物料的利用。实测表明,采用干法喷射混凝土时,一般边墙的回弹率为10%~20%,拱部为20%~35%,回弹量相当大。除应设法减少回弹外,还应设法将回弹物料回收利用。及时回收的洁净且尚未凝结的回弹物,可以按一定比例掺入混合料中重新搅拌后喷射,但掺量不宜大于15%,且不宜用于喷射拱部,或者将回弹物按一定比例掺进普通混凝土中,用于预制小型混凝土构件。

三、钢筋网喷射混凝土

由于素喷混凝土的抗拉、抗弯和延展性均较差,易出现开裂、起鼓、剥落现象,因此,常在喷射混凝土中加入钢筋网,以改善其物理力学性能,尤其是增强喷射混凝土的韧性。通常是先喷射一层混凝土后,再挂设钢筋网,然后再喷射混凝土,将钢筋网覆盖,形成钢筋混凝土层。其物理力学性能比素喷射混凝土的物理力学性能更优。钢筋网还可以防止喷射混凝土在喷敷过程中混凝土的脱落,提高喷敷功效。

1. 构造组成

钢筋网通常作环向和纵向布置。环向筋为受力筋，由设计确定，直径 12mm 左右，纵向筋为构造筋，直径 6 ~ 10mm；网格尺寸一般为 20cm × 20cm、20cm × 25cm、25cm × 25cm、25cm × 30cm 或 30cm × 30cm。围岩松散破碎严重的，或土质和砂土质隧道，可采用细一些的钢丝，直径一般小于 6mm；网格尺寸亦应小一些，一般为 10cm × 10cm，10cm × 115cm，15cm × 15cm，15cm × 20cm 或 20cm × 20cm。

2. 施工要点

(1) 钢筋网应在喷射一层混凝土后再行铺设。钢筋与岩面或与初喷混凝土面的间隙应不小于 3 ~ 5cm，钢筋网保护层厚度不小于 3cm，有水部位不小于 4cm。

(2) 钢筋网可以在洞内直接牢固地挂设在锚杆头上，在无锚杆处应安设挂网锚钉，锚钉的锚固深度不得小于 20cm。也可以先加工成钢筋网片（长度和宽度一般为 100 ~ 200cm）再安装，但网片之间应连接牢固。

(3) 钢筋网应根据被支护围岩面上的实际起伏形状铺设，并应尽可能多地与锚杆或锚钉头联结牢固，以减少喷射混凝土时钢筋发生"弦振"，造成钢筋周围无混凝土包裹。

(4) 开始喷射时，应缩短喷头至受喷面之间的距离，并适当调整喷射角度，避免喷射物流直射钢筋。保证钢筋背面混凝土密实。对于干燥土质隧道，第一次喷射不能太厚，以防起鼓剥落。

第六节　钢　拱　架

在软弱、破碎严重、自稳性差的围岩条件下，需要及时阻止围岩变形和承受早期围岩压力（松弛荷载），防止围岩因变形过度而产生坍塌，此时柔性较大而刚度较小的锚杆喷射混凝土难以胜任。在这种情形下，就必须采用钢拱架这种刚度较大的结构作为初期支护。钢拱架因其整体刚度和强度均较大，对围岩松弛变形的限制作用更强，可及时有效地阻止有害松动，也可以承受早期松弛荷载，保证坑道稳定与安全，还可以作为超前支护的后支点。

钢拱架有花钢拱架和型钢拱架两种结构形式。比较之下，花钢拱架（或称为格栅钢架）与混凝土及其他材料有更好的相融性，所以现代隧道工程中广泛用作初期支护。而型钢拱架的表面积较小，与混凝土及其他材料的相融性较差，所以现代隧道工程中一般只在工程抢险和坍方处理时将其作为临时支撑使用。

1. 构造组成

钢拱架可以分为型钢拱架和花钢拱架两类。型钢拱架又分为工字钢、槽钢和钢管拱架三种，花钢拱架又称为格栅钢架，是采用钢筋焊接制成。钢拱架构造见图 10-15。钢拱架不单独存在，而是要用喷射混凝土覆盖包裹。

(1) 接头。钢拱架每榀分为 2 ~ 6 节，主要是为便于架设，为保证接头刚度，钢拱架的接头有端板栓接、夹板栓接及套管连接三种形式。

(2) 垫板。钢拱架构件下端断面积较小，应设底板，以增加支承面积。

(3) 纵向联系。为保证拱架的纵向稳定性，各榀拱架之间应设置纵向联结筋和斜撑。

2. 性能特点

(1) 钢拱架的力学性能是整体刚度较大，可提供较大的早期支护阻力。钢拱架所提供的支护阻力大小与其构造形式和截面尺寸有关，也与其架设时机有关。

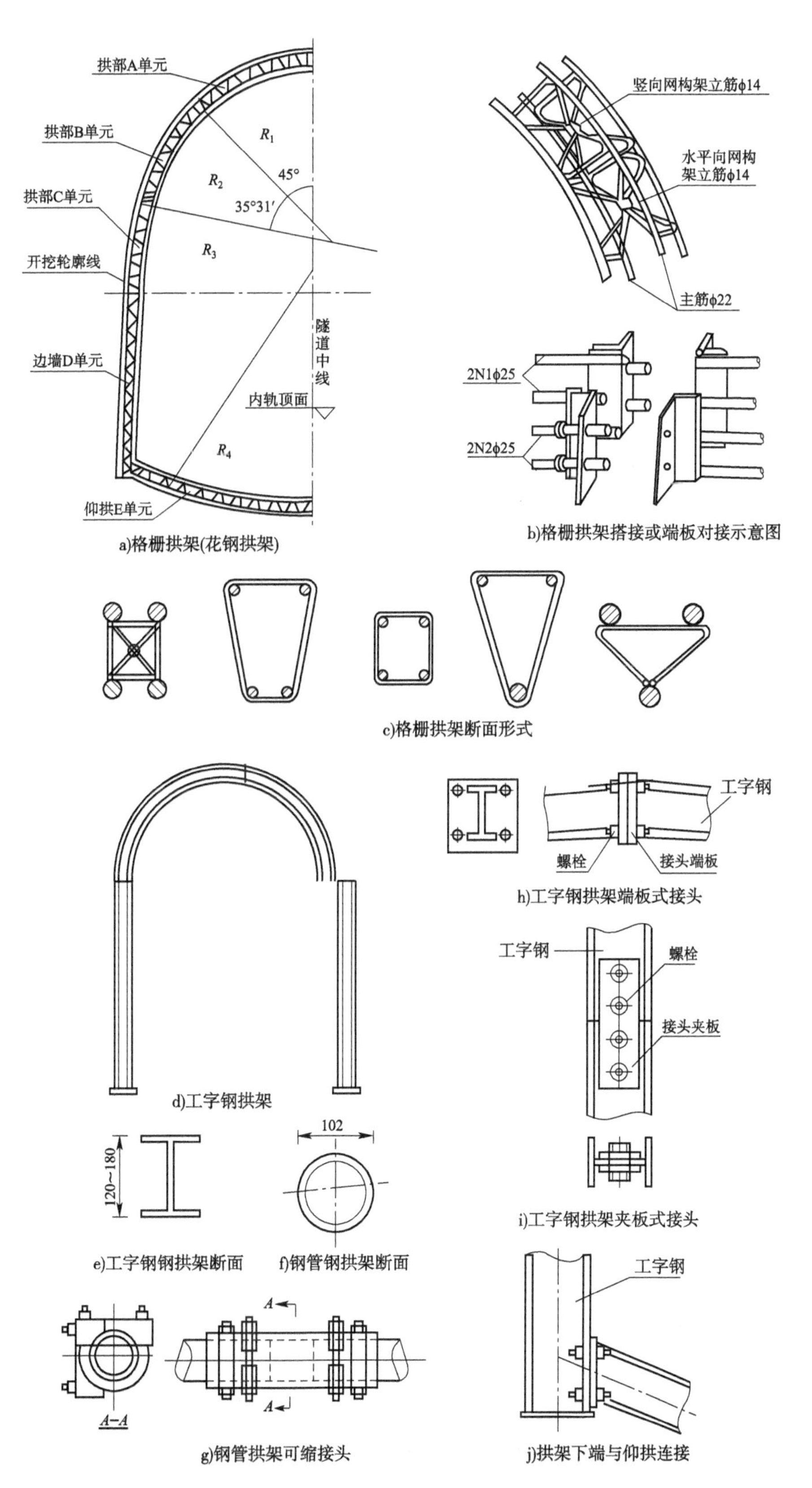

图 10-15　钢拱架构造(尺寸单位:mm)

(2)钢拱架可以很好地与锚杆、钢筋网、喷射混凝土相结合,构成联合支护,增强支护的刚度和有效性,且受力条件较好,尤以格栅钢架结合最好。

(3)花钢拱架多是在施工现场加工制作的,其加工制作技术难度和要求并不高,且由于是现场加工制作,当有少量超挖时,可根据坑道的实际尺寸,适当调整花钢拱架的尺寸。

(4)型钢拱架的弯制需要有专用的大型弯制机,故多是在工厂加工制作后运至施工现场的。型钢拱架的接头形式和尺寸相对固定,当实际开挖的坑道轮廓不够圆顺时,型钢拱架的架设就有些困难。

(5)钢拱架的架设安装比较方便快捷。当围岩变形较大时,还可以设置可缩性接头,以减小支护阻力和钢架内力,适量释放围岩内应力。

3. 设计、施工要点

(1)为架设方便,每榀钢拱架一般应分为 2 ~ 6 节,并保证接头刚度。节数应与断面大小及开挖方法相适应。为保证架设后钢拱架的临时稳定,每榀钢拱架之间应设置不小于 ϕ22mm 的纵向钢拉杆。

(2)当围岩变形量较小或只允许围岩有小量变形时,钢拱架可以设计为固定型。当围岩流动性强、变形量大,且允许围岩有较大变形时,宜将钢拱架设计为可缩型,其可缩节点位置宜设置在拱顶节点处。

(3)若围岩软弱,承载力不足,要求拱架具有较大的承载能力和较小的下沉时,应在其下加设钢板、片石铺垫,或设置混凝土基座,必要时应增设锁脚锚杆。台阶开挖时可在上半断面拱脚处增设锁脚锚杆或设置纵向工字钢托梁,以保证上部钢拱架的整体性,减少下沉。必要时刻考虑适当减小拱架间距。

(4)对于软弱破碎围岩,为阻止各榀拱架之间围岩的掉块、坍塌,应在钢拱架与围岩之间加设钢筋网,当有纵向荷载(包括爆破冲击荷载)时,则应设置纵向斜撑。

(5)开挖轮廓要尽量平顺,开挖后要及时架设钢拱架,一般应在开挖后的 2 ~ 6h 内完成。架设前应清除危石,防止落石伤人,称为“找顶”。

(6)钢拱架应按要求的中线、高程和断面尺寸架设在隧道横断面内,其垂直度允许误差为 ±2°。

(7)钢拱架的接头应连接牢固,拱脚应有一定的埋置深度,以减少沉降和挤入,保证拱架的稳定。一般可以采取的措施有垫石、垫板、纵向托梁、锁脚锚杆等。

(8)钢拱架应尽可能多地与锚杆露头及钢筋网焊接,以增强其联合支护效应。各榀钢拱架之间的纵向钢拉杆应按要求设置和安装,并保证连接可靠,使其构成整体。

(9)可缩性钢拱架的可缩性节点处不宜过早覆盖。应待其收缩合拢后,再补充喷射混凝土覆盖。

(10)喷射混凝土时,应注意将钢拱架与岩面之间的间隙喷填密实。喷射混凝土应分层分次施喷完成,初喷混凝土应尽早进行,复喷混凝土应在量测指导下进行,以保证其适时、有效。在量测数据显示围岩已经达成稳定后,可以不必用喷射混凝土将钢拱架完全覆盖,但应在施作内层衬砌时采用普通混凝土填筑密实。

(11)对所有架钢拱架应经常检查,如发现喷射混凝土起鼓、开裂、脱落严重,或钢拱架变形严重、倾斜、沉降,必须立即采取加强措施,如补喷混凝土、加打锚杆、增加钢拱架或替换大规格的钢拱架。补喷混凝土应将钢拱架包裹埋置,钢拱架的顶替应先顶后拆,以免引起围岩的进一步松弛甚至坍塌。

第十一章　防排水与二次衬砌

水是影响隧道正常施工的重要因素之一,也是影响隧道正常运营的因素之一。

为了避免和减少水对隧道工程施工和使用期的危害,我国隧道工作者在多年的隧道工程实践中,已总结出隧道防排水"防、排、截、堵结合,因地制宜,综合治理"的基本原则。

防就是从勘察设计开始就要调查清楚区域内地表水、地下水的情况,做好防范准备。排就是人为设置排水系统,将地下水排出隧道。截就是在隧道以外将地表水和地下水疏导截流,使之不能进入隧道工程范围内。堵就是以混凝土衬砌为基本的结构防水层,以塑料防水板为辅助防水层,阻隔地下水,使之不能进入隧道内的防水措施。或者将适宜的胶结材料压注到地层节理、裂隙、孔隙中实现堵水,使之不进入隧道工程范围内。注浆堵水措施可以防止地下水大量流失,较好地保护地下、地上水环境。

因地制宜,综合治理就是综合考虑区域水文地质与隧道工程之间的关系,选择适当治水方案,做到技术可行、费用经济、效果良好、保护环境。使设计、施工、维修相结合,但以在施工过程中解决好防水问题为主要控制过程,充分结合现场实际,实行点面结合,将大面积渗漏水汇集为局部出水,进行有组织排水,以衬砌结构防水为主,并以结构为依托加设塑料板防水层,尽可能在施工中就将水治理好。

第一节　隧道防排水

隧道的防排水措施一般分为洞外的防排水与洞内的防排水,其中洞外的防排水措施一般主要有在地表水上游设截水导流沟、在洞外设井点降水、在地下水上游设泄水洞等,洞内的防排水措施主要有塑料板防水、止水带防水、混凝土衬砌防水以及注浆堵水。

一、隧道防水措施

1. 洞外地表截水

地表截水导流沟完成后即可自行永久发挥作用。当隧道埋深较小时,可在洞外设井点降水,用水泵抽水,因此它只能解决浅埋隧道在施工期间的降水问题。平行导坑、横洞、斜井、竖井等辅助坑道均可以作为泄水洞。若将平行导坑设置在地下水的上游方向,则可自行永久发挥截水作用。如京广铁路大瑶山隧道在运营十年后,因水害严重影响行车,后又在地下水的上游增设了泄水洞(图 11-1),以减轻隧道内的渗水问题。但地下水的大量流失,会对地下水环境造成严重影响,应慎用。

2. 洞内防水

1)塑料板防水

在施作初期支护后,若仍然有大面积裂隙滴水、流水,且水量、压力都不太大时,可在施作内层衬砌之前,大面积铺设塑料板堵水,塑料防水板铺设台架示意图见图 11-2。

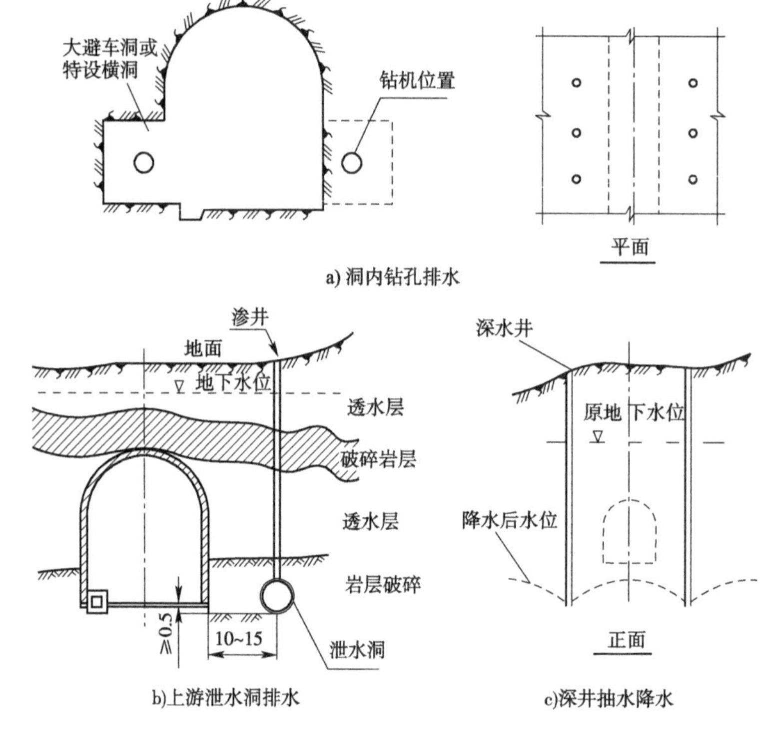

图 11-1　截水措施(尺寸单位:m)

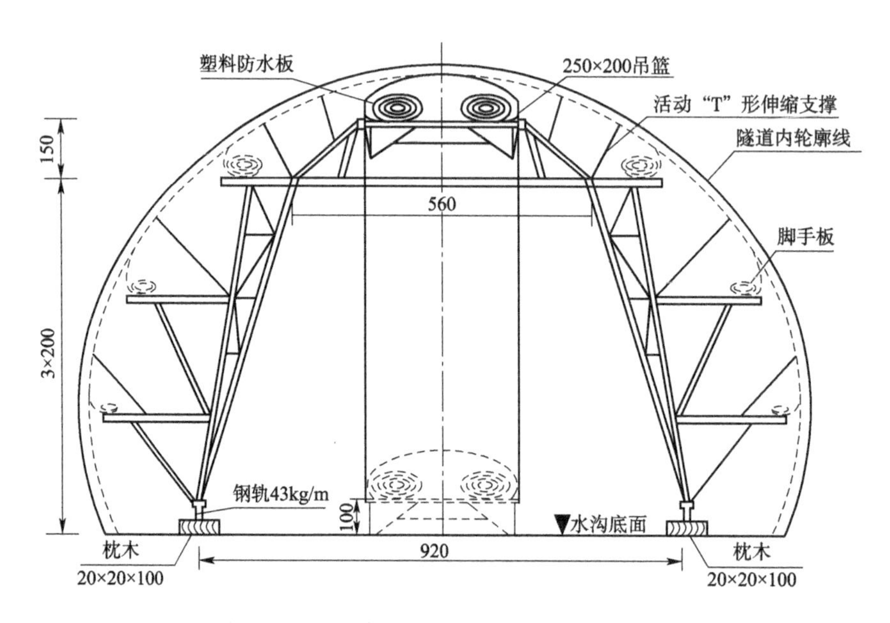

图 11-2　塑料防水板铺设台架示意图(尺寸单位:cm)

塑料板防水层是近十多年发展起来的一项防水新技术,它具有优良的防水性能和耐腐蚀性能,在隧道及地下工程中得到了日益广泛的应用。现代隧道一般均设计满铺塑料防水板。塑料板厚度一般为1.2mm。挂防水板前应割除锚杆头等尖锐物,防止防水板遭到破坏。塑料板铺设时不能绷得太紧,要预留一定的松弛度,焊缝要按工艺要求焊接牢固,防止在灌筑内层衬砌混凝土时,由于塑料板向凹处张拉变形过度而受到破坏。

2)止水带防水

隧道衬砌施工缝、沉降缝及伸缩缝或明洞与隧道衬砌接缝是隧道防水的薄弱环节,若处理不当则是漏水的主要通道。在工程实际中,一般采用橡胶或塑料止水带来进行施工缝及变形缝处的防水。

止水带的品种较多,根据止水带在衬砌混凝土中的安装位置,分为外贴式、预埋式、内贴式三种,最常见的是预埋式止水带。

(1)止水带安装的横向位置。止水带预埋于衬砌厚度的1/3~1/2处,用钢卷尺量测内模到止水带的距离,与设计尺寸相比,偏差不应超过5cm。

(2)水带安装的纵向位置。通常止水带以施工缝或伸缩缝为中心两边对称(图11-3),即埋在相邻两衬砌环节内的宽度是相等的。用钢卷尺检查,要求止水带偏离中心不能超过3cm。

3)衬砌混凝土防水

模筑混凝土本身就具有一定的抗渗阻水性能,但普通混凝土的抗渗性较差,尤其是在施工质量不高的情况下,如振捣不密实,施工缝、沉降缝、伸缩缝处理不好,配比不当等,则更易形成水的渗漏、漫流。当地下水有侵蚀性时,对混凝土的腐蚀就更为严重。

如果能保证衬砌混凝土的抗渗防水性能,则不需要另外增加其他防水堵水措施。因此,充分利用衬砌混凝土本身的防水性能,是经济合算的和最基本的防水措施。

隧道工程中,大量使用防水混凝土,它是通过添加防水剂等措施来改善混凝土的抗渗性能,达到防水目的的。隧道施工中,防水混凝土的抗渗标号及抗压强度应满足设计要求。一般要求:

(1)防水混凝土的配合比选择应注意:

①水灰比不得大于0.6。

②水泥用量不得少于280kg/m^3。

③砂率应适当提高,并不得低于35%。

(2)衬砌防水混凝土施工必须采用机械振捣密实。

3. 防水层铺设基本要求

一般来说,隧道开挖并进行初期支护后,喷射混凝土基面仍相当粗糙,局部凹凸不平,并可能有锚杆头外露现象。若直接铺设防水卷材,其防水质量难以保证。因此,在防水卷材铺设前,喷射混凝土基面进行认真地处理。平整度用直尺检测,检查要点如下:

(1)喷射混凝土基面平整度:边墙 $D/L \leq 1/6$,拱顶 $D/L \leq 1/8$。其中,L 为喷射混凝土相邻两凸面间的距离,D 为喷射混凝土相邻两凸面间下凹的深度(图11-4)。

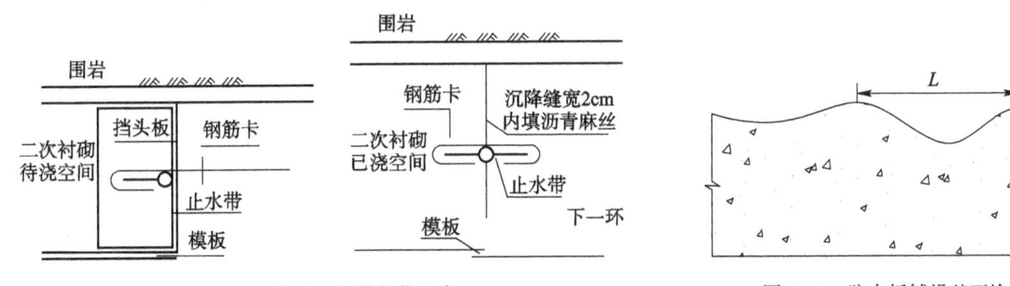

图11-3 橡胶止水带安装示意

图11-4 防水板铺设基面检测

(2)基面不得有钢筋、凸出的构件等尖锐突出物,若待铺设卷材基面有尖锐突出物,则必须进行割除,并在割除部位用砂浆抹平顺,以免刺破防水层。

(3)隧道断面变化或转弯处的阴角应抹成 $R \geqslant 5\text{cm}$ 的圆弧。

(4)防水层施工时,基面不得有明水,如有明水,应采取措施施堵或引排。

二、隧道排水措施

目前在设计中隧道排水的常见作法是隧道开挖后,每隔一定距离沿洞周环向铺设弹簧排水管,其直径为5~10cm,具有一定的柔性,又由于弹簧具有一定的刚度,无论管子怎样变形,管径基本保持不变。弹簧排水管外面用玻璃纤维布包裹,具有滤水防堵功能。弹簧排水管下端与纵向排水盲管相连,纵向排水盲管有软管和硬管之分。软管与上述的弹簧排水管构造相同,管径通常为10cm左右,硬管即为建筑工程中常用的PVC排水管。为了使该管既具有排水功能,又具有透水作用,使用中常在PVC管的上半部钻有小孔。为了充分利用纵向排水盲管,纵向盲管铺设时还带有一定的泄水坡度。纵向盲管每隔10~20m留有出水口,通过横向盲管与双边排水管或中央排水管相连,地下水经排水管集中排出。

因此,山岭隧道常见排水系统及地下水流向关系可以概括为:围岩→环向排水管→纵向排水管→横向排水盲管→中央排水管→洞外出水口。山岭隧道复合式衬砌的排水系统一般具有如图11-5所示构造。

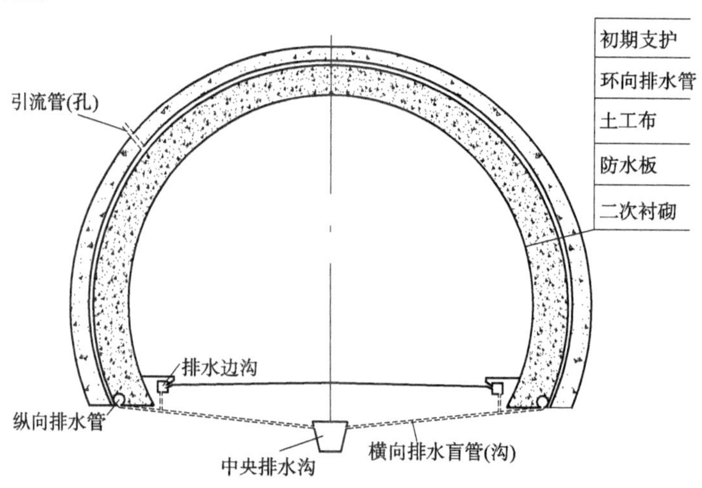

图11-5　山岭隧道常用排水系统构造示意

1.环向排水管

1)围岩渗流水引排

根据开挖时围岩的实际涌水情况,详细做好记录,并采用相应的引、排措施。当涌水较集中时,喷锚前先用开缝磨擦锚杆进行导水,当涌水面积较大时,喷锚前设置树枝状软式透水管排水,当涌水严重时设置汇水孔。喷锚完成后,使开挖岩石面与喷射混凝土之间形成排水用的汇水孔,使围岩涌水、渗漏水通过设置的汇水孔等排水装置流向墙脚纵向排水管,再由横向排水管排到隧道中心排水沟内。

2)背面排水管安装

二次衬砌前,先对初期支护喷锚混凝土面进行检查,割掉喷锚混凝土表面的锚杆和钢筋网断头,并对凹凸不平的部位进行修凿、喷补,使混凝土表面平顺,符合铺挂柔性防水板的要求,然后按设计要求在拱部和边墙环向挂设软式透水管。喷锚混凝土表面有渗漏水时,根据渗漏水的多少采用透水管引导,或再增加环向软式排水管,并由塑料锚固螺栓绑牢。

目前,一些隧道采用将上述两种措施组合的环向排水措施,如采用YAS半圆管导排围岩渗流水,应用于初期支护或整体式衬砌排水(图 11-6)。

环向排水管的施工检查包括外观检查和安装检查。附贴式盲沟、软式透水管盲沟布置在防水板外侧紧贴喷射混凝土处,盲沟接触层表面应平顺。当影响盲沟布置时,应进行处理,盲沟用螺钉固定在喷层上。凡铺设软式透水管处,其上部位应铺设防水板,防止堵塞透水管。

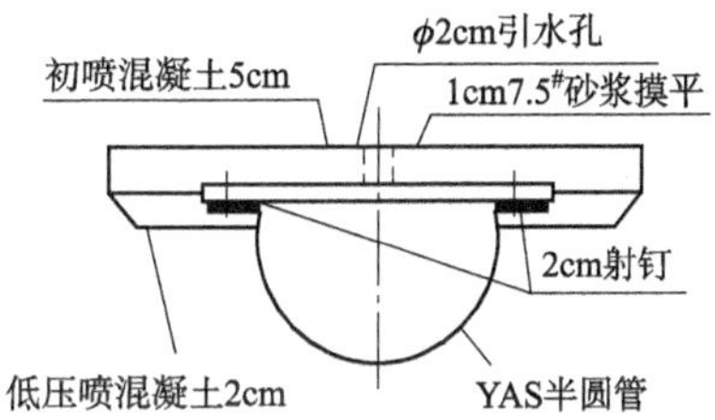

图 11-6　YAS 式半圆管安装示意

2. 纵向排水盲管

1)外观检查

(1)纵向排水盲管材质及规格检查。塑料制品若保存不当极易发生老化,可目测管材的色泽和管身的变形,轻轻敲击观察管体是否变脆,用卡尺或钢尺量管径与管壁,检查其是否与设计要求相符。

(2)管身透水孔检查。纵向排水盲管主要有两个作用:一是将环向排水管下流之水经其排至横向盲管,二是将防水卷材阻挡之水经纵向盲管上部透水孔向管内疏导。为了实现其第二项功能,盲管上的透水孔必须有一定的规格并保证有一定的间距。在纵向盲管安装前,必须用直尺检查钻孔的孔径和孔间距。

2)安装检查

(1)安装坡度检查。纵向排水盲管通常位于衬砌的墙脚部。当施工条件不利时,施工较易出现管身高低起伏不定,平面上忽内忽外的现象。在这种情况下,隧道建成后纵向盲管容易被淤砂封堵,或被冰冻封堵,造成纵向排水不畅。因此,施工中一定要为纵向盲管做好基础,用坡度规检查,测定纵向盲管的坡度,使地下水进入纵向盲管后在一定的坡度下按指定的方向流动。

(2)包裹安装检查。纵向排水盲管在布设时必须注意其细部构造。首先,应用土工布将纵向排水管包裹,使泥砂不得进入纵向盲管。其次,应用防水卷材半裹纵向盲管,使从上部下流之水在纵向盲管位置尽量流入管内,而不让地下水在盲管位置纵横漫流。因此,施工时要认真检查纵向盲管的包裹安装情况,杜绝粗放施工。

(3)与上下排水管的连接检查。施工中应注意检查上部环向弹簧排水管与纵向排水盲管的连接。一般采用环向排水管出口与纵向盲管简单搭接的方式,避免两管之间被喷射混凝土隔断。还应注意检查纵向排水盲管与横向盲管的连接。一般采用三通管连接,三通管留设位置应准确,接头应牢靠,防止松动脱落。

3. 横向盲管

横向盲管位于衬砌基础和路面的下部,布设方向与隧道轴线垂直,是连接纵向排水盲管与中央排水管的水力通道。横向盲管通常也为硬质塑料管,施工中先在纵向盲管上预留接头,然后在路面施工前接长至中央排水管。对横向盲管的检查,主要是接头应牢靠、密实,保证纵向盲管与中央排水管间水路畅通,严防接头处断裂,由纵向盲管排出之水在路面下漫流,造成路面翻浆冒水,影响行车安全,除此之外在横向盲管上部应有一定的缓冲层,以免路面荷载直接对横向盲管施压,造成横向盲管破裂或变形,影响其正常的排水能力。

4. 中央排水管

1)外观检查

中央排水管位于路面下部,通常由预制混凝土管段构成。其作用主要为:一是集中排放由上游管路流来的地下水,二是通过其上部的众多小孔(φ12mm 左右)疏排路面下的各种积水。中央排水管的外观检查包括:

(1)预制管段的规整性。用钢尺量测管段直径,观察管身是否变形或有严重裂缝,检查管身上部透水孔是否畅通。

(2)管壁的强度。用石块轻敲管壁,检查混凝土强度是否满足设计与施工要求,对酥松掉块者,不得使用。

2)施工检查

(1)中央排水管基础检查。中央排水管因隧道所在地区的不同,埋置深度在0.5~2.0m之间。施工时先挖基槽,整平基础,然后再铺设管段,最后回填压实。其中最重要的一个环节是处理管段基础。在软岩或断层破碎带区段施工时,应将不良岩(土)体用强度较高的碎石替换,并用素混凝土找平基面,使基础平整、密实。施工中应特别注意检查基础的坡度,不仅总体坡度应符合要求,而且局部的几个管段间也应符合要求,尽量避免高低起伏。

(2)管段铺设检查。管段铺设时,首先要保证具有透水孔的一面朝上。管段逐个放稳后,再用水泥砂浆将段间接缝密封填实。待砂浆凝固后,应逐段进行通水试验,发现漏水,及时处理。之后用土工布覆盖管段透水孔,在横向盲管出口处注意与中央排水管的连接方式。回填时注意保护管段的稳定及其上部透水性。

第二节 二次衬砌

复合式衬砌施工的基本程序,一般是先施作初期支护,在初期支护施作完成,隧道已成型,并且达成隧道的基本稳定后,再就地模筑或现场拼装混凝土或钢筋混凝土内层衬砌。在隧道纵深方向,内层衬砌需要分段施作。上部拱墙施工,通常采用整体模板台车配混凝土输送泵分段灌筑。下部仰拱、填充和底板则只需配备挡头板就可进行灌筑。

在现代隧道工程中,由于施作锚喷初期支护以后,就可以获得洞室的基本稳定,因此,现代隧道工程理论及新奥法均要求:内层衬砌,应尽可能地采用完全顺作法施工,即先施作下部仰拱、填充和底板,后施作上部拱墙,由下到上顺序施工。完全顺作法具有施工程序简化、无逆作施工缝、施工安全等优点,可以避免结构受力状态的转换,保证内层衬砌的整体性和受力状态良好。

1. 仰拱、填充和底板

隧道仰拱、填充和底板的施工,需要占用洞内运输道路,对隧道内出渣运输、进料运输等作业造成一定程度的干扰。因此,应对仰拱和填充、底板的施作时间、分段(或分块)施作顺序进行合理安排,以减少与运输的相互干扰,“纵向分段、横向分幅”施作。

1)仰拱栈桥

隧道仰拱、填充和底板,通常是“纵向分段、横向分幅”施作的。横向分幅施工,导致仰拱、填充和底板存在纵向施工缝,完整性降低。因此,我国《高速铁路隧道施工技术指南》明确规定:模筑混凝土内层衬砌必须采用完全顺作法施工,仰拱、填充和底板只能纵向分段施作,不得左右分幅施作,仰拱和隧底填充应分开施作,不得一次灌筑。仰拱栈桥施工技术应运而生。

仰拱栈桥是专用于仰拱、填充和底板的简易桥梁,其示意图见图11-7。仰拱栈桥施工技术,可以避免因横向分幅施作破坏结构完整性的问题,既能保证隧道内运输道路的畅通,又能保证栈桥下面底板、仰拱和填充作业的正常进行。我国高速铁路隧道的内层衬砌已严格要求采用仰拱栈桥施工技术,并按照顺作法进行仰拱、填充和底板施工,但普通铁路隧道和高速公路隧道还没有推行。

我国高速铁路隧道中使用的仰拱栈桥多为简易单跨组合钢梁桥,采用旧钢轨或工字钢扣放连接单片梁，两片梁联结组成临时栈桥。梁的长度通常为12m，有效跨度8m，桥下可一次施作8m长的仰拱。钢轨或工字钢的根数和规格，应根据重车荷载及支墩跨度来确定。仰拱栈桥架设必须保证整桥的稳定和行车安全，而且要拆卸组装和拖拉移位方便快捷。

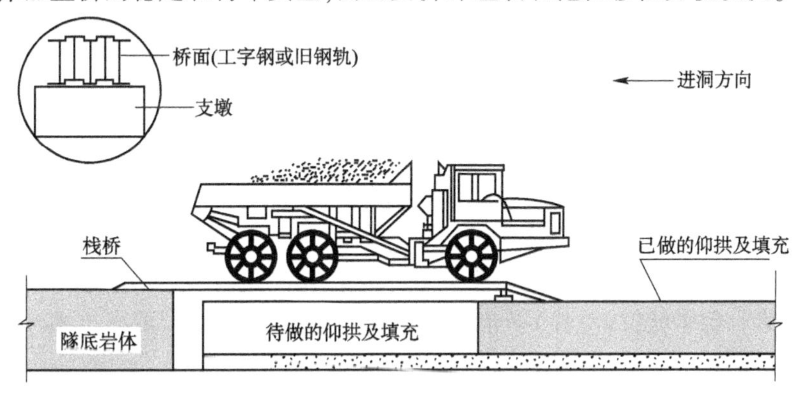

图11-7　仰拱栈桥示意图

2)仰拱、填充和底板

在围岩稳定性较好时，一般仅设计有底板(铁路)或调平层，在围岩稳定性较差时才设计有仰拱、填充。仰拱、填充和底板施工若没有采用仰拱栈桥技术，而是采用左右分带施工，就应该注意安排好纵向分段长度，以及左右幅交替施工的周期，以减少与洞内其他作业之间的相互干扰。

设计有仰拱时，分段长度一般不应超过9~18m，以免墙脚暴露过长，致使上部支护变形过大甚至造成边墙挤入或坍塌。设计为底板时，分段长度可长一些，但仍应注意观察上部拱墙的稳定。此外还应注意到，不良地质及衬砌形式变化之处。

灌筑仰拱和底板混凝土前，必须把基底的虚渣、杂物及淤泥清除干净，并排除积水。超挖部分应用同级混凝土或片石混凝土灌筑密实，挡头板应安装稳固。

2. 拱墙衬砌

1)拱墙衬砌模板

目前我国隧道衬砌施工模板大多采用整体移动式模板台车见(图11-8)，将台架、大块钢模板、轨道走行装置、振捣机具集装成整体的混凝土模筑设备。

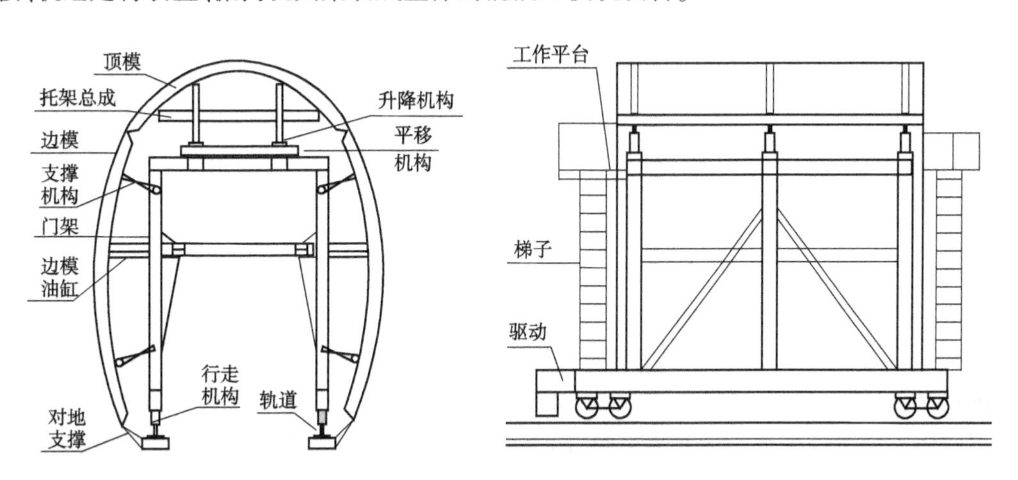

图11-8　整体移动式模板台车

目前常用的模板台车的长度为9～12m，一次灌筑混凝土量通常在80～120m^3，并配套使用混凝土输送泵联合作业。模板台车的长度即一次模筑段长度，是根据施工进度要求、混凝土生产能力和灌筑技术要求以及曲线隧道的曲线半径等条件来确定。考虑到一次连续灌注混凝土的体积太大时，很可能因大体积混凝土的收缩而致使衬砌产生裂缝，因此，当隧道断面较大时，模板台车的长度不宜太长，一般以不超过隧道跨度为宜。

整体移动式模板台车走行方便、就位快捷，墙拱连续灌筑一次成型，施工速度快，衬砌表面质量光洁美观。但一次性设备投资较大，其长度和断面尺寸固定，不能适用于多种断面尺寸。当应用于不同断面形状和尺寸的隧道时，则需要换装模板。

2）拱墙混凝土衬砌模筑

模筑拱墙衬砌混凝土，要进行隧道中线和水平控制测量；再根据中线和水平检查开挖断面，放线定位；然后台车就位（立模）及混凝土制备和运输；最后进行混凝土灌注、振捣，以及拆模和养护等项工作。

（1）断面检查。根据隧道中线和水平，检查开挖断面是否符合设计要求，轮廓大小欠挖部分按规范要求进行修凿。并做好断面检查记录。

隧道底部及墙脚地基应挖至设计高程，并找平支承面。有仰拱时，应保证仰拱弧度符合设计要求。在灌筑前，应清除虚渣，排除积水。

（2）定位放线。根据隧道的设计位置及断面尺寸，测量确定立模位置，并放线定位。采用模板台车时，就是要确定台车端头的起止里程、中线位置、中线高程（坡度）。

采用整体移动式模板台车时，实际是确定轨道的铺设位置。轨道铺设应稳固，其位移和沉降量均应符合施工误差要求。轨道铺设和台车就位后，都应进行位置、尺寸检查。

定位放线时，为了保证衬砌不侵入建筑限界，须预留施工误差量和预留衬砌沉落量，并注意曲线加宽。

预留施工误差量是考虑到放线测量误差、模板就位误差和模板变形误差。为保证衬砌净空尺寸，一般将衬砌内轮廓尺寸扩大5cm。因此，在制作模板台车和确定施工开挖轮廓线时，就要加上这部分尺寸。

预留衬砌沉落量是考虑到未凝混凝土的荷载作用会使拱架模板变形和下沉，并且后期围岩压力作用和衬砌自重作用（尤其是先拱后墙法施工时的拱部衬砌）也会使衬砌变形和下沉，故须预留沉落量。这部分预留沉落量根据实测数据确定或参照经验确定。

预留施工误差量和预留衬砌沉落量应在拱架模板定位放线时一并考虑确定，并按此架设拱架模板和确定模板架的加工尺寸。

（3）台车就位或拱架模板立模。根据放线位置，检查模板台车就位或拱架模板架设。就位或架设后，应做好各项检查。台车就位检查较为简单，拱架模板就位检查较为复杂。这些检查包括：位置、尺寸、方向、高程、坡度、稳定性等，并注意处理好以下几个问题：

①采用模板台车时，应注意检查其起止里程、中线位置、中线高程（坡度），以及振捣系统、脱模机构、定位机构、检查走行机构等是否运行正常，检查走行轨道是否铺设稳定、轨枕间距是否适当、道床是否振捣密实。在软土隧道中，应先施作隧道底板或仰拱，防止模板台车下沉。设有排水盲管、防水板、止水带/条时，应先行安装好，并注意挡头板不得损伤防水材料，以免影响防水效果。检查挡头板是否安装牢固，挡头板常用木板加工，现场拼铺，以便于与岩壁之间的缝隙嵌堵严密，也可以采用气囊式堵头。

②采用拼装式拱架模板时，则应注意：每排拱架应架设在垂直于隧道中线的竖直平面内，

不得倾斜，对于曲线隧道，因曲线外弧长、里弧短，应分段调整拱架方向和模板长度。拱架模板的架设和加强，均应考虑其腹部的通行空间，以保证洞内运输的畅通。

③拱架应立于稳固的地基上，并架设牢固稳定，保证其不产生过量位移。拱架下端一般应焊接端头板，以增大支承面，减少下沉。当地基较软弱时，应先用碎石垫平，再用短枕木支垫，此垫木不得伸入衬砌混凝土中。拱架立好后还应对其稳定性进行检查。固定的方法横向有过河撑（断面较小时采用）、斜撑（断面较大时采用）、锚杆（锚固于围岩，穿过衬砌、模板、墙架、带木，用螺栓垫板固定，拉住墙架），纵向有带木、拱架间撑木、拉杆及斜撑、拱架与围岩之间的顶撑等。其中锚杆应先行安设，并作抗拔力的施工检算。

(4)混凝土制备与运输。隧道内衬混凝土多在洞外拌制好后，用运输工具运送到工作面再灌筑。混凝土拌制好后应及时灌筑完毕，由于洞内空间狭小，尤其是长大隧道和运距较远时，应结合具体工程情况，选用合适的混凝土搅拌机、运输车、输送泵等机械。做到装卸方便、运输快速，保证拌制好的混凝土在运输过程中不发生漏浆、离析泌水、坍落度损失和初凝等现象。

(5)混凝土灌筑。在做好上述准备工作后，即可进行混凝土灌筑。隧道衬砌混凝土的灌筑应注意以下几点。

①保证捣固密实，使衬砌具有良好的抗渗防水性能，尤其应处理好施工缝。

②整体模筑时，应注意对称灌筑，两侧同时或交替进行，以防止未凝混凝土对拱架模板产生偏压而使衬砌尺寸不合要求。

③按规范规定混凝土应连续灌筑，中间暂停时间不得超过90min。若因故超过这个时间，则应按规定进行接茬处理。衬砌接茬面应为半径方向，必要时应加放连接钢筋。

④边墙基底以上1m范围内的超挖，宜用同级混凝土同时灌筑。其余部分的超、欠挖应按设计要求及有关规定处理。

⑤衬砌的分段施工缝应与设计沉降缝、伸缩缝及设备洞位置统一考虑，合理确定位置。

⑥封口方法。若采用整体模板台车，一般均配备混凝土输送泵进行混凝土灌注，并在输送管与模板接口处设置有封口装置，按要求操作就可实现封口。若采用拼装式拱架模板，封口比较复杂，已经很少采用。

(6)拆模与养护。内层衬砌的拆模时间，应根据混凝土强度增长情况来确定。一般至少应待混凝土强度达到2.5MPa时，方可拆模。围岩变形速度快，压力增长快时，则对衬砌有承载要求，此时应根据具体受力条件来确定拆模时间。必要时应加强模板强度和刚度，以保证混凝土在低龄期不至于遭到破坏。

多数情况下隧道施工过程中，洞内的湿度能够满足混凝土的养护条件要求。但在干燥无水的条件下，以及旱季洞口段衬砌施工，则应注意进行洒水养护。采用普通硅酸盐水泥拌制的混凝土，其养护时间一般不少于7d。掺有外加剂或有抗渗要求的混凝土，一般不少于14d。养护用水的温度应与环境温度基本相同。

第十二章　附属设施施工

为保证隧道修建及运营工作正常、顺利进行,常常需要进行其他辅助作业施工,以及除主体结构以外的附属设施的施工,常见的有照明设施、通风设施、通信及消防设施等。照明、通风一般分为施工期间的照明、通风和隧道运营阶段的照明、通风。通信设施主要是监视及通信系统,用于观察隧道内的施工及运行情况,及时、准确掌握隧道内的施工、运行状况,以便对突发事件有最快的反应时间,有效防止事态的进一步扩大。隧道内的消防设施主要用于隧道内发生火灾时,供驾乘人员、隧道管理人员及消防人员扑救初期火灾使用,应具有迅速、有效灭火功能。目前国内在隧道内推荐使用的消防系统组合是以洞内外消火栓消防系统为主,灭火器、固定式水成膜泡沫灭火系统、机电洞室口水喷淋系统、洞外消防车辆相辅的综合灭火体系。

第一节　照明设施

一、施工照明

由于隧道施工环境的特殊性,施工期间必须对隧道进行人工照明,使隧道开挖、支护等工序顺利进行。

1. 照明安全变压器

作业地段照明必须使用安全变压器,其容量不宜过大,输入电压为220V,输出电压最好有36V、32V、24V、12V四个等级,以便按工作面的安全因素要求选用照明电压,并应装有能按电源电压下降而调整的插头。

2. 不同地段的照明布置

根据隧道施工规范要求,在建隧道不同工作区段照明要求应满足表12-1要求:

隧道施工洞内照明要求　　表12-1

工　作　地　段		灯头距离(m)	悬挂高度(m)	灯泡容量(W)
施工作业面		不少于15W/m^2(断面较大可适当采用投光灯)		
开挖地段和作业地段		4	2~2.5	60
运输巷道		5	2.5~3	40~60
特殊作业地段或不安全因素较多地段		2~3	3~5	100
成洞地段	用白炽灯时	8~10	4~5	60
	用日光灯照明时	20~30	4~5	40
竖井内		3		60

注:1. 在直线段灯头距离采用表中大数,曲线段采用较小数。

2. 在有水地段应用胶皮电线,工作面附近应用防水灯头。

3. 本表根据隧道施工规范采用灯泡额定功率 W。

3. 事故易发地段的照明

在主要交通道、竖井、斜井、涌水较大的抽水站、高压变电站等重要地点，应设事故照明自动线路和开关，并应每天检查一次，以保安全。

4. 新型光源在隧道内的应用

普通光源一般使用的是白炽灯或荧光灯管，优点是价格低，使用方便，但其耗电量较大且亮度较弱。而采用新光源，如低压卤钨灯、高压钠灯、钪钠灯、钠铊铟灯、镝灯等，则具有以下优点：

(1)大幅度地增加了施工工作面的场地照度，为施工人员创造了一个明亮的作业环境，以保证操作质量。

(2)安全性好。

(3)节约用电效果明显。

(4)使用寿命长，维修方便。

二、运营照明

公路隧道的照明，是为了把必要的视觉信息传递给司机，防止因视觉信息不足而出现交通事故，提高驾驶的安全性和增加舒适感。隧道照明与道路照明的显著不同是白天也需要照明，而且白天的照明比夜间更复杂。从理论上讲隧道照明与道路照明一样，也需要考虑路面应具有一定的亮度水平，同时还应进一步考虑设计速度、交通量、线性等影响因素，并从驾驶的安全性和舒适性等方面综合确定照明水平，特别是在隧道入口及相应区段需要考虑人的视觉适应过程。

车辆在白天接近并通过没有照明或照明不良的隧道时，驾驶员的视觉会出现黑洞效应或黑框效应，它们对安全行车极为不利。如果在隧道内采用加强照明，并采用自动控制系统使洞内亮度随洞外亮度完全同步变化，则驾驶员的视觉不会出现任何“暗适应”与“明适应”问题，但如此做法则会增大初期投资并使后期运营费用大到难以承受。由于人的视觉有很强的适应能力，环境亮度从1～8 000nits，驾驶员的视觉都能正常工作，只是由亮到暗(暗适应)和由暗到亮(明适应)均需要一定的时间，暗适应时间约为10s，明适应时间为1～3s，目前高等级公路上的隧道照明设施就是根据车速和驾驶员视觉的适应能力而设计的。

隧道照明被分为入口段、过渡段、中间段、出口段四个区段。我国《公路隧道照明设计细则》(JTG/T D70/2—01—2014)对各区段亮度、长度作了规定，其变化规律见图12-1。隧道夜间照明全线亮度与中间段亮度相同。

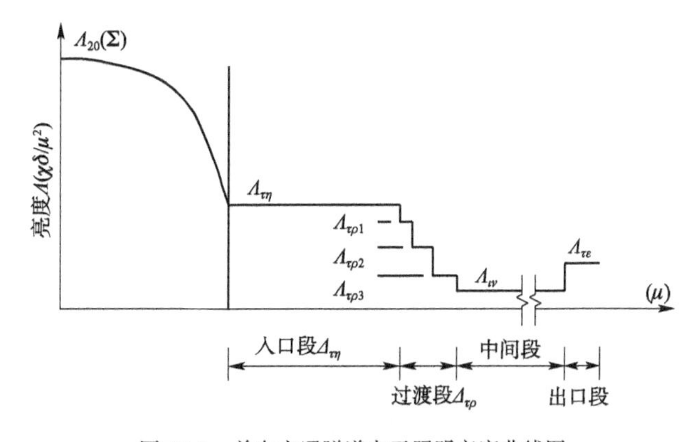

图12-1 单向交通隧道白天照明亮度曲线图

1. 入口段

入口段指进入隧道洞口的第一段，如设置了遮阳棚等光过渡建筑，则其入口为该段的开始点。设置此段的目的是使驾驶员的视力开始适应隧道内的照明光线。

入口段的长度可按下式计算

$$D_{th} = 1.154D_s - \frac{h - 1.5}{\tan 10°} \tag{12-1}$$

式中：D_{th}——入口段长度，m；

D_s——照明停车视距，m；

h——洞口净空高度，m。

2. 过渡段

介于入口段和中间段之间的照明区段为过渡段，可解决从入口段的高亮度到中间段的低亮度之间的剧烈变化给驾驶员造成的不适应现象，使其有充分的适应时间。

3. 中间段

过了过渡段，驾驶员已基本适应洞内的照明光线，中间段的基本任务就是保证行车照明。中间段亮度 L_{in} 一般取值见表 12-2。

中间段亮度 L_{in} 表 12-2

计算行车速度（km/h）	L_{in}（cd/m²）	
	双车道单向交通 $N>2\,400$ 辆/h 双车道双向交通 $N>1\,300$ 辆/h	双车道单向交通 $N\leq700$ 辆/h 双车道双向交通 $N\leq360$ 辆/h
100	9.0	4
80	4.5	2
60	2.5	1.5
40	1.5	1.5

当双车道单向交通 700 辆/h $<N\leq$2 400 辆/h，双向交通 360 辆/h $<N\leq$1 300 辆/h 且通过隧道的行车时间超过 135s 时，可按表 12-2 的 80% 取值。

人车混合通行的隧道中，中间段亮度不得低于 2.5cd/m²。

4. 出口段

在单向交通隧道中，应设置出口段照明，出口段长度宜取 60m。在双向交通隧道中，隧道的两端均为入口，同时也均为出口，照明情况完全相同，可不设出口段照明，采用入口段的照明标准设计。

第二节 通风设备

隧道通风可分为施工通风和运营通风。施工通风旨在将炮烟、运输车辆排放的废气以及施工过程中产生的粉尘排至洞外，为施工人员输送新鲜空气。运营通风之目的是用洞外的新鲜空气置换被来往车辆废气污染过的洞内空气，提高行车的安全性和舒适性，保护驾乘人员和洞内工作人员的身体健康。

一、施工通风

施工阶段的通风主要是通过通风机及风管将洞外新鲜空气送入隧道内，降低施工区域内的烟雾及粉尘浓度，给施工人员一个良好的施工环境，保证施工人员的健康。

在掘进距离较长的隧道施工中，如果空气流通不畅，会导致隧道内的有害气体长时间聚集在洞内，对隧道内的施工人员健康造成危害。使用通风机和管道的机械通风是隧道施工中最普遍的通风方式，广泛运用于公路、铁路隧道施工中。压入式通风如图 12-2 所示。

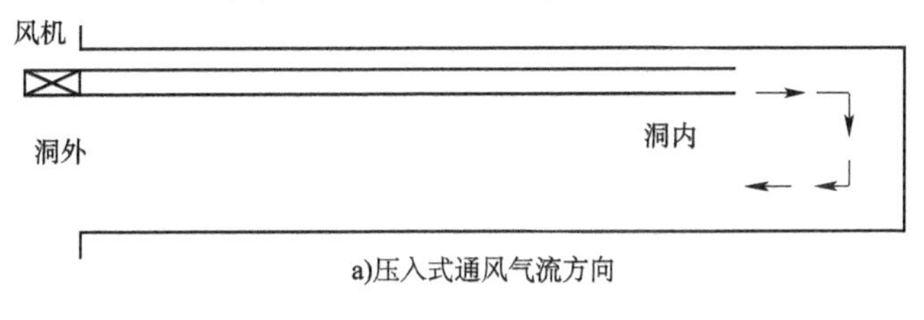

a)压入式通风气流方向

b)隧道压入式通风实景图

图 12-2　压入式通风

二、运营通风

公路隧道一般只有进出口与大气相通，隧道内污染物不能很快扩散，空气中污染物的含量会逐渐积累。隧道内空气的污染是由汽车排出的废气和汽车携带的尘土和卷起尘埃造成的。其中排放的废气含有多种有害成分，如一氧化碳、煤烟、铝、磷化物、硫等，是气态和浮游固态微粒的混合物。

公路隧道内的空气污染，既会造成对人体的危害，又会影响行车安全。空气中污染物的含量很小时，通常影响不大。但是一氧化碳等含量增加时，会使人体产生不同程度的中毒症状，甚至危及生命。另外，污染空气中的烟雾会影响能见度，烟尘含量达到一定程度后，可使能见度下降到妨碍行车安全的程度。因此，隧道通风主要对一氧化碳、烟雾和异味等进行稀释。

公路隧道对运营通风的要求较高，可供选择的通风方式也很多，选择时主要考虑因素是隧道的长度和交通流量，还应适当考虑当地气象、环境、地形等条件。

公路隧道的通风方式分为自然通风和机械通风两种。自然通风是利用洞内的天然风流和汽车运行所引起的活塞风来达到通风的目的的。机械通风则是在自然通风不能满足要求时，通过设置一系列通风机械，送入或吸出空气来达到通风目的。

按行车道空间的空气流动方式，将公路隧道通风方式分类如下，见图 12-3。

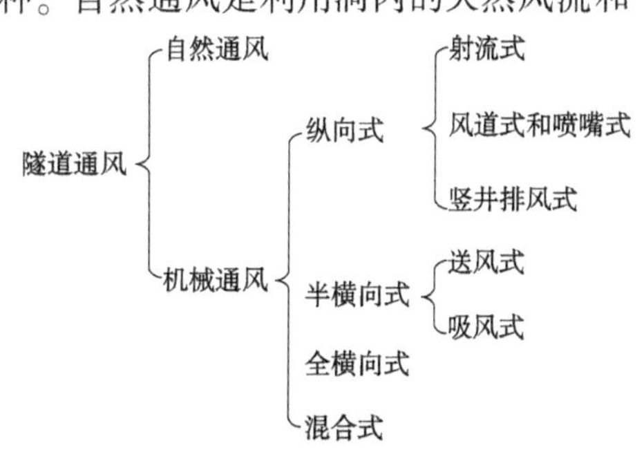

图 12-3　公路隧道通风方式分类

1. 自然通风

自然风的变化是复杂而不稳定的，但其作为机械通风的辅助作用，却不应忽视，可以调节通风机的转速，有利于节能。另一方面，对向交通时，机械通风装置应为可逆式，单向交通时，机械通风应具有克服自然通风逆压的能力。

2. 纵向式通风

纵向式通风的类型主要有射流式通风、竖井、斜井式通风。

1)射流式通风

射流式通风是在车道空间上方直接吊设射流式通风机(图 12-4),用以升压,进行通风的方式。射流式通风机的安装位置,应在限界以外,并且喷出的气流对交通无不良影响。射流式通风机的安装间隔,要考虑到射流的能量和气流的搅动状况,使空气能充分混合。一般沿纵向最外边一台距洞口可取 100m 左右,内部间隔取 70m 左右为宜。

2)竖井通风

长隧道纵坡面为人字坡时,污浊空气常积聚在坡顶,通风效果不好。若在隧道施工中,设置竖井或斜井作为辅助坑道时,可利用这些辅助坑道作为通风道,如图 12-5 所示。竖井用于通风时,起到了烟囱的作用,能收到很好的效果,但为了能达到稳定的效果,仍然需要安装通风机。

图 12-4　射流式通风机

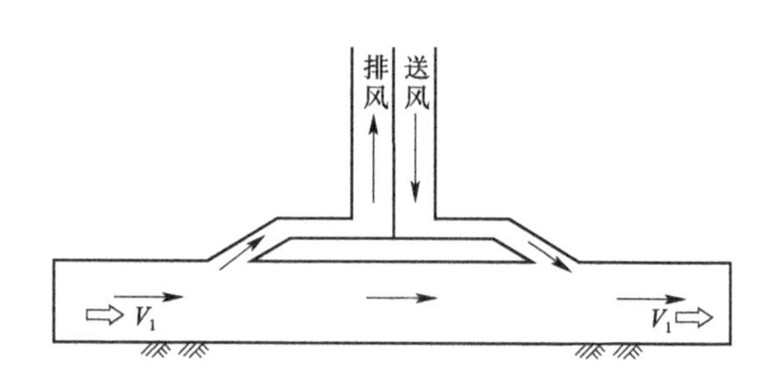

图 12-5　竖井通风

3. 全横向式通风

在通风机的作用下,风流的方向与隧道轴线方向成正交的称为横向式通风。全横向式通风系统能将新鲜空气沿隧道全长范围内均匀吹入,污浊空气无需沿隧道全长范围流过,可就地直接被进风口吸出,通风效果较好,如图 12-6 所示。

4. 半横向通风

半横向通风系统是在隧道的顶部设置进风管,并在进风管的下部,沿隧道长度的方向每隔一定距离开一通风口,气流则由通风口流向隧道内,然后隧道内的空气在新鲜气流的推动下,沿隧道纵向排出洞外,如图 12-7 所示。

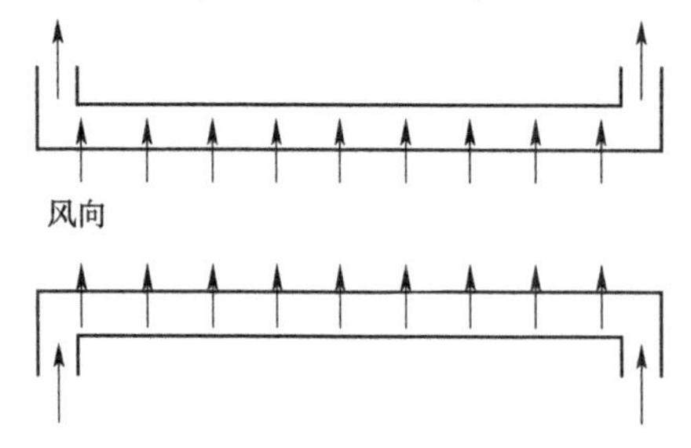

图 12-6　全横向式通风

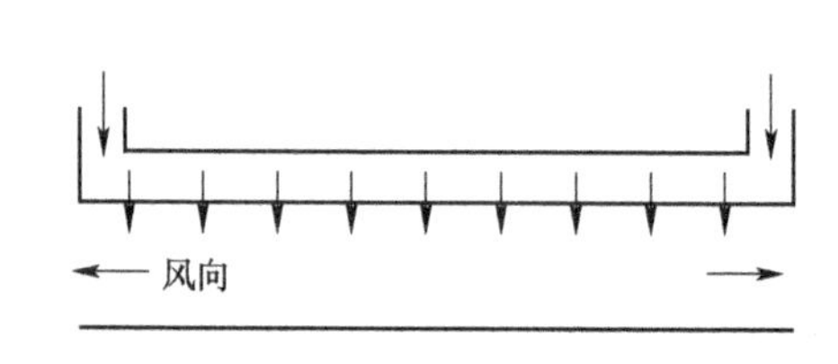

图 12-7　半横向式通风

5. 混合式通风

混合式通风没有固定的格局,可以由上述几种基本的通风形式组合而成,一般都是用于公路隧道。组合方式有多种,但必须符合一般性的设计原则,力求经济、实用。

第十三章　隧道工程的清单计量

第一节　隧道工程量清单

工程量清单的基本知识已在前面第七章做过介绍,这里不再赘述。下面列出《公路工程标准施工招标文件》(2009 年版)中第 500 章　隧道工程量清单,如表 13-1 所示。

隧道工程量清单　　表 13-1

清单　第500章　隧　道					
子目号	子　目　名　称	单位	数量	单价	合价
502-1	洞口、明洞开挖				
-a	土方	m^3			
-b	石方	m^3			
-c	弃方超运	$m^3 \cdot km$			
502-2	防水与排水				
-a	M…浆砌片石截水沟	m^3			
-b	无纺布	m^2			
	…				
502-3	洞口坡面防护				
-a	M…级浆砌片石	m^3			
-b	C…喷射混凝土	m^3			
-c	种植草皮	m^2			
-d	锚杆	kg			
-e	钢筋网	kg			
502-4	洞门建筑				
-a	C…混凝土	m^3			
-b	M…浆砌粗料石(块石)	m^3			
-c	钢筋	kg			
502-5	明洞衬砌				
-a	C…混凝土	m^3			
-b	光圆钢筋(HPB235)	kg			
-c	带肋钢筋(HRB335)	kg			

清单　第500章　隧　道					
子目号	子　目　名　称	单位	数量	单价	合价
	…				
502-6	遮光棚(板)				
-a	C…混凝土	m^3			
-b	光圆钢筋(HPB235)	kg			
-c	带肋钢筋(HRB335)	kg			
	…				
502-7	洞顶回填				
-a	回填土石方	m^3			
503-1	洞身开挖				
-a	土方	m^3			
-b	石方	m^3			
-c	弃方超运	m^3·km			
503-2	超前支护				
-a	锚杆(规格)	m			
-b	小钢管(规格)	m			
-c	管棚(规格)	m			
-d	注浆小导管(规格)	m			
-e	型钢(规格型号)	kg			
	…				
503-3	初期支护				
-a	C…喷射钢纤维混凝土	m^3			
-b	C…喷射混凝土	m^3			
-c	注浆锚杆(规格)	m			
-d	锚杆(规格)	m			
-e	钢筋网	kg			
503-4	木材	m^3			
504-1	洞身衬砌				
-a	C…混凝土	m^3			
-b	C…防水混凝土	m^3			
-c	M…浆砌粗料石(块石)	m^3			
-d	光圆钢筋(HPB235)	kg			
-e	带肋钢筋(HRB335)	kg			
504-2	C…仰拱、铺底混凝土	m^3			

清单　第500章　隧　道					
子目号	子　目　名　称	单位	数量	单价	合价
504-3	C…边沟、电缆沟混凝土	m^3			
504-4	洞室门(规格)	个			
504-5	洞内路面				
-a	C…混凝土(厚…mm)	m^2			
-b	光圆钢筋(HPB235)	kg			
-c	带肋钢筋(HRB335)	kg			
505-1	防水与排水				
-a	防水板	m^2			
-b	无纺布	m^2			
-c	止水带	m			
-d	止水条	m			
-e	压注水泥水玻璃浆液	t			
-f	压注水泥浆液	t			
-g	压浆钻孔	m			
-h	排水管(ϕ…mm)	m			
	…				
506-1	洞内防火涂料				
-a	喷涂防火涂料	m^2			
506-2	洞内装饰工程				
-a	镶贴瓷砖	m^2			
-b	喷涂混凝土专用漆	m^2			
508-1	监控量测				
-a	必测项目(项目名称)	总额			
-b	选测项目(项目名称)	总额			
509-1	地质预报(探测手段)	总额			
510-1	预埋件				
-a	通风设施预埋件	kg			
-b	通信设施预埋件	kg			
-c	照明设施预埋件	kg			
-d	监控设施预埋件	kg			
-e	供配电设施预埋件	kg			
	…				
510-2	消防设施				

清单 第500章 隧道					
子目号	子 目 名 称	单位	数量	单价	合价
-a	供水钢管(铸铁管)(ϕ…mm)	m			
-b	消防洞室防火门	套			
-c	集水池	座			
-d	蓄水池	座			
-e	泵房	座			
	…				
清单500章合计 人民币					

第二节 隧道工程清单计量与支付

下面根据《公路工程工程量清单计量规则》和《公路工程标准施工招标文件》(2009年版)技术规范的要求,对第500章 隧道工程量清单的计量与支付进行介绍。需要说明的是,实际公路工程建设中,各项目的专用合同条款、技术规范、工程量清单会略有不同,以项目专用本为准。

一、通则

(1)隧道施工所有准备工作和施工中应采取的措施,均为以后各节工程的附属工作,不作单独计量与支付。

(2)图纸中列出的工程及材料数量,在各节工程支付子目表中凡未被列出的,其费用应认为均含在与其相关的工程项目单价中,不再另予计量与支付。

二、洞口与明洞工程

1.计量

(1)各项工程,应按图纸所示和监理人指示为依据,按照实际完成并经验收的工程数量,进行计量。

(2)洞口路堑等开挖与明洞洞顶回填的土石方,不分土、石的种类,只区分为土方和石方,以立方米计量。

(3)弃方运距在图纸规定的弃土场内为免费运距,弃土超出规定弃土场的距离时(比如图纸规定的弃土场地不足要另外增加弃土场,或经监理人同意变更的弃土场),其超出部分另计,按立方米·公里计量。若未经监理人同意,承包人自选弃土场时,则弃土运距不论远近,均为免费运距。

(4)隧道洞门的端墙、翼墙、明洞衬砌及遮光栅(板)的混凝土(钢筋混凝土)或石砌圬工,以立方米计量。钢筋以千克计量。

(5)截水沟(包括洞顶及端墙后截水沟)圬工以立方米计量。

(6)防水材料(无纺布)铺设完毕经验收以平方米计量,与相邻防水材料搭接部分不另计量。

(7)洞口坡面防护工程,按不同圬工类型分别汇总,以立方米计量,锚杆及钢筋网分别以千克计量,种植草皮以平方米计量。

(8)截水沟的土方开挖和砂砾垫层、隧道名牌以及模板、支架的制作安装和拆卸等均包括在相应工程中不单独计量。

(9)泄水孔、砂浆勾缝、抹平等的处理,以及图纸示出而支付子目表中未列出的零星工程和材料,均包括在相应工程子目单价内,不另行计量。

2. 支付

(1)按上述规定计量,经监理人验收的列入工程量清单的支付子目的工程量,其每一计量单位以合同单价支付。该支付包括材料、劳力、设备、运输等及其为完成洞口及明洞工程所必需的费用,是对完成工程的全部偿付。

(2)洞口土石方开挖与明洞洞顶回填各子目的合同单价,应以工程量清单第200章相同子目的单价为结算依据。

三、洞身开挖

1. 计量

(1)洞内土石方开挖应符合图纸所示(包括紧急停车带、车行横洞、人行横洞以及监控、消防和供配电设施等的洞室)或监理人指示,按隧道内轮廓线加允许超挖值(设计给出的允许超挖值或《公路隧道施工技术规范》(JTG F60—2009)按不同围岩级别给出的允许超挖值)后计算土石方。另外,当采用复合衬砌时,除给出的允许超挖值外,还应考虑加上预留变形量。按上述要求计得的土石方工程量,不分围岩级别,以立方米计量。开挖土石方的弃渣,其弃渣距离在图纸规定的弃渣场内为免费运距,弃渣超出规定弃渣场的距离时(如图纸规定的弃渣场地不足要另外增加弃土场,或经监理人同意变更的弃渣场),其超出部分另计超运距运费,按立方米·公里计量。若未经监理人同意,承包人自选弃渣场时,则弃渣运距不论远近,均为免费运距。

(2)不论承包人出于任何原因而造成的超过允许范围的超挖,和由于超挖所引起增加的工程量,均不予计量。

(3)支护的喷射混凝土按验收的受喷面积乘以厚度,以立方米计量,钢筋以千克计量。喷射混凝土其回弹率、钢纤维以及喷射前基面的清理工作均包含在工程子目单价之内,不另行计量。

(4)洞身超前支护所需的材料,按图纸所示或监理人指示并经验收的各种规格的超前锚杆或小钢管、管棚、注浆小导管、锚杆以米计量,各种型钢以千克计量,连接钢板、螺栓、螺帽、拉杆、垫圈等作为钢支护的附属构件,不另行计量。木材以立方米计量。

(5)隧道开挖的钻孔爆破、弃渣的装渣作业均为土石方开挖工程的附属工作,不另行计量。

(6)隧道开挖过程,洞内采取的施工防排水措施,其工作量应含在开挖土石方工程的报价之中。

2. 支付

按上述规定计量,经监理人验收并列入了工程量清单的支付子目的工程量,其每一计量单位以合同单价支付。该支付包括材料、劳力、设备、运输及其他为完成洞身开挖工程所必需的费用,是对完成工程的全部偿付。

四、洞身衬砌

1. 计量

(1)洞身衬砌的拱部(含边墙),按实际完成并经验收的工程量,分不同级别水泥混凝土和圬工,以立方米计量。洞内衬砌用钢筋,按图纸所示以千克计量。

(2)任何情况下,衬砌厚度超出图纸规定轮廓线的部分,均不予计量。

(3)当岩层完整、抗压强度大于30MPa,经监理人确认不影响衬砌结构的稳定和强度时,岩石个别突出部分(每平方米内不大于0.1m^2)可侵入衬砌,侵入值不得大于50mm。允许个别欠挖的侵入衬砌厚度的岩石体积,计算衬砌数量时不予扣除。

(4)仰拱、铺底混凝土,应按图纸施工,以立方米计量。

(5)预制或就地浇筑混凝土边沟及电缆沟,按实际完成并经验收后的工程量,以立方米计量。

(6)洞内混凝土路面工程经验收合格以平方米计量。

(7)各类洞门按图纸要求,经验收合格以个计量。其中材料采备、加工制作、安装等均不另行计量。

(8)施工缝及沉降缝按图纸规定施工,其工作量含在相关工程子目之中,不另行计量。

2. 支付

按上述规定计量,经监理人验收并列入了工程量清单的支付子目的工程量,其每一计量单位以合同单价支付。该支付包括材料、劳力、设备、机具等及其他为完成隧道衬砌工程所必需的费用,是对完成工程的全部偿付。

五、防水与排水

1. 计量

(1)洞内排水用的排水管按不同类型、规格以米计量。

(2)压浆堵水按所用原材料(如水泥浆液、水泥水玻璃浆液)以吨计量。压浆钻孔以米计。

(3)防水层按所用材料(防水板、无纺布等)以平方米计量,止水带、止水条以米计量。

(4)为完成上述项目工程加工安装所有工料、机具等均不另行计量。

(5)隧道洞身开挖时,洞内外的临时防排水工程应作为洞身开挖的附属工作,不另行支付。为此,清单第500章第503节支付子目的土方及石方工程报价时,应考虑本节支付子目外的其他施工中采取的防排水措施的工作量。

2. 支付

按上述规定计量,经监理人验收并列入了工程量清单的支付子目的工程量,其每一计量单位以合同单价支付。该支付包括材料、劳力、设备、运输等及其他为完成防排水工程所必需的费用,是对完成工程的全部偿付。

六、洞内防火涂料和装饰工程

1. 计量

各项工程应根据图纸要求,按实际完成并经监理人验收的数量,分别按以下的工程子目进行计量。

(1)喷涂防火涂料。喷涂的面积,以平方米为单位计量。其工作内容包括材料的采备、供应、运输,支架、脚手架的制作安装和拆除,基层的表面处理,防火涂料喷涂后的养生,施工的照明、通风等一切与此有关的作业。

(2)镶贴瓷砖。镶贴瓷砖的面积,以平方米为单位计量。其工作内容包括材料的采备、供应、运输,混凝土边墙表面的处理,砂浆找平,施工的照明、通风等一切与此有关的作业。找平用的砂浆不另行计量。

(3)喷涂混凝土专用漆。喷涂混凝土专用漆的面积,以平方米为单位计量。其工作内容包括材料的采备、供应、运输,基层处理,施工的照明、通风等一切与此有关的作业。

2. 支付

按上述规定计量,经监理人验收的列入工程量清单的支付子目的工程量,其每一计量单位以合同单价支付。该支付包括材料、劳力、设备、试验、运输等及其他为完成洞内防火涂料和装饰工程所必需的费用,是对完成工程的全部偿付。

七、风水电作业及通风防尘

风水电作业及通风防尘为隧道施工不可缺少的附属工作,其工作量均含在清单第500章各节有关支付子目的报价中,不另行计量。

八、监控量测

监控量测是隧道安全施工必须采取的措施,监控量测除必测项目外,应根据具体情况确定选测项目,分别以总额报价及支付。

九、特殊地质地段的施工与地质预报

隧道施工中遇到特殊地质地段时承包人应采取的有关施工措施,不另行计量与支付。地质预报采用的方法手段应根据具体情况选用,以总额报价及支付。

十、洞内机电设施预埋件和消防设施

1. 计量

(1)机电设施预埋件按图纸要求施工完毕,经监理人分别按其所属设施验收合格以千克为单位计量。

(2)供水钢管、铸铁管按图纸要求敷设完毕,经监理人验收合格以米为单位计量。其工作内容包括焊接、法兰连接、防腐处理、开挖(回填)沟槽所需的人工和材料等,不另行计量。

(3)消防洞室防火门制作安装经验收合格以套为单位计量。

(4)集水池、蓄水池、泵房等按图纸要求施工完毕,经监理人验收合格分别以座为单位计量。消防设施的其他混凝土、砖石圬工工程以立方米为单位计量。

(5)消防系统中未列入清单中的附属设施其工作量含在相关子目中,不另计量。

2. 支付

按上述规定计量，经监理人验收列入工程量清单的支付子目的工程量，其每一计量单位以合同价支付。该支付包括材料、劳力、设备、运输等及其他为完成工程所必需的费用，是对完成工程的全部偿付。

第三节 工程案例

本节现以湖北某高速公路一期土建实际工程建设为背景，简要介绍隧道工程的清单计量与方法。

1. 背景材料

湖北某高速公路一期土建工程第×合同段由中铁×局集团第×工程有限公司承建，与业主签订的合同协议书中第500章合同工程量清单节选如表13-2所示。

合同工程量清单节选　表13-2

标段：第×合同段　承包人：中铁×局集团第×工程有限公司

清单编号	项目名称	单位	合同数量	合同单价	合同金额
500	隧道				
502	洞口与明洞工程				
502-1-a	挖土石方	m^3	20 509.160	10.03	205 705
502-2	防水与排水				
502-2-a-1	M7.5砂浆砌片石截水沟	m^3	687.900	279.19	192 056
502-3	洞口坡面防护				
502-3-a	钢筋网	kg	12 212.850	6.80	83 048
502-3-b	C20喷射混凝土	m^3	309.470	731.83	226 479
502-3-c	锚杆				
502-3-c-1	砂浆(药卷)锚杆	kg	31 856.970	15.71	50 0476
502-4	洞门建筑				
502-4-b-2	C20混凝土	m^3	197.900	516.49	102 213
502-4-b-3	C25混凝土	m^3	710.240	530.59	376 846
502-4-b-4	C20片石混泥土	m^3	2 677.830	446.94	1 196 829
502-5	明洞衬砌				
502-5-c-1	光圆钢筋(HPB235、HPB300)	kg	12 191.440	6.14	74 857
502-5-c-2	带肋钢筋(HRB335、HRB400)	kg	105 528.660	6.10	643 726
502-7	洞顶回填				
502-7-a	回填碎石土	m^3	5 167.340	16.77	86 656
502-7-c	回填隔水黏土层	m^3	998.220	45.43	45 350
502-7-d	M7.5砂浆砌片石	m^3	2 939.860	227.86	669 876
502-7-f	M20水泥砂浆	m^3	32.660	410.37	13 398
503	洞身开挖				
503-1	洞身开挖				

续上表

清单编号	项 目 名 称	单位	合同数量	合同单价	合同金额
503-1-a	挖土石方	m^3	610 179.480	85.23	52 005 595
503-3	超前支护				
503-3-a-2	ϕ22mm 药卷锚杆	m	146 258.740	35.54	5 198 035.62
503-3-b	小导管				
503-3-b-1	ϕ42mm×3.5mm 钢花管	m	157 936.530	47.02	7 426 175
503-3-c	管棚				
503-3-c-1	ϕ108mm×6mm 钢花管	m	16 320.000	277.75	4 532 880
503-3-c-3	C25 级混凝土套拱	m^3	388.320	557.97	216 672
503-3-c-5	带肋钢筋(HRB335、HRB400)	kg	3 769.920	5.95	22 428
503-3-c-6	型钢	kg	21 850.440	6.82	149 016
503-4	初期支护				
503-4-a	C20 级喷射混凝土	m^3	34 373.720	773.64	26 592 886
503-4-d	ϕ22mm 药卷锚杆	m	510 307.120	37.61	19 192 657
503-4-h	钢筋网	kg	576 787.700	6.31	3 639 529
503-4-i	型钢	kg	2 843 300.750	6.66	18 936 378
503-4-j	光圆钢筋(HPB235、HPB300)	kg	138 870.410	7.33	1 017 919
503-4-k	带肋钢筋(HRB335、HRB400)	kg	1 316 873.300	7.29	9 600 015
503-4-n	ϕ50mm×5mm 钢花管	m	18 266.667	62.76	1 146 416
503-5	临时支护				
503-5-a	C20 喷射混凝土	m^3	1 055.330	773.64	816 445
503-5-b	ϕ22mm 药卷锚杆	m	19 692.470	37.27	733 939
503-5-c	I16 工字钢	kg	197 603.950	6.66	1 316 044
503-5-f	连接钢筋(HRB335)	kg	15 844.160	5.95	94 275
503-5-g	钢筋网(HPB235)	kg	11 745.570	6.31	74 114
504	洞身衬砌				
504-1	洞身衬砌				
504-1-a-3	C25 防水混凝土	m^3	79 437.780	510.61	40 561 716
504-1-b-1	光圆钢筋(HPB235、HPB300)	kg	161 807.880	6.01	972 467
504-1-b-2	带肋钢筋(HRB335、HRB400)	kg	1 781 677.010	5.95	10 600 979
504-2	仰拱、铺底				
504-2-a	C15 片石混凝土	m^3	29 648.900	313.80	9 303 820
504-2-e	C25 混凝土	m^3	18.820	396.81	7 468
504-3	电缆沟及沉砂井				
504-3-a-1	C25 现浇混凝土	m^3	8 142.020	640.02	5 211 052
504-3-b-1	光圆钢筋(HPB235、HPB300)	kg	75 153.240	6.21	466 704
504-3-b-2	带肋钢筋(HRB335、HRB400)	kg	156 737.990	6.16	965 507
504-3-c	型钢(包括钢管、钢板、角钢等)	kg	2 972.640	6.24	18 549

续上表

清单编号	项目名称	单位	合同数量	合同单价	合同金额
504-3-d	铸铁盖板	kg	33 533.280	2.06	69 078
504-5	洞内路面				
504-5-a-1	C20 混凝土	m^3	12 965.780	378.82	4 911 697
504-5-a-2	C25 混凝土	m^3	37.310	406.31	15 160
504-5-a-3	C30 混凝土	m^3	105.120	404.99	42 570
504-5-a-5	C40 混凝土	m^3	13 258.730	438.21	5 810 108
504-5-b-1	光圆钢筋(HPB235、HPB300)	kg	3 751.440	5.76	21 608
504-5-b-2	带肋钢筋(HRB335、HRB400)	kg	17 956.200	5.70	102 349
505	防水与排水				
505-1	防水				
505-1-a-2	防水板(EVA)	m^2	160 730.710	31.37	5 042 128
505-1-b	无纺布	m^2	162 114.730	13.04	2 113 976
505-1-c-1	中埋式橡胶止水带	m	1 959.700	70.44	138 041
505-1-d-1	带注浆管膨胀止水条	m	13 792.160	25.44	350 873
505-2	排水				
505-2-a-1	ϕ50mmHDPE 波纹管	m	16 734.120	39.46	660 337
505-2-a-3	ϕ110mmHDPE 波纹管	m	15 374.260	22.97	353 137
505-2-c	Ω 型弹簧排水管	m	16 861.470	42.39	714 761
505-2-d-1	C15 现浇混凝土	m^3	1 424.010	621.49	885 007
505-2-d-2	C25 现浇混凝土	m^3	9.620	640.02	6 156
505-2-d-3	C25 预制混凝土	m^3	1 831.120	717.39	1 313 627
505-2-d-4	C30 预制混凝土	m^3	910.820	848.82	773 118
505-2-e-1	光圆钢筋(HPB235、HPB300)	kg	194 429.440	6.21	1 207 407
505-2-g	碎石填料	m^3	4 182.920	149.40	624 935
505-2-h	无纺布	m^2	27 122.140	14.55	394 620
508-1	监控量测				
508-1-a	必测项目	总额	1.000	200 000.00	200 000
508-1-b	选测项目	总额	1.000	100 000.00	100 000
509	地质预报	总额	1.000	300 000.00	300 000
510-1	预埋件				
510-1-a	通风设施预埋件	kg	4 021.900	8.06	32 417
510-1-c	照明设施预埋件	kg	36 537.980	8.06	294 496
510-1-d	监控设施预埋件	kg	27 062.580	8.06	218 124
510-1-f	消防设施预埋件	kg	4 329.090	8.06	34 892

9 月份承包商欲申报一期计量，经项目部统计 9 月完成并经验收签证的××隧道实体工程量如下：

(1)左幅 ZK160 +770 ~ ZK160 +700 XS5b 超前支护 ϕ42mm ×3.5mm 钢花管 3 966.90m，

实际完成 3 900m。

(2)左幅 ZK160 +770 ~ ZK160 +700 XS5b 洞身开挖土石方 7 426.30m^3,实际开挖 7 500m^3。

(3)左幅 ZK160 +790 ~ ZK160 +755 XS5b 初期支护 C20 喷射混凝土 306.6m^3,ϕ22mm 药卷锚杆 5 206.25m,钢筋网 6 359.5kg,型钢 50 890.7kg,带肋钢筋(HRB335、HRB400) 5 006.05kg,ϕ42mm × 3.5mm 钢花管 1 633.45 m。施工中承包商反映该段围岩支护参数偏弱,经业主、设代、监理人、承包人现场勘察形成会议纪要同意按 XXS5a 支护参数施工。

(4)左幅 ZK160 +798 ~ ZK160 +790 S5b 仰拱及回填 C25 防水混凝土 30.16m^3,C15 片石混凝土 49.68m^3,C25 混凝土 11.60m^3(ZK160 +832 ~ ZK160 +798 段 S5b 仰拱及回填在 8 月份已经计量)。ZK160 +790 ~ ZK160 +770 XS5b 仰拱及回填 C25 防水混凝土 75.40m^3,C15 片石混凝土 124.20m^3,C25 混凝土 29m^3。

(5)左幅 ZK160 +798 ~ ZK160 +770 路基侧向盲沟 C25 预制混凝土 3.36m^3,C15 现浇混凝土 6.16m^3,光圆钢筋(HPB235、HPB300)560kg,碎石填料 17.64m^3,无纺布 99.12m^2。

(6)左幅 ZK160 +842 ~ ZK160 +832 S4b 二次衬砌 C25 防水混凝土 100.8m^3,防水板(EVA)253m^2,无纺布 253m^2(ZK161 +038 ~ ZK160 +842 段 S4b 二次衬砌在前期已经计量)。ZK160 +832 ~ ZK160 +808 S5b 二次衬砌 C25 防水混凝土 273.84m^3,光圆钢筋(HPB235、HPB300)2 119.92kg,带肋钢筋(HRB335、HRB400)24 171.6kg,防水板(EVA)612.48m^2,无纺布 612.48m^2。

(7)左幅 ZK161 +038 ~ ZK160 +890 S4b 纵向排水 ϕ110mmHDPE 波纹管 296m,碎石填料 2.96m^3,无纺布 102.12m^2,环向排水 ϕ50mmHDPE 波纹管 340.4m,横向排水 ϕ110mmHDPE 波纹管 50.32m,集中排水 Ω 形弹簧排水管 362.6m。

2. 问题

承包人计量工程师根据以上统计完成工程量在计量支付系统上进行了 9 月份计量申报,详细申报数据见下面的支表 11 中间计量单,请予以审核。

3. 解析

(1)不论出于何种原因,根据据实计量原则,左幅 ZK160 +770 ~ ZK160 +700 XS5b 超前支护 ϕ42mm × 3.5mm 钢花管应按 3 900m 计量。

(2)左幅 ZK160 +770 ~ ZK160 +700 XS5b 洞身开挖土石方按 7 426.3m^3 计量。不论承包人出于任何原因而造成的超过允许范围的超挖,和由于超挖所引起增加的工程量,均不予计量。

(3)左幅 ZK160 +790 ~ ZK160 +755 段初期支护承包人按原设计 XS5b 支护参数上报计量予以批准。该段实际根据会议纪要按 XXS5a 支护参数施工,待办理费用变更手续录入计量系统后即可补计差额部分。

(4)根据计量支付实施细则要求仰拱及回填每单洞 20m 为一计量单元(单个围岩长度小于 20m 时,完工后可一次性计量),ZK160 +832 ~ ZK160 +790 段仰拱及回填在 8 月份已经计量 34m,本期剩余 8m 可以一次性计量。ZK160 +790 ~ ZK160 +770 段仰拱及回填符合计量规定要求,可以计量。

(5)根据计量支付实施细则要求排水工程以单洞每 100m 为一计量单元计量,ZK160 +798 ~ ZK160 +770 段路基侧向盲沟长度小于 100m,本期不予计量。

(6)根据计量支付实施细则要求二次衬砌每单洞 20m 为一计量单元(单个围岩长度小于 20m 时,完工后可一次性计量),ZK161 +038 ~ ZK160 +832 段 S4b 二次衬砌在前期已经计量

196m,本期剩余 10m 可以一次性计量。ZK160 + 832 ~ ZK160 + 808 段 S5b 二次衬砌符合计量规定要求,可以计量。

(7)符合计量规定要求,可以计量。

根据以上审查结果,详细审核数据见下面的支表 11 中间计量单(表 13-3-1 ~ 表 13-3-7)。

如今计量支付全国都已走向办公自动化,一般使用指挥部指定的专用软件进行,每次计量申报和审核的主要工作量都集中在支表 11 中间计量单上,其他支表大部分都由计量软件自动统计汇总,限于篇幅本案例未列出其他支表的申报与审核数据。

支表 11　中间计量单

表 13-3-1

项目名称:湖北 × × 高速公路　　施工单位:中铁 × 局集团第 × 工程有限公司　　编制日期:201 × -09-23

合 同 号:TJ- × × 合同段　　监理单位: × × 公路工程咨询监理有限公司　　编　　号:ZF-011-TJ × -09-001

桩　　号:ZK160 + 770 ~ ZK160 + 700　　部　　位:左幅超前小导管　　图　　号:II. E1. S5-10-2

分　　项	清单编号	项目名称	单位	申报数量	确认数量	中间交工证书号	变更/修正号
隧道工程/ × × 隧道/左幅/洞身/超前支护/超前小导管/ZK160 + 654 ~ ZK160 + 790	503-3-b-1	ϕ42mm × 3.5mm钢花管	m	3 966.9	3 900	ZK- 020- E26-050460002-001	

计算简图、算式、说明等

隧道超前支护工程量计算表

子目号	子目名称	单位	延米工程量	长度	计量工程量
XS5b	ZK160 + 770 ~ ZK160 + 700				
503-3-b-1	ϕ42mm × 3.5mm 钢花管	m	56.67	70	3 966.9

计算公式	

承包人:　　驻地办:　　总监办:

日　期:　　日　期:　　日　期:

支表11　中间计量单

表13-3-2

项目名称:湖北××高速公路　　施工单位:中铁×局集团第×工程有限公司　　编制日期:201×-09-23

合 同 号:TJ-××合同段　　监理单位:××公路工程咨询监理有限公司　　编　　号:ZF-011-TJ×-09-002

桩　　号:ZK160+770~ZK160+700　　部　　位:左幅洞身开挖　　图　　号:II. E1. S5-8-18

分　　项	清单编号	项目名称	单位	申报数量	确认数量	中间交工证书号	变更/修正号
隧道工程/××隧道/左幅/洞身/洞身开挖/ZK160+654~ZK160+790	503-1-a	挖土石方	m^3	7 500	7 426	ZK-020-E26-050030001-001	

计算简图、算式、说明等

隧道洞身开挖工程量计算表

子目号	子目名称	单位	延米工程量	长度	计量工程量
XS5b	ZK160+770~ZK160+700				
503-1-a	挖土石方	m^3	106.09	70	7 426.3

计算公式	

承包人:　　驻地办:　　总监办:

日　期:　　日　期:　　日　期:

支表 11　中间计量单

表 13-3-3

项目名称：湖北××高速公路　　施工单位：中铁×局集团第×工程有限公司　　编制日期：201×-09-23

合 同 号：TJ-××合同段　　监理单位：××公路工程咨询监理有限公司　　编　　号：ZF-011-TJ×-09-003

桩　　号：ZK160+790～ZK160+755　　部　　位：左幅初期支护　　图　　号：II. E1. S5-8-18

分　　项	清单编号	项目名称	单位	申报数量	确认数量	中间交工证书号	变更/修正号
隧道工程/××隧道/左幅/洞身/初期支护/ZK160+654～ZK160+790/喷射混凝土、锚杆、钢筋网	503-4-a	C20 级喷射混凝土	m^3	306.6	306.6	ZK-020-E26-050030001-001	
隧道工程/××隧道/左幅/洞身/初期支护/ZK160+654～ZK160+790/喷射混凝土、锚杆、钢筋网	503-4-d	ϕ22mm 药卷锚杆	m	5 206.25	5 206.25	ZK-020-E26-050030001-001	
隧道工程/××隧道/左幅/洞身/初期支护/ZK160+654～ZK160+790/喷射混凝土、锚杆、钢筋网	503-4-h	钢筋网	kg	6 359.5	6 359.5	ZK-020-E26-050030001-001	
隧道工程/××隧道/左幅/洞身/初期支护/ZK160+654～ZK160+790/钢支撑	503-4-i	型钢	kg	50 890.7	50 890.7	ZK-020-E26-050030001-001	
隧道工程/××隧道/左幅/洞身/初期支护/ZK160+654～ZK160+790/钢支撑	503-4-k	带肋钢筋（HRB335、HRB400）	kg	5 006.05	5 006.05	ZK-020-E26-050030001-001	
隧道工程/××隧道/左幅/洞身/初期支护/ZK160+654～ZK160+790/锁脚锚杆	503-3-b-1	ϕ42mm×3.5mm 钢花管	m	1 633.45	1 633.45	ZK-020-E26-050030001-001	

续上表

分　　项	清单编号	项目名称	单位	申报数量	确认数量	中间交工证书号	变更/修正号

计算简图、算式、说明等

隧道初期支护工程量计算表

子目号	子目名称	单位	延米工程量	长度	计量工程量
XS5b	ZK160 + 790 ~ ZK160 + 755				
503-4-a	C20 级喷射混凝土	m^3	8.76	35	306.6
503-4-d	ϕ22mm 药卷锚杆	m	148.75	35	5 206.25
503-4-h	钢筋网	kg	181.7	35	6 359.5
503-4-i	型钢	kg	1 454.02	35	50 890.7
503-4-k	带肋钢筋(HRB335、HRB400)	kg	143.03	35	5 006.05
503-3-b-1	ϕ42mm × 3.5mm 钢花管	m	46.67	35	1 633.45

计算公式	

承包人：　　　　　　　　驻地办：　　　　　　　　总监办：

日　期：　　　　　　　　日　期：　　　　　　　　日　期：

支表11　中间计量单

表13-3-4

项目名称:湖北××高速公路　　施工单位:中铁×局集团第×工程有限公司　　编制日期:201×-09-23

合 同 号:TJ-××合同段　　监理单位:××公路工程咨询监理有限公司　　编　　号:ZF-011-TJ×-09-004

桩　　号:ZK160+798~ZK160+770　　部　　位:左幅仰拱及回填　　图　　号:II. E1. S5-8-6

分　　项	清单编号	项目名称	单位	申报数量	确认数量	中间交工证书号	变更/修正号
隧道工程/××隧道/左幅/洞身/洞身衬砌/ZK160+790~ZK160+832/仰拱及回填	504-1-a-3	C25 防水混凝土	m^3	30.16	30.16	ZK-020-E26-050080007-001	
隧道工程/××隧道/左幅/洞身/洞身衬砌/ZK160+790~ZK160+832/仰拱及回填	504-2-a	C15 片石混凝土	m^3	49.68	49.68	ZK-020-E26-050080007-001	
隧道工程/××隧道/左幅/洞身/洞身衬砌/ZK160+790~ZK160+832/仰拱及回填	504-2-e	C25 混凝土	m^3	11.6	11.6	ZK-020-E26-050080007-001	
隧道工程/××隧道/左幅/洞身/洞身衬砌/ZK160+654~ZK160+790/仰拱及回填	504-1-a-3	C25 防水混凝土	m^3	75.4	75.4	ZK-020-E26-050080007-001	
隧道工程/××隧道/左幅/洞身/洞身衬砌/ZK160+654~ZK160+790/仰拱及回填	504-2-a	C15 片石混凝土	m^3	124.2	124.2	ZK-020-E26-050080007-001	
隧道工程/××隧道/左幅/洞身/洞身衬砌/ZK160+654~ZK160+790/仰拱及回填	504-2-e	C25 混凝土	m^3	29	29	ZK-020-E26-050080007-001	

续上表

分　　项	清单编号	项目名称	单位	申报数量	确认数量	中间交工证书号	变更/修正号

计算简图、算式、说明等

隧道仰拱工程量计算表

子目号	子目名称	单位	延米工程量	长度	计量工程量
S5b	ZK160 + 798 ~ ZK160 + 790				
504-1-a-3	C25 防水混凝土	m^3	3.77	8	30.16
504-2-a	C15 片石混凝土	m^3	6.21	8	49.68
504-2-e	C25 混凝土	m^3	1.45	8	11.6
XS5b	ZK160 + 790 ~ ZK160 + 770				
504-1-a-3	C25 防水混凝土	m^3	3.77	20	75.4
504-2-a	C15 片石混凝土	m^3	6.21	20	124.2
504-2-e	C25 混凝土	m^3	1.45	20	29

计算公式	

承包人：　　　　驻地办：　　　　总监办：

日　期：　　　　日　期：　　　　日　期：

支表 11　中间计量单　　　　表 13-3-5

项目名称:湖北××高速公路　　施工单位:中铁×局集团第×工程有限公司　　编制日期:201×-09-23

合 同 号:TJ-××合同段　　监理单位:××公路工程咨询监理有限公司　　编　　号:ZF-011-TJ×-09-005

桩　　号:ZK160+798~ZK160+770　　部　　位:左幅路基侧向盲沟　　图　　号:II. E1. S5-13-6

分　　项	清单编号	项目名称	单位	申报数量	确认数量	中间交工证书号	变更/修正号
隧道工程/××隧道/左幅/防水与排水/路基侧向盲沟/ZK160+608~ZK161+038	505-2-d-1	C15 现浇混凝土	m^3	6.16	0	ZK-020-E26-050190006-001	
隧道工程/××隧道/左幅/防水与排水/路基侧向盲沟/ZK160+608~ZK161+038	505-2-d-3	C25 预制混凝土	m^3	3.36	0	ZK-020-E26-050190006-001	
隧道工程/××隧道/左幅/防水与排水/路基侧向盲沟/ZK160+608~ZK161+038	505-2-e-1	光圆钢筋(HPB235、HPB300)	kg	560	0	ZK-020-E26-050190006-001	
隧道工程/××隧道/左幅/防水与排水/路基侧向盲沟/ZK160+608~ZK161+038	505-2-g	碎石填料	m^3	17.64	0	ZK-020-E26-050190006-001	
隧道工程/××隧道/左幅/防水与排水/路基侧向盲沟/ZK160+608~ZK161+038	505-2-h	无纺布	m^2	99.12	0	ZK-020-E26-050190006-001	

计算简图、算式、说明等

隧道路基侧向盲沟工程量计算表

	子目号	子目名称	单位	延米工程量	长度	计量工程量
有仰拱段	ZK160+798~ZK160+770					
有仰拱侧向盲沟	505-2-d-3	C25 预制混凝土	m^3	0.12	28	3.36
	505-2-d-1	C15 现浇混凝土	m^3	0.22	28	6.16
	505-2-e-1	光圆钢筋(HPB235、HPB300)	kg	20	28	560
	505-2-g	碎石填料	m^3	0.63	28	17.64
	505-2-h	无纺布	m^2	3.54	28	99.12

计算公式	

承包人:　　　　驻地办:　　　　总监办:

日　期:　　　　日　期:　　　　日　期:

支表 11　中间计量单　　表 13-3-6

项目名称:湖北××高速公路　　施工单位:中铁×局集团第×工程有限公司　　编制日期:201×-09-23

合 同 号:TJ-××合同段　　监理单位:××公路工程咨询监理有限公司　　编　　号:ZF-011-TJ×-09-006

桩　　号:ZK160+842~ZK160+808　　部　　位:左幅二衬及防水　　图　　号:II. E1. S5-8-6

分　　项	清单编号	项目名称	单位	申报数量	确认数量	中间交工证书号	变更/修正号
隧道工程/××隧道/左幅/洞身/洞身衬砌/ZK160+790~ZK160+832/二次衬砌	504-1-a-3	C25 防水混凝土	m^3	273.84	273.84	ZK-020-E26-050080006-001	
隧道工程/××隧道/左幅/洞身/洞身衬砌/ZK160+790~ZK160+832/衬砌钢筋	504-1-b-1	光圆钢筋(HPB235、300)	kg	2 119.92	2119.92	ZK-020-E26-050080006-001	
隧道工程/××隧道/左幅/洞身/洞身衬砌/ZK160+790~ZK160+832/衬砌钢筋	504-1-b-2	带肋钢筋(HRB335、400)	kg	24 171.6	24 171.6	ZK-020-E26-050080006-001	
隧道工程/××隧道/左幅/洞身/洞身衬砌/ZK160+790~ZK160+832/防水	505-1-a-2	防水板(EVA)	m^2	612.48	612.48	ZK-020-E26-050080006-001	
隧道工程/××隧道/左幅/洞身/洞身衬砌/ZK160+790~ZK160+832/防水	505-1-b	无纺布	m^2	612.48	612.48	ZK-020-E26-050080006-001	
隧道工程/××隧道/左幅/洞身/洞身衬砌/ZK160+832~ZK161+038/二次衬砌	504-1-a-3	C25 防水混凝土	m^3	100.8	100.8	ZK-020-E26-050080006-001	
隧道工程/××隧道/左幅/洞身/洞身衬砌/ZK160+832~ZK161+038/衬砌钢筋	504-1-b-1	光圆钢筋(HPB235、300)	kg	253	253	ZK-020-E26-050080006-001	
隧道工程/××隧道/左幅/洞身/洞身衬砌/ZK160+832~ZK161+038/衬砌钢筋	504-1-b-2	带肋钢筋(HRB335、400)	kg	253	253	ZK-020-E26-050080006-001	

续上表

分　项	清单编号	项目名称	单位	申报数量	确认数量	中间交工证书号	变更/修正号

计算简图、算式、说明等

隧道二衬工程量计算表

子目号	子目名称	单位	延米工程量	长度	计量工程量
S4b	ZK160 + 842 ~ ZK160 + 832				
504-1-a-3	C25 防水混凝土	m^3	10.08	10	100.8
505-1-a-2	防水板(EVA)	m^2	25.3	10	253
505-1-b	无纺布	m^2	25.3	10	253
S5b	ZK160 + 832	ZK160 + 808			
504-1-a-3	C25 防水混凝土	m^3	11.41	24	273.84
504-1-b-1	光圆钢筋(HPB235、HPB300)	kg	88.33	24	2 119.92
504-1-b-2	带肋钢筋(HRB335、HRB400)	kg	1 007.15	24	2 4171.6
505-1-a-2	防水板(EVA)	m^2	25.52	24	612.48
505-1-b	无纺布	m^2	25.52	24	612.48

计算公式	

承包人：　　　　驻地办：　　　　总监办：

日　期：　　　　日　期：　　　　日　期：

支表 11　中间计量单　　表 13-3-7

项目名称：湖北××高速公路　　施工单位：中铁×局集团第×工程有限公司　　编制日期：201×-09-23

合 同 号：TJ-××合同段　　监理单位：××公路工程咨询监理有限公司　　编　　号：ZF-011-TJ×-09-007

桩　　号：ZK161+038~ZK160+890　　部　　位：左幅排水　　图　　号：II.E1.S5-13-2

分　　项	清单编号	项目名称	单位	申报数量	确认数量	中间交工证书号	变更/修正号
隧道工程/××隧道/左幅/防水与排水/纵向排水/ZK160+832~ZK161+038	505-2-a-3	ϕ110mm HDPE 波纹管	m	296	296	ZK-020-E26-050190005-001	
隧道工程/××隧道/左幅/防水与排水/纵向排水/ZK160+832~ZK161+038	505-2-g	碎石填料	m^3	2.96	2.96	ZK-020-E26-050190005-001	
隧道工程/××隧道/左幅/防水与排水/纵向排水/ZK160+832~ZK161+038	505-2-h	无纺布	m^2	102.12	102.12	ZK-020-E26-050190005-001	
隧道工程/××隧道/左幅/防水与排水/环向排水/ZK160+832~ZK161+038	505-2-a-1	ϕ50mm HDPE 波纹管	m	340.4	340.4	ZK-020-E26-050190005-001	
隧道工程/××隧道/左幅/防水与排水/横向排水/ZK160+832~ZK161+038	505-2-a-3	ϕ110mm HDPE 波纹管	m	50.32	50.32	ZK-020-E26-050190005-001	
隧道工程/××隧道/左幅/防水与排水/集中排水/ZK160+832~ZK161+038	505-2-c	Ω形弹簧排水管	m	362.6	362.6	ZK-020-E26-050190005-001	

续上表

分　项	清单编号	项目名称	单位	申报数量	确认数量	中间交工证书号	变更/修正号

计算简图、算式、说明等

隧道排水工程量计算表

部位	子目号	子目名称	单位	延米工程量	长度	计量工程量
S4b		ZK161 +038 ~ ZK160 +890				
纵向排水	505-2-a-3	ϕ110mmHDPE 波纹管	m	2	148	296
	505-2-g	碎石填料	m^3	0.02	148	2.96
	505-2-h	无纺布	m^2	0.69	148	102.12
环向排水	505-2-a-1	ϕ50mmHDPE 波纹管	m	2.3	148	340.4
横向排水	505-2-a-3	ϕ110mmHDPE 波纹管	m	0.34	148	50.32
集中排水	505-2-c	Ω 形弹簧排水管	m	2.45	148	362.6

计算公式	

承包人：　　　　驻地办：　　　　总监办：

日　期：　　　　日　期：　　　　日　期：

考试练习题及参考答案

考试练习题

一、单选题

1. 定额中混凝土均按露天养生考虑，如采用蒸汽养生时，应(　　)，并按蒸汽养生有关定额计算。

A. 从各有关定额中扣减人工 1 个工日及其他材料费 4 元

B. 从各有关定额中扣减人工 1.5 个工日及其他材料费 4 元

C. 从各有关定额中扣减人工 1 个工日及其他材料费 2 元

D. 从各有关定额中扣减人工 2 个工日及其他材料费 2 元

2. 定额中凡钢筋直径在(　　)以上的接头，除注明为钢套筒连接外，均采用电弧搭接焊或电阻对接焊。

A. 6mm　　B. 8mm　　C. 10mm　　D. 12mm

3. 定额中的钢筋是按一般定尺长度计算的，如设计提供的钢筋连接用钢套筒数量与定额有出入时，可(　　)。

A. 按设计数量调整定额中的钢套筒消耗，其他消耗随着调整

B. 按定额数量计入钢套筒消耗，其他消耗不调整

C. 按设计数量调整定额中的钢套筒消耗，其他消耗不调整

D. 按定额数量调整钢套筒消耗，其他消耗随着调整

4. 开挖基坑土、石方运输按弃土于坑外(　　)范围内考虑，如坑上水平运距超过时，另按路基土、石方增运定额计算。

A. 8 m　　B. 10 m　　C. 12m　　D. 15m

5. 基坑深度为(　　)。

A. 坑的顶面边侧最高高程至底面的数值

B. 坑的顶面边侧最低高程至底面的数值

C. 坑的顶面中心高程至底面的数值

D. 坑的顶面中心高程至底面边侧最低点的数值

6. 在同一基坑内，不论开挖哪一深度均执行(　　)。

A. 该基坑的平均深度定额　　B. 该基坑的全深度定额

C. 该基坑的最浅深度定额　　D. 该基坑的边侧深度定额

7. 草土、草(麻)袋、竹笼围堰长度按(　　)计算。

A. 围堰外边缘线长度　　B. 围堰中心长度

C. 围堰内边缘长度　　D. 围堰定额规定长度

8. 围堰高度按(　　)计算。

A. 施工水深加0.5m　　B. 施工水深加1.0m

C. 施工水深加1.5m　　D. 施工水深加2.0m

9. 设计中规定凿去的桩头部分的数量,(　　)设计工程量内。

A. 不应计入　　B. 根据情况计入

C. 应将工程量一半计入　　D. 应计入

10. 钢筋混凝土方桩的预制工程量,应为(　　)。

A. 设计文件的工程数量　　B. 打桩定额中括号内的备制数量

C. 钻孔桩定额中括号内的备制数量　　D. 企业钻孔桩定额中括号内的备制数量

11. 打钢板桩的工程量按(　　)计算。

A. 设计需要的钢板桩质量　　B. 施工需要的钢板桩质量

C. 设计需要的钢板桩体积　　D. 施工需要的钢板桩体积

12. 灌注桩成孔工程量按(　　)计算。

A. 计划入土深度　B. 设计平均深度　C. 设计入土深度　D. 施工入土深度

13. 定额中的孔深是指(　　)。

A. 指桩顶至桩底(设计高程)的深度　　B. 指桩顶至桩底(设计高程)的平均深度

C. 指护筒顶至桩底(设计高程)的深度　　D. 指护筒顶至桩底(最高高程)的深度

14. 成孔定额中同一孔内的不同土质,不论其所在的深度如何,均采用(　　)。

A. 最深孔深定额　B. 平均孔深定额　C. 总孔深定额　D. 最浅孔深定额

15. 人工挖孔的工程量按(　　)计算。

A. 护筒(护壁)内缘所包围的面积乘设计孔深

B. 护筒(护壁)外缘所包围的面积乘护筒深

C. 护筒(护壁)内缘所包围的面积乘护筒深

D. 护筒(护壁)外缘所包围的面积乘设计孔深

16. 浇筑水下混凝土的工程量按(　　)计入。

A. 设计桩径横断面面积乘设计桩长计算,并将扩孔因素计入工程量

B. 设计桩径横断面面积乘设计桩长计算,不得将扩孔因素计入工程量

C. 护筒横断面面积乘设计桩长计算,不得将扩孔因素计入工程量

D. 护筒横断面面积乘设计桩长计算,并将扩孔因素计入工程量

17. 预制构件的工程量为(　　)。

A. 构件的计划体积(不包括空心部分的体积)

B. 构件的计划体积(包括空心部分的体积)

C. 构件的实际体积(不包括空心部分的体积)

D. 构件的实际体积(包括空心部分的体积)

18. 预应力构件的工程量为(　　)。

A. 构件预制体积

B. 构件端头封锚混凝土的数量

C. 构件预制体积与构件端头封锚混凝土的数量之和

D. 构件预制体积与构件端头封锚混凝土的数量之差

19. 预制空心板的空心堵头发生混凝土的数量应(　　)。

A. 计算工程量时应计列这部分混凝土的数量

B. 已综合在预制定额内,计算工程量时不应再计列这部分混凝土的数量

C. 计算工程量时应再计列这部分混凝土的数量的一半

D. 计算工程量时应根据发生实际数量计列这部分混凝土的数量

20. 预应力钢绞线、预应力精轧螺纹粗钢筋及配锥形(弗氏)锚的预应力钢丝的工程量为(　　)。

A. 工作长度的质量　　B. 锚固长度与工作长度的质量之和

C. 锚固长度的质量　　D. 锚固长度与工作长度的质量之差

21. 配镦头锚的预应力钢丝的工程量为(　　)。

A. 工作长度的质量　　B. 锚固长度与工作长度的质量之和

C. 锚固长度的质量　　D. 锚固长度与工作长度的质量之差

22. 桥梁拱盔、木支架及简单支架均按(　　)计,如实际宽度与定额不同时可按比例换算。

A. 有效宽度 8m　　B. 有效宽度 8.5m　　C. 有效宽度 9m　　D. 有效宽度 9.5m

23. 钢支架按有效宽度(　　)计,如实际宽度与定额不同时可按比例换算。

A. 有效宽度 8m　　B. 有效宽度 10m　　C. 有效宽度 12m　　D. 有效宽度 14m

24. 拱盔不包括(　　)。

A. 底模板　　B. 工作台的材料

C. 现浇混凝土的侧模板　　D. 支架

25. 公路工程沉井下沉定额的计量单位为立方米,其工程量等于(　　)。

A. 沉井刃脚外缘所包围的面积乘刃脚入土深度

B. 沉井刃脚外缘所包围的面积乘沉井高度

C. 沉井刃脚外缘所包围的面积乘刃脚入土深度加井内翻砂数量

D. 沉井刃脚外缘所包围的面积乘沉井高度加井内翻砂数量

26. 按不同结构类型以及不同强度等级混凝土的体积,以(　　)为单位计算。

A. kg　　B. km^3　　C. m^3　　D. m^2

27. 桥面铺装根据不同强度等级或类型和厚度的水泥混凝土(或沥青混凝土),工程计量时按设计图纸计算面积,以(　　)为单位计量。

A. m^2　　B. m^3　　C. km^3　　D. m

28. 各类防水层的计量应该(　　)。

A. 不包括在相应的混凝土构造中,单独予以计量与支付

B. 包括在相应的混凝土构造中,不单独计量与支付

C. 包括在相应的混凝土构造中,单独计量与支付

D. 不包括在相应的混凝土构造中,不单独计量与支付

29. 防水和排水设施中泄水管的计量分别按不同直径,以(　　)为单位计量。

A. km　　B. m^2　　C. m　　D. 个

30. 栏杆在进行工程计量时,按两端栏杆中心之间单边的长度,以(　　)为单位计量。

A. m^2　　B. m^3　　C. km　　D. m

31. 混凝土人行道梁、板、缘石工程计量,分不同强度等级,按体积以(　　)为单位计量。

A. m^2　　B. m^3　　C. km　　D. m

32. 灯柱的工程计量分别按不同类型,以(　　)为单位计量。

A. km　　B. m^2　　C. m　　D. 根

33. 支座的工程计量分别按不同类型、规格,固定支座、圆形板式支座、球冠圆板式支座,以体积(　　)计量。

A. cm^3　　B. m^3　　C. dm^3　　D. mm^3

34. 盆式支座按(　　)计量。

A. m^2　　B. m^3　　C. km　　D. 套

35. 清单工程量分不同桩径,按桩身(从承台或系梁下缘至桩底基面)的长度,以(　　)为单位计量。

A. km　　B. m^2　　C. m　　D. 根

36. 钻(挖)桩孔工程量分不同桩径、不同土石类别,按桩身即(　　)计算。

A. 从承台或系梁下缘至桩底基面

B. 从河床至桩底基面

C. 从主梁下缘至桩底基面

D. 从桥墩下缘至桩底基面均值

37. 钻(挖)桩孔工程量分不同桩径、不同土石类别,以(　　)为单位计量。

A. km　　B. m^2　　C. m　　D. 根

38. 预制桩混凝土按设计图纸计算体积,以(　　)为单位计量。

A. m^2　　B. m^3　　C. km　　D. 套

39. 沉入量分不同桩径、不同土石类别,按桩身(从承台或系梁下缘至桩尖)的长度,以(　　)为单位计量。

A. km　　B. m^2　　C. m　　D. 根

40. 沉井按就位后顶面以下部分不同体积,以(　　)为单位计量。

A. m^2　　B. m^3　　C. km　　D. 套

41. 清单工程量按平行于该结构物轴线的基底面或基础的方向计量,以(　　)为单位计量。

A. km　　B. m^2　　C. m　　D. cm

42. 钢筋按图纸或有关资料表示的直径和净长计算,按不同级号的单位质量,以(　　)为单位计量。

A. t　　B. g　　C. kg　　D. m

43. 碳素钢丝两端采用镦头锚具时,按预应力钢丝长度增加(　　)计算。

A. 0.25m　　B. 0.35m　　C. 0.45m　　D. 0.5m

44. 碳素钢丝采用锥型锚具,孔道长度30m以内时,按预应力钢筋长度增加(　　)计算。

A. 1m　　B. 2m　　C. 3m　　D. 4m

45. 碳素钢丝采用锥型锚具孔道长在30 m以上时,按预应力钢筋长度增加(　　)计算。

A. 1m　　B. 1.8m　　C. 3m　　D. 4m

46. 低合金钢筋一端采用镦头插片,另一端采用帮条锚具时,按应力钢筋增加(　　)计算。

A. 0.1m　　B. 0.15 m　　C. 0.3m　　D. 0.4m

47. 合金钢筋两端均采用帮条锚具时,按预应力钢筋共增加(　　)计算。

A. 0.1m　　B. 0.15 m　　C. 0.3m　　D. 0.4m

48. 当隧道顶部围堰中有缓倾夹泥结构面存在时,要特别警惕(　　)。

A. 碎块崩落　　B. 碎块坍塌　　C. 墙体滑塌　　D. 岩体塌方

49. 对地下隧道的选线应特别注意避免(　　)。

A. 穿过岩层裂缝

B. 穿过软弱夹层

C. 平行靠近断层破碎带

D. 交叉靠近断层破碎带

50. 决定建地铁的计算经济因素主要是(　　)。

A. 人口

B. 单项客流 1 万人次/日

C. 城区地面和上部空间已充分开发

D. 城区地面和上部空间未充分开发

51. 在渗透系数大,地下水量大的土层中,适宜采用的降水形式为(　　)。

A. 轻型井点　　B. 电渗井点　　C. 喷射井点　　D. 管井井点

52. 适用深埋于岩体的长隧洞施工的方法是(　　)。

A. 顶管法　　B. TBM 法　　C. 盾构法　　D. 明挖法

53. 地下工程的早强水泥砂浆锚杆用树脂药包的,正常温度下需要搅拌的时间为(　　)。

A. 30s　　B. 45 ~ 60s　　C. 3min　　D. 5min

54. 沉井的排水挖土下沉法适用于(　　)。

A. 透水性较好的土层　　B. 涌水量较大的土层

C. 排水时不至于产生流砂的土层　　D. 地下水较丰富的土层

55. 地层岩性对边坡稳定性影响较大,能构成稳定性相对较好边坡的岩体是(　　)。

A. 沉积岩　　B. 页岩　　C. 泥灰岩　　D. 板岩

56. 采用盾构施工技术修建地下隧道时,选择盾构工法应首先考虑(　　)。

A. 路线附近的重要构筑物　　B. 覆盖土的厚度

C. 掘进距离和施工工期　　D. 盾构机种和辅助方法

57. 应避免因工程地质勘查不详而引起工程造价增加的情况是(　　)。

A. 地质对结构选型的影响

B. 地质对基础选型的影响

C. 设计阶段发现特殊不良地质条件

D. 施工阶段发现特殊不良地质条件

58. 隧道开挖后,喷锚支护施工采用的混凝土,宜优先选用(　　)。

A. 火山灰质硅酸盐水泥

B. 粉煤灰硅酸盐水泥

C. 硅酸盐水泥

D. 矿渣硅酸盐水泥

59. 地下防水混凝土工程施工时,应满足的要求是(　　)。

A. 环境应保持潮湿

B. 混凝土浇筑时的自落高度应控制在 1.5m 以内

C. 自然养护时间应不少于 7d

D. 施工缝应留在底板表面以下的墙体上

60. 关于围岩稳定性分级,《铁路隧道设计规范》(TB 10003—2005)推荐的围岩分级方法是以哪些参数作为基本分级指标(　　)。

①围岩结构特征 ②围岩完整状态 ③岩体变形特性 ④岩体强度 ⑤围岩弹性波速度 ⑥围岩含水率 ⑦地应力

A. ①②④⑦　B. ①②④⑤　C. ①③④⑤⑦　D. ①③④⑥⑦

61. 复合式衬砌中不包括的内容是(　　)。

A. 喷锚支护　B. 钢拱架支护　C. 二次衬砌　D. 超前导管预注浆

62. 下列不属于隧道初期支护的是(　　)。

A. 喷射混凝土　B. 钢格栅　C. 二次衬砌　D. 锚杆

63. 公路隧道支护结构由内至外的布置顺序为(　　)。

A. 二次衬砌、围岩、初期支护　B. 二次衬砌、防水层、围岩喷射混凝土

C. 初期支护、防水层、二次衬砌围岩　D. 二次衬砌、防水层、初期支护、围岩

64. 隧道纵坡通常不小于 0.3%,并不大于(　　)。

A. 1%　B. 2%　C. 3%　D. 4%

65. 盾构法适用于(　　)地层中。

A. 软土　B. 中等坚硬岩石

C. 非常坚硬岩石　D. 破碎岩层

66. 以下施工方法中属于盖挖顺作法的是(　　)。

A. 在盖板的保护下由下至上逐层分块挖除并逐次分段施作隧道衬砌结构

B. 在盖板的保护下由上至下逐层分块挖除并逐次分段施作隧道衬砌结构

C. 由上而下分层开挖隧道所在位置及其上方的土体

D. 在围护结构的保护下由下至上逐层分块挖除并逐次分段施作隧道衬砌结构

67. 对软弱破碎围岩条件的隧道施工应遵循(　　)原则。

A. 先开挖后支护　B. 直接开挖　C. 边开挖边支护　D. 先支护后开挖

68. 作为隧道永久性支护的锚喷支护,一般应分两次完成,其主要原因是(　　)。

A. 施工工作面条件的限制　B. 为了发挥围岩的自承能力

C. 加快隧道施工进度　D. 锚喷支护的强度大大增加

69. 对于隧道超、欠挖的检测,关键是要正确地测出隧道开挖的(　　)。

A. 实际轮廓线　B. 设计轮廓线

C. 超挖量　D. 欠挖量

70. 下列复合式隧道监控量测项目中,属于选测项目的是(　　)。

A. 周边位移　B. 拱顶下沉

C. 钢支撑内力及外力　D. 锚杆或锚索内力及抗拨力

71. 隧道浅埋段施工不应采用的开挖方法是(　　)。

A. 单侧壁导坑法　B. 双侧壁导坑法

C. 全断面法　D. 留核心土法

72. 关于隧道施工洞内运输的说法,错误的是(　　)。

A. 装运大体积料具时,应有专人指挥

B. 应选用汽油作燃料的车辆

C. 装渣机操作时,其回转范围内不得有人通过

D. 人车应分道通行

二、多选题

1. 定额中混凝土工程除(　　)项目中已考虑混凝土的拌和费用外,其他混凝土项目中均未考虑混凝土的拌和费用,应按有关定额另行计算。

A. 小型构件　　B. 大型预制构件底座　　C. 混凝土搅拌站安拆

D. 钢桁架桥式码头　　E. 大型预制构件

2. 定额中凡钢筋直径在 10 mm 以上的接头,除注明为钢套筒连接外,均采用(　　)。

A. 电弧搭接焊　　B. 电阻对接焊　　C. 二氧化碳保护焊

D. 电渣压力焊　　E. 气压焊

3. 定额中的钢筋按图纸中钢筋形状分为(　　),如设计图纸的钢筋比例与定额有出入时,可调整钢筋品种的比例关系。

A. 低碳钢　　B. 光圆钢筋　　C. 高碳钢

D. 带肋钢筋　　E. 热轧钢筋

4. 开挖基坑定额中已综合了(　　)用工。

A. 基底夯实　　B. 基坑回填　　C. 检平石质基底

D. 水泵台班　　E. 墩台砌筑所需的水泵台班

5. 湿处挖基包括(　　),使用定额时,不得另行计算。

A. 水泵台班　　B. 挖集水井　　C. 排水作业用工

D. 挖边沟　　E. 基底夯实

6. 挖基定额中未包括(　　),按"基坑水泵台班消耗"表的规定计算,并计入挖基项目中。

A. 水泵台班　　B. 挖基及基础所需的水泵台班

C. 基坑回填　　D. 挖集水井

E. 墩台砌筑所需的水泵台班

7. 打预制钢筋混凝土方桩和管桩的工程量,应(　　)。

A. 根据设计尺寸及长度以体积计算

B. 管桩的空心部分应予以扣除

C. 根据规范规定的最小尺寸及长度以体积计算

D. 管桩的空心部分不应予以扣除

E. 根据经验予以计算

8. 打桩用的工作平台的工程量,按(　　)计算。

A. 施工组织设计所需的面积

B. 设计文件计划所需的面积

C. 按一座桥梁计划需要打桩机的台数和每台打桩机需要的船上工作平台面积的总和计算

D. 按一座桥梁实际需要打桩机的台数和每台打桩机需要的船上工作平台面积的总和计算

E. 监理规定的面积

9. 移动模架的质量包括(　　)

A. 托架(牛腿)　　B. 主梁、鼻梁、横梁　　C. 吊架
D. 工作平台及爬梯　　E. 液压构件

10. 移动模架的质量不包括(　　)的质量。
A. 液压构件　　B. 内外模板(含模板支撑系统)
C. 爬梯　　D. 工作平台　　E. 吊架

11. 先张钢绞线质量为设计图纸质量,定额中已包括(　　)。
A. 钢绞线损耗　　B. 预制场构件间的工作长度
C. 张拉工作长度　　D. 预应力损失
E. 施工中管理不当锈蚀的损耗

12. 在桥梁工程中(　　)均未包括在定额内,应按有关章节定额另行计算。
A. 运输便道、轨道的铺设　　B. 栈桥码头　　C. 扒杆、龙门架架设
D. 缆索的架设　　E. 移动模架

13. 所有拱盔均包括(　　),但不包括现浇混凝土的侧模板。
A. 底模板　　B. 工作台的材料　　C. 现浇混凝土的侧模板
D. 支架　　E. 拱座

14. 桥跨结构包括(　　)
A. 梁　　B. 板　　C. 拱圈
D. 拱上建筑　　E. 桥墩

15. 计算按不同结构类型以及不同强度等级混凝土的体积时,(　　)的体积不计算。
A. 钢筋的体积
B. 倒角不超过 0.1m × 0.1m 时不扣除
C. 体积不超过 0.03m² 的井孔、开口及空穴不扣除
D. 面积不超过 0.1m × 0.1m 的填角部分也不增加
E. 面积不超过 0.2m × 0.2m 的填角部分也不增加

16. 工程项目涉及的(　　)项目均包括在相应工程项目内,不另行计量。
A. 养护　　B. 脚手架的搭设及拆除　　C. 模板的安装及拆除
D. 工作平台　　E. 材料费

17. (　　)均包括在相应的工程项目中,不另行计量。
A. 混凝土拌和场站的建设、拆除、恢复
B. 构件预制场、储料场的建设、拆除、恢复
C. 安装架设设备摊销
D. 预应力张拉台座的设置及拆除
E. 预应力材料的加工费用

18. 桥面附属结构通常包括(　　)
A. 桥面铺装　　B. 防水和排水设施　　C. 伸缩缝
D. 人行道(或安全带)　　E. 主梁

19. 行车道面层的工程内容包括(　　)。
A. 材料的采备、供应、加工、运输
B. 水泥混凝土(或沥青混凝土)的拌和、运输
C. 水泥混凝土(或沥青混凝土)的浇筑(或摊铺)、振捣(或碾压)

D. 水泥混凝土(或沥青混凝土)的压实(或整型)、养生等一切与此有关的作业
E. 模板的制作、安装、拆除

20. 伸缩缝构造形式主要有(　　)
A. U 形锌铁皮伸缩装置　B. 钢板式伸缩装置　C. 橡胶伸缩装置
D. 钢铰　E. 平铰缝

21. 伸缩缝的工程内容包括(　　)。
A. 伸缩缝材料或成品的供应、运输、安装
B. 防水层的安装
C. 表面防护层的设置和修补
D. 泄水管的供应、运输
E. 排水系统的设置

22. 防水和排水设施中泄水管的计量包括(　　)。
A. 泄水管的供应　B. 泄水管的加工不当损耗　C. 安装
D. 泄水管的加工　E. 运输

23. 基础工程是桥梁的重要组成部分,基础主要作用是(　　)。
A. 将上部结构上的恒载与活载反力传到桥梁的墩台上去
B. 保证上部结构所要求的位移与转动
C. 承受上部结构及下部结构传来的荷载
D. 将本身自重传给地基
E. 满足梁体自由伸缩的要求

24. 桥梁支座设在墩(台)顶,桥梁支座的主要作用是(　　)。
A. 将上部结构上的恒载与活载反力传到桥梁的墩台上去
B. 保证上部结构所要求的位移与转动
C. 承受上部结构及下部结构传来的荷载
D. 将本身自重传给地基
E. 满足梁体自由伸缩的要求

25. 基础挖方及回填的工程内容包括(　　)。
A. 地面排水及围堰　B. 坑壁支撑、抽水及错台开挖
C. 斜坡开挖　D. 废方运弃　E. 基础砌筑

26. 预制混凝土栏杆及钢质护栏的工程内容,包括(　　)。
A. 材料的供应、加工、运输
B. 混凝土构件的预制、养生、安装
C. 钢材的加工、制作、喷涂、安装及现场修补
D. 栏杆制作过程中操作不当引起的损耗
E. 施工缝处理

27. 下部结构包括(　　)。
A. 墩台身　B. 墩台帽(盖梁)　C. 系梁
D. 翼墙　E. 主梁

28. 基底处理片石、碎石包括(　　)。
A. 片石、碎石的采购　B. 基础的石料用量　C. 片石、碎石的铺(填)筑

D. 片石、碎石的夯(压)实　E. 片石、碎石的运输

29. 基础包括(　　)。

A. 墩台基础　　B. 桩基承台　　C. 支撑梁(小桥)

D. 翼墙　　E. 河床铺砌

30. 桩按施工方法可分为(　　)。

A. 灌注桩　　B. 翼墙　　C. 沉井

D. 墩帽　　E. 沉桩

31. 灌注桩按成孔方式可分为(　　)。

A. 沉管灌注桩　　B. 钢桩　　C. 挖孔灌注桩

D. 钢管混凝土桩　　E. 钻孔灌注桩

32. 钢筋工程量清单计量说法正确的是(　　)。

A. 其搭接、下脚料和定位钢筋以及预应力钢筋的工作长度等,均不单独计量

B. 钢筋骨架所用的分离隔板、支撑钢筋和所有固定位置的钢材、垫块以及焊接、绑扎材料等,均需单独计量

C. 施工接缝处使用的钢材也不单独计量

D. 钢筋骨架所用的分离隔板、支撑钢筋和所有固定位置的钢材、垫块以及焊接、绑扎材料等,均不单独计量

E. 其搭接、下脚料和定位钢筋以及预应力钢筋的工作长度等,均需单独计量

33. 关于预应力钢材计量说法正确的是(　　)

A. 预应力锚板和锚夹具等,包括在预应力钢材的计价中,均不单独计量与支付

B. 预应力张拉台座的设置及拆除均包括在相应工程项目中,不另行计量

C. 先张法预应力钢筋按设计图示钢筋长度乘以单位理论质量计算

D. 后张法预应力钢筋、预应力钢丝、预应力钢绞线按设计图示钢筋(丝束、绞线)长度乘以单位理论质量计算

E. 预应力张拉台座的设置及拆除均未包括在相应工程项目中,需另行计量

三、判断题

1. 长度小于500m的隧道是短隧道。　(　　)

2. 在进行隧道总体平面、纵断面和横断面设计时,应尽量采用直线隧道,且隧道应有一定的坡度。　(　　)

3. 隧道位于平曲线半径小于或等于250m的地段时,应在曲线外侧加宽。　(　　)

4. 闭胸式盾构主要适用于无水松软地层。　(　　)

5. 预留变形量一般采用工程类比法初步确定,然后根据实测围岩变形数据调整。　(　　)

6. 避车洞不属于隧道附属设施。　(　　)

7. 普通水泥砂浆麻杆其砂浆强度等级不低于C20。　(　　)

8. 注浆加固属于后期支护。　(　　)

9. 只有围岩稳定性较差时才设计有仰拱。　(　　)

10. 开挖施工是控制隧道施工工期和造价的关键工序。　(　　)

11. 隧道开挖质量是以某一个开挖断面为标准进行评价的。　(　　)

12. 根据施工监控量测结果可以修改设计。　(　　)

参考答案

一、单选题

1～5. BCCBC　6～10. BBADB　11～15. ACCCD　16～20. BCCBB　21～25. CBCCC
26～30. CBBDB　31～35. BDCDC　36～40. ACACB　41～45. CCBAB　46～50. BCDCC
51～55. DBACA　56～60. DDCBB　61～65. DCDCA　66～70. BDBAC　71～72. CB

二、多选题

1. ABCD　2. AB　3. BD　4. ABC　5. BCDE　6. ABE　7. AB
8. AD　9. ABCD　10. AB　11. ABC　12. ABCD　13. AB　14. ABCD
15. ABCD　16. ABCD　17. ABCD　18. ABCD　19. ABCDE　20. ABC　21. ACD
22. ACE　23. CD　24. AB　25. ABCD　26. ABCE　27. ABCD　28. ACDE
29. ABCE　30. AE　31. ACE　32. ACD　33. ABCD

三、判断题

1～5. √√××√　6～10. ×√×√√　11～12. ×√

参 考 文 献

[1] 中华人民共和国行业标准. JTG D60—2004 公路桥涵设计通用规范[S]. 北京:人民交通出版社,2004.

[2] 中华人民共和国行业标准. JTG D62—2004 公路钢筋混凝土及预应力混凝土桥涵设计规范[S]. 北京:人民交通出版社,2004.

[3] 中华人民共和国行业标准. JTG/T F50—2011 公路桥涵施工技术规范[S]. 北京:人民交通出版社,2011.

[4] 中华人民共和国国家标准. GB 50086—2001 锚杆喷射混凝土支护技术规范[S]. 北京:中国计划出版社,2001.

[5] 中华人民共和国行业标准. JTG F60—2009 公路隧道施工技术规范[S]. 北京:人民交通出版社,2009.

[6] 中华人民共和国行业标准. JTG F60—2004 公路隧道设计规范[S]. 北京:人民交通出版社,2004.

[7] 四川公路桥梁建设集团有限公司. 公路桥梁施工系列手册—拱桥[M]. 北京:人民交通出版社,2014.

[8] 盛洪飞. 桥梁墩台与基础工程[M]. 北京:人民交通出版社,2014.

[9] 姚玲森. 桥梁工程(第二版)[M]. 北京:人民交通出版社,2008.

[10] 李扬海,程潮洋,鲍卫刚,郑学珍. 公路桥梁伸缩装置实用手册[M]. 北京:人民交通出版社,2007.

[11] 天津市市政工程局. 道路桥梁工程施工手册[M]. 北京:中国建筑工业出版社,2003.

[12] 中交第二公路工程局有限公司. 公路桥梁施工系列手册—梁桥[M]. 北京:人民交通出版社,2014.

[13] 李辅元. 桥梁工程(第二版)[M]. 北京:人民交通出版社,2014.

[14] 周先雁,王解军. 桥梁工程[M]. 北京:北京大学出版社,2008.

[15] 卫申蔚. 桥梁工程施工技术[M]. 北京:人民交通出版社,2008.

[16] 满红高,秦溱. 桥梁上部结构施工 [M]. 北京:高等教育出版社,2012.

[17] 刘吉士. 桥梁施工百问[M]. 北京:人民交通出版社,2003.

[18] 陈小雄. 隧道施工技术[M]. 北京:人民交通出版社,2011.

[19] 王梦恕. 地下工程浅埋暗挖技术通论[M]. 合肥:安徽教育出版社. 2004.

[20] 王梦恕,等. 工程机械施工手册——隧道机械施工[M]. 北京:中国铁道出版社,1992.

[21] 陈秋南. 隧道工程[M]. 北京:机械工业出版社. 2007.

[22] 关宝树. 隧道工程施工要点集[M]. 北京:人民交通出版社,2003.